中華古籍保護計劃

ZHONG HUA GU JI BAO HU JI HUA CHENG GUO

·成果·

平湖市圖書館古籍普查登記目録

全國古籍普查登記目録·浙江嘉興

國家圖書館出版社
National Library of China Publishing House

圖書在版編目(CIP)數據

平湖市圖書館古籍普查登記目録/平湖市圖書館編. --北京:國家圖書館出版社,2018.6
(全國古籍普查登記目録)
ISBN 978 -7 -5013 -6317 -9

Ⅰ.①平…　Ⅱ.①平…　Ⅲ.①公共圖書館—古籍—圖書館目録—平湖　Ⅳ.①Z838

中國版本圖書館 CIP 數據核字(2017)第 299673 號

書　　名　平湖市圖書館古籍普查登記目録
著　　者　平湖市圖書館　編
責任編輯　黄　鑫

出　　版　國家圖書館出版社(100034　北京市西城區文津街 7 號)
(原書目文獻出版社　北京圖書館出版社)
發　　行　010 -66114536　66126153　66151313　66175620
66121706(傳真)　66126156(門市部)
E-mail　nlcpress@ nlc. cn(郵購)
Website　www. nlcpress. com→投稿中心
經　　銷　新華書店
印　　裝　河北三河弘翰印務有限公司
版　　次　2018 年 6 月第 1 版　2018 年 6 月第 1 次印刷

開　　本　787 ×1092(毫米)　1/16
印　　張　23.25
字　　數　420 千字

書　　號　ISBN 978 -7 -5013 -6317 -9
定　　價　200.00 圓

《全國古籍普查登記目録》

工作委員會

主　任： 周和平

副主任： 張永新　詹福瑞　劉小琴　李致忠　張志清

委　員（按姓氏筆畫排序）：

于立仁　王水喬　王　沛　王紅蕾　王筱雯
方自今　尹壽松　包菊香　任　競　全　勤
李西寧　李　彤　李忠昊　李春來　李　培
李曉秋　吳建中　宋志英　努　木　林世田
易向軍　周建文　洪　琰　倪曉建　徐欣禄
徐　蜀　高文華　郭向東　陳荔京　陳紅彥
張　勇　湯旭巖　楊　揚　賈貴榮　趙　嫄
鄭智明　劉洪輝　歷　力　鮑盛華　韓　彬
魏存慶　鍾海珍　謝冬榮　謝　林　應長興

《全國古籍普查登記目録》

序　言

全國古籍普查登記工作是“中華古籍保護計劃”的首要任務，是全面開展古籍搶救、保護和利用工作的基礎，也是有史以來第一次由政府組織、參加收藏單位最多的全國性古籍普查登記工作。

2007 年國務院辦公廳發佈《關於進一步加强古籍保護工作的意見》（國辦發［2007］6 號），明確了古籍保護工作的首要任務是對全國公共圖書館、博物館和教育、宗教、民族、文物等系統的古籍收藏和保護狀況進行全面普查，建立中華古籍聯合目録和古籍數字資源庫。2011 年 12 月，文化部下發《文化部辦公廳關於加快推進全國古籍普查登記工作的通知》（文辦發［2011］518 號），進一步落實了全國古籍普查登記工作。根據文化部 2011 年 518 號文件精神，國家古籍保護中心擬訂了《全國古籍普查登記工作方案》，進一步規範了古籍普查登記工作的範圍、内容、原則、步驟、辦法、成果和經費。目前進行的全國古籍普查登記工作的中心任務是通過每部古籍的身份證——“古籍普查登記編號”和相關信息，建立古籍總臺賬，全面瞭解全國古籍存藏情況，開展全國古籍保護的基礎性工作，加强各級政府對古籍的管理、保護和利用。

《全國古籍普查登記工作方案》規定了全國古籍普查登記工作的三個主要步驟：一、開展古籍普查登記工作；二、在古籍普查登記基礎上，編纂出版館藏古籍普查登記目録，形成《全國古籍普查登記目録》；三、在古籍普查登記工作基本完成的前提下，由省級古籍保護中心負責編纂出版本省古籍分類聯合目録《中華古籍總目》分省卷，由國家古籍保護中心負責編纂出版《中華古籍總目》統編卷。

在黨和政府領導下，在各地區、各有關部門和全社會共同努力下，古籍普查登記工作得以扎實推進。古籍普查已在除臺、港、澳之外的全國各省級行政區域開展，普查内容除漢文古籍外，還包括各少數民族文字古籍，特别是於 2010 年分别啓動了新疆古籍保護和西藏古籍保護專項，因地制宜，開展古籍普查登記工作；國家古籍保護中心研製的“全國古籍普查登記平臺”已覆蓋到全國各省級古籍保護中心，並進一步研發了“中華古籍索引庫”，爲及時展現古籍普查成果提供有力支持；截至目前，已有 11375 部古籍進入《國家珍貴古籍名録》，浙江、江蘇、山東、河北等省公佈了省級《珍貴古籍名録》,古籍分級保護機制初步形成。

《全國古籍普查登記目録》是古籍普查工作的階段性成果,旨在摸清家底,揭示館藏,反映古籍的基本信息。原則上每申報單位獨立成冊,館藏量少不能獨立成冊者,則在本省範圍内幾個館目合併成冊。無論獨立成冊還是合併成冊,均編製獨立的書名筆畫索引附於書後。著録的必填基本項目有:古籍普查登記編號、索書號、題名卷數、著者(含著作方式)、版本、冊數及存缺卷數。其他擴展項目有:分類、批校題跋、版式、裝幀形式、叢書子目、書影、破損狀況等。有條件的收藏單位多著録的一些擴展項目,也反映在《全國古籍普查登記目録》上。目録編排按古籍普查登記編號排序,内在順序給予各古籍收藏單位較大自由度,可按分類排列古籍普查登記編號,也可按排架號、按同書名等排列古籍普查登記編號,以反映各館特色。

此次全國古籍普查登記工作,克服了古籍數量多、普查人員少、普查難度大等各種困難,也得到了全國古籍保護工作者的極大支持。在古籍普查登記過程中,國家古籍保護中心、各省古籍保護中心爲此舉辦了多期古籍普查、古籍鑒定、古籍普查目録審校等培訓班,全國共1600餘家單位參加了培訓,爲古籍普查登記工作培養了大量人才。同時在古籍普查登記工作中,也鍛煉了普查員的實踐能力,爲將來古籍保護事業發展奠定了良好的基礎。

《全國古籍普查登記目録》的出版,將摸清我國古籍家底,爲古籍保護和利用工作提供依據,也將是古籍保護長期工作的一個里程碑。

國家古籍保護中心
2013 年 10 月

《全國古籍普查登記目録》

編纂凡例

一、收録範圍爲我國境内各收藏機構或個人所藏，産生於1912年以前，具有文物價值、學術價值和藝術價值的文獻典籍，包括漢文古籍和少數民族文字古籍以及甲骨、簡帛、敦煌遺書、碑帖拓本、古地圖等文獻。其中，部分文獻的收録年限適當延伸。

二、以各收藏機構爲分册依據，篇幅較小者，適當合併出版。

三、一部古籍一條款目，複本亦單獨著録。

四、著録基本要求爲客觀登記、規範描述。

五、著録款目包括古籍普查登記編號、索書號、題名卷數、著者、版本、册數、存缺卷等。古籍普查登記編號的組成方式是：省級行政區劃代碼—單位代碼—古籍普查登記順序號。

六、以古籍普查登記編號順序排序。

七、編製各館藏目録書名筆畫索引附於書後，以便檢索。

《浙江省古籍普查登記目録》

工作委員會

主　任： 金興盛

副主任： 葉　菁

委　員： 倪　巍　徐曉軍　賈曉東　雷祥雄　劉曉清
徐　潔　李儉英　孫雍容　張愛琴　張純芳
金琴龍　樓　婷　陳泉標　鍾世傑　應　雄
陸深海　呂振興　徐兼明

《浙江省古籍普查登記目録》

編纂委員會

主　編： 徐曉軍

副主編： 童聖江　曹海花　褚樹青　莊立臻　徐益波

胡海榮　沈紅梅　劉　偉　王以儉　孫旭霞

占　劍　孫國茂　毛　旭　季彤曦

統校和編纂工作小組組長： 曹海花（浙江圖書館）

統校和編纂工作小組成員： 秦華英（浙江圖書館）

呂　芳（浙江圖書館）

干亦鈴（寧波市圖書館）

劉　雲（寧波市天一閣博物館）

周慧惠（寧波市天一閣博物館）

馬曉紅（餘姚市文物保護管理所）

陳瑾淵（温州市圖書館）

王　昉（温州市圖書館）

沈秋燕（嘉興市圖書館）

丁嫻明（嘉興市圖書館）

唐　微（紹興圖書館）

丁　瑛（紹興圖書館）

毛　慧（衢州市博物館）

《浙江省古籍普查登記目録》

序　言

浙江文化底蕴深厚，書籍刻印歷史悠久，前賢留下的著述浩如烟海，藏書雅閣及私人藏書爲數衆多，古籍資源十分豐富，幾乎縣縣有古籍，是全國古籍藏量較多的省份之一，是中華文化中具有獨特地域特色的重要一脉。保護好這些珍貴的古籍，對促進文化傳承、弘揚民族精神、維護國家統一及社會穩定具有重要作用。同時，加强古籍保護工作，也是加快建設文化大省、文化强省，努力推動文化浙江建設和社會主義文化大發展大繁榮的必然要求。

（一）

爲搶救、保護我國的珍貴古籍，繼承和弘揚優秀傳統文化，國務院辦公廳印發了《關於進一步加强古籍保護工作的意見》（國辦發［2007］6號），全國古籍普查登記工作是全國瞭解古籍存藏情况、建立古籍總臺賬、開展全國古籍保護的基礎性工作。爲認真貫徹落實“國辦發［2007］6號”文件精神，切實加强全省古籍的搶救、保護，浙江省人民政府辦公廳印發《關於進一步加强古籍保護工作的意見》（浙政辦發［2009］54號），提出2009年起要在全省範圍内開展古籍普查登記工作。2012年，浙江省古籍保護工作聯席會議下發《關於印發〈浙江省“中華古籍保護計劃”實施方案〉的通知》（浙文社［2012］30號），提出在“十二五”末基本完成全省古籍普查工作的目標。

試點先行、摸底調查、制定方案，建立制度、統籌指揮、上下齊心，引進人員、有效培訓、壯大隊伍，配置設備、補助經費、保障到位，編製手册、明確款目、統一規則，著録完整、審核到位、保證質量，設立項目、表揚先進、激發熱情，在省委省政府的高度重視及其各部門的大力支持下，在國家古籍保護中心的積極指導和省文化廳的正確領導下，通過以上種種措施，“秉持浙江精神，幹在實處、走在前列、勇立潮頭”，全省公共圖書館、文物、教育、檔案、衛生五大系統共計95家公藏單位通力合作，到2017年4月底基本完成了全省的古籍普查登記工作。

通過普查，摸清了全省古籍文化遺産家底，揭示了全省各地區文化脉絡，形成了統一的古籍信息數據庫，建立了一支遍佈全省的古籍保護隊伍，爲下一步有針對性地開展古籍保護工作奠定堅實的基礎。鑒於全省在古籍普查和其他古籍保護工作中的突出表現，2014年，浙江圖書館、嘉興市圖書館、雲和縣圖書館獲得“全國古籍保護工作先進單位”稱號，浙江圖書館徐曉軍和曹海花、温州市圖書館王妍、紹興圖書館唐微、平湖市圖書館馬慧、衢州市博物館程勤等6人獲得“全國古籍保護工作先進個人”稱號。

（二）

全國古籍普查登記範圍爲1912年以前産生的文獻典籍。由於近代以來浙江私人藏書相當發達，民國期間也刻印了大量典籍，民國文獻在各藏書單位（尤其是基層單位）所藏歷史文獻中占據了相當大的比重。這些文獻形成了浙江文獻典藏的重要特色，是浙江傳統文化的重要組成部分。爲更加全面地掌握本省歷史文獻文化遺産現狀，浙江省將民國時期傳統裝幀書籍也納入普查範圍。

按照《全國古籍普查登記手册》要求，登記每部古籍的基本項目，必登項目有索書號、題名卷數、著者、版本、册數、存缺卷數，選登項目有分類、批校題跋、版式、裝幀形式、叢書子目、書影、破損狀況等内容。浙江省的古籍普查工作一直高標準、嚴要求，自始至終堅持平臺項目全著録，堅持文字信息和書影信息雙著録，登記每部書的索書號、分類、題名卷數、著者、卷數統計、版本、版式、裝幀、裝具、序跋、刻工、批校題跋、鈐印、叢書子目、定級及書影、定損及書影等16大項74小項的信息。

普查統計顯示，截至2017年4月30日，全省95家單位共藏有傳統裝幀書籍337405部2506633册，其中不分卷者計31737部96822册，分卷者計305668部2409811册11433371卷（實存8223803卷）：古籍（含域外本）219862部1754943册，不分卷者15777部54901册，分卷者204085部1700042册7934703卷；民國時期傳統裝幀書籍117543部751690册，不分卷者15960部41921册，分卷者101583部709769册3498668卷。

從版本定級來看，全省四級文獻最多，部數、册數數量占比分别爲84.75%、78.69%。三級次之，部數、册數數量占比13.12%、15.96%。一級、二級文獻共計5689部111722册，量雖不多，極爲珍貴，其破損程度較輕，基本都配置了裝具且裝具狀况良好，這是古籍分級保護體系的有力體現。

從文獻類型來看，古籍普查平臺采用六部分類，在傳統的經、史、子、集四部外加上類叢部、新學。從册數來看，全省文獻類叢部數量最多，占比29.40%，這其中很大一部分原因在於民國時期刊印了不少大型叢書。史部、集部、子部、經部分居第二至五位，數量占比分别爲28.98%、18.00%、13.49%、9.24%。新學數量最少，還不到1%。

從版本類型來看，全省古籍版本類型豐富，數量最多的是刻本，部數占比51.01%、册數占比55.03%。部數排在第二至四位的是鉛印本、石印本、抄本，分别占比17.71%、16.58%、5.19%。册數排在第二至四位的是鉛印本、石印本、影印本，分别占比14.27%、12.40%、11.38%，這與將民國時期傳統裝幀书籍納入古籍普查範圍有極大關係。稿、抄本部數占比6.9%、册數占比4.04%，總體占比不是很高，但在一、二級文獻中稿、抄本的比率比較高，一級中部數占比20.49%、册數占比70.25%，二級中部數占比13.16%、册數占比6.57%。

從版本年代來看,全省藏書從南北朝以迄民國,並有部分日本、朝鮮、越南本。其中,元及元以前共計 244 部 3357 冊。明、清、民國共計 2486788 冊,數量占比 99.21%:明代占比 5.95%、清代占比 63.27%、民國占比 29.99%。日本、朝鮮、越南三國本共計 1877 部 14522 冊,部數、冊數占比分别爲 0.56%、0.58%。

從批校題跋來看,337405 部文獻中有姓名可考的批校題跋共計 15374 部,其中集部批校題跋最多,占全部批校題跋的 38.73%、占集部文獻的 6.16%。稿本的批校題跋在相對應的版本類型中比例最高,爲 16.18%。且稿本中有多人批校題跋的量最多,多者一部稿本中的批校題跋者達 25 人,如浙江圖書館藏沈蕉青稿本《燈青茶嫩草》三卷中有孫麟趾等 25 人的批校題跋。從各館藏書的批校題跋者來看,有鮮明的館域特色,從一個側面體現了各館的文獻來源。

從鈐印來看,337405 部文獻中有 51509 部有收藏鈐印,各級文獻鈐印比例隨級别的增高而加大,一至四級文獻的鈐印占比分别爲 50.67%、49.38%、26.00%、12.90%。收藏鈐印從一個方面體現了某書的遞藏源流,鈐印多於 1 方者有 24840 部,鈐印多者達 54 方,如寧波市天一閣博物館藏清初毛氏汲古閣影宋抄本《集韻》十卷上鈐毛晉、毛扆、段玉裁、朱鼎煦四人共計 54 方印。

在普查的過程中,我們還利用普查成果積極申報《國家珍貴古籍名録》、評選《浙江省珍貴古籍名録》,建立珍貴古籍分級保護體系。截至目前,全省共有 871 部珍貴古籍入選第一至五批《國家珍貴古籍名録》,有 609 部古籍入選第一至三批《浙江省珍貴古籍名録》。

(三)

普查登記著録工作結束後,省古籍保護中心於 2016 年 6 月成立由浙江圖書館、寧波市圖書館、寧波市天一閣博物館、餘姚市文物保護管理所、温州市圖書館、嘉興市圖書館、紹興圖書館、衢州市博物館 8 家單位的 14 名普查業務骨幹組成的浙江省古籍普查登記目録統校和編纂工作小組,開始全省普查數據的統校和古籍普查登記目録的編纂工作。

浙江省的普查登記目録是將古籍和民國書籍分開的,全省統一規劃,分别出版《浙江省古籍普查登記目録》和《浙江省民國時期傳統裝幀書籍普查登記目録》。根據《全國古籍普查登記目録審校要求》《古籍普查登記表格整理規範》的要求,省古籍保護中心制定《浙江省古籍普查登記目録編纂工作方案》《浙江省古籍普查數據統校細則》,用於指導全省的數據統校和登記目録的編纂。統校和編纂工作程序如下:導出普查平臺上的數據,切分爲古籍、民國兩張表,按照設定的普查編號、索書號、分類、題名卷數、著者、版本、批校題跋、冊數、存缺卷這幾項登記目録的出版款目對表格進行整理,整理後按照題名進行排列分給各統校員進行統校,統校結束後的數據按行政區域進行彙總交由分區負責人進行覆核,覆核結束後由省古籍保護中心一一寄給各館進行修改確認，經各館確認後由分區負責人進行最後審定。

在統校的過程中，爲了保證全省數據著録的一致，我們積極利用我國古籍整理研究的重大成果《中國古籍總目》（以下簡称《總目》），每條書目一一對核《總目》，《總目》收者即標注《總目》頁碼，《總目》未收某版本者標注“無此版本”，《總目》未收者標注“無”，《總目》所收即浙江某館所藏者特殊標注，《總目》著録與普查信息有差異或一時無法判斷者標注“存疑”。拿浙江圖書館的近 7 萬條古籍數據來看，據不完全統計，除去複本，《總目》所收即浙江圖書館所藏者有 1100 多種，《總目》未收某一明確版本者有 3200 多種，《總目》未收者有 8300 多種。

全省 95 家單位中有 93 家單位有古籍數據，總條數計 22 萬條左右。根據分區域出版和達到一定條數可以單獨成書的原則，全省的古籍普查登記目録大致分爲以下 26 種：浙江圖書館，浙江大學圖書館，浙江省博物館，浙江省中醫藥研究院等四家收藏單位，杭州圖書館，西泠印社社務委員會等十家收藏單位、浙江省瑞安中學等八家收藏單位，寧波市圖書館，寧波市天一閣博物館，寧波市奉化區文物保護管理所等六家收藏單位、舟山市圖書館等二家收藏單位，温州市圖書館，瑞安市博物館，嘉興市圖書館，平湖市圖書館，嘉善縣圖書館，海寧市圖書館等六家收藏單位，湖州市圖書館等七家收藏單位、常山縣圖書館等二家收藏單位，紹興圖書館，嵊州市圖書館，紹興市上虞區圖書館等八家收藏單位，東陽市博物館，金華市博物館等九家收藏單位，衢州市博物館，台州市黄巖區圖書館，臨海市圖書館，臨海市博物館等六家收藏單位，麗水市圖書館等八家收藏單位。目前全省的古籍普查登記目録有多種已進入出版流程（爲保障普查編號的唯一性、終身有效性，各館數據以原普查編號從低到高的順序進行排列，由於浙江省古籍普查範圍包括古籍、民國時期傳統裝幀書籍、域外漢文古籍，著録時幾種文獻交替進行，而出版時是分開的，加之普查平臺系統出現的跳號情況，所以會出現普查編號不連貫的情況，特此説明），民國時期傳統裝幀書籍普查登記目録的編纂亦接近尾聲。普查登記工作和普查登記目録的編纂爲接下來《中華古籍總目·浙江卷》的編纂打下了良好的基礎。

浙江省古籍普查工作得到了各方的關心和支持。感謝各兄弟省份古籍同行的熱情幫助，感謝李致忠、張志清、吳格、陳先行、陳紅彦、陳荔京、羅琳、王清原、唱春蓮、李德生、石洪運、賈秀麗、范邦瑾等專家學者的悉心指導，藉力於此，普查工作纔得以順利完成。

條數多，分佈廣，又出於衆手，儘管工作中我們一直争取做到最好，但無論是已經著録的平臺數據還是即將付梓的登記目録，都難免存在紕漏，希望業界同仁不吝賜教，俾臻完善。

浙江省古籍保護中心
2018 年 4 月

《平湖市圖書館古籍普查登記目録》

編委會

主　編：陸愛斌　馬　慧

副主編：劉引珠　沈衆英

編　委：方　彭　朱　錚　蔣　斌　沈　芳

嚴亦容　唐麗霞　秦曉杰

《平湖市圖書館古籍普查登記目録》

前　言

素有"金平湖"之美譽的平湖,歷史悠久、人文底藴深厚,耕讀傳家理念深入人心,詩書傳承精神蔚然成風。本邑世家大族對藏書極爲重視,從宋太祖後裔趙孟堅彝齋、元張紘南村書堆、明馮洪業耘廬、明沈懋孝學古堂、清陸烜奇晉齋、清胡惠孚小重山館、清朱壬林小萬卷樓等,涌現出一大批藏書家,並於晚清達到頂峰,冠於一郡。近代出現三大著名藏書樓:葛氏傳樸堂、陸維鋆求是齋、孫振麟雪映廬,都特别重視地方文獻的收藏、保護和整理。尤以傳樸堂藏書品質极佳、數量巨大,甚至可與南潯嘉業堂媲美。先賢們的不斷搜集、用心保護,爲我們留下了彌足珍貴的古籍資源。

民國六年(1917),平湖縣公立通俗圖書館在城隍廟東廡成立,開啓了平湖公共圖書館的藏書歷程,隨後遷至中山公園、解放西路的朱宅小萬卷樓,1988 年 11 月至百花路新館,2006 年 7 月搬至東湖畔新館,至今已走過百年歷程。館舍不斷變遷,古籍的保護設施也不斷更新,從最早木質書架、書箱到鋼質書橱,再到現在的樟木書橱。庫房設備不斷完善,從原先的小屋,到現在的恒温恒濕环境,並配備高效滅火裝置,古籍得到了更好的保護。2013 年,我館獲首批"浙江省古籍重點保護單位"稱號。

本館古籍主要來源有:1958 年,城關鎮工商聯贈送《史記》等古籍 16 部 363 冊;1959 年縣財政局陸續撥交古舊書籍 2 萬多冊;此後不斷通过政府轉交、本館收購、民間捐贈等渠道,至 1964 年末,館藏古舊書達 40151 冊;1970 年進行館藏清點,綫裝書爲 34955 冊;1986 年古籍增至 34974 冊;2011 年 5 月至 7 月,經清點整理,館藏古籍共 36622 冊。

平湖市圖書館古籍整理起步較早,20 世紀 60 年代初,聘請本邑名流周默盦等四位老先生對本館所藏古籍進行初步整理。1979 年,因《中國古籍善本書目》的編製,圖書館蔡雪春、胡秀萍二位同志與平湖市博物館、莫氏莊園陳列館相关同志一起參與整理,經省、市(縣)組織有關專家對 190 部善本進行了鑒定,上報古籍善本 115 部,其中 29 部入《中國古籍善本書目》。1988 年搬入百花路新館,成立了古籍室,由蔣愔負責,開啓了對外閱覽功能。1991 年 1 月至 1993 年 12 月,參照《中國古籍善本書目》規則,劉引珠、沈安二位同志對館藏 33000 餘冊普通古籍進行整理,按四部分類法分類、排架,經過多年努力,編製出一套完整的館藏古籍目録卡片,並爲每種古籍撰寫標簽。2005 年方彭根據這套目録卡片,編寫了《平湖市圖書館館藏古籍目録》,分經、史、子、集四冊。2006 年,因《浙江省古籍善本聯合目録》的編撰,劉引珠、方彭等同志參加此項工作,對館藏古籍善本進一步整理。從以往的古籍整理看,由於工作條件有限,古籍整理還存在着分類不詳、版本著録模糊或不正確、殘本零亂等情况。

2007 年正式啓動的"中華古籍保護計劃",給平湖市圖書館的古籍工作發展帶來了新的契機,2009 年,根據浙江省人民政府辦公廳《關於進一步加强古籍保護工作的意見》(浙政辦發[2009]54 號)的精神,啓動古籍普查工作。市委、市政府高度重視古籍普查工作,平湖市人民政府辦公室下發了《關於進一步加强古籍保護工作的實施意見》(平政辦發[2011]54 號),使古籍保護工作進入了新的階段。平湖市圖書館於 2011 年 12 月制定古籍普查計劃,申報了古籍普查專題,正式啓動古籍普查工作。爲規範古籍普查工作,保障古籍普查工作品質,及時完成古籍普查任務,根據古籍普查要求,積極組織動員,落實專項經費和專職人員,多次派人參加在杭州舉辦的浙江省古籍普查培訓班,提高了古籍人員的業務水準。我館先後有 9 人投入到古籍普查工作中,最终於 2015 年 10 月完成館藏古籍普查任務。

此次古籍普查,我們邊整理邊平臺著録,逐步摸清了家底。對各類版本進行鑒定,發現大量珍稀資料;經過查重殘本、零冊配補、分散配套等多舉措完善古籍普查工作。本次普查專題的完成,加强了我市古籍目録體系建設,形成了一套更爲準確完整的館藏古籍目録,爲我們下一步有針對性地開展古籍保護和開發利用工作奠定了基礎,特别是地方文獻的開發與利用將得到進一步的提升。

我館古籍普查項目申報 36622 冊,普查過程中,發現的民國及以後的非綫裝本及碑帖共 259 冊,陸續予以剔除。共計完成 5971 部 36363 冊古籍,平臺著録數據 6006 條。本目録將普查登記目録經篩選整理成冊,共計收録數據 4329 條,凡清宣統三年(1911)以前的古籍皆在收録之列。經過普查,館藏古籍中發現較多善本,館藏善本從原有 1577 冊,增加到 2583 冊。明嘉靖三十七年(1558)刻本《大學衍義補纂要》六卷、明嘉靖二十三年至四十五年(1544－1566)刻本《東萊吕先生左氏博議句解》六卷两部古籍已入選第一批《國家珍貴古籍名録》;明天啓郎氏堂策檻刻本《注釋古周禮》五卷《考工記》一卷、明初刻本《纂圖互註荀子》二十卷等八部入選第一批《浙江省珍貴古籍名録》;明刻本《六欲軒初稿》不分卷和清雍正五年(1727)刻本《[浙江平湖]沈氏家乘》十二卷等四部入選第二批《浙江省珍貴古籍名録》;另有 53 部編入《嘉興市珍貴古籍圖録》。

我館館藏古籍鄉邦文獻數量大,内容豐富,文學性、史料性價值獨特,但缺少系統整理、開發和利用。經普查共整理出 3095 冊地方文獻,比原來增加 2251 冊。第一次發現了一批珍貴的平湖張氏稿本及抄本，尤其難得的是這批古籍從清初至民國，保存完整，内容涵蓋學術著作、詩文集、家譜、書信、喪葬禮儀等諸多方面，全面反映了平湖張氏家族學術成果，特别在文學創作上建樹極豐，另外在經學、詩話、繪畫、棋弈等方面都有杰出的成就。通過這些作品可以深入瞭解張氏一門深厚的家學淵源，爲研究平湖張氏家族的興衰演變提供重要的參考依據。

按照"讓書寫在古籍裏的文字都活起來"的古籍保護開發新理念，下一步，我館將分期分批對普查古籍進行開發利用。建立平臺，爲讀者提供可查閲的數字目録和書影，進一步擴大古籍的利用率和普及性。完善制度，制定古籍管理和保護制度，更加科學地保護古籍。同時，彙編出版具有地方特色的古籍利用讀本，爲平湖經濟和社會發展提供知識支撑。

《平湖市圖書館古籍普查登記目録》歷經數年，得以出版。它凝聚了本館歷任領導和古籍普查工作者的心血，是全體館員的智慧結晶。付梓之際，我們要感謝浙江省古籍保護中心的精心指導，感謝嘉興市圖書館古籍部對我們的鼓勵與幫助。感謝平湖市文化廣電新聞出版局對古籍保護與普查工作的鼎力支持，也要感謝業界專家與兄弟館同仁的無私幫助，感謝一直以來關心圖書館事業發展、關注古籍研究的社會各界人士。

此次古籍普查工作量巨大，普查人員水平有限，編纂時間緊，難免會出現紕繆，誠祈專家和廣大讀者不吝指正。

平湖市圖書館

2017 年 4 月 15 日

目　録

330000 – 1712 – 0000001　善 11　經部/春秋左傳類/傳說之屬
東萊呂先生左氏博議句解六卷　(宋)呂祖謙撰　明嘉靖二十三年至四十五年(1544 – 1566)刻本　二冊

330000 – 1712 – 0000002　善 535　史部/傳記類/總傳之屬/通代
尚友錄二十二卷　(明)廖用賢輯　清康熙五年(1666)撫臺商刻本　八冊

330000 – 1712 – 0000003　善 413　集部/別集類/宋別集
東坡先生編年詩五十卷　(宋)蘇軾撰　(清)查慎行補註　**東坡先生年表一卷**　清乾隆二十六年(1761)查開香雨齋刻本　十六冊

330000 – 1712 – 0000004　善 414　集部/別集類/清別集
堯峰文鈔五十卷　(清)汪琬撰　(清)林佶編　清康熙三十二年(1693)林佶刻本　四冊

330000 – 1712 – 0000005　善 415　集部/別集類/清別集
堯峰文鈔五十卷　(清)汪琬撰　(清)林佶編　清康熙三十二年(1693)林佶刻本　六冊

330000 – 1712 – 0000006　善 416　集部/別集類/清別集
漁洋山人精華錄箋注十二卷補一卷附年譜一卷　(清)王士禛撰　(清)金榮箋注　(清)徐淮纂輯　清康熙五十一年(1712)鳳翽堂刻本　六冊

330000 – 1712 – 0000008　經 039　經部/易類/傳說之屬
周易本義四卷附圖說一卷新增圖說一卷卦歌一卷筮儀一卷　(宋)朱熹撰　清光緒三年(1877)永康胡氏退補齋刻本　二冊

330000 – 1712 – 0000009　經 054　經部/詩類/傳說之屬
詩經精華十卷　(清)薛嘉穎輯　清咸豐十年(1860)佛山連元閣刻本　五冊

330000 – 1712 – 0000010　經 594　經部/易類/傳說之屬
周易稗疏一卷附攷異一卷　(清)王夫之撰　清湘西草堂刻本　二冊

330000 – 1712 – 0000011　經 333　經部/叢編
御纂七經二百九十四卷　(清)李光地等撰　清同治六年至九年(1867 – 1870)浙江書局刻本　一百四十二冊

330000 – 1712 – 0000012　經 547　經部/叢編
重刊宋本十三經注疏四百十六卷附十三經注疏校勘記四百十六卷　(清)阮元撰　(清)盧宣旬摘錄　清光緒十三年(1887)上海點石齋石印本　二十五冊

330000 – 1712 – 0000013　經 005　經部/易類/傳說之屬
鄭氏爻辰補六卷圖一卷　(清)戴棠撰　清道光二十九年(1849)燕山書屋刻本　三冊

330000 – 1712 – 0000014　經 055　經部/詩類/傳說之屬
詩義鈔八卷　(清)張學尹纂　清同治九年(1870)師白山房刻本　四冊

330000 – 1712 – 0000015　經 544　經部/叢編
古經解彙函十六種附小學彙函十四種　(清)鍾謙鈞等輯　清同治十二年(1873)粵東書局刻本　八十冊

330000 – 1712 – 0000016　善 140　經部/易類/傳說之屬
周易程朱傳義二十四卷　(宋)程頤　(宋)朱熹撰　**程子上下篇義一卷**　(宋)程頤撰　**周易朱子圖說一卷周易五贊一卷筮儀一卷**　(宋)朱熹撰　明嘉靖刻本　四冊

330000 – 1712 – 0000017　經 006　經部/易類/傳說之屬
鄭氏爻辰補六卷圖一卷　(清)戴棠撰　清道光二十九年(1849)燕山書屋刻本　四冊

330000 – 1712 – 0000018　經 004　經部/易類/傳說之屬
周易廓二十四卷　(清)陳世鎔撰　清咸豐元年(1851)獨秀山莊刻本　六冊

330000－1712－0000020　叢18　類叢部/叢書類/自著之屬

甌北全集八種　(清)趙翼撰　清光緒三年(1877)滇南唐氏刻本　十二册　存一種

330000－1712－0000021　經014　經部/易類/傳說之屬

周易釋十二卷　(清)鍾晉撰　清光緒三年(1877)永康胡氏退補齋刻民國二十四年(1935)補刻本　二册

330000－1712－0000022　叢19　類叢部/叢書類/自著之屬

甌北全集八種　(清)趙翼撰　清刻本　一册　存一種

330000－1712－0000023　經012　經部/易類/傳說之屬

易經傳八卷　(宋)程頤撰　清光緒九年(1883)江南書局刻本　三册

330000－1712－0000024　叢20　類叢部/叢書類/自著之屬

甌北全集八種　(清)趙翼撰　清乾隆至嘉慶湛貽堂刻本　四册　存一種

330000－1712－0000025　經010　經部/易類/傳說之屬

易經大義一卷　高德馨述　清光緒江蘇高等學堂石印本　一册

330000－1712－0000026　經090　經部/周禮類/傳說之屬

周禮節訓六卷　(清)黄叔琳輯　(清)姚培謙重訂　清刻本　二册

330000－1712－0000027　善12　經部/四書類/孟子之屬/傳說

蘇老泉批點孟子二卷　(宋)蘇洵批點　明萬曆四十一年(1613)程開祐刻本　六册

330000－1712－0000028　善13　經部/周禮類/傳說之屬

注釋古周禮五卷考工記一卷　(明)郎兆玉撰　明天啓郎氏堂策檻刻本　六册

330000－1712－0000029　善14　經部/周禮類/傳說之屬

注釋古周禮五卷考工記一卷　(明)郎兆玉撰　明天啓郎氏堂策檻刻本　四册　存四卷(一至三、五)

330000－1712－0000030　善15　經部/書類/分篇之屬

禹貢錐指二十卷圖一卷　(清)胡渭撰　清康熙漱六軒刻本　十二册

330000－1712－0000031　善16　經部/四書類/總義之屬/傳說

四書翼注論文三十八卷　(清)張甄陶撰　清乾隆五十二年(1787)浙湖竹下書堂刻本　十四册

330000－1712－0000032　善17　經部/春秋總義類/傳說之屬

春秋取義測十二卷　(清)法坤宏撰　清乾隆五十九年(1794)粵省西湖街六書齋刻本　四册

330000－1712－0000033　善18　經部/周禮類/分篇之屬

周官精義十二卷　(清)連斗山輯　清乾隆四十六年(1781)刻本　六册

330000－1712－0000034　善19　經部/叢編

澤存堂五種　(清)張士俊輯　清康熙張士俊澤存堂刻本　二册　存一種

330000－1712－0000035　善110　類叢部/叢書類/彙編之屬

經訓堂叢書二十二種　(清)畢沅編　清乾隆至嘉慶鎮洋畢氏刻彙印本　二册　存一種

330000－1712－0000036　善111　經部/小學類/文字之屬/字書/字體

隸辨八卷　(清)顧藹吉撰　清乾隆八年(1743)天都黄晟刻本　四册

330000－1712－0000037　善112　經部/小學類/文字之屬/字書/字體

隸辨八卷　(清)顧藹吉撰　清刻本　八册

330000－1712－0000038　善113　經部/小學類/文字之屬/字書/古文

摭古遺文二卷　(明)李登輯　**再增摭古遺文一卷**　(明)姚履旋增補　明萬曆刻本　二冊

330000－1712－0000039　善114　經部/小學類/文字之屬/字書/字體

六書通十卷　(明)閔齊伋撰　(清)畢弘述篆訂　清刻本　五冊

330000－1712－0000040　善115　類叢部/類書類/專類之屬

杜韓詩句集韻三卷　(清)汪文柏輯　清康熙四十六年(1707)古香樓刻本　八冊

330000－1712－0000041　史0249　史部/編年類/通代之屬

尺木堂綱鑑易知錄九十二卷明鑑易知錄十五卷　(清)吳乘權等輯　清咸豐八年(1858)經綸堂刻本　二十五冊　存五十三卷(綱鑑易知錄一至五十一、明鑑易知錄十四至十五)

330000－1712－0000042　史0242　史部/編年類/通代之屬

尺木堂綱鑑易知錄九十二卷　(清)吳乘權等輯　清刻本　一冊　存二卷(六十五至六十六)

330000－1712－0000044　善21　史部/紀傳類/正史之屬

史記一百三十卷目錄一卷　(漢)司馬遷撰　(南朝宋)裴駰集解　(唐)司馬貞索隱　(唐)張守節正義　明刻本　五十七冊　缺六卷(一百十七至一百二十二)

330000－1712－0000045　善22　史部/紀傳類/正史之屬

漢書一百卷　(漢)班固撰　(唐)顏師古注　明刻嘉靖十六年(1537)廣東崇正書院重修本(卷二十八配清抄本)　三十六冊

330000－1712－0000046　善53　類叢部/叢書類/自著之屬

亭林遺書十種　(清)顧炎武撰　清康熙吳江潘氏遂初堂刻本　八冊

330000－1712－0000047　善417　集部/別集類/明別集

青邱高季迪先生詩集十八卷遺詩一卷扣舷集一卷鳬藻集五卷首一卷附錄一卷　(明)高啓撰　(清)金檀輯注　清雍正六年至七年(1728－1729)桐鄉金氏文瑞樓刻本　六冊

330000－1712－0000048　善426　集部/詞類/詞譜之屬

詞律二十卷　(清)萬樹撰　清康熙二十六年(1687)萬氏堆絮園刻本　六冊

330000－1712－0000049　善23　史部/雜史類/斷代之屬

戰國策十二卷　(明)閔齊伋裁注　**今本目錄一卷**　明萬曆四十八年(1620)閔齊伋刻本　四冊

330000－1712－0000050　善24　史部/史評類/史論之屬

史通二十卷　(唐)劉知幾撰　明萬曆五年(1577)張之象刻本　四冊

330000－1712－0000051　善25　史部/傳記類/總傳之屬/仕宦

史外三十二卷　(清)汪有典撰　清乾隆十四年(1749)淡艷亭刻本　四冊

330000－1712－0000052　善26　史部/政書類/儀制之屬/典禮

典制類林四卷　(清)唐式南編　清乾隆三十年(1765)敬直堂刻本　二冊

330000－1712－0000053　善27　史部/金石類/石之屬/文字

隸釋二十七卷隸續二十一卷　(宋)洪适撰　清乾隆四十二年至四十三年(1777－1778)汪日秀樓松書屋刻本(隸續卷九至十原缺)　八冊

330000－1712－0000054　善28　史部/金石類/石之屬/文字

隸釋二十七卷隸續二十一卷　(宋)洪适撰　清乾隆四十二年至四十三年(1777－1778)汪日秀樓松書屋刻本(隸續卷九至十原缺，隸釋

卷一至卷四配清抄本)　七册

330000－1712－0000055　善 29　史部/金石類/石之屬/文字

金薤琳琅二十卷　(明)都穆撰　**金薤琳琅補遺一卷**　(清)宋振譽撰　清乾隆四十三年(1778)汪荻洲刻本　四册

330000－1712－0000056　善 31　子部/藝術類/書畫之屬/題跋

王箬林先生題跋二種　(清)王澍撰　清乾隆刻本　一册　存一種

330000－1712－0000057　善 210　史部/史評類/史論之屬

史通通釋二十卷附録一卷　(清)浦起龍撰　清乾隆十七年(1752)浦氏求放心齋刻本　八册

330000－1712－0000058　善 116　經部/群經總義類/傳説之屬

石經考異二卷　(清)杭世駿撰　清乾隆刻本　陸惟鋆題記　一册

330000－1712－0000059　善 32　子部/叢編

纂圖互註荀子五十卷　明初刻本　八册　存一種

330000－1712－0000060　善 117　經部/易類/傳説之屬

周易程朱傳義二十四卷　(宋)程頤　(宋)朱熹撰　**周易朱子圖説一卷筮儀一卷**　(宋)朱熹撰　明崇禎十三年(1640)周中度刻本　十二册

330000－1712－0000061　善 211　史部/傳記類/總傳之屬/家乘

義門吴氏譜三卷圖一卷　(清)□□撰　清抄本　潘德熙題簽、吴鳴甫跋　一册　存三卷(一、三,圖)

330000－1712－0000062　善 212　史部/政書類/通制之屬

文獻通考三百四十八卷　(元)馬端臨撰　明末刻映旭齋印本　七十八册　缺十卷(一百八十一至一百九十)

330000－1712－0000063　善 33　子部/儒家類/儒家之屬

横渠先生經學理窟五卷　(宋)張載撰　清康熙四十四年(1705)栖筠書屋刻本　一册

330000－1712－0000064　善 34　子部/儒家類/儒學之屬/經濟

大學衍義補纂要六卷　(明)徐栻輯　明嘉靖三十七年(1558)顧氏刻本　六册

330000－1712－0000065　善 41　集部/别集類/宋别集

晦庵先生朱文公文集一百卷續集五卷别集七卷目録二卷　(宋)朱熹撰　(清)臧眉錫等訂　清康熙二十七年(1688)蔡方炳刻本　五十册

330000－1712－0000066　善 35　子部/醫家類/本草之屬/神農本草經

神農本草經疏三十卷　(明)繆希雍撰　明天啓五年(1625)毛晉緑君亭刻本　十二册

330000－1712－0000067　善 36　經部/易類/易占之屬

焦氏易林十六卷　(漢)焦贛撰　(明)唐琳訂　明天啓六年(1626)唐瑜、唐琳刻本　四册

330000－1712－0000068　善 37　子部/醫家類/婦科之屬/通論

濟陰綱目十四卷　(明)武之望撰　(清)汪淇箋釋　**保生碎事一卷**　(清)汪淇輯　清雍正天德堂刻本　九册　存十四卷(一至十三)

330000－1712－0000069　善 38　子部/醫家類/方書之屬/歷代方書

唐王燾先生外臺秘要方四十卷　(唐)王燾撰　明崇禎十三年(1640)程氏經餘居刻本　十七册　存二十二卷(一至二十二)

330000－1712－0000070　善 39　子部/儒家類/儒學之屬

二程全書六十七卷　(宋)程顥　(宋)程頤撰　(宋)朱熹輯　清刻本　十册

330000－1712－0000071　善 310　子部/雜著類/雜説之屬

竇子紀聞類編四卷　(明)竇文照撰　明萬曆八年(1580)刻本　二冊

330000－1712－0000072　善311　子部/小說家類/雜事之屬
世說新語補二十卷附釋名一卷　(南朝宋)劉義慶撰　(南朝梁)劉孝標注　(明)何良俊增補　(明)王世貞刪定　(明)王世懋批釋　(明)張文柱校注　明萬曆十三年(1585)張文柱刻本　五冊

330000－1712－0000073　善312　子部/雜著類/雜纂之屬
諸子品節五十卷　(明)陳深輯　明萬曆刻本　一冊　存四卷(一至四)

330000－1712－0000074　善313　子部/雜著類/雜說之屬
香祖筆記十二卷　(清)王士禛撰　清康熙刻本　四冊

330000－1712－0000075　善314　類叢部/叢書類/自著之屬
甌北全集八種　(清)趙翼撰　清乾隆至嘉慶湛貽堂刻本　十二冊　存一種

330000－1712－0000076　善315　子部/藝術類/書畫之屬/畫譜
紅樓夢圖詠不分卷　(清)改琦繪　清光緒五年(1879)淮浦居士刻朱墨套印本　四冊

330000－1712－0000077　善51　類叢部/類書類/專類之屬
子史精華一百六十卷　(清)吳士玉　(清)吳襄等輯　清雍正五年(1727)武英殿刻本　三十二冊

330000－1712－0000078　善42　集部/總集類/彙編之屬
漢魏六朝一百三家集　(明)張溥編　明婁東張氏刻本　七冊　存七種

330000－1712－0000079　善43　類叢部/叢書類/彙編之屬
正誼堂全書六十三種續刻五種　(清)張伯行編　(清)楊浚重編　清同治五年(1866)福州正誼書院刻同治八年至光緒十三年(1869－1887)續刻本　六冊　存二種

330000－1712－0000080　善44　集部/別集類/唐五代別集
溫飛卿詩集七卷別集一卷集外詩一卷　(唐)溫庭筠撰　(明)曾益注　(清)顧予咸補注　(清)顧嗣立續注　清康熙三十六年(1697)顧氏秀野草堂刻乾隆刻本　二冊

330000－1712－0000081　善45　集部/別集類/唐五代別集
李義山文集十卷　(唐)李商隱撰　(清)徐樹穀箋　(清)徐炯注　清乾隆三十五年(1770)愛日堂刻本　三冊

330000－1712－0000082　善46　集部/別集類/唐五代別集
白香山詩長慶集二十卷後集十七卷別集一卷補遺二卷　(唐)白居易撰　(清)汪立名編訂　**白香山年譜一卷**　(清)汪立名撰　**白香山年譜舊本一卷**　(宋)陳振孫撰　清康熙四十一年至四十二年(1702－1703)汪立名一隅草堂刻本　十冊

330000－1712－0000083　集0809　集部/別集類/清別集
陶園文集八卷　(清)張九鉞撰　清嘉慶二十年(1815)張家樾、張家栻刻本　一冊

330000－1712－0000084　善47　集部/別集類/唐五代別集
昌黎先生詩集注十一卷年譜一卷　(唐)韓愈撰　(清)顧嗣立刪補　清康熙三十八年(1699)長洲顧嗣立秀野草堂刻本　四冊

330000－1712－0000085　善48　集部/別集類/唐五代別集
杜詩詳註二十五卷首一卷附編二卷　(唐)杜甫撰　(清)仇兆鰲輯註　清康熙刻本　十五冊

330000－1712－0000086　善49　集部/楚辭類
離騷辯不分卷　(清)朱冀撰　清康熙綠筠堂

刻本　一冊

330000－1712－0000087　集0784　集部/詩文評類/郡邑之屬

全浙詩話五十四卷　(清)陶元藻輯　(清)陶廷珍　(清)陶廷琡編　清嘉慶元年(1796)怡雲閣刻本　五冊　存十五卷(四十至五十四)

330000－1712－0000088　善316　子部/道家類

莊子南華真經十卷　(晉)郭象注　明末刻本　十冊

330000－1712－0000089　善317　子部/道家類

莊子南華真經三卷　(明)譚元春評閱　明崇禎八年(1635)張溥刻本　四冊

330000－1712－0000090　善318　子部/道家類

老子道德經四卷　題(漢)河上公注　**讀道德經諸家總評一卷**　(明)程一礎輯　明崇禎三年(1630)閒拙齋刻本　二冊

330000－1712－0000091　善410　集部/別集類/宋別集

施註蘇詩四十二卷目錄二卷　(宋)蘇軾撰　(宋)施元之　(宋)顧禧注　(清)顧嗣立　(清)邵長蘅　(清)宋至刪補　**蘇詩續補遺二卷**　(清)馮景補註　**王註正譌一卷**　(清)邵長蘅撰　**東坡先生年譜一卷**　(宋)王宗稷編　清康熙三十八年(1699)宋犖刻本(卷六配清抄本)　十二冊

330000－1712－0000092　善411　集部/別集類/宋別集

施註蘇詩四十二卷目錄二卷　(宋)蘇軾撰　(宋)施元之　(宋)顧禧注　(清)顧嗣立　(清)邵長蘅　(清)宋至刪補　**蘇詩續補遺二卷**　(清)馮景補註　**王註正譌一卷**　(清)邵長蘅撰　**東坡先生年譜一卷**　(宋)王宗稷編　清康熙三十八年(1699)宋犖刻本　十冊

330000－1712－0000093　善412　集部/別集類/宋別集

劍南詩鈔六卷　(宋)陸游撰　(清)楊大鶴選　清康熙二十四年(1685)毗陵楊氏刻本　六冊

330000－1712－0000094　善424　集部/總集類/選集之屬/斷代

明詩綜一百卷　(清)朱彝尊輯　(清)汪森等評　清康熙刻本　二十四冊

330000－1712－0000095　善418　集部/別集類/清別集

吴詩集覽二十卷補註二十卷吴詩談藪二卷拾遺一卷　(清)吳偉業撰　(清)靳榮藩注並輯　**吳梅村先生行狀一卷**　(清)顧湄撰　**吳梅村先生墓表一卷**　(清)陳廷敬撰　清乾隆四十年(1775)淩雲亭刻本　十四冊

330000－1712－0000096　善419　集部/別集類/清別集

板橋集五種　(清)鄭燮撰　清乾隆清暉書屋刻本　二冊

330000－1712－0000097　善420　集部/別集類/清別集

板橋集五種　(清)鄭燮撰　清乾隆清暉書屋刻本　一冊　存四種

330000－1712－0000098　善421　集部/別集類/清別集

香樹齋詩集十八卷文集二十八卷　(清)錢陳羣撰　清乾隆十六年至二十九年(1751－1764)刻本　十六冊

330000－1712－0000099　善423　集部/總集類/氏族之屬

嘉樂齋三蘇文範十八卷首一卷　(宋)蘇洵等撰　(明)楊慎輯　(明)袁宏道評釋　明天啓二年(1622)刻本　十冊

330000－1712－0000100　善425　集部/總集類/選集之屬/斷代

唐詩別裁集十卷　(清)沈德潛輯　清康熙刻本　金德淦題記　五冊

330000－1712－0000101　善422　叢書部/叢書類/自著之屬

歸愚詩鈔二十卷矢音集三卷　(清)沈德潛撰　清乾隆十八年(1753)刻本　九册

330000－1712－0000102　善428　集部/别集類/唐五代别集
杜詩偶評四卷　(唐)杜甫撰　(清)沈德潛評　清乾隆十二年(1747)潘承松賦閒草堂刻本　清之栩題記　二册

330000－1712－0000103　善427　集部/總集類/選集之屬/通代
歷朝名媛詩詞十二卷　(清)陸昶輯　清乾隆三十八年(1773)吳門陸昶紅樹樓刻本　六册

330000－1712－0000104　善429　集部/總集類/選集之屬/斷代
國朝六家詩鈔八卷　(清)劉執玉選編　清乾隆三十二年(1767)劉執玉詒燕樓刻本　四册

330000－1712－0000105　善430　集部/總集類/選集之屬/斷代
明人詩鈔正集十四卷續集十四卷　(清)朱琰輯　清乾隆二十五年(1760)樊桐山房刻本　四册　存十四卷(續集一至十四)

330000－1712－0000106　善431　集部/詞類/總集之屬
記紅集三卷詞韻簡一卷　(清)吳綺　(清)程洪輯　清康熙二十五年(1686)刻本　一册

330000－1712－0000107　善432　集部/别集類/清别集
御製詩集十卷第二集十卷　(清)聖祖玄燁撰　(清)高士奇輯　清康熙四十二年(1703)刻本　四册

330000－1712－0000108　善319　子部/儒家類/儒學之屬/性理
陸稼書先生讀朱隨筆四卷　(清)陸隴其撰　清康熙三十六年(1697)刻本　一册

330000－1712－0000109　善433　集部/别集類/清别集
陳檢討集十二卷詩鈔十卷　(清)陳維崧撰　(清)蔣景祁等輯　清康熙刻本　三册

330000－1712－0000110　善434　類叢部/叢書類/自著之屬
西堂全集　(清)尤侗撰　清康熙刻本　二十四册　存四種

330000－1712－0000111　善435　子部/儒家類/儒學之屬/性理
北溪先生字義二卷補遺一卷附嚴陵講義一卷　(宋)陳淳撰　清康熙五十三年(1714)戴嘉禧愛荆堂刻本　一册

330000－1712－0000112　善213　史部/地理類/總志之屬/斷代
大清一統志表不分卷　(清)徐午撰　清乾隆五十八年(1793)刻本　十册

330000－1712－0000113　善436　集部/總集類/選集之屬/斷代
宋十五家詩選　(清)陳訏輯　清康熙三十二年(1693)刻本　七册　缺一卷(東坡詩選一)

330000－1712－0000114　善437　集部/别集類/宋别集
楊龜山先生集四十二卷首一卷末一卷　(宋)楊時撰　(清)楊繩祖校刊　(清)沈涵疏　清康熙四十六年(1707)楊繩祖刻本　八册　存四十三卷(首、一至四十二)

330000－1712－0000116　善119　經部/小學類/音韻之屬/古今韻說
古今韻略五卷　(清)邵長蘅撰　清康熙三十五年(1696)商丘宋犖刻本　二册

330000－1712－0000117　善118　經部/四書類/總義之屬/專著
南軒先生四書語錄二卷　(宋)張栻撰　(清)張嘉楨等輯　清康熙刻本　二册

330000－1712－0000118　善440　類叢部/叢書類/自著之屬
西堂全集　(清)尤侗撰　清康熙刻本　五册　存三種

330000－1712－0000119　善120　類叢部/叢書類/自著之屬
朱文端公藏書　(清)朱軾撰　清康熙至乾隆

刻本　二冊　存一種

330000－1712－0000120　善438　集部/總集類/選集之屬/通代
古文析義十六卷　（清）林雲銘輯並注　清康熙二十一年（1682）刻本　十五冊　存十五卷（二至十六）

330000－1712－0000121　善439　類叢部/叢書類/自著之屬
西堂全集　（清）尤侗撰　清康熙刻本　二十三冊　存三種

330000－1712－0000122　史0177　史部/紀傳類/正史之屬
二十四史　清同治至光緒五省官書局彙印本（校刊史記集解索隱正義札記兩冊配清刻本）　三十八冊　存二種

330000－1712－0000123　善441　集部/别集類/清别集
陳檢討集二十卷　（清）陳維崧撰　（清）程師恭注　清康熙三十二年（1693）有美堂刻本　清顧邦傑跋　清徐熊飛評及圈點　四冊

330000－1712－0000124　善442　集部/别集類/清别集
梅村集四十卷　（清）吳偉業撰　清康熙八年（1669）顧湄等刻本　八冊

330000－1712－0000125　善321　子部/宗教類/道教之屬
性命雙修萬神圭旨四卷　清康熙九年（1670）一山房刻本　四冊

330000－1712－0000126　善215　史部/編年類/通代之屬
綱鑑會編九十八卷歷代統系表略三卷　（清）葉澐輯　清康熙刻本　四十冊

330000－1712－0000127　善322　子部/藝術類/書畫之屬/總論
江邨銷夏錄三卷　（清）高士奇撰　清康熙三十二年（1693）刻本　三冊

330000－1712－0000128　善121　經部/四書類/總義之屬/傳說
四書朱子異同條辨四十卷　（清）李沛霖　（清）李禎訂　清康熙近譬堂刻本　三十八冊

330000－1712－0000129　善55　類叢部/類書類/通類之屬
省軒考古類編十二卷　（清）柴紹炳撰　（清）姚廷謙評　清雍正四年（1726）澹成堂雲間刻本　四冊

330000－1712－0000130　善54　類叢部/類書類/專類之屬
子史精華一百六十卷　（清）吳士玉　（清）吳襄等輯　清雍正五年（1727）武英殿刻本　四十八冊

330000－1712－0000131　善444　集部/總集類/選集之屬/通代
香奩詩泐二卷奩詩泐補四卷奩製續泐五卷奩泐續補三卷　（清）范端昂撰　清雍正鳳鳴軒刻本　四冊

330000－1712－0000132　善443　集部/别集類/清别集
在陸草堂文集六卷　（清）儲欣撰　（清）邢維信編　清雍正元年（1723）刻本　二冊

330000－1712－0000133　善217　史部/地理類/方志之屬/郡縣志
［乾隆］平湖縣志十卷首一卷末一卷　（清）王恒修　（清）張誠等纂　清乾隆五十五年（1790）刻本　十冊

330000－1712－0000134　善445　集部/别集類/明别集
張龍湖先生文集十五卷　（明）張治撰　（清）彭思眷編　清雍正四年（1726）彭思眷刻墨香閣印本　四冊

330000－1712－0000135　善122　經部/書類/傳說之屬
尚書後案三十卷附後辨一卷　（清）王鳴盛撰　清乾隆四十五年（1780）禮堂刻本　六冊

330000－1712－0000136　善323　史部/傳記

類/科舉録之屬
詞科掌錄十七卷餘話七卷 （清）杭世駿輯 清乾隆道古堂刻本 十二冊

330000－1712－0000137 善216 史部/傳記類/别傳之屬/年譜
陸稼書［隴其］先生年譜定本二卷附録一卷 （清）吳光酉編 清雍正三年（1725）清風堂刻乾隆六年（1741）增刻本 清方坰題記並圈點 二冊

330000－1712－0000138 善449 集部/别集類/清别集
蘭韻堂詩集八卷文集五卷經進文稿二卷御覽集六卷 （清）沈初撰 清乾隆四十九年（1784）刻五十九年（1794）增刻本 五冊 缺八卷（詩集一至八）

330000－1712－0000139 善446 集部/總集類/選集之屬/斷代
明詩别裁集十二卷 （清）沈德潛 （清）周準輯 清乾隆刻本 周岫雲題簽 四冊

330000－1712－0000140 善218 史部/金石類/郡邑之屬/文字
粵東金石略九卷首一卷附二卷 （清）翁方綱撰 清乾隆石洲草堂刻本 二冊

330000－1712－0000141 善219 史部/地理類/雜志之屬
龍井見聞録十卷附宋僧元淨外傳二卷 （清）汪孟鋗纂 清乾隆刻本 四冊

330000－1712－0000142 善447 集部/别集類/明别集
東濱先生詩集三卷 （明）徐咸撰 明天啓元年（1621）海鹽徐承祖刻清乾隆南州草堂補修本 清張憲和跋 一冊

330000－1712－0000143 善451 集部/别集類/清别集
曝書亭集詩註二十四卷朱竹垞［彝尊］先生年譜一卷 （清）楊謙撰 清楊氏木山閣刻本（卷二三至二四原缺） 六冊

330000－1712－0000144 善450 集部/總集類/酬唱之屬
鴛鴦湖棹歌五卷 （清）朱彝尊 （清）譚吉璁撰 （清）陸以誠 （清）張燕昌續 清乾隆四十年（1775）朱芳衡刻本 二冊

330000－1712－0000145 善448 集部/總集類/酬唱之屬
夏柳倡和詩不分卷 （清）金永昌輯 清乾隆二十八年（1763）嘉興金永昌容德堂刻本 一冊

330000－1712－0000146 善452 集部/總集類/選集之屬/斷代
唐詩别裁集十卷 （清）沈德潛輯 清康熙五十六年（1717）碧梧書屋刻本 四冊 存八卷（一至八）

330000－1712－0000147 善453 集部/總集類/選集之屬/斷代
唐詩别裁集十卷 （清）沈德潛輯 清康熙刻本 二冊 存四卷（七至十）

330000－1712－0000148 善123 經部/易類/傳説之屬
易義闡四卷朱子易學啟蒙一卷 （清）韓松纂撰 清乾隆五十四年（1789）刻本 三冊

330000－1712－0000149 善454 集部/别集類/清别集
雈鶴亭詩集十一稿十一卷 （清）曹庭棟撰 清乾隆遞修本 二冊 存二卷（三、七）

330000－1712－0000150 善124 經部/春秋總義類/傳説之屬
公羊穀梁春秋合編附註疏纂十二卷 （明）朱泰禎撰 清乾隆五十八年（1793）敦本堂刻本 四冊

330000－1712－0000151 史0701 史部/政書類/律令之屬/律例
大清律例增修統纂集成四十卷附督捕則例附纂二卷 （清）姚潤輯 （清）陶駿 （清）陶念霖增輯 清刻本 一冊 存一卷（八）

330000－1712－0000152 叢60 類叢部/類書類/專類之屬

重編留青新集二十四卷　(清)馮善長輯　清光緒十六年(1890)上海鉛印本　十六冊

330000－1712－0000153　善220　史部/編年類/通代之屬
資治通鑑綱目四編合刻　(清)丁寶楨輯　清刻本　八十冊

330000－1712－0000154　善324　子部/雜著類/雜考之屬
全謝山先生經史問答十卷　(清)全祖望撰　清乾隆三十年(1765)刻本　八冊

330000－1712－0000155　善56　類叢部/類書類/通類之屬
文選七種　(清)儲欣輯　清乾隆十年至十五年(1745－1750)受祉堂刻本　十三冊

330000－1712－0000156　叢61　類叢部/類書類/專類之屬
重編留青新集二十四卷　(清)馮善長輯　清光緒十四年(1888)上海宏文閣錫活字印本　四冊　存八卷(十一至十二、十四、十六、二十一至二十四)

330000－1712－0000157　善57　類叢部/叢書類/輯佚之屬
文選七種　(清)儲欣輯　清乾隆十年至十五年(1745－1750)受祉堂刻本　清陳翰題簽　十三冊　存三種

330000－1712－0000158　善221　史部/雜史類
十六國春秋一百卷　(北魏)崔鴻撰　清乾隆三十九年(1774)汪氏欣託山房刻四十六年(1781)校印本　二十冊

330000－1712－0000159　善222　類叢部/叢書類/彙編之屬
經訓堂叢書二十二種　(清)畢沅編　清乾隆至嘉慶鎮洋畢氏刻彙印本　五冊　存二種

330000－1712－0000160　善223　史部/地理類/山川之屬/山志
雲臺山志八卷首一卷末一卷　(清)崔應階編　清乾隆三十七年(1772)研露樓刻本　清郁洲山人題記　四冊

330000－1712－0000161　善224　史部/地理類/山川之屬/水志
水經注釋四十卷首一卷附錄二卷水經注箋刊誤十二卷　(清)趙一清撰　清乾隆五十一年(1786)趙氏小山堂刻本　二十冊

330000－1712－0000162　善225　史部/傳記類/別傳之屬/年譜
陸稼書[隴其]先生年譜一卷　(清)吳光酉編　清康熙五十七年(1718)吳永芳刻本　一冊

330000－1712－0000163　善58　類叢部/叢書類/自著之屬
果堂全集三種附二種　(清)沈彤撰　清乾隆吳江沈氏果堂刻本　一冊　存一種

330000－1712－0000164　善455　集部/總集類/選集之屬/通代
古逸書三十卷首一卷末一卷　(明)潘基慶輯　明萬曆刻本　四冊　存七卷(一至七)

330000－1712－0000165　善226　史部/紀傳類/正史之屬
刪補晉書一百三十卷　(唐)房玄齡等撰　(明)鍾惺評　(明)蔣之翹刪定　明崇禎十二年(1639)蔣氏家塾刻本　二十冊

330000－1712－0000166　善456　集部/別集類/明別集
六欲軒初稿不分卷　(明)賀燦然撰　明刻本　二冊

330000－1712－0000167　善325　子部/醫家類/醫經之屬/内經
醫經原旨六卷　(清)薛雪撰　清乾隆十九年(1754)薛氏掃葉莊刻本　六冊

330000－1712－0000168　善326　子部/儒家類/儒學之屬/性理
讀書錄十一卷續錄十二卷　(明)薛瑄撰　清刻本　八冊

330000－1712－0000169　善125　經部/叢編
李氏成書五種　(清)李文炤撰　清四爲堂刻

本　十六冊　存四種

330000－1712－0000170　善126　經部/四書類/總義之屬/傳說

四書考輯要二十卷　(清)陳弘謀輯　(清)陳蘭森編校　清乾隆三十六年(1771)陳氏培遠堂刻本　八冊

330000－1712－0000171　善327　子部/藝術類/篆刻之屬/印譜

坤皋鐵筆二卷　(清)鞠履厚篆刻　清乾隆二十年(1755)刻鈐印本　一冊　存一卷(二)

330000－1712－0000172　善457　集部/總集類/選集之屬/斷代

重訂唐詩別裁集二十卷　(清)沈德潛輯　清乾隆二十八年(1763)教忠堂刻本　八冊

330000－1712－0000173　善127　類叢部/類書類/專類之屬

五經類編二十八卷　(清)周世樟撰　清雍正二年(1724)穀詒堂刻本　十冊

330000－1712－0000174　善328　子部/儒家類/儒學之屬/性理

讀書錄十一卷續錄十二卷　(明)薛瑄撰　清康熙刻本　四冊

330000－1712－0000175　善458　類叢部/叢書類/自著之屬

經韻樓叢書(段氏叢書)十一種　(清)段玉裁撰　清乾隆至道光金壇段氏刻彙印本　二冊　存一種

330000－1712－0000176　善227　史部/紀傳類/正史之屬

史記一百三十卷　(漢)司馬遷撰　(南朝宋)裴駰集解　(唐)司馬貞索隱　(唐)張守節正義　清同治五年至九年(1866－1870)金陵書局刻本　二十冊

330000－1712－0000177　善460　集部/總集類/選集之屬/斷代

唐人小律花雨集二卷續集一卷　(清)薛雪輯　清乾隆江南薛氏埽葉莊刻本　二冊

330000－1712－0000178　善459　集部/總集類/選集之屬/通代

玉臺新詠十卷　(南朝陳)徐陵編　(清)吳兆宜原注　(清)程琰刪補　(清)彭啟豐等考訂　清乾隆三十九年(1774)程琰稻香樓刻本　四冊

330000－1712－0000179　善329　子部/醫家類/綜合之屬/通論

醫學十書　(清)陳璞撰　清光緒七年(1881)羊城雲林閣刻本　十一冊　缺六卷(此事難知一,湯液本草一、三,外科精義一,格致餘論一,局方發揮一)

330000－1712－0000180　善461　集部/總集類/選集之屬/斷代

中晚唐詩叩彈集十二卷續集三卷　(清)杜詔　(清)杜庭珠輯　清康熙四十三年(1704)采山亭刻本　三冊

330000－1712－0000181　善462　集部/總集類/選集之屬/通代

咏物詩選八卷　(元)俞琰輯　清雍正三年(1725)寧儉堂刻本　八冊

330000－1712－0000182　善330　子部/農家農學類/園藝之屬/花卉

二如亭群芳譜三十卷首一卷　(明)王象晉撰　清刻本　十一冊　存十六卷(天譜三,歲譜二至四,蔬譜首、一至二,果譜首、一至四,藥譜首、一至二,木譜二)

330000－1712－0000183　叢421　類叢部/叢書類/彙編之屬

榆園叢刻十五種附一種　(清)許增編　清同治至光緒刻本　六冊　存七種

330000－1712－0000184　善465　集部/總集類/彙編之屬

唐詩百名家全集　(清)席啓寓輯　清康熙四十一年(1702)洞庭席氏琴川書屋刻本　一冊　存一種

330000－1712－0000185　叢34　類叢部/叢書類/彙編之屬

榆園叢刻十五種附一種　(清)許增編　清同治至光緒刻本　十二冊　存五種

330000－1712－0000186　善466　集部/詩文評類/詩評之屬

全唐詩話八卷　(宋)尤袤輯　(清)孫濤續輯　清乾隆三十九年(1774)清芬堂刻本　四冊

330000－1712－0000187　善128　經部/易類/傳說之屬

周易三卷首一卷末一卷　(清)王衔輯義　清嘉慶十五年(1810)牛樹梅抄本　清牛樹梅校點　一冊

330000－1712－0000188　善129　經部/叢編

澤存堂五種　(清)張士俊輯　清康熙吳郡張士俊澤存堂刻本　一冊　存一種

330000－1712－0000189　善467　集部/別集類/唐五代別集

李義山詩集三卷　(唐)李商隱撰　(清)朱鶴齡箋注　**李義山詩譜一卷附錄諸家詩評一卷**　清順治十六年(1659)刻本　四冊

330000－1712－0000190　善130　經部/叢編

通志堂經解一百四十種　(清)納蘭成德輯　清康熙十九年(1680)納蘭成德刻本(禮記集說卷一百二十七至一百三十三、一百三十八至一百六十配清抄本)　清張紹和題簽　五十二冊　存六種

330000－1712－0000191　善464　集部/總集類/選集之屬/斷代

山滿樓箋註唐詩七言律六卷　(清)趙臣瑗輯　清抄本　六冊

330000－1712－0000192　善228　史部/地理類/總志之屬/斷代

廣輿記二十四卷圖一卷　(明)陸應陽輯　(清)蔡方炳增輯　清大文堂刻本　十二冊

330000－1712－0000193　叢33　類叢部/叢書類/彙編之屬

榆園叢刻十五種附一種　(清)許增編　清同治至光緒刻本　五冊　存四種

330000－1712－0000194　史0281　史部/紀事本末類/斷代之屬

皇朝武功紀盛四卷　(清)趙翼撰　清末鉛印本　二冊　存二卷(一至二)

330000－1712－0000195　叢30　類叢部/叢書類/彙編之屬

榆園叢刻十五種附一種　(清)許增編　清同治至光緒刻本　三冊　存三種

330000－1712－0000196　叢31　類叢部/叢書類/彙編之屬

榆園叢刻十五種附一種　(清)許增編　清同治至光緒刻本　一冊　存一種

330000－1712－0000197　經007　經部/易類/傳說之屬

讀易蒐十二卷　(清)鄭賡唐撰　清光緒四年(1878)五雲松溪刻本　六冊

330000－1712－0000198　集2018　集部/詩文評類/文評之屬

文心雕龍十卷　(南朝梁)劉勰撰　(清)黃叔琳輯注　(清)紀昀評　清光緒二十三年(1897)寶善書局石印本　二冊　存四卷(一至四)

330000－1712－0000201　叢32　類叢部/叢書類/彙編之屬

榆園叢刻十五種附一種　(清)許增編　清同治至光緒刻本　二冊　存一種

330000－1712－0000202　經001　經部/易類/傳說之屬

周易本義四卷附圖說一卷新增圖說一卷卦歌一卷　(宋)朱熹撰　清光緒十九年(1893)浙江書局刻本　二冊

330000－1712－0000203　經008　經部/易類/傳說之屬

周易本義四卷附圖說一卷卦歌一卷筮儀一卷　(宋)朱熹撰　清光緒沈曾桐醉六堂刻本　二冊

330000－1712－0000204　經009　經部/易類/傳說之屬

周易本義四卷附圖說一卷卦歌一卷筮儀一卷　(宋)朱熹撰　清光緒十七年(1891)席氏埽葉山房刻本　二册

330000－1712－0000205　子1166　子部/宗教類/道教之屬
道言内外五種秘錄十二卷　(清)陶素耜撰　清咸豐四年(1854)郫筒紫雲堂刻本　六册

330000－1712－0000206　經003　經部/易類/傳說之屬
周易述四十卷　(清)惠棟集注並疏　清乾隆二十五年(1760)德州盧見曾雅雨堂刻本(卷八、二一、二四至四十原缺)　八册

330000－1712－0000207　經011　經部/叢編
十三經單注　清同治七年(1868)楚北崇文書局刻朱印本　二册　存一種

330000－1712－0000208　經015　經部/易類/圖說之屬
九畫卦三卷　(清)張誠撰　清道光平湖張氏抄本　一册

330000－1712－0000209　經016　經部/易類/圖說之屬
九畫卦二卷　(清)張誠撰　清道光十七年(1837)平湖張氏抄本　二册

330000－1712－0000210　經013　經部/易類/傳說之屬
周易十翼十卷　清平湖張氏躬厚堂抄本　一册

330000－1712－0000211　叢327　類叢部/叢書類/彙編之屬
古棠書屋叢書十八種　(清)孫澍　(清)孫錤編　清道光鵝溪孫氏刻本　四册　存一種

330000－1712－0000212　經018　經部/叢編
十三經讀本一百五十二卷　(清)□□編　清同治金陵書局刻本　二册　存一種

330000－1712－0000213　經019　經部/易類/傳說之屬
易經精華六卷首一卷末一卷　(清)薛嘉穎撰　清光緒元年(1875)天一閣刻本(卷首原缺)　二册

330000－1712－0000214　叢21　類叢部/叢書類/自著之屬
甌北全集八種　(清)趙翼撰　清乾隆至嘉慶湛貽堂刻本　四册　存一種

330000－1712－0000215　集1367　集部/別集類/清別集
潛園襍俎一卷　(清)朱克敬撰　(清)蔣立言　(清)彭召虎評　清同治十年(1871)長沙刻本　一册

330000－1712－0000216　經021　經部/易類/傳說之屬
周易本義四卷附圖說一卷卦歌一卷筮儀一卷　(宋)朱熹撰　清光緒九年(1883)上洋大文楨記刻本　二册

330000－1712－0000217　經023　經部/易類/傳說之屬
鄭氏易禮疏一卷諸家易禮疏一卷　(清)張憲和撰　清光緒二十七年(1901)稿本　清張憲和觀款　一册

330000－1712－0000218　經022　經部/易類/傳說之屬
周易一卷附鄭康成戒子益恩書等雜抄不分卷　清抄本　一册

330000－1712－0000219　經024　經部/易類/傳說之屬
鄭氏易禮疏一卷諸家易禮疏一卷　(清)張憲和撰　清光緒二十二年(1896)稿本　一册

330000－1712－0000220　經025　經部/易類/傳說之屬
易指事四卷　(清)彭焯南纂輯　清光緒二年(1876)古槑草廬刻本　一册

330000－1712－0000222　經026　經部/易類/傳說之屬
周易本義四卷附圖說一卷新增圖說一卷卦歌

一卷筮儀一卷　(宋)朱熹撰　清光緒三年(1877)永康胡氏退補齋刻本　一册　存三卷(二至四)

330000－1712－0000223　經028　經部/叢編

十三經讀本一百五十二卷　(清)□□編　清同治金陵書局刻本　二册　存一種

330000－1712－0000224　經017　經部/叢編

漢魏二十一家易注三十三卷　(清)孫堂輯　清嘉慶四年(1799)平湖孫堂映雪草堂刻本　一册　存一種

330000－1712－0000225　經031　經部/易類/傳說之屬

周易本義四卷附圖說一卷新增圖說一卷卦歌一卷筮儀一卷　(宋)朱熹撰　清光緒三年(1877)永康胡氏退補齋刻本　二册

330000－1712－0000226　經032　經部/易類/傳說之屬

周易釋十二卷　(清)鍾晉撰　清光緒三年(1877)永康胡氏退補齋刻民國二十四年(1935)補刻本　二册

330000－1712－0000227　經030　經部/易類/傳說之屬

周易本義四卷附圖說一卷新增圖說一卷卦歌一卷筮儀一卷　(宋)朱熹撰　清光緒三年(1877)永康胡氏退補齋刻本　一册　存三卷(二至四)

330000－1712－0000228　經033　經部/易類/傳說之屬

周易本義四卷附圖說一卷新增圖說一卷卦歌一卷筮儀一卷　(宋)朱熹撰　清光緒三年(1877)永康胡氏退補齋刻本　二册

330000－1712－0000229　經034　經部/易類/傳說之屬

周易本義四卷附圖說一卷新增圖說一卷卦歌一卷筮儀一卷　(宋)朱熹撰　清光緒三年(1877)永康胡氏退補齋刻本　二册

330000－1712－0000230　經035　經部/易類/傳說之屬

周易本義四卷附圖說一卷新增圖說一卷卦歌一卷筮儀一卷　(宋)朱熹撰　清光緒三年(1877)永康胡氏退補齋刻本　二册

330000－1712－0000231　經020　經部/易類/傳說之屬

讀易偶記二卷　清末張氏躬厚堂抄本　二册

330000－1712－0000232　經027　經部/易類/傳說之屬

漢儒易義針度四卷　(清)朱昌壽撰　**附近科文式一卷**　(清)希鼓等撰　清同治九年(1870)珍研齋刻本　賓文氏題簽　一册　存二卷(一至二)

330000－1712－0000233　經036　經部/易類/傳說之屬

周易本義四卷附圖說一卷新增圖說一卷卦歌一卷　(宋)朱熹撰　清同治七年(1868)楚北崇文書局刻本　二册

330000－1712－0000234　經029　經部/易類/傳說之屬

易經傳八卷　(宋)程頤撰　清光緒九年(1883)江南書局刻本　二册　存四卷(一至四)

330000－1712－0000235　經037　經部/書類/傳說之屬

書經精華六卷　(清)薛嘉穎撰　清咸豐六年(1856)連元閣刻本　二册

330000－1712－0000236　經040　經部/書類/傳說之屬

書經集傳六卷　(宋)蔡沈撰　清光緒三年(1877)永康退補齋胡氏刻本　三册

330000－1712－0000237　經038　經部/書類/傳說之屬

書經集傳六卷　(宋)蔡沈撰　清光緒三年(1877)永康胡氏退補齋刻本　四册

330000－1712－0000238　經092　經部/三禮總義類/通禮雜禮之屬

司馬氏書儀十卷　(宋)司馬光撰　清同治七

年(1868)江蘇書局刻本　一冊

330000 - 1712 - 0000239　經 041　經部/書類/傳說之屬
書經集傳六卷　(宋)蔡沈撰　清光緒三年(1877)永康胡氏退補齋刻本　四冊

330000 - 1712 - 0000240　經 042　經部/書類/傳說之屬
書經集傳六卷　(宋)蔡沈撰　清光緒三年(1877)永康胡氏退補齋刻本　一冊　存二卷(五至六)

330000 - 1712 - 0000241　經 043　經部/書類/傳說之屬
書經集傳六卷　(宋)蔡沈撰　清光緒三年(1877)永康胡氏退補齋刻本　清戚其竇題簽、觀款、圈點　四冊

330000 - 1712 - 0000242　經 044　經部/書類/傳說之屬
尚書後案駁正二卷　(清)王劼撰　清刻本　一冊

330000 - 1712 - 0000243　經 045　經部/書類/傳說之屬
書經精華六卷　(清)薛嘉穎撰　清光緒九年(1883)上洋掃葉山房刻本　四冊

330000 - 1712 - 0000244　經 046　經部/書類/傳說之屬
尚書今古文注三十卷　(清)孫星衍撰　王闓運書　清光緒五年(1879)丁寶楨成都刻本　二冊

330000 - 1712 - 0000247　經 049　經部/書類/傳說之屬
書經集傳六卷　(宋)蔡沈撰　清文彬堂刻本　六冊

330000 - 1712 - 0000248　經 534　經部/叢編
十三經註疏附考證　(清)□□輯　清乾隆四年(1739)武英殿刻本　一冊　存一種

330000 - 1712 - 0000249　經 050　經部/書類/傳說之屬
尚書札記四卷　(清)許鴻磐著　清同治九年(1870)學海堂刻本　四冊

330000 - 1712 - 0000250　經 053　經部/書類/分篇之屬
禹貢抄讀一卷　清抄本　一冊

330000 - 1712 - 0000252　經 052　經部/書類/傳說之屬
書經集傳六卷　(宋)蔡沈撰　清光緒三年(1877)永康胡氏退補齋刻本　四冊

330000 - 1712 - 0000253　經 056　經部/書類/傳說之屬
書經集傳六卷　(宋)蔡沈撰　清同治十三年(1874)席氏掃葉山房刻本　三冊　缺一卷(四)

330000 - 1712 - 0000254　經 058　經部/書類/傳說之屬
書經集傳六卷　(宋)蔡沈撰　清道光十三年(1833)吟樨山房刻本　一冊　存一卷(一)

330000 - 1712 - 0000255　經 057　經部/易類/傳說之屬
書經集傳六卷　(宋)蔡沈集撰　清刻本　一冊　存二卷(五至六)

330000 - 1712 - 0000256　經 061　經部/詩類/傳說之屬
詩經集傳八卷　(宋)朱熹撰　清道光二十六年(1846)珊城鄧氏武昌鹺署刻本　四冊

330000 - 1712 - 0000257　叢 02　類叢部/叢書類/自著之屬
船山先生經史八種　(清)王夫之撰　清光緒二十八年(1902)上海書局石印本　五冊　存四種

330000 - 1712 - 0000258　經 059　經部/書類/分篇之屬
禹貢一卷　(清)王蔭善輯　清抄本　一冊

330000 - 1712 - 0000259　經 062　經部/叢編
五經五十八卷　(清)□□輯　清紫陽朱氏崇道堂刻本　四冊　存八卷(詩經一至八)

330000－1712－0000260　經 064　經部/詩類/傳說之屬

詩經集傳八卷　(宋)朱熹撰　清光緒三年(1877)永康胡氏退補齋刻本　四冊

330000－1712－0000261　經 063　經部/詩類/傳說之屬

詩經集傳八卷　(宋)朱熹撰　清光緒三年(1877)永康胡氏退補齋刻本　四冊

330000－1712－0000262　經 065　經部/詩類/傳說之屬

詩經集傳八卷　(宋)朱熹撰　清光緒三年(1877)永康退補齋胡氏刻本　三冊　存六卷(三至八)

330000－1712－0000263　經 066　經部/詩類/傳說之屬

補毛詩補傳十一卷　(清)□□補　清平湖張氏躬厚堂抄本　三冊

330000－1712－0000264　經 060　經部/書類/傳說之屬

尚書大義授課作案不分卷　(清)江蘇高等學堂編　清光緒江蘇高等學堂石印本　一冊

330000－1712－0000266　經 068　經部/詩類/傳說之屬

詩經集傳四卷　(宋)朱熹撰　清同治二年(1863)崇川文會堂刻本　二冊　存三卷(二至四)

330000－1712－0000267　經 069　經部/叢編

岳氏相臺五經九十六卷附考證　清光緒十年(1884)長沙龍氏家塾刻本　三十六冊

330000－1712－0000269　經 071　經部/詩類/傳說之屬

毛詩讀三十卷　(清)王劼撰　清咸豐五年(1855)成都刻本　八冊

330000－1712－0000270　經 072　經部/詩類/傳說之屬

詩經集解一卷　(清)□□撰　清抄本　一冊

330000－1712－0000271　經 074　經部/詩類/傳說之屬

詩經集傳不分卷　(宋)朱熹撰　清抄本　清謝吉林題簽　四冊

330000－1712－0000272　經 073　經部/詩類/詩序之屬

詩序廣義敘論雜抄不分卷　清抄本　一冊

330000－1712－0000273　經 075　經部/詩類/傳說之屬

詩經集傳八卷　(宋)朱熹撰　清末李光明莊刻本　四冊

330000－1712－0000274　經 076　經部/詩類/傳說之屬

詩經集傳八卷　(宋)朱熹撰　清光緒三年(1877)刻本　四冊

330000－1712－0000275　經 077　經部/詩類/傳說之屬

詩經集傳八卷　(宋)朱熹撰　清光緒十年(1884)夏序記刻本　四冊

330000－1712－0000276　經 078　經部/詩類/傳說之屬

毛詩故訓傳鄭箋三十卷　(漢)毛亨傳　(漢)毛萇撰　(漢)鄭玄箋　清同治十一年(1872)淮安五雲堂刻本　四冊

330000－1712－0000277　經 079　經部/詩類/傳說之屬

毛詩說三十卷　(清)孫燾撰　清嘉慶二十年(1815)刻本　一冊　存十卷(九至十八)

330000－1712－0000278　經 080　經部/詩類/傳說之屬

國風一卷　清抄本　一冊

330000－1712－0000279　經 081　經部/詩類/傳說之屬

詩經集傳八卷　(宋)朱熹撰　清光緒十年(1884)夏序記刻本　四冊

330000－1712－0000280　經 082　經部/詩

類/傳說之屬

詩經集傳八卷 （宋）朱熹撰 清光緒三年(1877)嘉興麟玉山房刻本 四冊

330000－1712－0000281 經083 經部/詩類/傳說之屬

詩經集傳八卷 （宋）朱熹撰 清夏序記刻本 一冊 存二卷(一至二)

330000－1712－0000282 經084 經部/詩類/傳說之屬

詩經集傳八卷 （宋）朱熹撰 清刻本 哲甫題簽 二冊 存五卷(四至八)

330000－1712－0000283 經086 經部/詩類/傳說之屬

詩經集傳八卷 （宋）朱熹撰 清末李光明莊刻本 三冊 存四卷(一至三、五)

330000－1712－0000284 經085 經部/詩類/傳說之屬

詩經集傳八卷 （宋）朱熹撰 清刻本 一冊 存二卷(四至五)

330000－1712－0000285 叢330 類叢部/叢書類/自著之屬

平湖顧氏遺書五種 （清）顧廣譽撰 清光緒三年(1877)顧鴻昇刻本 十四冊

330000－1712－0000286 經088 經部/周禮類/傳說之屬

周禮精華六卷 （清）陳龍標輯 清刻本 五冊 缺一卷(五)

330000－1712－0000287 經089 經部/周禮類/傳說之屬

周禮節訓六卷 （清）黄叔琳輯 （清）姚培謙重訂 清光緒十二年(1886)蘇州集古山房刻本 二冊

330000－1712－0000288 經091 經部/周禮類/傳說之屬

周禮十二卷 （漢）鄭玄注 （唐）陸德明音義 清光緒三年(1877)永康胡氏退補齋刻本 六冊

330000－1712－0000289 經093 經部/周禮類/傳說之屬

周官經疏備要六卷首一卷 （清）顧大治編 清嘉慶十年(1805)刻本 二冊

330000－1712－0000290 經094 經部/周禮類/傳說之屬

周禮政要四卷 （清）孫詒讓撰 清光緒二十八年(1902)瑞安普通學堂石印本 二冊

330000－1712－0000291 經095 經部/周禮類/傳說之屬

周禮十二卷 （漢）鄭玄注 （唐）陸德明音義 清光緒三年(1877)永康胡氏退補齋刻本 六冊

330000－1712－0000292 經087 經部/儀禮類/傳說之屬

儀禮注十七卷 （漢）鄭玄注 （唐）陸德明音義 清光緒三年(1877)永康胡氏退補齋刻本 四冊

330000－1712－0000293 經096 經部/儀禮類/傳說之屬

儀禮章句十七卷 （清）吳廷華撰 清道光二十九年(1849)經國堂刻本 三冊

330000－1712－0000294 經097 經部/儀禮類/圖說之屬

儀禮圖六卷 （清）張惠言撰 清同治九年(1870)崇文書局刻本 三冊

330000－1712－0000295 經099 經部/儀禮類/傳說之屬

儀禮先易六卷 （清）吕仁傑撰 清刻本 三冊 存四卷(三至六)

330000－1712－0000296 經098 經部/周禮類/傳說之屬

周禮精華六卷 （清）陳龍標輯 清光緒六年(1880)掃葉山房刻本 六冊

330000－1712－0000297 經100 經部/儀禮類/圖說之屬

儀禮圖六卷 （清）張惠言撰 清同治九年(1870)崇文書局刻本 三冊

330000－1712－0000298　經101　經部/儀禮類/圖說之屬
儀禮圖六卷　(清)張惠言撰　清同治九年(1870)崇文書局刻本　三冊

330000－1712－0000299　經102　經部/儀禮類/圖說之屬
儀禮圖六卷　(清)張惠言撰　清同治九年(1870)崇文書局刻本　三冊

330000－1712－0000300　經104　經部/三禮總義類/通禮雜禮之屬
司馬氏書儀十卷　(宋)司馬光撰　清同治七年(1868)江蘇書局刻本　一冊

330000－1712－0000301　善132　經部/儀禮類/傳說之屬
儀禮易讀十七卷　(清)馬駉撰　清乾隆二十年(1755)山陰縣學刻本　四冊

330000－1712－0000302　經103　經部/儀禮類/傳說之屬
儀禮注十七卷　(漢)鄭玄注　(唐)陸德明音義　清光緒三年(1877)永康胡氏退補齋刻本　四冊

330000－1712－0000303　經105　經部/儀禮類/傳說之屬
儀禮正義四十卷　(清)胡培翬撰　(清)楊大堉補　清咸豐二年(1852)刻同治七年(1868)補刻本　十九冊　存三十八卷(三至四十)

330000－1712－0000304　經106　經部/禮記類/傳說之屬
禮記集解六十一卷尚書顧命解一卷　(清)孫希旦撰　**敬軒先生行狀一卷**　(清)孫衣撰　清咸豐十年至同治七年(1860－1868)瑞安孫氏盤谷草堂刻本　十冊

330000－1712－0000305　經108　經部/儀禮類/傳說之屬
儀禮釋官九卷首一卷　(清)胡匡衷撰　清同治八年(1869)績谿胡肇智刻本　二冊　存五卷(首,一、七至九)

330000－1712－0000306　經110　經部/禮記類/傳說之屬
續禮記集說一百卷　(清)杭世駿撰　清光緒二十一年至三十年(1895－1904)浙江書局刻本　四十冊

330000－1712－0000307　經111　經部/禮記類/傳說之屬
禮記集說十卷　(元)陳澔撰　清光緒十九年(1893)浙江書局刻本　十冊

330000－1712－0000308　經109　經部/周禮類/傳說之屬
宋葉文康公禮經會元四卷　(宋)葉時撰　(清)陸隴其點定　清刻本　二冊　存二卷(一至二)

330000－1712－0000309　經113　經部/禮記類/傳說之屬
禮記集說十卷　(元)陳澔撰　清咸豐元年(1851)掃葉山房刻本　九冊　缺一卷(五)

330000－1712－0000310　經112　經部/禮記類/傳說之屬
禮記集說十卷　(元)陳澔撰　清光緒三年(1877)永康退補齋胡氏刻本　十冊

330000－1712－0000311　善59　類叢部/叢書類/彙編之屬
經訓堂叢書二十一種　(清)畢沅編　清乾隆至嘉慶鎮洋畢氏刻本　五冊　存六種

330000－1712－0000312　經114　經部/禮記類/傳說之屬
禮記集說十卷　(元)陳澔撰　清光緒三年(1877)永康退補齋胡氏刻本　十冊

330000－1712－0000313　經115　經部/儀禮類/逸禮之屬
逸禮攷補一卷　(清)□□撰　清光緒平湖張氏躬厚堂抄本　一冊

330000－1712－0000314　經118　經部/周禮類/傳說之屬
周禮精華六卷　(清)陳龍標輯　清刻本　五冊　缺一卷(一)

330000－1712－0000315　經116　經部/儀禮類/逸禮之屬

逸禮攷補一卷　(清)□□撰　稿本　一册

330000－1712－0000316　經117　經部/儀禮類/逸禮之屬

公羊注逸禮攷徵訂補一卷　(清)張憲和撰　清光緒平湖張氏躬厚堂抄本　清張憲和題簽　一册

330000－1712－0000317　經107　經部/禮記類/傳説之屬

禮記省度四卷　(清)彭頤撰　清抄本　一册　存一卷(四)

330000－1712－0000318　經119　經部/三禮總義類/通禮雜禮之屬

家禮儀節輯要八卷　(清)李士達輯　清觀恒堂刻本　三册　缺二卷(七至八)

330000－1712－0000319　經120　經部/三禮總義類/通禮雜禮之屬

四禮推疑八卷　(清)顧廣譽撰　清平湖張氏躬厚堂抄本　一册

330000－1712－0000320　經121　經部/叢編

萬充宗先生經學五書五種十九卷　(清)萬斯大撰　清乾隆二十四年至二十六年(1759－1761)辨志堂刻本　二册　存三種

330000－1712－0000321　經122　經部/禮記類/傳説之屬

禮記集説十卷　(元)陳澔撰　清咸豐元年(1851)姑蘇緑蔭堂刻本　四册　存四卷(一、六至七、十)

330000－1712－0000322　經123　經部/三禮總義類/通禮雜禮之屬

五禮通考二百六十二卷首四卷總目二卷　(清)秦蕙田撰　清乾隆二十六年(1761)金匱秦蕙田味經窩刻本　二十册　存五十五卷(二百八至二百六十二)

330000－1712－0000323　經125　經部/春秋總義類/傳説之屬

春秋胡傳三十卷　(宋)胡安國撰　(宋)林堯叟音註　清刻本　鄧立題簽　五册　缺四卷(一至四)

330000－1712－0000324　經124　經部/叢編

夏小正一卷　(漢)戴德傳　**論語典制一卷**　清平湖張氏躬厚堂抄本　一册

330000－1712－0000325　經126　經部/春秋總義類/正文之屬

春秋一卷　清平湖張氏躬厚堂抄本　一册

330000－1712－0000326　經127　經部/春秋總義類/傳説之屬

春秋胡傳三十卷總目一卷　(宋)胡安國撰　(宋)林堯叟音註　清刻本　六册

330000－1712－0000327　經128　子部/叢編

二十二子(二十二子彙函)　(清)浙江書局編　清光緒元年至三年(1875－1877)浙江書局刻本　二册　存一種

330000－1712－0000328　經130　經部/春秋左傳類/傳説之屬

春秋經傳集解三十卷　(晉)杜預撰　**春秋名號歸一圖二卷**　(五代)馮繼先撰　**春秋年表一卷**　(宋)岳珂刊補　清光緒三年(1877)永康胡氏退補齋刻本　十二册

330000－1712－0000329　經129　經部/春秋左傳類/傳説之屬

春秋經傳集解三十卷　(晉)杜預撰　**春秋名號歸一圖二卷**　(五代)馮繼先撰　**春秋年表一卷**　(宋)岳珂刊補　清光緒三年(1877)永康胡氏退補齋刻本　九册　缺十一卷(一、五至十一,歸一圖一至二,年表)

330000－1712－0000331　經131　經部/春秋總義類/傳説之屬

春秋精義四卷首一卷　(清)黄淦輯　清嘉慶九年(1804)慈谿養正堂刻本　一册　缺二卷(三至四)

330000－1712－0000332　經134　經部/春秋總義類/專著之屬

春秋例表二十八篇　(清)王代豐撰　清光緒

七年(1881)四川尊經書院刻本　二冊

330000－1712－0000333　經 133　經部/春秋總義類/專著之屬
春秋識小錄初刻三書十卷　(清)程廷祚撰　清光緒三十二年(1906)江寧傅氏晦齋刻本　三冊　缺一卷(春秋職官考略上)

330000－1712－0000334　經 136　經部/春秋總義類/專著之屬
春秋例表三十八篇　(清)王代豐撰　(清)廖震等編　清光緒三十四年(1908)東州刻本　二冊

330000－1712－0000335　經 135　經部/春秋總義類/專著之屬
春秋劉氏傳十五卷　(宋)劉敞撰　清抄本　二冊

330000－1712－0000336　經 137　經部/春秋左傳類/傳說之屬
左傳事緯十二卷左傳字釋一卷　(清)馬驌撰　清光緒四年(1878)吳縣潘氏敏德堂刻本　六冊

330000－1712－0000337　經 138　經部/春秋左傳類/傳說之屬
東萊先生左氏博議二十五卷　(宋)呂祖謙撰　**虛字註釋備考六卷**　(清)張文炳點定　清道光十九年(1839)錢唐瞿氏清吟閣刻本　四冊

330000－1712－0000338　經 139　經部/春秋左傳類/傳說之屬
春秋左傳(校經山房左傳杜林合註)五十卷　(晉)杜預　(宋)林堯叟註釋　(唐)陸德明音義　(明)鍾惺等評點　清光緒三十一年(1905)校經山房石印本　十冊　缺四卷(十九至二十二)

330000－1712－0000339　經 140　經部/春秋左傳類/傳說之屬
春秋經傳集解三十卷　(晉)杜預撰　**春秋名號歸一圖二卷**　(五代)馮繼先撰　**春秋年表一卷**　(宋)岳珂刊補　清光緒三年(1877)永康胡氏退補齋刻本　十二冊

330000－1712－0000342　經 144　經部/春秋左傳類/專著之屬
春秋軼事類鈔不分卷　清末映月居抄本　清守樞校點　三冊

330000－1712－0000345　善 133　經部/春秋左傳類/傳說之屬
左傳事緯十二卷左傳字釋一卷　(清)馬驌撰　清乾隆四十九年(1784)仁和黃暹懷澄堂刻本　十冊

330000－1712－0000349　經 149　經部/春秋左傳類/傳說之屬
評點春秋綱目左傳句解彙雋六卷　(清)韩菼重訂　清宣統元年(1909)石印本　六冊

330000－1712－0000350　經 150　經部/春秋左傳類/傳說之屬
評點春秋綱目左傳句解彙雋六卷　(清)韓菼重訂　清宣統元年(1909)石印本　二冊　存二卷(二至三)

330000－1712－0000351　經 151　經部/春秋左傳類/傳說之屬
評點春秋綱目左傳句解彙雋六卷　(清)韓菼重訂　清宣統元年(1909)石印本　三冊　存三卷(二至三、五)

330000－1712－0000354　經 155　經部/春秋左傳類/傳說之屬
春秋左傳杜注三十卷首一卷　(清)姚培謙撰　**春秋名號歸一圖二卷**　(五代)馮繼先撰　**春秋年表一卷**　(宋)岳珂刊補　清光緒十九年(1893)浙江書局刻本　十冊

330000－1712－0000356　經 157　經部/春秋左傳類/傳說之屬
春秋經傳集解三十卷　(晉)杜預撰　**春秋名號歸一圖二卷**　(五代)馮繼先撰　**春秋年表一卷**　(宋)岳珂刊補　清光緒三年(1877)永康胡氏退補齋刻本　十二冊

330000－1712－0000357　經 156　經部/春秋左傳類/傳說之屬

春秋左傳二十卷 (晉)杜預 (宋)林堯叟註釋 (唐)陸德明音義 (明)鍾惺等評點 清末刻本 十一册 缺二卷(一至二)

330000－1712－0000358 經 160 經部/春秋左傳類/傳說之屬
春秋左傳杜注三十卷首一卷 (清)姚培謙撰 清嘉慶元年(1796)金閶書業堂刻本 十册

330000－1712－0000359 經 159 經部/春秋左傳類/傳說之屬
欽定春秋左傳讀本三十卷 (清)英和等撰 清同治八年(1869)江蘇書局刻本 十册

330000－1712－0000360 經 158 經部/春秋左傳類/傳說之屬
左繡三十卷首一卷 (清)馮李驊 (清)陸浩評輯 (清)范允斌 (清)沈乃文 (清)陸偲參評 (清)馮張孫等校輯 清文富堂刻本 十六册

330000－1712－0000361 經 162 經部/春秋公羊傳類/傳說之屬
春秋公羊傳十一卷 (漢)何休注 (唐)陸德明音義 清光緒三年(1877)永康胡氏退補齋刻本 四册

330000－1712－0000362 經 161 經部/春秋公羊傳類/傳說之屬
春秋公羊傳彙解十一卷 (漢)何休撰 清平湖張氏躬厚堂抄本 十一册

330000－1712－0000363 經 163 經部/春秋公羊傳類/傳說之屬
春秋公羊傳十一卷 (漢)何休注 (唐)陸德明音義 清刻本 三册 存八卷(四至十一)

330000－1712－0000364 經 164 經部/春秋左傳類/傳說之屬
讀左日鈔十二卷補二卷 (清)朱鶴齡輯 (清)黃宗羲等訂 清康熙二十年(1681)刻本 一册 存六卷(一至六)

330000－1712－0000365 經 165 經部/春秋公羊傳類/傳說之屬
春秋公羊傳十一卷 (漢)何休注 (唐)陸德明音義 清光緒三年(1877)永康胡氏退補齋刻本 四册

330000－1712－0000366 經 166 經部/春秋公羊傳類/傳說之屬
春秋公羊傳十一卷 (漢)何休注 (唐)陸德明音義 清光緒三年(1877)永康胡氏退補齋刻本 四册

330000－1712－0000367 經 167 經部/春秋公羊傳類/傳說之屬
張氏公羊二種六卷 (清)張憲和撰 清光緒刻本 四册

330000－1712－0000368 經 168 經部/春秋公羊傳類/傳說之屬
張氏公羊二種六卷 (清)張憲和撰 清光緒刻本 四册

330000－1712－0000369 經 169 經部/春秋公羊傳類/傳說之屬
張氏公羊二種六卷 (清)張憲和撰 清光緒刻本 四册

330000－1712－0000370 經 171 經部/春秋左傳類/傳說之屬
春秋左傳五十卷 (晉)杜預 (宋)林堯叟註釋 (唐)陸德明音義 (明)鍾惺等評點 清末李光明莊刻本 吳增題簽並記 五册 存十五卷(十五至十七、三十三至四十一、四十五至四十七)

330000－1712－0000371 經 170 經部/春秋公羊傳類/傳說之屬
張氏公羊二種六卷 (清)張憲和撰 清光緒刻本 一册 存二卷(讀公羊注記疑二至三)

330000－1712－0000374 經 174 經部/春秋公羊傳類/傳說之屬
張氏公羊二種不分卷 (清)張憲和撰 稿本 三册

330000－1712－0000375 經 175 經部/春秋公羊傳類/傳說之屬
張氏公羊二種不分卷 (清)張憲和撰 稿本 二册 存讀春秋公羊注記疑

330000－1712－0000376　經 176　經部/春秋公羊傳類/傳說之屬

張氏公羊二種六卷　(清)張憲和撰　清光緒十九年(1893)稿本　二冊

330000－1712－0000377　經 177　經部/春秋公羊傳類/傳說之屬

張氏公羊二種六卷　(清)張憲和撰　清光緒二十七年(1901)平湖張氏躬厚堂稿本　二冊

330000－1712－0000378　經 178　經部/春秋公羊傳類/傳說之屬

張氏公羊二種六卷　(清)張憲和撰　清光緒抄本　四冊

330000－1712－0000379　經 179　經部/春秋公羊傳類/傳說之屬

春秋公羊傳解十二卷　(漢)何休撰　清平湖張氏躬厚堂抄本　十一冊

330000－1712－0000380　經 180　經部/春秋總義類/傳說之屬

公羊傳選一卷穀梁傳選一卷　(清)儲欣評　清抄本　一冊

330000－1712－0000381　經 181　經部/春秋公羊傳類/傳說之屬

春秋公羊傳十一卷　(漢)何休注　(唐)陸德明音義　清抄本　二冊

330000－1712－0000382　經 183　經部/春秋穀梁傳類/傳說之屬

春秋穀梁傳十二卷　(晉)范甯集解　(唐)陸德明音義　清光緒三年(1877)永康胡氏退補齋刻本　四冊

330000－1712－0000383　經 184　經部/春秋穀梁傳類/傳說之屬

穀梁申義一卷　王闓運撰　清光緒十七年(1891)刻本　一冊

330000－1712－0000384　經 185　經部/春秋穀梁傳類/傳說之屬

穀梁申義一卷　王闓運撰　清光緒十七年(1891)刻本　一冊

330000－1712－0000385　經 186　經部/春秋穀梁傳類/傳說之屬

穀梁申義一卷　王闓運撰　清光緒十七年(1891)刻本　一冊

330000－1712－0000386　經 182　經部/春秋公羊傳類/傳說之屬

公羊義證三卷　清平湖張氏躬厚堂抄本　七冊

330000－1712－0000387　經 187　經部/春秋穀梁傳類/傳說之屬

春秋穀梁傳十二卷　(晉)范甯集解　(唐)陸德明音義　清光緒三年(1877)永康胡氏退補齋刻本　四冊

330000－1712－0000388　經 188　經部/春秋穀梁傳類/傳說之屬

春秋穀梁傳十二卷　(晉)范甯集解　(唐)陸德明音義　清光緒三年(1877)永康胡氏退補齋刻本　四冊

330000－1712－0000389　經 189　經部/春秋穀梁傳類/傳說之屬

春秋穀梁傳十二卷　(晉)范甯集解　(唐)陸德明音義　清光緒三年(1877)永康胡氏退補齋刻本　四冊

330000－1712－0000390　經 190　經部/春秋穀梁傳類/傳說之屬

春秋穀梁經傳補注二十四卷首一卷末一卷　(晉)范甯集解　(清)鍾文烝詳補注　清光緒二年(1876)嘉善鍾氏信美室刻本　八冊

330000－1712－0000391　經 191　經部/春秋穀梁傳類/傳說之屬

春秋穀梁經傳補注二十四卷首一卷末一卷　(晉)范甯集解　(清)鍾文烝詳補注　清光緒二年(1876)嘉善鍾氏信美室刻本　八冊

330000－1712－0000392　經 192　經部/春秋公羊傳類/傳說之屬

公羊例鈔一卷　清抄本　四冊

330000－1712－0000393　經 193　經部/春秋總義類/傳說之屬

春秋胡傳三十卷總目一卷　（宋）胡安國撰　（宋）林堯叟音註　清恕堂刻本　一冊　存五卷（一至四、總目）

330000－1712－0000394　經194　類叢部/叢書類/自著之屬
甘泉全集三種　（明）湛若水撰　清同治五年（1866）資政堂刻本　一冊　存一種

330000－1712－0000395　經195　經部/春秋左傳類/傳説之屬
春秋左傳杜注三十卷首一卷　（清）姚培謙撰　清光緒九年（1883）江南書局刻本　七冊　缺十卷（三至六、二十五至三十）

330000－1712－0000396　經196　經部/春秋公羊傳類/傳説之屬
公羊箋十一卷　王闓運撰　清抄本　四冊

330000－1712－0000397　經197　經部/春秋左傳類/傳説之屬
左傳讀本一卷附一卷　（清）方人傑評輯　清刻本　一冊

330000－1712－0000398　經198　經部/春秋左傳類/傳説之屬
東萊博議四卷首一卷　（宋）呂祖謙撰　**增補虛字註釋一卷**　（清）馮泰松點定　清光緒二十四年（1898）上海文富樓石印本　一冊

330000－1712－0000399　經199　經部/春秋左傳類/傳説之屬
左繡三十卷首一卷　（清）馮李驊　（清）陸浩評輯　（清）范允斌　（清）沈乃文　（清）陸偲參評　（清）馮張孫等校輯　清光緒六年（1880）掃葉山房刻本　十六冊

330000－1712－0000403　經200　經部/春秋左傳類/傳説之屬
讀左筆記不分卷　（清）□□撰　清抄本　二冊

330000－1712－0000404　經214　經部/孝經類/傳説之屬
孝經一卷　（唐）玄宗李隆基注　（唐）陸德明音義　**孝經刊誤一卷**　（宋）朱熹著　清光緒三年（1877）永康胡氏退補齋刻本　一冊

330000－1712－0000405　經215　經部/孝經類/傳説之屬
孝經一卷　（唐）玄宗李隆基注　（唐）陸德明音義　**孝經刊誤一卷**　（宋）朱熹著　清光緒三年（1877）永康胡氏退補齋刻本　一冊

330000－1712－0000406　經216　經部/孝經類/傳説之屬
孝經一卷　（唐）玄宗李隆基注　（唐）陸德明音義　**孝經刊誤一卷**　（宋）朱熹著　清光緒三年（1877）永康胡氏退補齋刻本　一冊

330000－1712－0000407　經201　經部/春秋公羊傳類/傳説之屬
公羊證事三卷　清平湖張氏躬厚堂抄本　一冊

330000－1712－0000408　經203　經部/春秋左傳類/傳説之屬
左繡三十卷首一卷　（清）馮李驊　（清）陸浩評輯　（清）范允斌　（清）沈乃文　（清）陸偲參評　（清）馮張孫等校輯　清末李光明莊刻本　十六冊

330000－1712－0000409　經202　類叢部/類書類/專類之屬
春秋經傳類聯三十三卷　（清）王繩曾撰　（清）屈作梅補注　清嘉慶七年（1802）紉蘭堂刻本　陸惟鋆題記　四冊

330000－1712－0000410　經206　經部/春秋左傳類/傳説之屬
東萊博議四卷首一卷　（宋）呂祖謙撰　**增補虛字註釋一卷**　（清）馮泰松點定　清光緒十八年（1892）上海古香閣石印本　一冊

330000－1712－0000411　經204　經部/春秋左傳類/傳説之屬
東萊博議四卷　（宋）呂祖謙撰　**增補虛字註釋一卷**　（清）馮泰松點定　清光緒三十一年（1905）上海商務印書館鉛印本　二冊

330000－1712－0000413　經207　經部/春秋左傳類/傳説之屬

東萊先生左氏博議二十五卷　(宋)呂祖謙撰　**虚字註釋備考六卷**　(清)張文炳點定　清光緒二十四年(1898)掃葉山房刻本　六册

330000－1712－0000414　經 208　經部/春秋左傳類/傳說之屬

東萊先生左氏博議二十五卷　(宋)呂祖謙撰　**虚字註釋備考六卷**　(清)張文炳點定　清光緒十四年(1888)雲陽義秀書屋刻本　六册

330000－1712－0000415　經 212　經部/孝經類/傳說之屬

孝經論十卷　(明)呂維祺輯　清同治七年(1868)刻本　二册

330000－1712－0000417　經 220　經部/孝經類/傳說之屬

孝經一卷　(唐)玄宗李隆基注　(唐)陸德明音義　**孝經刊誤一卷**　(宋)朱熹著　清光緒三年(1877)永康胡氏退補齋刻本　一册

330000－1712－0000418　經 209　經部/春秋左傳類/傳說之屬

東萊先生左氏博議二十五卷　(宋)呂祖謙撰　**虚字註釋備考六卷**　(清)張文炳點定　清刻本　五册　缺八卷(一至二、虚字注釋備考一至六)

330000－1712－0000421　經 222　經部/孝經類/傳說之屬

孝經一卷　(唐)玄宗李隆基註　清末京師學務處官書局影印本　一册

330000－1712－0000422　經 223　經部/孝經類/傳說之屬

孝經一卷　(唐)玄宗李隆基註　清末京師學務處官書局影印本　一册

330000－1712－0000423　經 211　經部/春秋左傳類/傳說之屬

東萊博議四卷　(宋)呂祖謙撰　(清)張文炳評點　清刻本　一册　存一卷(二)

330000－1712－0000424　經 224　經部/孝經類/傳說之屬

孝經一卷　(宋)朱熹注　**弟子職一卷**　(清)任兆麟集注　清掃葉山房刻本　一册

330000－1712－0000425　經 225　經部/孝經類/傳說之屬

孝經一卷　(唐)玄宗李隆基注　(唐)陸德明音義　**孝經刊誤一卷**　(宋)朱熹著　清光緒三年(1877)永康胡氏退補齋刻本　一册

330000－1712－0000426　經 226　經部/四書類/總義之屬/傳說

四書雜論一卷　(清)卓雲祥等撰　清抄本　一册

330000－1712－0000427　經 227　經部/四書類/總義之屬/傳說

大學中庸不分卷　(漢)鄭玄注　**雜記不分卷**　清末抄本　一册

330000－1712－0000428　經 228　經部/四書類/中庸之屬/傳說

中庸章句一卷　(宋)朱熹撰　清抄本　三册

330000－1712－0000429　經 230　集部/總集類/選集之屬/通代

欽定四書文四十一卷　(清)方苞輯　清光緒二年(1876)湖北崇文書局刻本　十六册　存三十二卷(欽定化治四書文一至六、欽定正嘉四書文一至六、欽定隆萬四書文一至六、欽定啟禎四書文一至七、欽定本朝四書文一至七)

330000－1712－0000431　經 231　集部/總集類/選集之屬/通代

欽定四書文四十一卷　(清)方苞輯　清光緒二年(1876)湖北崇文書局刻本　一册　存三卷(欽定隆萬四書文中庸一、孟子一至二)

330000－1712－0000432　經 233　經部/四書類/論語之屬/傳說

論語集注一卷　(宋)朱熹撰　清抄本　四册

330000－1712－0000433　經 236　經部/四書類/總義之屬/傳說

四書集註十九卷　(宋)朱熹撰　清光緒十八年(1892)浙江書局刻本　六册

330000－1712－0000434　經 237　經部/四書

類/論語之屬/傳說

論語古訓十卷附一卷　(清)陳鱣撰　清光緒九年(1883)浙江書局刻本　二冊

330000－1712－0000435　經234　經部/四書類/總義之屬/傳說

四書集註十九卷　(宋)朱熹撰　清光緒十八年(1892)浙江書局刻本　陸善澧題簽　七冊

330000－1712－0000436　經247　經部/四書類/總義之屬/傳說

四書集註十九卷　(宋)朱熹撰　清光緒三年(1877)永康胡氏退補齋刻本　六冊

330000－1712－0000437　經239　經部/四書類/總義之屬/傳說

四書集註十九卷　(宋)朱熹撰　清光緒十八年(1892)浙江書局刻本　六冊　缺一卷(中庸)

330000－1712－0000438　經235　經部/四書類/總義之屬/傳說

四書集註十九卷　(宋)朱熹撰　清同治十年(1871)刻本　六冊

330000－1712－0000439　經241　經部/四書類/總義之屬/傳說

四書集註十九卷　(宋)朱熹撰　清光緒元年(1875)湖北崇文書局刻本　六冊

330000－1712－0000440　經242　經部/四書類/論語之屬/傳說

論語話解十卷　(清)陳濬撰　清末上海陳壽記書局石印本　四冊

330000－1712－0000441　經283　類叢部/叢書類/彙編之屬

玉海堂景宋元本叢書二十種別行二種　劉世珩編　清光緒至民國貴池劉氏玉海堂影刻本　一冊　存一種

330000－1712－0000442　經238　經部/四書類/總義之屬/傳說

學庸順文九卷當湖陸稼書先生師弟子答問一卷　(清)李實輯　清康熙四十二年(1703)李天植刻本　一冊　存九卷(一至九)

330000－1712－0000444　經245　經部/四書類/論語之屬/傳說

論語正義二十四卷　(清)劉寶楠撰　(清)劉恭冕述　清同治五年(1866)刻本　六冊

330000－1712－0000445　經246　經部/四書類/總義之屬/傳說

四書集註十九卷　(宋)朱熹撰　清光緒二十年(1894)文瑞樓刻本　十四冊

330000－1712－0000446　叢01　類叢部/叢書類/自著之屬

儆居遺書十一種　(清)黄式三撰　清同治至光緒刻本　十八冊　存三種

330000－1712－0000447　經248　經部/四書類/總義之屬/傳說

四書集註十九卷　(宋)朱熹撰　清光緒元年(1875)湖北崇文書局刻本　六冊

330000－1712－0000449　經250　經部/四書類/總義之屬/傳說

四書集註十九卷　(宋)朱熹撰　清光緒三十二年(1906)上海商務印書館鉛印本　四冊　存四卷(孟子三、五至七)

330000－1712－0000450　經252　經部/四書類/總義之屬/傳說

四書典故辨正二十卷附錄一卷　(清)周柄中撰　清同治五年(1866)賞奇閣刻本　六冊

330000－1712－0000451　經251　經部/四書類/總義之屬/傳說

監本四書四種　清光緒十八年(1892)淮南書局刻本　六冊

330000－1712－0000454　經255　經部/四書類/孟子之屬/傳說

增補蘇批孟子二卷孟子年譜一卷　(宋)蘇洵撰　(清)趙大浣增補　清三讓堂刻朱墨套印本　二冊

330000－1712－0000456　經259　經部/四書類/總義之屬/傳說

四書拾義五卷　(清)胡紹勳撰　清道光十四年(1834)吟經樓刻本　二冊

330000－1712－0000457　經257　經部/四書類/總義之屬/傳說

四書集編二十九卷　(宋)真德秀撰　(清)翁錫書等增訂批點　清同治七年(1868)西山祠刻本　六冊

330000－1712－0000459　經260　經部/四書類/總義之屬/傳說

四書釋地補一卷續補一卷又續補一卷三續補一卷　(清)閻若璩撰　(清)樊廷枚校補　清嘉慶二十一年(1816)梅陽海涵堂刻本　六冊

330000－1712－0000461　經261　經部/四書類/總義之屬/傳說

四書釋地重校編次一卷附孟子生卒年月考一卷　(清)閻若璩撰　(清)吳元音校編　清嘉慶二十一年(1816)涵碧齋刻本　四冊

330000－1712－0000462　經244　經部/四書類/總義之屬/傳說

四書襯十九卷　(清)駱培撰　清乾隆七年(1742)坦吉堂刻本　清陸宗伯批並句讀　四冊

330000－1712－0000464　經263　經部/四書類/總義之屬/傳說

四書摭餘說七卷　(清)曹之升撰　清嘉慶三年(1798)蕭山曹氏家塾刻本　六冊

330000－1712－0000465　經265　經部/四書類/總義之屬/傳說

四書章句集註二十六卷　(宋)朱熹撰　**四書家塾讀本句讀一卷四書章句集註定本辨一卷**　(清)吳英撰　**四書章句附考四卷**　(清)吳志忠輯　清光緒七年(1881)淮南書局刻本　七冊

330000－1712－0000467　經267　經部/四書類/總義之屬/傳說

四書集註十九卷　(宋)朱熹撰　清末石印本　二冊　存七卷(孟子一至七)

330000－1712－0000470　善134　經部/四書類/總義之屬/傳說

蔡虛齋先生四書蒙引十五卷　(明)蔡清撰　明刻本　十六冊

330000－1712－0000471　經243　經部/四書類/總義之屬/傳說

四書集註十九卷　(宋)朱熹撰　清臨桂謝氏毓蘭書屋刻本　一冊　存二卷(大學、中庸)

330000－1712－0000472　經271　經部/四書類/總義之屬/傳說

四書體註合講十九卷　(清)翁復編　清光緒五年(1879)掃葉山房刻本　五冊　存十四卷(論語一至九、孟子三至七)

330000－1712－0000473　經272　經部/四書類/總義之屬/傳說

銅版四書合講十九卷　(清)翁復編　清光緒四年(1878)三餘堂刻本　五冊

330000－1712－0000474　經273　經部/四書類/總義之屬/傳說

四書體註合講十九卷　(清)翁復編　清刻本　一冊　存三卷(孟子一至三)

330000－1712－0000475　經274　經部/四書類/總義之屬/傳說

酌雅齋四書增註合講十九卷　(清)翁復編次　清末石印本　二冊　存十卷(論語一至十)

330000－1712－0000476　經275　經部/四書類/總義之屬/傳說

四書集註十九卷　(宋)朱熹撰　清光緒三十二年(1906)上海商務印書館鉛印本　一冊　存二卷(孟子四至五)

330000－1712－0000477　經276　經部/四書類/總義之屬/傳說

四子書四卷　清末中國圖書公司鉛印本　陳甸題簽並句讀　二冊

330000－1712－0000478　經278　經部/四書類/總義之屬/傳說

銅版四書集註十九卷　(宋)朱熹撰　清宣統二年(1910)上海章福記書局石印本　二冊　存七卷(孟子六至七、論語六至十)

330000－1712－0000479　經279　經部/四書

類/總義之屬/傳說

銅版四書集註十九卷 （宋）朱熹撰　清宣統二年(1910)上海章福記書局石印本　二冊　存七卷(孟子六至七、論語六至十)

330000－1712－0000483　經282　經部/四書類/孟子之屬/傳說

孟子外書四篇四卷 （宋）劉攽注　清末映月居抄本　一冊

330000－1712－0000484　經284　經部/四書類/總義之屬/傳說

四書朱子本義匯參四十三卷首四卷 （清）王步青輯　清刻本　八冊　存十八卷(論語三至二十)

330000－1712－0000485　經285　經部/四書類/總義之屬/傳說

四書集註十九卷 （宋）朱熹撰　清上海王氏刻本　李洪生題簽並圈點　二冊　存二卷(論語四至五)

330000－1712－0000486　經286　經部/四書類/總義之屬/傳說

四書集註十九卷 （宋）朱熹撰　清李光明家刻本(卷一至三配清漁古山房刻本)　三冊　存七卷(孟子一至七)

330000－1712－0000487　經229　經部/四書類/總義之屬/傳說

四書朱子本義匯參四十三卷首四卷 （清）王步青輯　清文會堂刻本　二十三冊　缺二卷(中庸五至六)

330000－1712－0000488　經287　經部/四書類/總義之屬/傳說

四書集註十九卷 （宋）朱熹撰　清文富堂刻本　俞保初觀款並句讀　一冊　存一卷(孟子一)

330000－1712－0000489　經288　經部/四書類/總義之屬/傳說

四書集註十九卷 （宋）朱熹撰　清末寶華齋刻本　一冊　存五卷(論語六至十)

330000－1712－0000490　經291　經部/四書類/孟子之屬/傳說

孟子七卷 （宋）朱熹集注　清抄本　一冊

330000－1712－0000491　經289　經部/四書類/總義之屬/傳說

四書集註十九卷 （宋）朱熹撰　清刻本　一冊　存二卷(論語五至六)

330000－1712－0000492　經290　經部/四書類/總義之屬/傳說

四書集註十九卷 （宋）朱熹撰　清末刻本　一冊　存五卷(論語六至十)

330000－1712－0000493　經292　經部/四書類/大學之屬/傳說

大學或問一卷 （宋）朱熹撰　清末抄本　一冊

330000－1712－0000494　經293　經部/四書類/大學之屬/傳說

大學章句一卷附評 （宋）朱熹撰　（清）□□評述　清末抄本　一冊

330000－1712－0000495　經294　經部/四書類/總義之屬/傳說

便蒙四書四種 （宋）朱熹章句　清光緒八年(1882)湖州步雲閣刻本　二冊　存二種

330000－1712－0000496　經295　經部/四書類/總義之屬/傳說

四書集註十九卷 （宋）朱熹撰　清光緒三十二年(1906)上海商務印書館鉛印本　一冊　存二卷(大學、中庸)

330000－1712－0000498　經297　經部/四書類/孟子之屬/文字音義

孟子音義二卷 （宋）孫奭撰　**孟子音義札記一卷**　繆荃孫輯　清光緒元年(1875)刻本　一冊

330000－1712－0000499　經298　經部/四書類/大學之屬/傳說

慎獨軒大學析疑一卷 （清）齊德五撰　清同治八年(1869)長沙府湘鄉縣刻本　一冊

330000－1712－0000501　經300　經部/四書

類/總義之屬/傳説

四書小參一卷四書問答一卷 (明)朱斯行撰 清光緒三年(1877)姑蘇刻經處刻本 一冊

330000－1712－0000502 經300(1) 子部/儒家類/儒學之屬

中庸直指不分卷 (明)釋德清撰 清光緒十年(1884)金陵刻經處刻本 與330000－1712－0000501合冊

330000－1712－0000503 經302 經部/四書類/總義之屬

四書古註羣義彙解九種九十四卷 (清)□□輯 清光緒十六年(1890)珍藝書局鉛印本 十二冊

330000－1712－0000504 經301 經部/群經總義類/傳説之屬

四書五經義策論三編不分卷 (清)崇實學社輯 清光緒二十九年(1903)崇實學社刻本 五冊

330000－1712－0000505 經303 經部/四書類/總義之屬/傳説

四書集註十九卷 (宋)朱熹撰 清刻本 二冊 存四卷(孟子四至七)

330000－1712－0000506 經304 經部/四書類/總義之屬/傳説

四書集註十九卷 (宋)朱熹撰 清鵲湖雷氏刻本 一冊 存五卷(論語六至十)

330000－1712－0000507 經305 經部/四書類/孟子之屬/傳説

增補蘇批孟子二卷孟子年譜一卷 (宋)蘇洵撰 (清)趙大浣增補 清同治四年(1865)芸居樓刻朱墨套印本 一冊

330000－1712－0000509 經307 經部/四書類/總義之屬/傳説

四書集註十九卷 (宋)朱熹撰 清末平湖詳記印書館鉛印本 一冊 存一卷(大學)

330000－1712－0000510 經308 經部/四書類/總義之屬/傳説

四書論二卷 (清)王伊撰 清光緒二十七年(1901)上海文瑞樓石印本 四冊

330000－1712－0000511 經309 經部/四書類/總義之屬/傳説

四書典林三十卷 (清)江永輯 清同治四年(1865)英德堂刻本 四冊 存十卷(一至七、二十八至三十)

330000－1712－0000512 經311 經部/四書類/總義之屬/傳説

四書味根錄題鏡合編三十六卷首一卷附四書宗旨 (清)金瀓 (清)汪鯉翔撰 清光緒十三年(1887)上海點石齋石印本 三冊 缺二十卷(論語十一至二十、孟子一至十)

330000－1712－0000513 經310 經部/四書類/總義之屬/傳説

四書味根錄三十七卷 (清)金瀓撰 **四書題鏡不分卷** (清)汪鯉翔撰 清光緒十五年(1889)上海鴻寶齋石印本 二冊 存六卷(大學、中庸一至二、孟子十二至十四)

330000－1712－0000514 經313 經部/四書類/總義之屬/傳説

新訂四書補註備旨十卷 (明)鄧林撰 (清)杜定基增訂 清末刻本 一冊 存一卷(孟子三)

330000－1712－0000515 經312 經部/四書類/總義之屬/傳説

四書味根錄三十七卷首二卷 (清)金瀓撰 清刻本 一冊 存二卷(孟子十至十一)

330000－1712－0000516 經314 經部/四書類/總義之屬/傳説

四書義十二卷 (清)陸隴其撰 清石印本 二冊 存五卷(八至十二)

330000－1712－0000517 經315 經部/四書類/孟子之屬/專著

孟子章句考年一卷 (清)蔣一鑑撰 清末抄本 一冊

330000－1712－0000518 經316 經部/四書類/總義之屬/傳説

松陽講義十二卷 (清)陸隴其撰 清同治十

三年(1874)湖南省城書局刻本　五册

330000－1712－0000519　經317　經部/群經總義類/傳說之屬
增批五經備旨六卷　(清)鄒聖脈纂輯　清光緒二十八年(1902)石印本　六册

330000－1712－0000520　經318　經部/群經總義類/傳說之屬
十三經策案便誦不分卷　清抄本　一册

330000－1712－0000521　經320　經部/群經總義類/傳說之屬
五經新義□□卷　(清)王廷楝等撰　清末石印本　叔瑜題簽　一册　存二卷(三至四)

330000－1712－0000522　經321　經部/群經總義類/傳說之屬
新選精義五經備旨五卷　(清)湖山外史撰　清光緒二十八年(1902)晉記書莊石印本　三册　存二卷(易經備旨、禮記備旨)

330000－1712－0000523　經322　經部/群經總義類/傳說之屬
五經贊一卷　(清)陸榮秬撰　(清)徐堂注　清光緒四年(1878)朱元慶刻本　一册

330000－1712－0000524　經319　經部/群經總義類/傳說之屬
皇朝五經彙解二百七十卷　(清)朱鏡清輯　清末石印本　十册　存七十八卷(七至二十四、一百九十一至二百十三、二百三十四至二百七十)

330000－1712－0000525　經330　經部/群經總義類/傳說之屬
七經精義三十七卷　(清)黄淦撰　清嘉慶七年至十二年(1802－1807)尊德堂刻本　十册

330000－1712－0000526　經323　經部/群經總義類/傳說之屬
五經贊一卷　(清)陸榮秬撰　(清)徐堂注　清光緒四年(1878)朱元慶刻本　一册

330000－1712－0000527　經324　經部/群經總義類/傳說之屬
皇朝五經彙解二百七十卷　(清)朱鏡清輯　清光緒十四年(1888)上海鴻文書局石印本　三十二册

330000－1712－0000528　經325　經部/群經總義類/傳說之屬
皇朝五經彙解二百七十卷　(清)朱鏡清輯　清光緒十四年(1888)上海鴻文書局石印本　三十二册

330000－1712－0000529　經326　經部/叢編
五經體註大全七十二卷　(清)嚴氏家塾主人輯　清同治六年(1867)同文館刻本　十二册　存四種

330000－1712－0000530　經328　經部/叢編
五經備旨四十五卷　(清)鄒聖脈纂輯　清光緒十二年(1886)上海點石齋石印本　八册　缺十四卷(易經四至七、書經一至七、禮記五至七)

330000－1712－0000531　經327　經部/叢編
五經備旨四十五卷　(清)鄒聖脈纂輯　清末刻本　二册　存五卷(春秋四至八)

330000－1712－0000532　經511　經部/春秋總義類/傳說之屬
春秋三傳十六卷首一卷陸氏三傳釋文音義十六卷　(唐)陸德明撰　清同治三年(1864)浙江撫署刻本　十四册

330000－1712－0000533　經332　經部/叢編
御纂七經二百九十四卷　(清)李光地等撰　清同治十年(1871)湖北崇文書局刻本　一百二十册　存二種

330000－1712－0000534　經331　經部/叢編
御纂七經二百九十四卷　(清)李光地等撰　清同治六年至九年(1867－1870)浙江書局刻本　一百二十八册

330000－1712－0000535　經329　經部/叢編
御纂七經二百九十四卷　(清)李光地等撰　清同治六年至九年(1867－1870)浙江書局刻本　十册　存一種

330000－1712－0000536　經 334　經部/叢編

御纂七經二百九十四卷　(清)李光地等撰　清同治六年至九年(1867－1870)浙江書局刻本　四十三冊　存四種

330000－1712－0000537　經 335　經部/叢編

御纂七經二百九十四卷　(清)李光地等撰　清同治六年至九年(1867－1870)浙江書局刻本　七冊　存一種

330000－1712－0000538　經 336　經部/叢編

御纂七經二百九十四卷　(清)李光地等撰　清同治六年至九年(1867－1870)浙江書局刻本　十二冊　存一種

330000－1712－0000539　經 337　經部/叢編

御纂七經二百九十四卷　(清)李光地等撰　清末刻本　二十一冊　存一種

330000－1712－0000540　經 339　經部/叢編

御纂七經二百九十四卷　(清)李光地等撰　清末刻本　十四冊　存一種

330000－1712－0000541　經 338　經部/叢編

御纂七經二百九十四卷　(清)李光地等撰　清同治六年至九年(1867－1870)浙江書局刻本　二十八冊　存一種

330000－1712－0000543　經 341　經部/小學類/訓詁之屬/爾雅

爾雅註疏十一卷　(晉)郭璞註　(宋)邢昺疏　清嘉慶七年(1802)英德堂刻本　四冊

330000－1712－0000545　經 343　經部/小學類/訓詁之屬/爾雅

爾雅三卷　(晉)郭璞注　(唐)陸德明音釋　清同治十三年(1874)湖南書局刻本　四冊

330000－1712－0000546　經 345　經部/小學類/訓詁之屬/爾雅

爾雅三卷　(晉)郭璞注　(唐)陸德明音釋　清光緒三年(1877)永康胡氏退補齋刻本　三冊

330000－1712－0000547　經 344　經部/小學類/訓詁之屬/爾雅

爾雅註疏補不分卷　(晉)郭璞註　(宋)邢昺疏　(清)翟晴江補　清光緒二十二年(1896)平湖躬厚堂張福厚抄本　張福厚題簽　一冊

330000－1712－0000548　經 346　經部/小學類/訓詁之屬/爾雅

爾雅郭註補正九卷　(清)戴鎣撰　清光緒十一年(1885)海陽韓氏刻本　三冊

330000－1712－0000549　經 348　經部/小學類/訓詁之屬/爾雅

爾雅三卷　(晉)郭璞注　(唐)陸德明音義　清嘉慶二十二年(1817)順德張青選清芬閣刻本　一冊　缺一卷(下)

330000－1712－0000550　經 347　經部/小學類/訓詁之屬/爾雅

爾雅三卷　(晉)郭璞注　(唐)陸德明音釋　清同治十三年(1874)湖南書局刻本　四冊

330000－1712－0000551　經 349　經部/小學類/訓詁之屬/爾雅

爾雅註疏十一卷　(晉)郭璞註　(宋)邢昺疏　清光緒八年(1882)崇德書院刻本　六冊

330000－1712－0000552　經 354　經部/小學類/音韻之屬/等韻

李氏音鑑六卷首一卷　(清)李汝珍撰　清嘉慶十五年(1810)寶善堂刻同治七年(1868)木樨山房印本　四冊

330000－1712－0000553　經 350　經部/小學類/訓詁之屬/爾雅

爾雅音圖三卷　(晉)郭璞註　(清)姚之麟摹圖　清光緒十年(1884)上海同文書局石印本　二冊

330000－1712－0000554　經 352　經部/小學類/訓詁之屬/爾雅

爾雅音圖三卷　(晉)郭璞註　(清)姚之麟摹圖　清光緒十二年(1886)上海點石齋石印本　一冊　缺一卷(下)

330000－1712－0000555　經 353　經部/小學類/訓詁之屬/爾雅

爾雅正郭三卷　(清)潘衍桐撰　清光緒十七

年(1891)刻本　一冊

330000－1712－0000556　經 351　經部/小學類/訓詁之屬/爾雅

爾雅音圖三卷　(晉)郭璞註　(清)姚之麟摹圖　清光緒十年(1884)上海同文書局石印本　一冊　缺一卷(下)

330000－1712－0000557　善 135　經部/小學類/訓詁之屬/群雅

埤雅二十卷　(宋)陸佃撰　清康熙刻本　三冊

330000－1712－0000558　經 355　經部/小學類/訓詁之屬/爾雅

爾雅蒙求二卷　(清)李拔式撰　清嘉慶三年(1798)姑蘇七映堂刻本　四冊

330000－1712－0000559　經 356　經部/小學類/訓詁之屬/群雅

駢雅訓纂十六卷首一卷　(明)朱謀㙔撰　(清)魏茂林訓纂　清光緒二十年(1894)上海積山書局石印本　八冊

330000－1712－0000560　經 358　經部/群經總義類/文字音義之屬

四書字詁七十八卷檢字一卷羣經字詁七十二卷檢字一卷　(清)段諤廷撰　(清)黃本驥編訂　清道光二十九年(1849)黔陽楊氏刻咸豐七年(1857)楊基善補刻本　三十九冊　缺五卷(四書字詁三至七)

330000－1712－0000561　經 357　經部/小學類/訓詁之屬/群雅

駢雅訓纂十六卷首一卷　(明)朱謀㙔撰　(清)魏茂林訓纂　清光緒二十年(1894)上海積山書局石印本　八冊

330000－1712－0000563　經 512　經部/小學類/音韻之屬/韻書

佩文廣韻匯編五卷　(清)李元祺輯　清同治十一年(1872)金陵書局刻本　一冊

330000－1712－0000564　經 361　經部/群經總義類/傳說之屬

有竹石軒經句說七卷　(清)吳英撰　清嘉慶吳氏有竹石軒刻本　四冊

330000－1712－0000565　經 363　經部/群經總義類/傳說之屬

經義述聞三十二卷　(清)王引之撰　清末鉛印本　十二冊　存二十四卷(七至三十)

330000－1712－0000566　經 364　經部/群經總義類/傳說之屬

經義述聞三十二卷　(清)王引之撰　清道光七年(1827)京師西江米巷壽藤書屋刻本　十六冊

330000－1712－0000567　經 362　經部/春秋總義類/傳說之屬

此木軒春秋闕如編八卷　(清)焦袁熹撰　清刻本　一冊　存二卷(三至四)

330000－1712－0000568　經 365　經部/群經總義類/傳說之屬

經義塾鈔一卷　(清)俞樾撰　清末石印本　一冊

330000－1712－0000570　經 367　經部/小學類/文字之屬/說文

說文解字注十五卷附六書音均表五卷　(清)段玉裁撰　**說文部目分韻一卷**　(清)陳煥編　清光緒七年(1881)查燕緒木漸齋刻本　十九冊　缺八卷(四下、十下、十三上,六書音均表一至五)

330000－1712－0000571　經 371　經部/小學類/文字之屬/說文

說文通檢十四卷首一卷末一卷　(清)黎永椿撰　清光緒二年(1876)崇文書局刻本　二冊

330000－1712－0000572　經 372　經部/小學類/文字之屬/說文

說文通檢十四卷首一卷末一卷　(清)黎永椿撰　清光緒二年(1876)崇文書局刻本　二冊

330000－1712－0000573　經 368　經部/小學類/文字之屬/字書/字體

隸辨八卷　(清)顧藹吉撰　清光緒十三年(1887)上海蜚英館石印本　八冊

330000－1712－0000574　經374　經部/小學類/文字之屬/說文

說文通檢十四卷首一卷末一卷　(清)黎永椿撰　清光緒九年(1883)羣玉山房刻本　二冊

330000－1712－0000575　經375　經部/小學類/文字之屬/說文

說文解字注十五卷附六書音韻表五卷汲古閣說文訂一卷　(清)段玉裁撰　**說文部目分韻一卷**　(清)陳煥編　清同治十一年(1872)湖北崇文書局刻本　十八冊

330000－1712－0000576　經369　經部/小學類/文字之屬/字書/字體

隸辨八卷　(清)顧藹吉撰　清光緒十三年(1887)上海蜚英館石印本　八冊

330000－1712－0000578　經370　經部/小學類/文字之屬/字書/字體

隸辨八卷　(清)顧藹吉撰　清光緒十三年(1887)上海蜚英館石印本　二冊　存二卷(五、七)

330000－1712－0000580　經376　經部/小學類/文字之屬/說文

說文解字注十五卷附六書音韻表五卷汲古閣說文訂一卷　(清)段玉裁撰　**說文部目分韻一卷**　(清)陳煥編　清同治十一年(1872)湖北崇文書局刻本　十七冊

330000－1712－0000582　經384　經部/群經總義類/文字音義之屬

經典釋文三十卷　(唐)陸德明撰　**經典釋文攷證三十卷**　(清)盧文弨撰　清同治八年(1869)湖北崇文書局刻本　十二冊

330000－1712－0000583　經381　經部/小學類/文字之屬/字書/字體

六書通十卷首一卷附百體福壽全圖　(明)閔齊伋撰　(清)畢弘述篆訂　清光緒二十二年(1896)積山書局石印本　五冊

330000－1712－0000584　經382　經部/小學類/文字之屬/字書/字體

六書通十卷首一卷附百體福壽全圖　(明)閔齊伋撰　(清)畢弘述篆訂　清光緒十九年(1893)上海書局石印本　四冊　存九卷(首、一至八)

330000－1712－0000585　經383　經部/小學類/文字之屬/字書/字體

六書通十卷首一卷附百體福壽全圖　(明)閔齊伋撰　(清)畢弘述篆訂　清光緒十九年(1893)積山書局石印本　一冊　存三卷(首、一至二)

330000－1712－0000586　經385　經部/群經總義類/文字音義之屬

經典釋文三十卷　(唐)陸德明撰　**經典釋文攷證三十卷**　(清)盧文弨撰　清光緒十五年(1889)湘南書局刻本　十六冊

330000－1712－0000588　經387　經部/小學類/音韻之屬/韻書

增註字類標韻六卷　(清)華綱撰　(清)范多玨重訂　清光緒十六年(1890)上海鴻寶齋石印本　二冊

330000－1712－0000589　經389　經部/小學類/文字之屬/說文/傳說

說文段注一卷　(清)段玉裁撰　清末平湖張氏躬厚堂抄本　一冊

330000－1712－0000590　經388　經部/小學類/音韻之屬/韻書

增註字類標韻六卷附補遺一卷　(清)華綱撰　(清)范多玨重訂　清光緒四年(1878)雲陽馬氏刻本　二冊

330000－1712－0000591　經390　經部/小學類/文字之屬/字書/字典

康熙字典十二集三十六卷總目一卷檢字一卷辨似一卷等韻一卷補遺一卷備考一卷　(清)張玉書等纂修　清光緒元年(1875)湖北崇文書局刻本　四十冊

330000－1712－0000592　經391　經部/小學類/文字之屬/字書/字典

康熙字典十二集三十六卷總目一卷檢字一卷辨似一卷等韻一卷補遺一卷備考一卷　(清)

張玉書等纂修　清刻本　四十冊

330000－1712－0000593　經392　經部/小學類/文字之屬/字書/字典

康熙字典十二集三十六卷總目一卷檢字一卷辨似一卷等韻一卷補遺一卷備考一卷　（清）張玉書等纂修　**字典考證十二集三十六卷**　（清）王引之等撰　清光緒三年（1877）四明茹古齋鉛印本　四十四冊

330000－1712－0000594　經393　經部/小學類/文字之屬/字書/字典

康熙字典十二集三十六卷總目一卷檢字一卷辨似一卷等韻一卷補遺一卷備考一卷　（清）張玉書等纂修　清道光七年（1827）刻本　十三冊

330000－1712－0000595　經394　經部/小學類/文字之屬/字書/字典

康熙字典十二集三十六卷總目一卷檢字一卷辨似一卷等韻一卷補遺一卷備考一卷　（清）張玉書等纂修　清光緒十年（1884）上海同文書局石印本　六冊

330000－1712－0000596　經396　經部/小學類/文字之屬/字書/字典

康熙字典十二集三十六卷總目一卷檢字一卷辨似一卷等韻一卷補遺一卷備考一卷　（清）張玉書等纂修　清光緒十一年（1885）上海同文書局石印本　六冊

330000－1712－0000597　經395　經部/小學類/文字之屬/字書/字典

康熙字典十二集三十六卷總目一卷檢字一卷辨似一卷等韻一卷補遺一卷備考一卷　（清）張玉書等纂修　清光緒十年（1884）上海點石齋石印本　六冊

330000－1712－0000598　經397　經部/小學類/文字之屬/字書/字典

康熙字典十二集三十六卷總目一卷檢字一卷辨似一卷等韻一卷補遺一卷備考一卷　（清）張玉書等纂修　清光緒十一年（1885）上海同文書局石印本　六冊

330000－1712－0000599　經398　經部/小學類/文字之屬/字書/字典

康熙字典十二集十二卷總目一卷檢字一卷辨似一卷等韻一卷補遺一卷備考一卷　（清）張玉書等纂修　清光緒十年（1884）上海點石齋石印本　五冊　缺二卷（巳集、午集）

330000－1712－0000600　經399　經部/小學類/文字之屬/字書/字典

康熙字典十二集三十六卷總目一卷檢字一卷辨似一卷等韻一卷補遺一卷備考一卷　（清）張玉書等纂修　清道光七年（1827）刻本　十冊　存十二卷（戌集上中下、亥集上中下，總目，檢字，辨似，等韻，補遺，備考）

330000－1712－0000601　經400　經部/小學類/文字之屬/字書/字典

康熙字典十二集三十六卷總目一卷檢字一卷辨似一卷等韻一卷補遺一卷備考一卷　（清）張玉書等纂修　清光緒十八年（1892）上海文選書局石印本　六冊

330000－1712－0000602　經404　經部/小學類/文字之屬/字書/字典

康熙字典十二集三十六卷總目一卷檢字一卷辨似一卷等韻一卷補遺一卷備考一卷　（清）張玉書等纂修　清光緒三十年（1904）上海錦章書局石印本　六冊

330000－1712－0000603　經402　經部/小學類/文字之屬/字書/字典

康熙字典十二集三十六卷總目一卷檢字一卷辨似一卷等韻一卷補遺一卷備考一卷　（清）張玉書等纂修　清刻本　三十六冊　缺四卷（辰集中、酉集上中下）

330000－1712－0000604　經403　經部/小學類/文字之屬/字書/字典

康熙字典十二集三十六卷總目一卷檢字一卷辨似一卷等韻一卷補遺一卷備考一卷　（清）張玉書等纂修　清光緒十三年（1887）上海積山書局石印本　五冊　缺九卷（寅集上中下、卯集上中下、辰集上中下）

330000－1712－0000605　經407　經部/小學

類/文字之屬/字書/字典
康熙字典十二集三十六卷總目一卷檢字一卷辨似一卷等韻一卷補遺一卷備考一卷 (清)張玉書等纂修 清宣統元年(1909)上海鴻文書局石印本 六冊

330000－1712－0000606 經405 經部/小學類/文字之屬/字書/字典
康熙字典十二集三十六卷總目一卷檢字一卷辨似一卷等韻一卷補遺一卷備考一卷 (清)張玉書等纂修 清光緒十三年(1887)上海積山書局石印本 六冊

330000－1712－0000607 經406 經部/小學類/文字之屬/字書/字典
康熙字典十二集三十六卷總目一卷檢字一卷等韻一卷補遺一卷備考一卷 (清)張玉書等纂修 清光緒九年(1883)上海點石齋石印本 清張承臚題簽 四冊

330000－1712－0000608 經409 經部/小學類/文字之屬/字書/字典
康熙字典十二集三十六卷總目一卷檢字一卷辨似一卷等韻一卷補遺一卷備考一卷 (清)張玉書等纂修 清末上海鴻寶書局石印本 六冊

330000－1712－0000609 經408 經部/小學類/文字之屬/字書/字典
康熙字典十二集三十六卷總目一卷檢字一卷辨似一卷等韻一卷補遺一卷備考一卷 (清)張玉書等纂修 清刻本 三十七冊 缺五卷(子集上、總目、檢字、辨似、等韻)

330000－1712－0000610 經411 經部/小學類/文字之屬/字書/字典
康熙字典十二集三十六卷總目一卷檢字一卷辨似一卷等韻一卷補遺一卷備考一卷 (清)張玉書等纂修 清刻本 三十六冊 缺六卷(午集上中、總目、檢字、辨似、備考)

330000－1712－0000611 經410 經部/小學類/文字之屬/字書/字典
康熙字典十二集三十六卷總目一卷檢字一卷辨似一卷等韻一卷補遺一卷備考一卷 (清)張玉書等纂修 清刻本 三十八冊 缺四卷(午集上、總目、檢字、辨似)

330000－1712－0000612 經401 經部/小學類/文字之屬/字書/字典
康熙字典十二集十二卷總目一卷檢字一卷辨似一卷等韻一卷備考一卷補遺一卷 (清)張玉書等纂修 清末石印本 四冊 缺八卷(子集、丑集、酉集、戌集,總目,檢字,辨似,等韻)

330000－1712－0000613 經412 經部/小學類/文字之屬/字書/字典
康熙字典十二集三十六卷總目一卷檢字一卷辨似一卷等韻一卷補遺一卷備考一卷 (清)張玉書等纂修 清刻本 二十二冊 缺十八卷(子集上、丑集下、寅集下、卯集下、辰集上下、巳集下、午集中下、未集下、申集下、酉集上中下、戌集下、亥集下,補遺,備考)

330000－1712－0000614 經414 經部/小學類/文字之屬/字書/字典
康熙字典十二集三十六卷總目一卷檢字一卷辨似一卷等韻一卷補遺一卷備考一卷 (清)張玉書等纂修 清末石印本 五冊 存三十二卷(寅集上中下、卯集上中下、辰集上中下、巳集上中下、午集上中下、未集上中下、申集上中下、酉集上中下、戌集上中下、亥集上中下,補遺,備考)

330000－1712－0000616 經413 經部/小學類/文字之屬/字書/字典
康熙字典十二集三十六卷總目一卷檢字一卷辨似一卷等韻一卷補遺一卷備考一卷 (清)張玉書等纂修 清末石印本 五冊 缺十卷(子集上中下、丑集上中下,總目,檢字,辨似,等韻)

330000－1712－0000620 經419 經部/小學類/訓詁之屬/字詁
普通百科新大詞典十二卷總目錄一卷分類目錄一卷異名一卷補遺一卷表一卷 黄人編輯 清宣統三年(1911)上海國學扶輪社鉛印本 十一冊 存十三卷(丑、寅、卯、辰、午、未、

申、酉、戌，總目録、分類目録，補遺，表）

330000－1712－0000623　經443　經部/小學類/文字之屬/説文

説文續字彙二種十六卷　（清）静觀齋主人輯　清光緒十二年（1886）上海積山書局石印本　二册

330000－1712－0000624　經422　經部/小學類/文字之屬/字書/字典

字彙十二卷首一卷末一卷　（明）梅膺祚撰　清咸豐二年（1852）如皋義林堂刻本　十三册　缺一卷（末）

330000－1712－0000625　經423　經部/小學類/文字之屬/字書/字典

字彙十二卷首一卷末一卷韻法直圖一卷　（明）梅膺祚撰　**韻法横圖一卷**　（明）李世澤撰　清刻本　十二册　存十二卷（一至十二）

330000－1712－0000626　經424　經部/小學類/文字之屬/説文

説文解字校録十五卷説文刊誤一卷説文玉篇校録一卷　（清）鈕樹玉撰　清光緒十一年（1885）江蘇書局刻本　十四册

330000－1712－0000627　經425　經部/小學類/文字之屬/説文

説文解字十五卷標目一卷　（漢）許慎撰　（宋）徐鉉等校定　清同治十年（1871）刻本　八册

330000－1712－0000628　叢62　類叢部/類書類/專類之屬

重編留青新集二十四卷　（清）馮善長輯　清光緒十四年（1888）上海宏文閣錫活字印本　九册　缺五卷（五至九）

330000－1712－0000629　經427　經部/小學類/文字之屬/説文

説文解字義證五十卷　（清）桂馥撰　清同治九年（1870）湖北崇文書局刻本　三十二册

330000－1712－0000630　經426　經部/小學類/文字之屬/説文

説文解字義證五十卷　（清）桂馥撰　清同治九年（1870）湖北崇文書局刻本　三十六册　缺十二卷（二十五至三十六）

330000－1712－0000631　經428　經部/小學類/文字之屬/説文

説文解字義證五十卷　（清）桂馥撰　清同治九年（1870）湖北崇文書局刻本　七册　存十四卷（三十七至五十）

330000－1712－0000632　經429　經部/小學類/文字之屬/説文

説文解字十五卷標目一卷　（漢）許慎撰　（宋）徐鉉等校定　清光緒十一年（1885）蕉心室刻本　六册

330000－1712－0000633　經430　經部/小學類/文字之屬/説文

説文解字注十五卷附六書音韻表五卷　（清）段玉裁撰　**説文部目分韻一卷**　（清）陳焕編　清刻本　十五册　缺一卷（九）

330000－1712－0000634　經432　經部/小學類/文字之屬/説文

説文釋例二十卷　（清）王筠撰　清光緒十三年（1887）上海積山書局石印本　六册

330000－1712－0000635　經431　經部/小學類/文字之屬/説文

説文解字注十五卷附六書音韻表五卷　（清）段玉裁撰　**説文部目分韻一卷**　（清）陳焕編　清乾隆至嘉慶段氏經韻樓刻本　四册　存八卷（一至八）

330000－1712－0000636　經433　經部/小學類/文字之屬/説文/專著

説文分韻易知録五卷部首重文五卷説文分畫易知録一卷　（清）許巽行撰　清光緒五年（1879）華亭許嘉德刻松江葆素堂許氏印本　十册

330000－1712－0000637　經434　類叢部/叢書類/自著之屬

邃雅堂全集九種　（清）姚文田撰　清嘉慶至光緒歸安姚氏刻本　五册　存一種

330000－1712－0000638　經435　經部/小學

類/文字之屬/說文

說文新附攷六卷續攷一卷　(清)鈕樹玉撰　清嘉慶六年(1801)非石居刻同治七年(1868)碧螺山館補刻本　二冊

330000－1712－0000639　經 436　經部/小學類/文字之屬/說文

說文管見三卷　(清)胡秉虔撰　清光緒七年(1881)鄞縣林植海望益山房書局刻本　一冊

330000－1712－0000640　經 437　經部/小學類/文字之屬/說文

說文解字通釋四十卷　(南唐)徐鍇撰　(南唐)朱翺反切　清刻本　一冊　存五卷(十六至二十)

330000－1712－0000641　經 438　經部/小學類/文字之屬/說文

說文通訓定聲十八卷分部東韻一卷說雅一卷古今韻準一卷　(清)朱駿聲撰　(清)朱鏡蓉參訂　**行述一卷**　朱孔彰撰　清光緒十三年(1887)上海積山書局石印本　八冊

330000－1712－0000642　經 376　經部/小學類/文字之屬/說文/傳說

汲古閣說文訂一卷　(清)段玉裁撰　清同治十一年(1872)湖北崇文書局刻本　一冊

330000－1712－0000643　經 440　經部/小學類/文字之屬/說文

說文通檢十四卷首一卷末一卷　(清)黎永椿撰　清光緒二年(1876)崇文書局刻本　二冊

330000－1712－0000644　經 442　經部/小學類/文字之屬/說文

說文通檢十四卷首一卷末一卷　(清)黎永椿撰　清光緒十六年(1890)石印本　一冊

330000－1712－0000645　經 441　經部/小學類/文字之屬/說文/傳說

說文答問疏證六卷　(清)錢大昕撰　(清)薛傳均疏證　清光緒八年(1882)紫薇山館刻本　二冊

330000－1712－0000646　經 444　經部/小學類/說文之屬/注解

說文解字集注不分卷　清末抄本　一冊

330000－1712－0000647　經 445　經部/小學類/文字之屬/字書/字典

字苑備忘不分卷　清末抄本　一冊

330000－1712－0000648　經 446　經部/小學類/文字之屬/說文

說文解字韻譜十卷　(南唐)徐鍇撰　(清)馮桂芬校訂　清同治三年(1864)吴縣馮桂芬縮摹篆文刻六年(1867)補刻本　二冊

330000－1712－0000649　經 447　經部/小學類/文字之屬/說文

說文拈字七卷補遺三卷　(清)王玉樹撰　清嘉慶八年(1803)芳梫堂刻本　四冊

330000－1712－0000651　經 448　經部/小學類/文字之屬

小學鉤沈三十九種附六種合十九卷　(清)任大椿撰　(清)王念孫校　清光緒十年(1884)龍氏刻本　二冊

330000－1712－0000656　經 455　經部/小學類/文字之屬/字書/字典

大廣益會玉篇三十卷　(南朝梁)顧野王撰　(唐)孫強增加字　(宋)陳彭年等重修　**廣韻五卷**　(清)陳彭年等撰　**玉篇校刊札記一卷**　(清)鄧顯鶴撰　清道光三十年(1850)新化鄧氏東山精舍刻本　六冊

330000－1712－0000657　經 454　經部/小學類/文字之屬/字書/字典

大廣益會玉篇三十卷　(南朝梁)顧野王撰　(唐)孫強增加字　(宋)陳彭年等重修　**廣韻五卷**　(宋)陳彭年等撰　**玉篇校刊札記一卷**　(清)鄧顯鶴撰　清道光三十年(1850)新化鄧氏邵州東山精舍刻本　四冊　存三十二卷(大廣益會玉篇一至三十、廣韻三至四)

330000－1712－0000660　經 457　經部/小學類/音韻之屬/韻書

詩韻合璧五卷　(清)湯祥瑟輯　**詩腋一卷**

賦彙錄要一卷　詞林典腋一卷　分韻文選題解擇要一卷　虛字韻藪一卷　(清)潘維城輯　清光緒七年(1881)淞隱閣鉛印本　四冊　缺一卷(詩韻合璧一)

330000－1712－0000661　經 459　經部/小學類/音韻之屬/韻書
詩韻合璧五卷　(清)湯祥瑟輯　**詠史詩腋一卷補編一卷　賦彙錄要一卷　詞林典腋一卷　分韻文選題解擇要一卷　虛字韻藪一卷**　(清)潘維城輯　清淞隱閣刻本　四冊　缺一卷(詩韻合璧一)

330000－1712－0000662　經 460　經部/小學類/音韻之屬/韻書
詩韻合璧五卷　(清)湯祥瑟輯　**詩腋一卷　詞林典腋一卷　賦彙錄要一卷　分韻文選題解擇要一卷　虛字韻藪一卷**　(清)潘維城輯　清末鉛印本　三冊　缺三卷(詩韻合璧三、五,虛字韻藪)

330000－1712－0000663　經 461　經部/小學類/音韻之屬/韻書
詩韻合璧五卷　(清)湯祥瑟輯　**詞林典腋一卷　詩腋一卷　分韻文選題解擇要一卷　虛字韻藪一卷**　(清)潘維城輯　**三場程式一卷**　清刻本　二冊

330000－1712－0000664　經 462　經部/小學類/音韻之屬/韻書
詩韻合璧五卷　(清)湯祥瑟輯　**詩腋一卷　賦彙錄要一卷　詞林典腋一卷　分韻文選題解擇要一卷　虛字韻藪一卷**　(清)潘維城輯　清光緒十二年(1886)鉛印本　荇青題簽　四冊　缺一卷(詩韻合璧一)

330000－1712－0000666　經 464　經部/小學類/音韻之屬/韻書
詩韻全璧五卷初學檢韻袖珍一卷詩賦類聯采新十二卷月令粹編二十四卷詩腋一卷詞林典腋一卷賦彙錄要一卷校增金壺字攷一卷虛字韻藪一卷分韻文選題解擇要一卷賦學指南摘要一卷字學正譌一卷　(清)汪慕杜等輯　清光緒十七年(1891)上海錦章圖書局石印本　六冊

330000－1712－0000668　經 468　經部/小學類/音韻之屬/韻書
詩韻合璧五卷　(清)湯祥瑟輯　**虛字韻藪一卷**　(清)潘維城輯　**三場程式一卷**　清同治十二年(1873)文善堂刻本　三冊　缺二卷(詩韻合璧二至三)

330000－1712－0000669　叢 16　類叢部/叢書類/自著之屬
古桐書屋六種　(清)劉熙載撰　清同治至光緒刻本　一冊　存一種

330000－1712－0000670　經 466　經部/小學類/音韻之屬/韻書
詩韻集成十卷　(清)余照輯　清末刻本　四冊

330000－1712－0000671　經 467　經部/小學類/音韻之屬/韻書
詩韻集成十卷　(清)余照輯　清末刻本　二冊　存五卷(三至七)

330000－1712－0000672　經 469　經部/小學類/音韻之屬/韻書
詩韻合璧五卷　(清)湯祥瑟輯　**詠史詩腋一卷　詞林典腋一卷　分韻文選題解擇要一卷**　清刻本　二冊　缺三卷(詩韻合璧一至二、五)

330000－1712－0000673　經 470　經部/小學類/音韻之屬/韻書
詩韻集成十卷　(清)余照輯　清同治五年(1866)刻本　二冊　存五卷(一至五)

330000－1712－0000674　經 471　經部/小學類/音韻之屬/韻書
詩韻集成十卷　(清)余照輯　清末刻本　二冊　存六卷(五至十)

330000－1712－0000675　叢 13　類叢部/叢書類/自著之屬
王菉友著述九種　(清)王筠撰　清道光至咸豐刻本　一冊　存二種

330000－1712－0000676　叢 15　類叢部/叢書類/自著之屬

古桐書屋六種　(清)劉熙載撰　清同治至光緒刻本　十冊

330000－1712－0000677　經 472　經部/小學類/音韻之屬/韻書

詩韻全璧五卷　(清)湯祥瑟輯　**初學檢韻袖珍一卷**　(清)姚文登撰　**虛字韻藪一卷**　(清)潘維城輯　清光緒十五年(1889)上海點石齋石印本　六冊

330000－1712－0000678　經 474　經部/小學類/音韻之屬/韻書

詩韻集成五卷　(清)余照輯　**詞林典腋不分卷**　**廣東山川古蹟一卷**　清末石印本　弗措主人題簽　二冊

330000－1712－0000679　經 475　經部/小學類/音韻之屬/韻書

詩韻辨字略五卷　(清)秦端厓輯　清光緒四年(1878)刻本　一冊

330000－1712－0000680　經 473　經部/小學類/音韻之屬/韻書

詩韻全璧五卷　(清)湯祥瑟輯　**初學檢韻袖珍一卷**　(清)姚文登撰　**虛字韻藪一卷**　(清)潘維城輯　清光緒十五年(1889)上海點石齋石印本　一冊　存一卷(四)

330000－1712－0000681　經 477　經部/小學類/音韻之屬/韻書

初學檢韻袖珍十二卷附檢字一卷佩文詩韻一卷　(清)姚文登輯　清末掃葉山房刻本　芷莊題簽　四冊

330000－1712－0000682　經 476　經部/小學類/音韻之屬/韻書

廣韻五卷　(宋)陳彭年等重修　清末刻本　一冊　存一卷(五)

330000－1712－0000684　經 479　經部/小學類/音韻之屬/韻書

韻學驪珠二卷　(清)沈乘麐輯　清光緒十八年(1892)華亭顧文善齋刻本　二冊

330000－1712－0000685　經 480　經部/小學類/音韻之屬/韻書

韻學驪珠二卷　(清)沈乘麐輯　清光緒十八年(1892)華亭顧文善齋刻本　二冊

330000－1712－0000686　經 481　經部/小學類/音韻之屬/韻書

韻學驪珠二卷　(清)沈乘麐輯　清光緒十八年(1892)華亭顧文善齋刻本　一冊　存一卷(上)

330000－1712－0000687　經 482　經部/小學類/音韻之屬/韻書

詩韻五卷　(清)余照輯　(清)朱德蕃增訂　清同治二年(1863)浙江督學署刻本　一冊　存二卷(上平聲、下平聲)

330000－1712－0000688　經 483　經部/小學類/音韻之屬/韻書

韻辨一隅八卷補遺一卷　(清)諸玉衡撰　清咸豐五年(1855)古樝豁氏宜稼堂刻本　四冊

330000－1712－0000689　經 484　經部/小學類/音韻之屬/韻書

韻辨一隅八卷補遺一卷　(清)諸玉衡撰　清咸豐五年(1855)古樝豁氏宜稼堂刻本　三冊　缺二卷(五至六)

330000－1712－0000690　善 136　經部/小學類/音韻之屬/韻書

音韻輯要二十一卷　(清)王鵕撰　清乾隆刻本　盛蓮生批　二冊

330000－1712－0000691　經 485　經部/小學類/音韻之屬/韻書

增註字類標韻六卷　(清)華綱撰　(清)范多玨重訂　清光緒二十六年(1900)上海鴻文堂石印本　一冊

330000－1712－0000692　經 487　經部/小學類/文字之屬/字書/字典

字彙四集　(清)陳淏子撰　清道光十年(1830)維揚汪氏德成堂刻本　四冊

330000－1712－0000693　經 486　經部/小學類/文字之屬/字書/字典

字彙四集　(清)陳淏子撰　清咸豐五年(1855)古渝善成堂刻本　四冊

330000－1712－0000695　經490　經部/小學類/文字之屬/字書
字學舉隅不分卷　(清)黄本驥　(清)龍啟瑞撰　清同治十三年(1874)湖北崇文書局刻本　一冊

330000－1712－0000697　經491　經部/小學類/音韻之屬/韻書
增註字類標韻六卷　(清)華綱撰　(清)范多玨重訂　清光緒十六年(1890)香山徐潤廣百宋齋鉛印本　二冊

330000－1712－0000698　經494　經部/小學類/文字之屬/字書
字學舉隅不分卷　(清)黄本驥　(清)龍啟瑞撰　清道光十八年(1838)刻本　一冊

330000－1712－0000699　經492　經部/小學類/音韻之屬/韻書
初學檢韻袖珍十二卷附檢字一卷佩文詩韻一卷　(清)姚文登輯　清末刻本　一冊　存四卷(十至十二、佩文詩韻)

330000－1712－0000700　經493　經部/小學類/文字之屬/字書/字體
鐘鼎字源五卷附錄一卷　(清)汪立名撰　清光緒二年至五年(1876－1879)洞庭秦氏麟慶堂刻本　奎才題簽　二冊

330000－1712－0000701　經496　經部/群經總義類/文字音義之屬
十三經難字音註一卷　(清)金文源著　清光緒十五年(1889)上海點石齋石印本　一冊

330000－1712－0000702　子0100　子部/儒家類/儒學之屬/蒙學
小學六卷附文公朱夫子年譜一卷小學總論一卷　(清)高愈注　清光緒十四年(1888)蘇州掃葉山房刻本　四冊

330000－1712－0000703　經497　經部/群經總義類/文字音義之屬
經籍籑詁一百六卷補遺一百六卷首一卷　(清)阮元撰　清光緒二十年(1894)上海鴻寶齋石印本　十一冊　缺十卷(五至九、補遺五至九)

330000－1712－0000704　經500　經部/群經總義類/文字音義之屬
經籍籑詁五卷首一卷　(清)阮元撰　清光緒九年(1883)上海點石齋石印本　五冊

330000－1712－0000705　經499　經部/群經總義類/文字音義之屬
經籍籑詁五卷首一卷　(清)阮元撰　清光緒九年(1883)上海點石齋石印本　三冊　存三卷(上聲、去聲、入聲)

330000－1712－0000706　經501　經部/群經總義類/文字音義之屬
經籍籑詁一百六卷補遺一百六卷首一卷　(清)阮元撰　清嘉慶十七年(1812)揚州阮氏琅嬛仙館刻本　十二冊　存二十九卷(首,二至七、十一、十六、二十二下、二十五、六十三下至六十五、一百下、一百一,補遺二至七、十六、二十二下、二十五、六十三至六十五、一百下)

330000－1712－0000707　經502　經部/群經總義類/文字音義之屬
經籍籑詁一百六卷補遺一百六卷首一卷　(清)阮元撰　**新輯經籍籑詁檢韻一卷**　清末上海漱六山莊石印本　十二冊

330000－1712－0000708　經498　經部/群經總義類/文字音義之屬
經籍籑詁五卷首一卷　(清)阮元撰　清光緒九年(1883)上海點石齋石印本　五冊

330000－1712－0000709　經503　經部/群經總義類/傳說之屬
十三經札記二十二卷附十六卷　(清)朱亦棟撰　清光緒四年(1878)武林竹簡齋刻本　十一冊

330000－1712－0000710　經504　經部/群經總義類/文字音義之屬
十三經集字摹本不分卷分畫便查一卷韻有經

無各字摘錄一卷 (清)彭玉雯撰　清道光二十九年(1849)江右彭玉雯刻本　八冊

330000－1712－0000711　經505　經部/小學類/訓詁之屬/方言

輶軒使者絕代語釋別國方言箋疏十三卷 (漢)楊雄撰　(清)錢繹箋疏　清光緒十六年(1890)王文韶紅蝠山房刻本　六冊

330000－1712－0000712　善137　經部/叢編

澤存堂五種 (清)張士俊輯　清康熙吳郡張士俊澤存堂刻本　二冊　存一種

330000－1712－0000713　經508　經部/群經總義類/文字音義之屬

重校十三經不貳字一卷 (清)李鴻藻輯　清光緒九年(1883)埽葉山房刻本　一冊

330000－1712－0000714　經507　子部/藝術類/書畫之屬/書法書品

隸法彙纂十卷 (清)項懷述編　清刻本　石倉題記　一冊　存二卷(九至十)

330000－1712－0000716　經506　經部/小學類/文字之屬/字書

增訂臨文便覽不分卷 (清)張仰山輯　(清)怡雲僊館主人重訂　清光緒二年(1876)怡雲僊館刻本　二冊

330000－1712－0000717　經510　經部/小學類/文字之屬/字書

臨文便覽六卷附摘誤一卷 (清)張仰山輯　清同治十三年(1874)松竹齋刻本　一冊

330000－1712－0000718　經509　經部/小學類/音韻之屬/韻書

臨文便覽三卷 (清)張仰山輯　清同治十三年(1874)刻本　一冊

330000－1712－0000719　經513　經部/叢編

經解指要七種附二種 (清)陶大眉纂　清嘉慶陶氏聚秀堂刻本　三冊　存二種

330000－1712－0000720　經514　經部/小學類/訓詁之屬/字詁

聖門名字篡詁二卷 (清)洪恩波撰　清光緒二十三年(1897)洪恩波刻本　一冊　存一卷(上)

330000－1712－0000721　經516　經部/小學類/音韻之屬/古今韻說

音學五書五種 (清)顧炎武撰　清光緒十六年(1890)思賢講舍刻本　十六冊

330000－1712－0000722　叢382　類叢部/叢書類/彙編之屬

廣雅書局叢書一百五十九種 徐紹棨編　清光緒廣雅書局刻民國九年(1920)番禺徐紹棨彙編重印本　八十五冊　存六種

330000－1712－0000723　經517　經部/小學類/音韻之屬/古今韻說

音學五書五種 (清)顧炎武撰　清光緒十六年(1890)思賢講舍刻本　七冊　存二種

330000－1712－0000724　經518　經部/群經總義類/文字音義之屬

經典釋文三十卷 (唐)陸德明撰　**經典釋文攷證三十卷** (清)盧文弨撰　清同治八年(1869)湖北崇文書局刻本　七冊　缺十三卷(經典釋文一至十三)

330000－1712－0000725　經519　經部/小學類/文字之屬/字書/訓蒙

澄衷蒙學堂字課圖說四卷檢字一卷類字一卷 劉樹屏撰　(清)吳子城繪圖　清光緒二十七年(1901)澄衷蒙學堂印書處石印本　八冊

330000－1712－0000726　經520　經部/小學類/文字之屬/字書/訓蒙

澄衷蒙學堂字課圖說四卷檢字一卷類字一卷 劉樹屏撰　(清)吳子城繪圖　清光緒二十九年(1903)澄衷蒙學堂印書處石印本　八冊

330000－1712－0000727　經522　經部/群經總義類/傳說之屬

皇清經解分經彙纂十六卷 (清)船山主人輯　清光緒十九年(1893)上洋袖海山房石印本　三十二冊

330000－1712－0000728　經521　經部/小學類/文字之屬/字書/訓蒙

澄衷蒙學堂字課圖說四卷檢字一卷類字一卷 劉樹屏撰 (清)吳子城繪圖 清光緒三十年(1904)澄衷蒙學堂印書處石印本 八册

330000－1712－0000732 經270 子部/叢編
二十二子(二十二子彙函) (清)浙江書局編 清光緒元年至三年(1875－1877)浙江書局刻本 二册 存一種

330000－1712－0000733 經326 經部/叢編
五經體註大全七十二卷 (清)嚴氏家塾主人輯 清同治六年(1867)同文館刻本 二册 存一種

330000－1712－0000734 經526 經部/小學類/文字之屬/字書/字體
重編五經文字三卷重編九經字樣一卷 (唐)張參撰 (清)孫偘編勘 清嘉慶八年(1803)天心閣刻本 四册

330000－1712－0000735 經528 經部/叢編
欽定篆文六經四書十種 (清)李光地等輯 清光緒九年(1883)上海同文書局石印本 五册 存七種

330000－1712－0000736 經527 經部/小學類/文字之屬/字書/字典
隸韻十卷碑目一卷 (宋)劉球撰 **碑目攷證一卷隸韻攷證二卷** (清)翁方綱撰 清嘉慶十五年(1810)秦恩復刻本 八册

330000－1712－0000737 經529 經部/小學類/文字之屬
問奇一覽二卷音韻須知二卷 (清)李書雲撰 清聞見齋刻本 二册 存二卷(問奇一覽一至二)

330000－1712－0000738 經530 類叢部/類書類/專類之屬
詩學含英十四卷 (清)劉文蔚輯 清聯墨堂刻本 二册

330000－1712－0000739 經532 經部/讖緯類/總義之屬
古微書三十六卷 (明)孫穀輯 清光緒二十一年(1895)上海鴻文書局石印本 四册

330000－1712－0000740 經531 經部/群經總義類/傳說之屬
雪樵經解三十卷附錄三卷 (清)馮世瀛輯 清光緒十一年(1885)慈溪馮氏辨齋錫版印本 八册

330000－1712－0000741 經535 經部/叢編
十三經註疏三百三十三卷 (明)□□輯 清末刻本 五册 存一種

330000－1712－0000742 經537 經部/叢編
十三經註疏三百三十三卷 (明)□□輯 清末刻本 一册 存一種

330000－1712－0000743 經538 經部/叢編
十三經註疏三百三十三卷 (明)□□輯 清嘉慶三年(1798)金閶書業堂刻本 一百十七册 存十二種

330000－1712－0000744 經540 經部/叢編
重刊宋本十三經注疏四百十六卷附十三經注疏校勘記四百十六卷 (清)阮元撰 (清)盧宣旬摘錄 **校勘記識語四卷** (清)汪文臺撰 清光緒十三年(1887)上海脈望仙館石印本 二十九册 存十二種

330000－1712－0000745 經539 經部/叢編
重刊宋本十三經注疏四百十六卷附十三經注疏校勘記四百十六卷 (清)阮元撰 (清)盧宣旬摘錄 清嘉慶二十年(1815)南昌府學刻本 一百六十册

330000－1712－0000746 經541 經部/叢編
重刊宋本十三經注疏四百十六卷附十三經注疏校勘記四百十六卷 (清)阮元撰 (清)盧宣旬摘錄 **校勘記識語四卷** (清)汪文臺撰 清光緒十三年(1887)上海脈望仙館石印本 九册 存五種

330000－1712－0000747 經542 經部/叢編
重刊宋本十三經注疏四百十六卷附十三經注疏校勘記四百十六卷 (清)阮元撰 (清)盧宣旬摘錄 **校勘記識語四卷** (清)汪文臺撰 清光緒十三年(1887)上海脈望仙館石印本 三十二册

330000－1712－0000748　經 543　經部/叢編
十三經註疏附考證　（清）□□輯　清同治十年（1871）廣東書局刻本　六十冊　存六種

330000－1712－0000749　經 549　經部/叢編
古經解彙函十六種附小學彙函十四種　（清）鍾謙鈞等輯　清同治十二年（1873）粵東書局刻本　六十冊　存二十七種

330000－1712－0000750　經 545　經部/叢編
古經解彙函十六種附小學彙函十四種　（清）鍾謙鈞等輯　清同治十二年（1873）粵東書局刻本　二冊　存二種

330000－1712－0000751　經 548　經部/叢編
仿宋刻阮本十三經注疏附校勘記　（清）阮元撰校勘記　（清）盧宣旬摘錄校勘記　清光緒三十年（1904）同文升記石印本　二十二冊　存十種

330000－1712－0000752　經 546　經部/叢編
古經解彙函十六種附小學彙函十四種　（清）鍾謙鈞等輯　清末刻本　四冊　存一種

330000－1712－0000754　經 550　經部/叢編
十三經古注二百九十卷　（明）金蟠　（明）葛鼒校　明崇禎十二年（1639）刻清同治八年（1869）浙江書局校修印本　四十八冊

330000－1712－0000755　經 551　經部/叢編
十三經讀本一百五十二卷　（清）□□編　清同治金陵書局刻本　十四冊　存二種

330000－1712－0000756　經 552　經部/叢編
十三經讀本一百五十二卷　（清）□□編　清同治金陵書局刻本　十冊　存一種

330000－1712－0000757　經 553　經部/叢編
重刊宋本十三經注疏四百十六卷附十三經注疏校勘記四百十六卷　（清）阮元撰　（清）盧宣旬摘錄　清嘉慶二十年（1815）南昌府學刻本　九冊　存一種

330000－1712－0000758　經 555　經部/叢編
十三經讀本一百五十二卷　（清）□□編　清同治金陵書局刻本　四冊　存一種

330000－1712－0000759　經 554　經部/叢編
十三經古注二百九十卷　（明）金蟠　（明）葛鼒校　明崇禎十二年（1639）永懷堂刻清同治八年（1869）浙江書局校修印本　三冊　存一種

330000－1712－0000760　經 533　經部/叢編
皇清經解續編一千四百三十卷　王先謙輯　清光緒十四年（1888）江陰南菁書院刻本（卷三十原缺）　一百三十八冊　缺八百二十五卷（七至二十一、八十一至一百三十三、一百三十七至一百四十六、一百九十四至二百六、二百二十七至二百三十九、二百七十四至二百七十六、三百至四百四十一、四百四十八至七百三十八、七百七十八至八百十三、九百九至九百二十八、九百四十五至九百六十五、一千三十九至一千四十五、一千五十一至一千七十四、一千一百六十七至一千二百八十五、一千二百九十二至一千二百九十四、一千二百九十八至一千三百、一千三百四十八至一千三百五十二、一千三百五十七至一千四百三）

330000－1712－0000761　經 556　經部/叢編
十三經讀本一百五十二卷　（清）□□編　清刻本　一冊　存一種

330000－1712－0000762　經 011　經部/叢編
十三經單注　清同治七年（1868）湖北崇文書局朱印本（周禮十二卷配墨印本）　五十三冊　存十一種

330000－1712－0000763　經 557　經部/叢編
十三經古注二百九十卷　（明）金蟠　（明）葛鼒校　明崇禎十二年（1639）刻清同治八年（1869）浙江書局校修印本　十一冊　存二種

330000－1712－0000764　經 558　經部/叢編
十三經單注　清同治七年（1868）湖北崇文書局刻本　一冊　存一種

330000－1712－0000765　經 559　經部/群經總義類/傳說之屬
古經解鈎沉三十卷　（清）余蕭客撰　清光緒

二十一年(1895)杭州竹簡齋石印本　五冊　存十一卷(一至二、五至六、十至十四、二十九至三十)

330000－1712－0000766　經 560　經部/易類/圖說之屬

九畫卦文一卷雜著一卷　(清)張誠撰　清道光平湖張氏抄本　一冊

330000－1712－0000767　史 0002　史部/地理類/方志之屬/郡縣志

[光緒]平湖縣志二十五卷首一卷末一卷　(清)彭潤章等修　(清)葉廉鍔等纂　**平湖殉難錄一卷**　(清)彭潤章輯　清光緒十二年(1886)刻本　十三冊

330000－1712－0000768　史 0001　史部/地理類/方志之屬/郡縣志

[光緒]平湖縣志二十五卷首一卷末一卷　(清)彭潤章等修　(清)葉廉鍔等纂　**平湖殉難錄一卷**　(清)彭潤章輯　清光緒十二年(1886)刻本　十三冊

330000－1712－0000769　史 0003　史部/地理類/方志之屬/郡縣志

[光緒]平湖縣志二十五卷首一卷末一卷　(清)彭潤章等修　(清)葉廉鍔等纂　**平湖殉難錄一卷**　(清)彭潤章輯　清光緒十二年(1886)刻本　十三冊

330000－1712－0000770　史 0004　史部/地理類/方志之屬/郡縣志

[光緒]平湖縣志二十五卷首一卷末一卷　(清)彭潤章等修　(清)葉廉鍔等纂　**平湖殉難錄一卷**　(清)彭潤章輯　清光緒十二年(1886)刻本　十三冊

330000－1712－0000771　史 0005　史部/地理類/方志之屬/郡縣志

[光緒]平湖縣志二十五卷首一卷末一卷　(清)彭潤章等修　(清)葉廉鍔等纂　**平湖殉難錄一卷**　(清)彭潤章輯　清光緒十二年(1886)刻本　十三冊

330000－1712－0000772　史 0006　史部/地理類/方志之屬/郡縣志

[光緒]平湖縣志二十五卷首一卷末一卷　(清)彭潤章等修　(清)葉廉鍔等纂　**平湖殉難錄一卷**　(清)彭潤章輯　清光緒十二年(1886)刻本(平湖殉難錄一卷配清刻本)　十三冊

330000－1712－0000773　史 0007　史部/地理類/方志之屬/郡縣志

[光緒]平湖縣志二十五卷首一卷末一卷　(清)彭潤章等修　(清)葉廉鍔等纂　**平湖殉難錄一卷**　(清)彭潤章輯　清光緒十二年(1886)刻本　十一冊　缺三卷(十七至十八、平湖殉難錄)

330000－1712－0000774　史 0008　史部/地理類/方志之屬/郡縣志

[光緒]平湖縣志二十五卷首一卷末一卷　(清)彭潤章等修　(清)葉廉鍔等纂　**平湖殉難錄一卷**　(清)彭潤章輯　清光緒十二年(1886)刻本　十一冊　缺三卷(二至三、平湖殉難錄)

330000－1712－0000775　史 0009　史部/地理類/方志之屬/郡縣志

[光緒]平湖縣志二十五卷首一卷末一卷　(清)彭潤章等修　(清)葉廉鍔等纂　**平湖殉難錄一卷**　(清)彭潤章輯　清光緒十二年(1886)刻本　八冊　存十九卷(首,一、四至十二、十五至十八、二十一至二十四)

330000－1712－0000776　史 0010　史部/地理類/方志之屬/郡縣志

[光緒]平湖縣志二十五卷首一卷末一卷　(清)彭潤章等修　(清)葉廉鍔等纂　**平湖殉難錄一卷**　(清)彭潤章輯　清光緒十二年(1886)刻本　八冊　缺十卷(十至十四、十九至二十、二十三至二十四,平湖殉難錄)

330000－1712－0000777　史 0011　史部/地理類/方志之屬/郡縣志

[光緒]平湖縣志二十五卷首一卷末一卷　(清)彭潤章等修　(清)葉廉鍔等纂　**平湖殉難錄一卷**　(清)彭潤章輯　清光緒十二年

(1886)刻本　四冊　存九卷(首,一、四至六、十五至十六、二十五,末)

330000－1712－0000781　史0012　史部/傳記類/總傳之屬
當湖外志八卷續志八卷附忠義紀畧一卷　(清)馬承昭輯　清光緒元年(1875)刻本　四冊

330000－1712－0000782　史0013　史部/傳記類/總傳之屬
當湖外志八卷續志八卷附忠義紀畧一卷　(清)馬承昭輯　清光緒元年(1875)白榆邨舍刻本　二冊　缺八卷(當湖外志一至八)

330000－1712－0000783　史0017　史部/地理類/方志之屬/郡縣志
[道光]乍浦備志三十六卷首一卷　(清)鄒璟纂　清抄本　八冊

330000－1712－0000785　史0018　史部/地理類/山川之屬/山志
嬰山志一卷　(清)張碱撰　(清)張湘任等編　稿本　一冊

330000－1712－0000786　叢07　類叢部/類書類/專類之屬
佩文韻府一百六卷　(清)張玉書　(清)蔡升元等輯　**韻府拾遺一百六卷**　(清)汪灝　(清)何焯等輯　清光緒十三年(1887)上海點石齋石印本　六十一冊

330000－1712－0000787　叢08　類叢部/類書類/專類之屬
佩文韻府一百六卷　(清)張玉書　(清)蔡升元等輯　**韻府拾遺一百六卷**　(清)汪灝　(清)何焯等輯　清光緒十三年(1887)上海點石齋石印本　六十一冊

330000－1712－0000788　善52　類叢部/類書類/專類之屬
新增説文韻府羣玉二十卷　(元)陰時夫輯　(元)陰中夫注　明萬曆刻文光堂重修本　二十冊

330000－1712－0000789　叢09　類叢部/類書類/專類之屬
佩文韻府一百六卷　(清)張玉書　(清)蔡升元等輯　**韻府拾遺一百六卷**　(清)汪灝　(清)何焯等輯　清光緒十三年(1887)上海點石齋石印本　六十一冊

330000－1712－0000790　叢10　類叢部/類書類/專類之屬
佩文韻府一百六卷　(清)張玉書　(清)蔡升元等輯　**韻府拾遺一百六卷**　(清)汪灝　(清)何焯等輯　清光緒十三年(1887)上海點石齋石印本(卷二十七至三十、卷九十九配不同版石印本)　二十冊　存八十八卷(佩文韻府五至二十一、二十七至三十、三十四至三十六、七十五至七十七、九十九,韻府拾遺三十一至七十三、九十至一百六)

330000－1712－0000792　史0020　史部/地理類/方志之屬/郡縣志
[光緒]嘉興府志八十八卷首二卷　(清)許瑤光修　(清)吳仰賢等纂　清光緒三年至四年(1877－1878)嘉興鴛湖書院刻五年(1879)重印本　四十七冊　缺二卷(五十四至五十五)

330000－1712－0000793　叢12　類叢部/類書類/專類之屬
佩文韻府一百六卷　(清)張玉書　(清)蔡升元等輯　**韻府拾遺一百六卷**　(清)汪灝　(清)何焯等輯　清刻本　二十三冊　存九十六卷(佩文韻府十六、三十七、四十五至五十五、六十三、六十七至六十九、七十六、八十二至八十三、九十五至九十七、九十九、一百一至一百二,韻府拾遺二十七至八十二、九十三至一百六)

330000－1712－0000794　史0021　史部/地理類/方志之屬/郡縣志
[康熙]嘉興府志十六卷　(清)吳永芳修　(清)錢以塏等纂　清康熙六十年(1721)刻本　一冊　存一卷(一)

330000－1712－0000801　史0028　史部/地理類/方志之屬/郡縣志
[同治]宣恩縣志二十卷首一卷　(清)張金瀾

修　（清）蔡景星　（清）張金圻纂　清同治二年（1863）刻本　六冊

330000－1712－0000802　史 0029　史部/地理類/方志之屬/郡縣志
[正德]武功縣志三卷首一卷　（明）康海纂　（清）孫景烈評註　清同治十二年（1873）湖北崇文書局刻本　一冊

330000－1712－0000803　史 0030　史部/地理類/方志之屬/郡縣志
[同治]郟縣志十二卷　（清）姜篪修　（清）張熙瑞續修　（清）郭景泰續纂　清咸豐九年（1859）刻同治四年（1865）增刻本　一冊　存一卷（十一）

330000－1712－0000804　史 0031　史部/地理類/方志之屬/郡縣志
[光緒]海鹽縣志二十二卷首一卷末一卷　（清）王彬修　（清）徐用儀纂　清光緒三年（1877）蔚文書院刻本　一冊　存一卷（十八）

330000－1712－0000805　史 0032　史部/地理類/方志之屬/郡縣志
[同治]宜昌府志十六卷首一卷　（清）聶光鑾修　（清）王柏心　（清）雷春沼纂　清同治五年（1866）刻本　一冊　存二卷（首、一）

330000－1712－0000806　史 0033　史部/地理類/山川之屬/山志
重修南海普陀山志二十卷首一卷　（清）秦耀曾輯　清道光十二年（1832）刻本　四冊

330000－1712－0000807　史 0034　史部/地理類/方志之屬/郡縣志
[同治]巴陵縣志一卷　（清）嚴鳴琦　（清）潘兆奎修　（清）吳敏樹　（清）方功渤纂　清同治七年（1868）抄本　一冊

330000－1712－0000808　史 0035　史部/地理類/方志之屬/郡縣志
[淳祐]臨安志十卷　（宋）施諤纂　清抄本　一冊　存三卷（八至十）

330000－1712－0000809　史 0036　史部/傳記類/總傳之屬/郡邑
平湖鄉賢錄一卷　（清）方釗等撰　清抄本　一冊

330000－1712－0000810　史 0038　史部/傳記類/總傳之屬/家乘
[浙江平湖]清溪沈氏六修家乘二十卷　（清）沈應奎纂修　清光緒十年至十二年（1884－1886）追遠堂刻本　二十冊

330000－1712－0000811　史 0037　史部/傳記類/總傳之屬/家乘
[浙江平湖]清溪沈氏六修家乘二十卷　（清）沈應奎纂修　清光緒十年至十二年（1884－1886）追遠堂刻本　二十冊

330000－1712－0000812　史 0039　史部/傳記類/總傳之屬/家乘
[浙江平湖]清溪沈氏六修家乘二十卷　（清）沈應奎纂修　清光緒十年至十二年（1884－1886）追遠堂刻本　二十冊

330000－1712－0000813　史 0040　史部/傳記類/總傳之屬/家乘
[浙江平湖]清溪沈氏六修家乘二十卷　（清）沈應奎纂修　清光緒十年至十二年（1884－1886）追遠堂刻本　二十冊

330000－1712－0000814　史 0041　史部/傳記類/總傳之屬/家乘
[浙江平湖]清溪沈氏六修家乘二十卷　（清）沈應奎纂修　清光緒十年至十二年（1884－1886）追遠堂刻本　十九冊　缺一卷（四）

330000－1712－0000815　史 0042　史部/傳記類/總傳之屬/家乘
[浙江平湖]清溪沈氏六修家乘二十卷　（清）沈應奎纂修　清光緒十年至十二年（1884－1886）追遠堂刻本　十一冊　存十一卷（十至二十）

330000－1712－0000816　史 0043　史部/傳記類/總傳之屬/家乘
[浙江平湖]清溪沈氏六修家乘二十卷　（清）沈應奎纂修　清光緒十年至十二年（1884－1886）追遠堂刻本　八冊　存八卷（十二至十

八、二十）

330000－1712－0000817　史0044　史部/傳記類/總傳之屬/家乘

［浙江平湖］沈氏家乘十二卷　（清）沈問青等編纂　清雍正五年（1727）刻本　八册

330000－1712－0000820　史0047　史部/傳記類/總傳之屬/家乘

［浙江平湖］乾隆初修張氏家乘十卷末一卷　（清）張誥纂修　清乾隆五十九年（1794）耜洲山莊刻本　張元善題簽　二册

330000－1712－0000821　史0048　史部/傳記類/總傳之屬/家乘

［浙江平湖］張氏家乘續修□□卷附錄一卷　（清）張慶成纂修　清耜洲山莊刻本　張元善題簽　一册　存五卷（一、三至四、九，附錄）

330000－1712－0000822　史0049　史部/傳記類/總傳之屬/家乘

［浙江平湖］乾隆初修張氏家乘十卷末一卷　（清）張誥纂修　清乾隆五十九年（1794）耜洲山莊刻本　一册

330000－1712－0000823　史0050　史部/傳記類/總傳之屬/家乘

［浙江平湖］乾隆初修張氏家乘十卷末一卷　（清）張誥纂修　清乾隆五十九年（1794）耜洲山莊刻本　二册

330000－1712－0000825　史0051　史部/傳記類/總傳之屬/家乘

［浙江平湖］乾隆初修張氏家乘十卷末一卷　（清）張誥纂修　清乾隆五十九年（1794）耜洲山莊刻本　一册　缺五卷（一至五）

330000－1712－0000826　史0052　史部/傳記類/總傳之屬/家乘

［浙江平湖］張氏家乘續修□□卷附錄一卷　（清）張慶成纂修　清耜洲山莊刻本　一册　存五卷（一、三至四、九，附錄）

330000－1712－0000828　史0055　史部/傳記類/總傳之屬/家乘

［浙江平湖］清河譜畧六十卷　張元善編　清稿本（卷十至十五、二十五、五十四至五十五、五十八至五十九原缺）　二十四册

330000－1712－0000829　史0056　史部/傳記類/總傳之屬/家乘

［浙江平湖］張氏家乘不分卷　清抄本　一册

330000－1712－0000830　史0058　史部/傳記類/總傳之屬/家乘

［浙江平湖］張氏家乘二卷首一卷歷代昭穆考墳墓一卷　（清）張培英輯　清光緒五年（1879）稿本　清張培英題簽　一册

330000－1712－0000831　史0057　史部/傳記類/總傳之屬/家乘

［浙江平湖］當湖張氏五修譜三百四十六卷　（清）張毓達等纂修　清同治十一年至光緒元年（1872－1875）稿本（卷二百十九至三百三十四原缺）　九册

330000－1712－0000832　史0059　史部/傳記類/總傳之屬/家乘

［上海松江］南塘張氏前族譜二卷首一卷　（清）張觀吉纂修　清光緒二十一年（1895）刻本　一册

330000－1712－0000833　史0060　史部/傳記類/總傳之屬/家乘

［上海松江］南塘張氏族譜八卷　（清）張觀吉　（清）張德剛纂修　清光緒十三年（1887）刻本　三册　存二卷（一至二）

330000－1712－0000834　史0062　史部/傳記類/別傳之屬/年譜

先曾祖鄉賢府君［張誠］年譜一卷　清抄本　一册

330000－1712－0000835　史0063　史部/傳記類/別傳之屬/事狀

清故顯考笠谿府君［張湘任］行述一卷年譜一卷顯妣沈太恭人［鑫］行狀一卷　（清）張金鏞等撰　清道光十六年至同治六年（1836－1867）稿本　一册

330000－1712－0000836　史0061　史部/傳

記類/總傳之屬/家乘
[上海松江]南塘張氏前族譜二卷首一卷 (清)張觀吉纂修　清光緒二十一年(1895)刻本　一冊　存一卷(上)

330000－1712－0000837　史0064　史部/傳記類/別傳之屬/墓誌
張氏家族家傳及墓誌銘不分卷　清抄本(部分内容配清末刻本)　一冊

330000－1712－0000838　史0066　史部/傳記類/別傳之屬/事狀
皇清誥贈宜人顯妣錢宜人[蘅生]行述一卷 (清)張憲和述　清抄本　一冊

330000－1712－0000839　史0065　史部/政書類/邦計之屬
未雨新書八卷　稿本　一冊

330000－1712－0000841　史0068　史部/傳記類/別傳之屬/事狀
皇清誥授奉政大夫升用直隸州知州湖南安化縣知縣先府君[張憲和]行述一卷　(清)張寶善　(清)張登善述　清末抄本　一冊

330000－1712－0000842　史0073　史部/傳記類/別傳之屬/事狀
皇清誥授奉政大夫升用直隸州知州湖南安化縣知縣先府君[張憲和]行述一卷　(清)張寶善　(清)張登善述　清末刻本　一冊

330000－1712－0000843　史0069　史部/傳記類/別傳之屬
辰告家言一卷　清光緒抄本　一冊

330000－1712－0000844　史0070　史部/傳記類/別傳之屬/事狀
皇清誥授奉政大夫升用直隸州知州湖南安化縣知縣先府君[張憲和]行述一卷　(清)張寶善　(清)張登善述　稿本　一冊

330000－1712－0000845　史0071　史部/傳記類/別傳之屬/事狀
張聞悝[憲和]先生行狀一卷　(清)閻鎮珩撰　清末刻本　清閻鎮珩跋並題簽　一冊

330000－1712－0000846　史0072　史部/傳記類/別傳之屬
楚南家信不分卷楚北家書不分卷　清光緒六年(1880)抄本　五冊

330000－1712－0000847　史0084　史部/傳記類/別傳之屬
修譜隨筆不分卷　(清)張毓達撰　清咸豐三年至光緒元年(1853－1875)稿本　一冊

330000－1712－0000848　史0074　史部/傳記類/別傳之屬/事狀
張聞悝[憲和]先生行狀一卷　(清)閻鎮珩撰　清末刻本　一冊

330000－1712－0000849　史0075　史部/傳記類/別傳之屬/事狀
張聞悝[憲和]先生行狀一卷　(清)閻鎮珩撰　清末刻本　一冊

330000－1712－0000850　史0076　史部/傳記類/別傳之屬/事狀
張聞悝[憲和]先生行狀一卷　(清)閻鎮珩撰　清末刻本　一冊

330000－1712－0000851　史0085　史部/傳記類/總傳之屬/家乘
敝族先民事略藁一卷　(清)張毓達錄　清抄本　一冊

330000－1712－0000852　史0077　史部/傳記類/別傳之屬/事狀
張聞悝[憲和]先生行狀一卷　(清)閻鎮珩撰　清末刻本　一冊

330000－1712－0000853　史0078　史部/傳記類/別傳之屬/事狀
張聞悝[憲和]先生行狀一卷　(清)閻鎮珩撰　清末刻本　一冊

330000－1712－0000854　史0079　史部/傳記類/別傳之屬/事狀
張聞悝[憲和]先生行狀一卷　(清)閻鎮珩撰　清末刻本　一冊

330000－1712－0000855　史0080　史部/傳

記類/別傳之屬/事狀

張聞惺[憲和]先生行狀一卷 (清)閻鎮珩撰 清末刻本 一册

330000－1712－0000856 史 0087 史部/傳記類/別傳之屬/事狀

皇清誥授奉政大夫升用直隸州知州湖南安化縣知縣先府君[張憲和]行述一卷 (清)張寶善 (清)張登善述 清抄本 一册

330000－1712－0000857 史 0086 史部/傳記類/別傳之屬/年譜

先府君[張湘任]靈表一卷年譜一卷附先大母沈太夫人[龕]靈表年譜一卷 (清)張金鏞 (清)張毓達撰 清光緒二十六年(1900)抄本 一册

330000－1712－0000858 史 0081 史部/傳記類/別傳之屬/事狀

閻鎮珩雜文集不分卷 (清)閻鎮珩撰 清末刻本 一册

330000－1712－0000859 史 0082 史部/傳記類/別傳之屬/事狀

閻鎮珩雜文集不分卷 (清)閻鎮珩撰 清末刻本 一册

330000－1712－0000860 史 0083 史部/傳記類/別傳之屬/事狀

皇清例授文林郎丁酉科舉人銓選知縣顯考熙河府君[張誠]行述一卷 (清)張湘任述 清抄本 一册

330000－1712－0000864 史 0091 史部/傳記類/總傳之屬/家乘

[浙江平湖]陸氏樞密支世系源流一卷 (清)陸增銓 (清)陸惟鍌撰 清光緒三十一年(1905)稿本 一册

330000－1712－0000865 史 0092 史部/傳記類/總傳之屬/家乘

[浙江平湖]陸氏祥里定支譜一卷 清抄本 一册

330000－1712－0000866 史 0094 史部/傳記類/總傳之屬/家乘

[浙江平湖]陸氏祥里定支譜一卷 清抄本 一册

330000－1712－0000867 史 0095 史部/傳記類/總傳之屬/家乘

[浙江平湖]當湖陸氏樞密支譜一卷 (明)陸光祖修 (清)陸若霖輯 清抄本 二册

330000－1712－0000869 史 0096 類叢部/叢書類/彙編之屬

西京清麓叢書正編三十二種續編二十七種外編二十四種 (清)賀瑞麟編 清同治至民國刻本 一册 存一種

330000－1712－0000873 史 0100 史部/傳記類/別傳之屬/事狀

陸清獻公蒞嘉遺蹟三卷 (清)黄維玉輯 清同治六年(1867)上海道署刻本 一册

330000－1712－0000874 史 0103 史部/傳記類/別傳之屬/事狀

平湖陸清獻祠産徵信録一卷 (清)姚光宇輯 清光緒元年(1875)刻本 一册

330000－1712－0000875 史 0101 史部/傳記類/別傳之屬/事狀

陸清獻公蒞嘉遺蹟三卷 (清)黄維玉輯 清同治六年(1867)上海道署刻本 一册

330000－1712－0000912 史 0142 史部/傳記類/總傳之屬/家乘

[浙江平湖]廖氏族譜四卷 清刻本 一册

330000－1712－0000914 史 0143 史部/傳記類/總傳之屬/家乘

[浙江平湖]胡氏宗支記畧一卷 (清)胡家相等纂修 清光緒三十二年(1906)平湖祥記印書館鉛印本 一册

330000－1712－0000915 史 0144 史部/傳記類/總傳之屬/家乘

[浙江平湖]胡氏宗支記畧一卷 (清)胡家相等纂修 清光緒三十二年(1906)平湖祥記印書館鉛印本 一册

330000－1712－0000916　史0145　史部/傳記類/總傳之屬/家乘

[浙江平湖]胡氏譜不分卷　(清)胡毓琪編輯　清抄本　一冊

330000－1712－0000917　史0146　史部/傳記類/總傳之屬/家乘

[浙江龍游]余氏宗譜六卷首一卷　(清)余兆儀等纂修　清光緒十九年(1893)承啟堂木活字印本　六冊

330000－1712－0000918　史0135　史部/傳記類/別傳之屬/事狀

皇清誥授榮祿大夫二品頂戴前湖北布政使司布政使顯考曉蓮府君[王大經]行述一卷　(清)王銘吉　(清)王銘貴述　清平湖星煥齋刻本　一冊

330000－1712－0000919　史0147　史部/傳記類/別傳之屬/年譜

先船山公[王夫之]年譜前編一卷後編一卷　(清)王之春編　清光緒十九年(1893)刻本　二冊

330000－1712－0000921　史0161　史部/傳記類/總傳之屬/家乘

[浙江溫陵]溫陵陳氏分支海鹽宗譜不分卷　(清)陳致遠纂修　清宣統元年(1909)文圃堂刻本　一冊

330000－1712－0000922　史0151　史部/傳記類/總傳之屬/家乘

[浙江桐鄉]朱氏重修遷浙支譜十卷首一卷　(清)朱之榛編輯　朱景邁增補　清宣統元年至民國二年(1909－1913)刻本　八冊

330000－1712－0000923　史0152　史部/傳記類/別傳之屬/年譜

朱子[熹]年譜四卷考異四卷　(清)王懋竑撰　**朱子論學切要語二卷**　(清)王懋竑輯　清乾隆十七年(1752)寶應王氏白田草堂刻本　四冊

330000－1712－0000924　史0154　史部/傳記類/總傳之屬/家乘

[浙江上虞][浙江平湖]虞平葉氏合譜二卷　(清)葉存養纂修　清宣統三年(1911)樹德堂鉛印本　二冊

330000－1712－0000925　史0153　史部/傳記類/別傳之屬/年譜

朱子[熹]年譜四卷考異四卷　(清)王懋竑撰　**朱子論學切要語二卷**　(清)王懋竑輯　清乾隆十七年(1752)寶應王氏白田草堂刻清末浙江書局補刻本　四冊

330000－1712－0000926　史0155　史部/傳記類/總傳之屬/家乘

[浙江上虞][浙江平湖]虞平葉氏合譜二卷　(清)葉存養纂修　清宣統三年(1911)樹德堂鉛印本　二冊

330000－1712－0000927　史0148　史部/傳記類/總傳之屬/家乘

餘姚戚氏宗譜十六卷首一卷末一卷　(清)戚炳輝等纂修　清光緒二十五年(1899)惇倫堂木活字印本　十六冊

330000－1712－0000929　史0157　史部/傳記類/別傳之屬/年譜

紫雲先生[錢汝霖]年譜一卷　(清)錢聚仁編　清道光七年(1827)刻朱印本　一冊

330000－1712－0000931　史0150　史部/傳記類/總傳之屬/家乘

[浙江桐鄉]月潭朱氏遷浙族譜五卷首一卷　(清)朱之榛纂修　清末抄本　一冊　缺二卷(四至五)

330000－1712－0000933　史0159　史部/政書類/邦計之屬/荒政

朱氏義莊記一卷　朱丙壽編　清宣統元年(1909)鉛印本　一冊

330000－1712－0000937　史0167　史部/紀傳類/正史之屬

二十四史　清光緒五洲同文書局石印本　一百二十八冊　存五種

330000－1712－0000938　史0168　史部/紀傳類/正史之屬

二十四史　清光緒十四年(1888)上海蜚英館石印本　三十九册　存四種

330000－1712－0000939　史0169　史部/紀傳類/正史之屬

二十四史　清光緒十四年(1888)上海圖書集成印書局鉛印本　三十册　存三種

330000－1712－0000940　史0170　史部/紀傳類/正史之屬

二十四史　清光緒二十六年(1900)煥文書局石印本　十册　存三種

330000－1712－0000941　史0171　史部/紀傳類/正史之屬

二十四史　清光緒十八年(1892)竹簡齋石印本　六册　存一種

330000－1712－0000943　史0174　史部/紀傳類/正史之屬

二十四史　清同治至光緒五省官書局彙印本　九十三册　存七種

330000－1712－0000944　史0173　史部/紀傳類/正史之屬

二十四史　清同治至光緒五省官書局彙印本　伊其淦題記並批點　二百八十四册　存十種

330000－1712－0000945　史0175　史部/紀傳類/正史之屬

二十四史　清光緒武林竹簡齋石印本　四十三册　存八種

330000－1712－0000946　史0193　史部/史抄類

新舊唐書合鈔二百六十卷首一卷　(清)沈炳震輯　**唐書宰相世系表訂譌十二卷**　(清)沈炳震撰　**唐書合鈔補正六卷**　(清)丁子復撰　清嘉慶海昌查氏刻同治十年(1871)武林吴氏清來堂補刻本　八十册

330000－1712－0000947　史0194　史部/紀傳類/正史之屬

舊唐書二百卷　(五代)劉昫撰　**舊唐書逸文十二卷**　(清)岑建功輯　**舊唐書校勘記六十六卷**　(清)羅士琳等校勘　清道光二十三年至二十九年(1843－1849)懼盈齋刻同治十一年(1872)定遠方氏補刻本　八十册

330000－1712－0000948　史0181　史部/紀傳類/正史之屬

史記一百三十卷　(漢)司馬遷撰　(南朝宋)裴駰集解　(唐)司馬貞索隱　(唐)張守節正義　清同治九年(1870)楚北崇文書局刻本　二十册　缺三十卷(六至七、四十二至六十九)

330000－1712－0000949　史0182　史部/紀傳類/正史之屬

史記一百三十卷首一卷　(漢)司馬遷撰　(南朝宋)裴駰集解　(唐)司馬貞索隱　(唐)張守節正義　(清)徐孚遠　(明)陳子龍測議　清道光十四年(1834)三元堂刻本　二十六册

330000－1712－0000950　史0176　史部/紀傳類/正史之屬

欽定二十四史　清光緒二十五年(1899)慎記書莊石印本　十册　存二種

330000－1712－0000951　史0179　史部/紀傳類/正史之屬

四史四百十五卷　清光緒二十四年(1898)上海點石齋石印本　二十四册

330000－1712－0000952　史0178　史部/叢編

欽定二十四史　清光緒三十一年(1905)上海久敬齋石印本　四册　存一種

330000－1712－0000953　史0180　史部/紀傳類/正史之屬

四史四百十五卷　清光緒九年(1883)上海點石齋石印本　十册

330000－1712－0000957　史0186　史部/史抄類

史記菁華錄六卷　(清)姚祖恩輯　清光緒八

年(1882)吳興姚氏扶荔山房刻朱墨套印本　六冊

330000－1712－0000958　史0187　史部/史抄類
史記菁華錄六卷　(清)姚祖恩輯　清光緒十九年(1893)上海書局石印本　六冊

330000－1712－0000959　史0188　史部/史抄類
史記菁華錄六卷　(清)姚祖恩輯　清光緒八年(1882)吳興姚氏扶荔山房刻朱墨套印本　五冊　缺一卷(六)

330000－1712－0000960　史0189　史部/傳記類/日記之屬
讀漢書記一卷漢書地名記一卷　清末抄本　一冊

330000－1712－0000961　史0190　史部/紀傳類/正史之屬
後漢書注又補一卷　(清)沈銘彝撰　清道光十七年(1837)唐寶衔刻同治八年(1869)補刻本　一冊

330000－1712－0000962　史0191　史部/紀傳類/正史之屬
後漢書疏證三十卷　(清)沈欽韓撰　清光緒二十六年(1900)浙江官書局刻本　十六冊

330000－1712－0000963　史0192　史部/紀傳類/別史之屬
西魏書二十四卷敘錄一卷　(清)謝啟昆撰　清乾隆六十年(1795)謝啟昆樹經堂刻本　六冊

330000－1712－0000964　史0195　史部/紀傳類/別史之屬
南唐書十八卷音釋一卷　(宋)陸游撰　(元)戚光音釋　清道光二年(1822)青浦湯氏綠籖山房刻本　六冊　存十三卷(一至二、九至十八,音釋)

330000－1712－0000965　史0196　史部/紀傳類/正史之屬
二十四史　清同治至光緒五省官書局彙印本　二冊　存一種

330000－1712－0000966　史0197　史部/紀傳類/正史之屬
舊五代史一百五十卷目錄二卷　(宋)薛居正等撰　清嘉慶元年(1796)掃葉山房刻本　二十冊

330000－1712－0000967　史0199　史部/紀傳類/正史之屬
兩漢刊誤補遺十卷　(宋)吳仁傑撰　清同治七年(1868)金陵書局木活字印本　二冊

330000－1712－0000968　史0198　史部/紀傳類/正史之屬
五代史記七十四卷　(宋)歐陽修撰　(宋)徐無黨注　(清)彭元瑞增注　(清)劉鳳誥排次　清嘉慶二十年(1815)萍鄉劉氏雲牲書屋刻道光八年(1828)重修本　三十二冊

330000－1712－0000969　史0200　史部/史抄類
宋史菁華錄三卷遼史菁華錄一卷金史菁華錄三卷元史菁華錄三卷　(清)納蘭常安輯　清光緒二十六年(1900)上海書局石印本　一冊　存二卷(宋史菁華錄一至二)

330000－1712－0000970　史0205　史部/史抄類
廿二史紀事提要八卷　(清)吳綏撰　清乾隆十一年(1746)吳培源刻本　二冊　存二卷(四、六)

330000－1712－0000971　史0201　史部/紀傳類/正史之屬
明史稿三百十卷目錄三卷　(清)王鴻緒撰　清雍正敬慎堂刻本　六十冊

330000－1712－0000972　史0202　史部/紀傳類/正史之屬
明史稿三百十卷目錄三卷　(清)王鴻緒撰　清雍正敬慎堂刻本　六十三冊　缺五卷(一百七十三至一百七十七)

330000－1712－0000973　史0204　史部/政書類/通制之屬

二十四史九通政典類要合編三百二十卷 (清)黄書霖輯　清光緒二十八年(1902)約雅堂石印本　六十冊　缺二卷(三百二至三百三)

330000－1712－0000974　史0203　史部/紀傳類/正史之屬

明史稿三百十卷目錄三卷 (清)王鴻緒撰　清雍正敬慎堂刻本　二冊　存八卷(一百七十至一百七十七)

330000－1712－0000975　史0206　史部/史抄類

史略八十七卷 (清)朱堃輯　清光緒十三年(1887)上海積山書局石印本　六冊

330000－1712－0000976　史0207　子部/叢編類

二十二子(二十二子彙函) (清)浙江書局編　清光緒元年至三年(1875－1877)浙江書局刻本　四冊　存一種

330000－1712－0000977　史0208　子部/叢編類

二十二子(二十二子彙函) (清)浙江書局編　清光緒元年至三年(1875－1877)浙江書局刻本　四冊　存一種

330000－1712－0000978　史0209　史部/編年類/通代之屬

資治通鑑二百九十四卷 (宋)司馬光撰　(元)胡三省音注　**通鑑釋文辯誤十二卷** (元)胡三省撰　清嘉慶二十一年(1816)鄱陽胡克家影元刻本　九十三冊　缺二十一卷(一至三、一百十四至一百二十五、一百二十九至一百三十一、二百二十七至二百二十九)

330000－1712－0000980　史0211　史部/編年類/斷代之屬

續資治通鑑長編拾補六十卷 (清)秦緗業等輯注　清光緒九年(1883)浙江書局刻本　十六冊

330000－1712－0000981　史0212　史部/編年類/通代之屬

資治通鑑二百九十四卷 (宋)司馬光撰　(元)胡三省音注　清末石印本　七冊　存八十八卷(十二至九十九)

330000－1712－0000984　史0216　史部/編年類/通代之屬

資治通鑑綱目四編合刻 (清)丁寶楨輯　清光緒二年至三年(1876－1877)粵東富文齋刻本(御撰資治通鑑綱目三編四冊配清刻本)　八十四冊

330000－1712－0000985　史0214　史部/編年類/通代之屬

續資治通鑑二百二十卷 (清)畢沅撰　清刻本　十一冊　存三十六卷(八十九至九十一、九十五至九十七、一百五至一百十、一百十四至一百二十、一百二十四至一百三十、一百四十四至一百五十、一百五十七至一百五十九)

330000－1712－0000986　史0218　史部/編年類/通代之屬

資治通鑑彙刻 (宋)司馬光編集　清同治至光緒江蘇書局刻本　一冊　存一種

330000－1712－0000987　史0220　史部/編年類/通代之屬

御撰資治通鑑綱目三編二十卷 (清)張廷玉等撰　清末尺木堂刻本　六冊

330000－1712－0000988　史0236　史部/編年類/通代之屬

尺木堂綱鑑易知錄九十二卷 (清)吳乘權等輯　**御撰資治通鑑綱目三編二十卷** (清)張廷玉等撰　清光緒八年(1882)掃葉山房刻本　四十八冊

330000－1712－0000989　史0219　史部/編年類/通代之屬

資治通鑑地理今釋十六卷 (清)吳熙載撰　清光緒八年(1882)江蘇書局刻本　三冊

330000－1712－0000990　史0221　史部/編年類/斷代之屬

續資治通鑑長編五百二十卷目錄二卷 (宋)李燾撰　清光緒七年(1881)浙江書局刻本

一百二十册

330000－1712－0000991　史0237　史部/編年類/通代之屬

尺木堂綱鑑易知錄九十二卷　(清)吴乘權等輯　清刻本　二十一册　存五十一卷(五至四十七、五十至五十七)

330000－1712－0000992　史0238　史部/編年類/通代之屬

尺木堂綱鑑易知錄九十二卷　(清)吴乘權等輯　清敦仁堂刻本　三十四册　存七十三卷(一至十四、十八至二十、二十七至四十、四十三至五十、五十三至六十八、七十一至八十、八十五至九十二)

330000－1712－0000993　史0217　史部/編年類/通代之屬

御批歷代通鑑輯覽一百二十卷　(清)傅恒等總裁　(清)楊述曾等纂修　清同治十年(1871)浙江書局刻朱墨套印本　四十八册

330000－1712－0000994　善229　史部/叢編

十七史一千五百七十四卷　(明)毛晉編　明崇禎元年至十七年(1628－1644)琴川毛氏汲古閣刻清順治五年至十三年(1648－1656)重修本　九十七册　存七種

330000－1712－0000995　史0222　史部/編年類/通代之屬

御批歷代通鑑輯覽一百二十卷　(清)傅恒等總裁　(清)楊述曾等纂修　清同治十年(1871)浙江書局刻朱墨套印本　二十四册　存六十三卷(二十四至四十七、六十五至八十、九十八至一百二十)

330000－1712－0000996　史0223　史部/編年類/通代之屬

御批歷代通鑑輯覽一百二十卷　(清)傅恒等編纂　清同治十一年(1872)湖北崇文書局刻本　十三册　存二十六卷(一、五至九、十六至二十九、三十四至三十九)

330000－1712－0000997　史0224　史部/編年類/通代之屬

御批歷代通鑑輯覽一百二十卷　(清)傅恒等編纂　清光緒二十四年(1898)上洋圖書集成局鉛印本　二十三册　缺五卷(七十六至八十)

330000－1712－0000998　史0227　史部/編年類/通代之屬

御批歷代通鑑輯覽一百二十卷　(清)傅恒等總裁　(清)楊述曾等纂修　清末刻本　二十五册　存四十三卷(六十九、七十二至七十四、七十六至八十四、八十七至一百十三、一百十五至一百十七)

330000－1712－0000999　史0225　史部/編年類/通代之屬

御批歷代通鑑輯覽一百二十卷　(清)傅恒等編纂　清光緒二十九年(1903)上海商務印書館鉛印本　十二册

330000－1712－0001000　史0226　史部/編年類/通代之屬

御批歷代通鑑輯覽一百二十卷　(清)傅恒等編纂　清末鉛印本　三册　存十五卷(五十一至五十五、七十一至七十五、八十六至九十)

330000－1712－0001001　史0228　史部/編年類/通代之屬

御批歷代通鑑輯覽一百二十卷　(清)傅恒等總裁　(清)楊述曾等纂修　清末刻本　四册　存七卷(九十一至九十四、一百九至一百十一)

330000－1712－0001002　善230　史部/叢編

十七史一千五百七十四卷　(明)毛晉編　明崇禎元年至十七年(1628－1644)琴川毛氏汲古閣刻清順治五年至十三年(1648－1656)重修本　清吴焯批點並題記　四十八册　存二種

330000－1712－0001003　史0230　史部/編年類/通代之屬

御批歷代通鑑輯覽一百二十卷　(清)傅恒等總裁　(清)楊述曾等纂修　清同治十年(1871)浙江書局刻朱墨套印本　十册　存二

十三卷（一至二十三）

330000－1712－0001004　史0231　史部/編年類/通代之屬

御批歷代通鑑輯覽一百二十卷　（清）傅恒等撰　清光緒十三年（1887）上海同文書局石印本　二十四冊

330000－1712－0001005　史0229　史部/編年類/通代之屬

通鑑綱目引義三十六卷續編引義十卷三編引義六卷　（清）王悔撰　清光緒十八年（1892）王氏刻本　三十六冊

330000－1712－0001006　史0232　史部/編年類/通代之屬

讀通鑑綱目條記二十卷首一卷末一卷　（清）章邦元撰　清光緒二十八年（1902）鑄記書局石印本　四冊

330000－1712－0001007　史0233　史部/編年類/通代之屬

讀通鑑綱目劄記二十卷　（清）章邦元撰　清光緒十六年（1890）銅陵章氏刻本　四冊

330000－1712－0001008　善231　史部/叢編

十七史一千五百七十四卷　（明）毛晉編　明崇禎元年至十七年（1628－1644）琴川毛氏汲古閣刻清順治五年至十三年（1648－1656）重修本　十六冊　存一種

330000－1712－0001009　史0234　史部/史評類

史論彙函甲編二十六種　題（清）述古齋主人輯　清石印本　三冊　存一種

330000－1712－0001010　善232　史部/叢編

十七史一千五百七十四卷　（明）毛晉編　明崇禎元年至十七年（1628－1644）毛氏汲古閣刻清順治五年至十三年（1648－1656）重修本（後漢書一百二十卷配明崇禎毛氏汲古閣刻本）　三十一冊　存七種

330000－1712－0001011　史0239　史部/編年類/通代之屬

綱鑑正史約三十六卷　（明）顧錫疇撰　（清）陳弘謀增訂　**甲子紀元一卷**　（清）陳弘謀撰　清同治八年（1869）浙江書局刻本　二十冊

330000－1712－0001012　史0240　史部/編年類/通代之屬

尺木堂綱鑑易知錄九十二卷　（清）吳乘權等輯　清刻本　四十二冊

330000－1712－0001013　史0241　史部/編年類/通代之屬

尺木堂綱鑑易知錄九十二卷明鑑易知錄十五卷　（清）吳乘權等輯　清同治五年（1866）翰寶樓刻本　四十八冊

330000－1712－0001014　史0235　史部/編年類/通代之屬

尺木堂綱鑑易知錄二十卷　（清）吳乘權等輯　清光緒十三年（1887）上海點石齋石印本　九冊　缺二卷（七至八）

330000－1712－0001015　史0242　史部/編年類/通代之屬

尺木堂綱鑑易知錄九十二卷　（清）吳乘權等輯　清刻本　三十八冊　缺八卷（一至二、五十九至六十、六十五至六十六、八十一至八十二）

330000－1712－0001016　善233　史部/編年類/通代之屬

鼎鍥葉太史彙纂玉堂鑑綱七十二卷　（明）葉向高彙纂　（明）李京訂義　明萬曆書林種德堂熊沖宇刻本　二冊　存四卷（一至四）

330000－1712－0001017　史0243　史部/編年類/通代之屬

尺木堂綱鑑易知錄九十二卷　（清）吳乘權等輯　清光緒二十六年（1900）上海圖書集成印書局鉛印本　三冊　存十八卷（一至四、十二至十八、二十六至三十二）

330000－1712－0001018　史0250　史部/編年類/通代之屬

重訂王鳳洲先生綱鑑會纂四十六卷續宋元紀二十三卷　（明）王世貞撰　（明）陳仁錫訂　**御撰資治通鑑綱目三編四卷**　（清）張廷玉等

撰　清光緒二十五年(1899)上海萃文齋石印本　十一冊　缺七卷(綱鑑會纂八至十四)

330000－1712－0001019　史0244　史部/史抄類
鑑撮四卷　(清)曠敏本撰　**使奉紀勝一卷**　(清)陳階平撰　**讀史論略一卷**　(清)杜詔撰　清道光十九年(1839)陳階平四宜堂刻本　四冊　存四卷(一至四)

330000－1712－0001020　史0245　史部/史抄類
鑑撮四卷　(清)曠敏本撰　**使奉紀勝一卷**　(清)陳階平撰　**讀史論略一卷**　(清)杜詔撰　清道光十九年(1839)陳階平四宜堂刻本　一冊　存一卷(鑑撮四)

330000－1712－0001021　善234　史部/編年類/通代之屬
訂正通鑑綱目前編二十五卷　(明)南軒撰　明萬曆刻本　十冊

330000－1712－0001022　史0247　史部/編年類/通代之屬
重訂王鳳洲先生綱鑑會纂四十六卷續宋元紀二十三卷　(明)王世貞撰　(明)陳仁錫訂　清刻本　二十冊　存二十三卷(綱鑑會纂八至十一、十八至二十六、三十三至三十四、三十七、三十九至四十五)

330000－1712－0001023　史0248　史部/編年類/通代之屬
重訂王鳳洲先生綱鑑會纂四十六卷續宋元紀二十三卷　(明)王世貞撰　(明)陳仁錫訂　清刻本　八冊　存十二卷(綱鑑會纂九至十八、二十二至二十三)

330000－1712－0001024　史0246　史部/編年類/通代之屬
綱目志疑一卷　(清)華湛恩撰　清末鉛印本　一冊

330000－1712－0001025　史0250　史部/編年類/通代之屬
重訂王鳳洲先生綱鑑會纂四十六卷續宋元紀二十三卷　(明)王世貞撰　(明)陳仁錫訂
御撰資治通鑑綱目三編四卷　(清)張廷玉等撰　清光緒二十五年(1899)上海萃文齋石印本　一冊　存七卷(綱鑑會纂八至十四)

330000－1712－0001026　史0251　史部/編年類/通代之屬
尺木堂綱鑑易知錄九十二卷明鑑易知錄十五卷　(清)吳乘權等輯　清刻本　四冊　存九卷(綱鑑易知錄二十九至三十、五十一至五十二、六十三至六十四,明鑑易知錄七至九)

330000－1712－0001027　史0253　史部/編年類/通代之屬
綱鑑易知錄九十二卷明鑑易知錄十五卷　(清)吳乘權　(清)周之炯　(清)周之燦輯　清東省文選樓刻本　四十七冊　缺二卷(六十七至六十八)

330000－1712－0001028　史0254　史部/編年類/通代之屬
尺木堂綱鑑易知錄九十二卷　(清)吳乘權等輯　清末鉛印本　一冊　存七卷(七十一至七十七)

330000－1712－0001029　史0255　史部/編年類/通代之屬
尺木堂綱鑑易知錄九十二卷明鑑易知錄十五卷　(清)吳乘權等輯　清光緒十五年(1889)上海廣百宋齋鉛印本　十三冊　存八十六卷(綱鑑易知錄一至二十六、四十一至四十七、五十五至九十二,明鑑易知錄一至十五)

330000－1712－0001030　史0260　史部/史抄類
史鑑節要便讀六卷　(清)鮑東里撰　清同治十三年(1874)江蘇書局刻本　二冊

330000－1712－0001031　史0256　史部/編年類/通代之屬
尺木堂綱鑑易知錄二十卷　(清)吳乘權等輯　清光緒十三年(1887)上海點石齋石印本　十冊

330000－1712－0001032　史0264　史部/史

抄類

史鑑節要便讀六卷　(清)鮑東里撰　清光緒二十八年(1902)蒙養學堂刻本　二册

330000－1712－0001033　史 0263　史部/史抄類

史鑑節要便讀六卷　(清)鮑東里撰　清光緒二十八年(1902)聚奎堂刻本　三册

330000－1712－0001034　史 0261　史部/史抄類

史鑑節要便讀六卷　(清)鮑東里撰　清同治六年(1867)姑胥顧悦廷刻本　一册　存三卷(一至三)

330000－1712－0001035　史 0257　史部/編年類/通代之屬

綱鑑總論二卷　(清)周茂才撰　清光緒二十八年(1902)上海書局石印本　二册

330000－1712－0001036　史 0262　史部/史抄類

史鑑節要六卷　(清)鮑東里撰　清末刻本　一册　存二卷(五至六)

330000－1712－0001037　史 0258　史部/史鈔類/通代之屬

綱鑑擇語十卷　(清)司徒修輯　清末文盛書局石印本　六册

330000－1712－0001038　善 236　史部/紀傳類/别史之屬

續弘簡録元史類編四十二卷　(清)邵遠平撰　清康熙刻本　十二册

330000－1712－0001039　史 0259　史部/編年類/斷代之屬

十一朝東華易知録八卷　(日本)增田貢撰　(清)張安國補編　清光緒二十八年(1902)上海錦文堂石印本　四册

330000－1712－0001040　善 235　史部/紀傳類/别史之屬

弘簡録二百五十四卷　(明)邵經邦撰　清康熙刻本　五十二册　缺一卷(一百四十一)

330000－1712－0001041　善 237　史部/紀事本末類/斷代之屬

通鑑紀事本末八十卷　(清)谷應泰編　清順治十五年(1658)刻本　二十四册

330000－1712－0001042　史 0266　史部/紀事本末類/通代之屬

通鑑紀事本末二百三十九卷　(宋)袁樞撰　(明)張溥論正　清康熙刻本　八十册

330000－1712－0001043　史 0537　史部/傳記類/别傳之屬

宜堂類編二十五卷　(清)丁立中編　清光緒二十六年(1900)錢塘丁氏嘉惠堂刻本　八册

330000－1712－0001044　善 238　史部/紀事本末類/斷代之屬

元史紀事本末二十七卷　(明)陳邦瞻編　(明)張溥論正　明末刻本　四册

330000－1712－0001045　善 239　史部/紀事本末類/斷代之屬

宋史紀事本末一百九卷　(明)馮琦撰　(明)陳邦瞻補　(明)張溥論正　明末張溥刻本　十六册

330000－1712－0001047　史 0269　史部/紀事本末類

歷朝紀事本末九種　(清)陳如升　(清)朱記榮輯　清光緒十四年(1888)上海書業公所鉛印本(遼史紀事本末、金史紀事本末爲清光緒二十八年上海著易堂書局鉛印本)　二十一册　存六種

330000－1712－0001048　史 0268　史部/紀事本末類

歷朝紀事本末九種　(清)陳如升　(清)朱記榮輯　清光緒十四年(1888)上海書業公所鉛印本(遼史紀事本末、金史紀事本末爲清光緒二十八年上海著易堂書局鉛印本)　五十六册

330000－1712－0001049　史 0271　史部/紀事本末類/斷代之屬

遼史紀事本末四十卷　(清)李有棠撰　清末

石印本　一册　存十一卷(七至十七)

330000－1712－0001052　史 0273　史部/雜史類
宋遼金元别史(四朝别史)五種　(清)席世臣輯　清乾隆至嘉慶南沙席氏掃葉山房刻本　四册　存一種

330000－1712－0001053　史 0274　史部/雜史類
宋遼金元别史(四朝别史)五種　(清)席世臣輯　清乾隆至嘉慶南沙席氏掃葉山房刻本　二册　存一種

330000－1712－0001054　善 240　史部/史評類/史論之屬
東萊先生音註唐鑑二十四卷　(宋)范祖禹撰　(宋)吕祖謙注　清順治元年至十八年(1644－1661)天蓋樓刻本　四册

330000－1712－0001056　史 0276　史部/史抄類
宋史菁華録三卷遼史菁華録一卷金史菁華録三卷元史菁華録三卷　(清)納蘭常安輯　清光緒二十六年(1900)上海書局石印本　一册

330000－1712－0001057　叢 14　類叢部/叢書類/彙編之屬
小四書四種　(明)朱升編　清康熙三十二年(1693)恒德堂刻本　二册　存三種

330000－1712－0001058　史 0277　史部/紀傳類/正史之屬
東都事略一百三十卷　(宋)王偁撰　清刻本　十册

330000－1712－0001059　史 0278　史部/編年類/斷代之屬
十朝東華録五百二十五卷　王先謙　潘頤福撰　清末石印本　二册　存十卷(咸豐東華録四十八至五十四、九十八至一百)

330000－1712－0001060　史 0279　史部/雜史類/斷代之屬
東明聞見録一卷　(清)瞿共美撰　清刻本　一册

330000－1712－0001061　叢 17　類叢部/叢書類/自著之屬
甌北全集八種　(清)趙翼撰　清刻本　三十册　存六種

330000－1712－0001062　史 0282　史部/編年類/通代之屬
司馬溫公稽古録二十卷　(宋)司馬光撰　清刻本　一册　存二卷(十三至十四)

330000－1712－0001063　史 0288　史部/傳記類/總傳之屬/斷代
國朝先正事略六十卷　(清)李元度撰　清同治五年至八年(1866－1869)循陔草堂刻本　十九册　存五十卷(一、四至七、十二至二十二、二十五至二十六、二十九至六十)

330000－1712－0001064　史 0283　史部/傳記類/總傳之屬/斷代
國朝先正事略六十卷首一卷　(清)李元度撰　清光緒十七年(1891)上海廣百宋齋鉛印本　十二册

330000－1712－0001065　史 0284　史部/傳記類/總傳之屬/斷代
國朝先正事略六十卷　(清)李元度撰　清光緒二十五年(1899)上海圖書集成印書局鉛印本　五册　存四十卷(一至九、十五至二十、二十六至三十三、四十四至六十)

330000－1712－0001066　史 0287　史部/傳記類/總傳之屬/斷代
國朝先正事略六十卷　(清)李元度撰　**中興名臣事略八卷**　朱孔彰撰　清光緒二十五年(1899)上海圖書集成印書局鉛印本　十二册

330000－1712－0001067　史 0285　史部/傳記類/總傳之屬/斷代
國朝先正事略六十卷　(清)李元度撰　清同治五年至八年(1866－1869)循陔草堂刻本　二十四册

330000－1712－0001068　史 0289　史部/傳記類/總傳之屬/斷代
國朝先正事略六十卷　(清)李元度撰　清刻

本　十冊　存十八卷(十至二十一、四十九至五十四)

330000－1712－0001069　史 0286　史部/編年類/斷代之屬

清史攬要六卷　(日本)增田貢撰　清光緒二十八年(1902)鉛印本　四冊

330000－1712－0001070　善 241　史部/史評類/詠史之屬

增定二十一史韻四卷首一卷末一卷續編四卷　(明)趙南星原編　(清)仲弘道增續　清康熙蘭雪堂刻本　十冊

330000－1712－0001071　史 0642　史部/政書類

九通　(清)□□輯　清光緒八年至二十二年(1882－1896)浙江書局刻本　五百四十八冊　存七種

330000－1712－0001072　史 0291　史部/雜史類/斷代之屬

國語二十一卷　(三國吳)韋昭注　**校刊明道本韋氏解國語札記一卷**　(清)黃丕烈撰　**明道本考異四卷**　(清)汪遠孫撰　清同治八年(1869)湖北崇文書局刻朱印本　三冊　缺九卷(國語一至九)

330000－1712－0001073　善 214　史部/雜史類/斷代之屬

國語九卷　(明)閔齊伋裁注　明末刻本　二冊

330000－1712－0001074　史 0292　史部/雜史類/斷代之屬

國語二十一卷　(三國吳)韋昭注　**校刊明道本韋氏解國語札記一卷**　(清)黃丕烈撰　**明道本考異四卷**　(清)汪遠孫撰　清光緒三年(1877)永康胡氏退補齋刻本　五冊

330000－1712－0001075　史 0294　史部/雜史類/斷代之屬

國語二十一卷　(三國吳)韋昭注　(宋)宋庠補音　**戰國策十卷**　(宋)鮑彪校注　清姑蘇書業堂刻本　六冊　存二十一卷(國語一至二十一)

330000－1712－0001076　史 0293　史部/雜史類/斷代之屬

戰國策三十三卷　(漢)高誘注　**重刻剡川姚氏本戰國策札記三卷**　(清)黃丕烈撰　清光緒三年(1877)永康胡氏退補齋刻本　五冊

330000－1712－0001077　史 0295　史部/雜史類/斷代之屬

國語二十一卷　(三國吳)韋昭注　**校刊明道本韋氏解國語札記一卷**　(清)黃丕烈撰　**明道本考異四卷**　(清)汪遠孫撰　清同治八年(1869)湖北崇文書局刻本　五冊

330000－1712－0001078　史 0296　史部/雜史類/斷代之屬

國語二十一卷　(三國吳)韋昭注　**校刊明道本韋氏解國語札記一卷**　(清)黃丕烈撰　**戰國策三十三卷**　(漢)高誘注　**重刻剡川姚氏本戰國策札記三卷**　(清)黃丕烈撰　清光緒二十二年(1896)上海鴻寶齋石印本　八冊

330000－1712－0001079　史 0297　史部/雜史類/斷代之屬

戰國策三十三卷　(漢)高誘注　**重刻剡川姚氏本戰國策札記三卷**　(清)黃丕烈撰　清同治八年(1869)湖北崇文書局朱印本　五冊

330000－1712－0001080　善 243　史部/雜史類/斷代之屬

戰國策十卷　(宋)鮑彪校注　(元)吳師道補正　清乾隆三十年(1765)文盛堂刻本　八冊

330000－1712－0001081　史 0298　史部/雜史類/斷代之屬

國語二十一卷　(三國吳)韋昭注　(宋)宋庠補音　**戰國策十卷**　(宋)鮑彪校注　清同治九年(1870)經綸堂刻本　十四冊

330000－1712－0001082　史 0299　史部/雜史類/斷代之屬

戰國策三十三卷　(漢)高誘注　**重刻剡川姚氏本戰國策札記三卷**　(清)黃丕烈撰　清刻本　二冊　存三卷(札記一至三)

330000－1712－0001083　叢 04　類叢部/叢書類/自著之屬

振綺堂遺書五種　(清)汪遠孫撰　清道光刻民國十一年(1922)錢唐汪氏彙印本　七冊　存三種

330000－1712－0001084　史 0300　史部/史鈔類

戰國策摘抄不分卷　清抄本　一冊

330000－1712－0001085　集 0796　類叢部/叢書類/彙編之屬

重訂七種古文選　(清)儲欣選評　清乾隆四十五年(1780)武林三餘堂刻本　十一冊　存四種

330000－1712－0001086　史 0280　史部/紀事本末類/通代之屬

繹史一百六十卷世系圖一卷年表一卷　(清)馬驌撰　清光緒二十三年(1897)武林尚友齋石印本　二十三冊　缺五卷(一百四十九至一百五十三)

330000－1712－0001087　史 0302　史部/雜史類/斷代之屬

國語二十一卷　(三國吳)韋昭注　(宋)宋庠補音　**戰國策十卷**　(宋)鮑彪校注　清姑蘇書業堂刻本　八冊　存十卷(戰國策一至十)

330000－1712－0001089　史 0305　史部/雜史類/斷代之屬

甲申傳信錄十卷　(明)錢𩝂撰　清道光二十年(1840)刻本　六冊

330000－1712－0001090　史 0303　史部/雜史類/斷代之屬

明季稗史正編十六種　(清)留云居士輯　清光緒二十九年(1903)鉛印本　六冊

330000－1712－0001091　史 0306　史部/雜史類/斷代之屬

甲申傳信錄十卷　(明)錢𩝂撰　清道光二十年(1840)刻本　四冊

330000－1712－0001092　史 0307　史部/雜史類/斷代之屬

甲申傳信錄十卷　(明)錢𩝂撰　清抄本　二冊

330000－1712－0001093　史 0304　史部/雜史類/斷代之屬

明季稗史彙編十六種　(清)留云居士輯　清光緒二十二年(1896)上海圖書集成印書局鉛印本　五冊　存十二種

330000－1712－0001094　史 0313　史部/雜史類/斷代之屬

湘軍志十六卷　王闓運撰　清光緒二十八年(1902)湖南書局刻本　四冊

330000－1712－0001095　史 0314　史部/雜史類/斷代之屬

湘軍志十六卷　王闓運撰　清光緒十二年(1886)成都墨香書屋刻本　四冊

330000－1712－0001096　史 0309　史部/雜史類/斷代之屬

小腆紀年附考二十卷　(清)徐鼒撰　清咸豐十一年(1861)刻本　十二冊

330000－1712－0001097　史 0315　史部/雜史類/斷代之屬

湘軍志十六卷　王闓運撰　清刻本　四冊

330000－1712－0001098　史 0316　史部/雜史類/斷代之屬

淮軍平捻記十二卷　(清)周世澄撰　清刻本　二冊　存四卷(七至十)

330000－1712－0001099　史 0322　新學/史志/别國史

支那通史七卷　(日本)那珂通世編　清光緒二十五年(1899)上海東文學社石印本　五冊　存四卷(一至四)

330000－1712－0001100　史 0317　史部/雜史類/斷代之屬

平浙紀略十六卷　(清)秦緗業　(清)陳鍾英撰　清同治十二年(1873)浙江書局刻本　二冊

330000－1712－0001102　史 0318　史部/雜史類/斷代之屬

拳匪紀略八卷前編二卷後編二卷圖一卷　(清)楊鳳藻等輯　清光緒二十九年(1903)上洋書局石印本　一冊　存一卷(圖)

330000－1712－0001103　史 0310　史部/雜史類/斷代之屬

蜀碧四卷附記一卷　(清)彭遵泗撰　清嘉慶二十年(1815)天祿閣刻本　二冊

330000－1712－0001104　史 0311　史部/雜史類/斷代之屬

蜀碧四卷　(清)彭遵泗撰　清乾隆四十二年(1777)白鶴堂刻本　一冊　存二卷(三至四)

330000－1712－0001105　史 0323　新學/史志/别國史

支那通史七卷　(日本)那珂通世編　清光緒二十五年(1899)上海東文學社石印本　四冊　存三卷(一、三至四)

330000－1712－0001106　史 0324　新學/史志/别國史

支那通史七卷　(日本)那珂通世編　清末鉛印本　三冊　存三卷(二至四)

330000－1712－0001107　史 0319　新學/史志/别國史

日本新史攬要七卷　(日本)石村貞一編輯　(日本)游瀛主人譯　清光緒二十五年(1899)石印本　一冊　存一卷(一)

330000－1712－0001108　史 0325　新學/史志/别國史

續支那通史二卷　(日本)山峯畯藏撰　(清)中國漢陽青年編譯　清光緒三十二年(1906)會文堂書局石印本　四冊

330000－1712－0001109　史 0326　新學/史志/别國史

支那全史七卷　(日本)藤田久道編次　清光緒二十七年(1901)教育世界社石印本　六冊

330000－1712－0001110　史 0320　史部/雜史類/通代之屬

重訂路史全本十六卷　(宋)羅泌撰　(宋)羅苹注　(明)吳弘基等重編　**賦秋山覽史隨筆一卷**　清光緒二十年(1894)上海文瑞樓石印本　一冊　存三卷(前紀一至二、賦秋山覽史隨筆)

330000－1712－0001111　史 0327　新學/史志/别國史

支那全史七卷　(日本)藤田久道編次　清光緒二十七年(1901)教育世界社石印本　六冊

330000－1712－0001112　史 0321　史部/叢編

史學叢書四十三種　(清)□□輯　清光緒十九年(1893)武林有三長齋石印本　十七冊　存三十六種

330000－1712－0001113　史 0333　史部/傳記類/别傳之屬/事狀

閻鎮珩雜文集不分卷　(清)閻鎮珩撰　清末刻本　一冊

330000－1712－0001116　史 0336　史部/傳記類/别傳之屬/事狀

張聞惺[憲和]先生行狀一卷　(清)閻鎮珩撰　清末刻本　一冊

330000－1712－0001117　史 0337　史部/傳記類/别傳之屬/事狀

張聞惺[憲和]先生行狀一卷　(清)閻鎮珩撰　清末刻本　一冊

330000－1712－0001119　新 0051　新學/重學/重學

重學二十卷附曲線圖説三卷　(英國)艾約瑟口譯　清光緒十四年(1888)上海大同書局石印本　二冊

330000－1712－0001120　史 0330　史部/史評類/史論之屬

繪圖中國白話史不分卷　戴克敦　錢宗翰編　清光緒三十一年(1905)杭州彪蒙書室石印本　一冊　存三十二課(一至三十二)

330000－1712－0001121　史 0339　史部/傳記類/别傳之屬/事狀

秋鶴時公崇祀鄉賢錄一卷　清光緒十四年(1888)文洽齋刻本　一冊

330000－1712－0001122　史 0340　史部/傳記類/別傳之屬/事狀
誥封一品太夫人衡陽程母蕭太夫人八十二歲事略一卷　(清)程龢祥述　清宣統三年(1911)刻本　一冊

330000－1712－0001125　史 0338　史部/傳記類/別傳之屬/事狀
皇清誥授奉政大夫文淵閣校理翰林院侍講湖南學政顯考海門府君[張金鏞]行述一卷　(清)張憲和撰　清末刻本　一冊

330000－1712－0001127　叢 299　類叢部/叢書類/家集之屬
績溪胡氏叢書十種　(清)胡培系編　清同治十年至光緒二年(1871－1876)世澤樓刻本暨木活字印本　一冊　存一種

330000－1712－0001128　史 0343　史部/傳記類/別傳之屬
重修李高士墓紀念書一卷　高廷梅等輯　清宣統三年(1911)鉛印本　一冊

330000－1712－0001143　史 0363　史部/雜史類/斷代之屬
湘軍記二十卷　(清)王定安撰　清光緒十五年(1889)江南書局刻本　八冊

330000－1712－0001148　史 0359　史部/雜史類/斷代之屬
談浙四卷　(清)許瑤光撰　清光緒十四年(1888)刻本　二冊

330000－1712－0001150　史 0360　史部/地理類/雜志之屬
當湖五事記畧五卷　(清)黃菊坪撰　清嘉慶十五年(1810)永安公墅刻道光元年(1821)增訂本　一冊

330000－1712－0001151　史 0374　子部/雜著類/雜纂之屬
雜抄不分卷　清抄本　一冊

330000－1712－0001152　史 0373　史部/詔令奏議類/奏議之屬
張相國保存國粹疏一卷　(清)張之洞撰　**書張相國保存國粹疏後一卷**　曹元弼撰　清光緒三十三年(1907)木活字印本　一冊

330000－1712－0001154　史 0375　史部/政書類
政務處議奏禁烟章程一卷附戒煙靈草圖說一卷　清光緒三十三年(1907)北流縣署鉛印本　一冊

330000－1712－0001155　史 0367　史部/政書類/邦計之屬
未雨新書稿八卷　稿本　一冊

330000－1712－0001156　史 0368　史部/地理類/山川之屬/山志
峨眉山小志一卷　(清)張誠纂　清抄本　一冊

330000－1712－0001157　史 0376　史部/政書類
申請屯田各戶呈驗附件一覽表一卷　清抄本　一冊

330000－1712－0001158　史 0369　史部/地理類/山川之屬/山志
峨眉山小志一卷　(清)張誠纂　清抄本　一冊

330000－1712－0001159　史 0370　史部/地理類/山川之屬/山志
峨眉山小志一卷　(清)張誠纂　清抄本　一冊

330000－1712－0001160　史 0377　史部/地理類/專志之屬/祠墓
祠祭全書不分卷　(清)張毓達訂　清末抄本　一冊

330000－1712－0001161　史 0378　史部/地理類/專志之屬/祠墓
祠祭全書不分卷　(清)張毓達訂　清光緒六年(1880)稿本　一冊

330000－1712－0001162　史 0379　史部/地理類/專志之屬/祠墓
續祠祭全書不分卷　(清)張毓達訂　稿本　一冊

330000－1712－0001163　史 0371　史部/地理類/雜志之屬
乍浦紀事詩一卷　(清)盧奕春撰　清宣統二年(1910)華雲閣鉛印本　一冊

330000－1712－0001164　史 0382　史部/政書類
知新摘錄一卷　清末平湖張氏抄本　一冊

330000－1712－0001166　史 0372　史部/地理類/雜志之屬
乍浦紀事詩一卷　(清)盧奕春撰　清宣統二年(1910)華雲閣鉛印本　一冊

330000－1712－0001167　史 0380　史部/地理類/雜志之屬
乍浦紀事詩一卷　(清)盧奕春撰　清宣統二年(1910)華雲閣鉛印本　一冊

330000－1712－0001168　史 0381　史部/地理類/雜志之屬
乍浦紀事詩一卷　(清)盧奕春撰　清宣統二年(1910)華雲閣鉛印本　一冊

330000－1712－0001171　史 0387　集部/總集類/課藝之屬
平湖張氏躬厚堂薦卷謄批簿不分卷　(清)張金鏞謄批　清末抄本　二冊

330000－1712－0001173　史 0391　史部/職官類/官箴之屬
莅政摘要二卷　(清)陸隴其輯　清光緒六年(1880)刻本　二冊

330000－1712－0001174　史 0389　史部/政書類/公牘檔冊之屬
平湖縣照會不分卷　(清)張憲和等撰　清光緒十七年(1891)抄本　一冊

330000－1712－0001175　史 0390　史部/職官類/官箴之屬
莅政摘要二卷　(清)陸隴其輯　清同治九年(1870)刻本　二冊

330000－1712－0001177　史 0400　史部/傳記類/日記之屬
日記一卷　(清)朱之榛撰　稿本　一冊

330000－1712－0001178　史 0398　史部/傳記類/日記之屬
丙子日記一卷(清光緒二年至四年)　(清)張憲和撰　稿本　一冊

330000－1712－0001179　史 0401　史部/傳記類/雜傳之屬
觀書摘錄不分卷　清光緒平湖張氏稿本　十一冊

330000－1712－0001184　史 0399　子部/雜著類/雜纂之屬
雜抄不分卷　清抄本　一冊

330000－1712－0001187　史 0402　史部/傳記類/科舉録之屬/歷科鄉試録
[光緒二十三年丁酉科]浙江鄉試硃卷一卷　清光緒刻本　一冊

330000－1712－0001188　史 0403　史部/傳記類/總傳之屬/列女
平湖列女傳一卷　清末抄本　一冊

330000－1712－0001189　史 0404　史部/政書類/儀制之屬
帖式不分卷　清抄本　一冊

330000－1712－0001191　史 0407　史部/傳記類/雜傳之屬
家事一卷　(清)張毓達撰　清光緒抄本　一冊

330000－1712－0001192　史 0408　史部/傳記類/雜傳之屬
嬰山大房記一卷　清光緒十三年至十四年(1887－1888)稿本　一冊

330000－1712－0001193　史 0409　子部/儒

家類/儒學之屬/蒙學

幼學便讀一卷 (清)張憲和撰 清末抄本 一冊

330000－1712－0001194 史0410 史部/傳記類/日記之屬

存藹日記一卷 清末抄本 一冊

330000－1712－0001195 史0425 史部/傳記類/雜傳之屬

孝友睦婣任恤論六卷蒹葭圍支全譜稿本不分卷 稿本 一冊

330000－1712－0001196 史0411 史部/地理類/專志之屬/祠墓

清獻公祠堂志十二卷首一卷末一卷 稿本 二冊 存一卷(四)

330000－1712－0001197 史0413 史部/地理類/方志之屬/郡縣志

[浙江平湖]平湖地圩不分卷 (清)鄭稼谷輯 清嘉慶二十一年(1816)稿本 一冊

330000－1712－0001198 史0412 集部/總集類/課藝之屬

[科試文抄]一卷 清抄本 一冊

330000－1712－0001199 史0816 史部/地理類/水利之屬

開墾水田圖說一卷 (清)施彥士 (清)倪承弼撰 **營田四局摘要一卷** (清)陳儀 (清)吳邦慶撰 清道光十八年(1838)刻本 一冊

330000－1712－0001200 史0414 史部/傳記類/總傳之屬/仕宦

國朝名臣言行錄三十卷首一卷 (清)董壽輯 清光緒二十九年(1903)上海順成書局石印本 八冊

330000－1712－0001202 史0415 史部/地理類/雜志之屬

嘉府典故纂要八卷 (清)王惟梅輯 清光緒元年(1875)徐應良刻本 二冊

330000－1712－0001204 史0417 史部/地理類/總志之屬/通代

讀史方輿紀要一百三十卷附方輿全圖總說五卷 (清)顧祖禹撰 清光緒二十七年(1901)圖書集成局鉛印本 十三冊 存四十三卷(一至四、十至十五、三十至三十六、四十九至六十九,全圖總說一至五)

330000－1712－0001205 史0420 史部/目錄類/總録之屬/私撰

藏書目錄一卷 清抄本 一冊

330000－1712－0001207 史0422 史部/目錄類/總録之屬/私撰

藏書目錄一卷 清抄本 一冊

330000－1712－0001209 史0416 史部/地理類/總志之屬/通代

讀史方輿紀要一百三十卷附方輿全圖總說五卷 (清)顧祖禹撰 清光緒二十七年(1901)圖書集成局鉛印本 十二冊 存六十五卷(四十九至五十九、六十六至九十四、一百六至一百三十)

330000－1712－0001210 史0424 史部/目錄類/總録之屬/私撰

直方堂書目一卷 清抄本 一冊

330000－1712－0001215 史0008 史部/地理類/方志之屬/郡縣志

[光緒]平湖縣志二十五卷首一卷末一卷 (清)彭潤章等修 (清)葉廉鍔等纂 **平湖殉難錄一卷** (清)彭潤章輯 清光緒十二年(1886)刻本 一冊 存一卷(平湖殉難錄)

330000－1712－0001218 史0438 史部/傳記類/雜傳之屬

東湖復歸陸祠放生記一卷 (清)張憲和撰 清光緒十九年(1893)稿本 一冊

330000－1712－0001222 史0439 史部/傳記類/日記之屬

庚辰日記一卷(清光緒六年) (清)張憲和撰 清光緒六年(1880)稿本 一冊

330000－1712－0001224 史0440 史部/傳記類/日記之屬

乙酉日記一卷(清光緒十一年) 清光緒十一年(1885)稿本 一冊

330000－1712－0001226 史0441 史部/傳記類/日記之屬

辛未日記一卷(清同治十年) (清)夢正等撰 清同治十年(1871)稿本 一冊

330000－1712－0001242 經495 經部/群經總義類/傳說之屬

四書五經義策論初編不分卷續編不分卷 (清)崇實學社輯 清光緒二十九年(1903)崇實學社石印本 十二冊

330000－1712－0001248 叢22 類叢部/叢書類/彙編之屬

半厂叢書初編十種 (清)譚獻編 清同治至光緒仁和譚氏刻本 十六冊 存九種

330000－1712－0001255 叢23 類叢部/叢書類/彙編之屬

半厂叢書初編十種 (清)譚獻編 清同治至光緒仁和譚氏刻本 十冊 存四種

330000－1712－0001256 史0467 史部/傳記類/日記之屬

東行日記一卷 (清)李圭撰 **重譯尋親記一卷 丙戌秋分鄉人飲酒作詩記事一卷** 清末抄本 一冊

330000－1712－0001257 叢24 類叢部/叢書類/彙編之屬

半厂叢書初編十種 (清)譚獻編 清同治至光緒仁和譚氏刻本 六冊 存三種

330000－1712－0001258 史0468 史部/傳記類/別傳之屬/事狀

皇清誥授光祿大夫經筵講官戶部右侍郎兼管錢法堂事務加三級顯考辛庵府君[徐士芬]行述 (清)徐華錫等述 清抄本 一冊

330000－1712－0001259 叢25 類叢部/叢書類/彙編之屬

半厂叢書初編十種 (清)譚獻編 清同治至光緒仁和譚氏刻本 二冊 存一種

330000－1712－0001260 史0469 史部/傳記類/別傳之屬/事狀

皇清例贈孺人顯妣顧太孺人[慈]行述一卷 (清)張湘任述 清刻本 一冊

330000－1712－0001261 史0470 史部/傳記類/別傳之屬/事狀

孝慤臨川[張光和]行狀一卷 (清)張毓達撰 清末刻本 一冊

330000－1712－0001262 史0471 史部/傳記類/別傳之屬/事狀

孝慤臨川[張光和]行狀一卷 (清)張毓達撰 清末刻本 一冊

330000－1712－0001263 史0472 史部/傳記類/總傳之屬/斷代

碑傳集一百六十卷首二卷末二卷 (清)錢儀吉輯 清光緒十九年(1893)江蘇書局刻本 六十冊

330000－1712－0001264 史0473 史部/傳記類/總傳之屬/通代

尚友錄二十二卷補遺一卷 (明)廖用賢輯 (清)張伯琮補輯 清光緒九年(1883)福瀛書局鉛印本 十二冊

330000－1712－0001265 史0474 史部/傳記類/總傳之屬/通代

尚友錄二十二卷補遺一卷 (明)廖用賢輯 (清)張伯琮補輯 清鉛印本 五冊 缺三卷(一至三)

330000－1712－0001266 史0475 史部/傳記類/總傳之屬/通代

校正尚友錄二十二卷補遺一卷 (明)廖用賢編纂 (清)張伯琮補輯 **校正尚友錄續集二十二卷** (清)張亮基編纂 清光緒二十二年(1896)上海書局石印本 九冊 存三十三卷(五至十五、續集一至二十二)

330000－1712－0001267　史0477　史部/雜史類/外紀之屬
國朝寶鑑一卷　(朝鮮)金尚喆撰　清抄本　一冊

330000－1712－0001270　史0480　史部/傳記類/總傳之屬/斷代
昭代名人尺牘小傳二十四卷　(清)吳修撰　清抄本　一冊

330000－1712－0001271　史0481　集部/總集類/尺牘之屬
昭代名人尺牘二十四卷小傳二十四卷　(清)吳修輯　清光緒三十四年(1908)上海集古齋石印本　二冊　存二十四卷(小傳一至二十四)

330000－1712－0001272　史0482　集部/總集類/尺牘之屬
昭代名人尺牘二十四卷小傳二十四卷　(清)吳修輯　清光緒三十四年(1908)上海集古齋石印本　二冊　存二十四卷(小傳一至二十四)

330000－1712－0001273　史0476　史部/傳記類/總傳之屬/通代
校正尚友錄二十二卷補遺一卷　(明)廖用賢編纂　(清)張伯琮補輯　**校正尚友錄續集二十二卷**　(清)張亮基編纂　清末石印本(尚友錄續集配不同版清石印本)　二冊　缺二十三卷(尚友錄一至十一、續集一至十二)

330000－1712－0001274　史0483　史部/傳記類/總傳之屬/斷代
文獻徵存錄十卷　(清)錢林撰　清咸豐八年(1858)有嘉樹軒刻本　十冊

330000－1712－0001275　史0484　史部/傳記類/總傳之屬/斷代
昭代名人尺牘小傳二十四卷　(清)吳修撰　清末石印本　二冊

330000－1712－0001276　叢26　史部/傳記類/總傳之屬
五經典林五十四卷五經古人典林六卷　(清)何松編　清光緒元年(1875)慈谿何氏刻本　十二冊　存三十九卷(四至十、十八至二十八、三十四至三十九、四十二至五十,五經古人典林一至六)

330000－1712－0001277　史0491　史部/傳記類/總傳之屬/列女
列女傳八卷　(漢)劉向撰　(清)梁端校注　清宣統二年(1910)上海會文堂書局石印本　一冊　存二卷(一至二)

330000－1712－0001279　史0485　子部/天文曆算類/算書之屬
測海山房中西算學叢刻初編　(清)測海山房主人輯　清光緒二十二年(1896)上海璣衡堂石印本　六冊　存二種

330000－1712－0001280　子0072　子部/叢編
徐氏三種　(清)徐士業編　清大魁堂刻本　二冊　存二種

330000－1712－0001281　史0486　子部/天文曆算類/算書之屬
測海山房中西算學叢刻初編　(清)測海山房主人輯　清光緒二十二年(1896)上海璣衡堂石印本　六冊　存二種

330000－1712－0001287　史0493　子部/天文曆算類/算書之屬
測海山房中西算學叢刻初編　(清)測海山房主人輯　清光緒二十二年(1896)上海璣衡堂石印本　五冊　存二種

330000－1712－0001289　史0500　史部/傳記類/總傳之屬/仕宦
中興名臣事略八卷　朱孔彰撰　清光緒二十五年(1899)上海圖書集成印書局鉛印本　四冊

330000－1712－0001290　史0501　史部/傳記類/總傳之屬/仕宦
中興名臣事略八卷　朱孔彰撰　清光緒二十五年(1899)上海圖書集成印書局鉛印本　三冊　缺二卷(一至二)

330000－1712－0001291　史 0502　史部/傳記類/總傳之屬/仕宦

中興名臣事略八卷　朱孔彰撰　清末石印本　一册　存二卷(七至八)

330000－1712－0001292　史 0494　史部/政書類/邦計之屬

兩浙宦遊記畧不分卷　(清)戴槃撰　清同治刻本　一册

330000－1712－0001293　史 0503　史部/傳記類/總傳之屬/仕宦

歷代名臣言行錄二十四卷　(清)朱桓輯　清光緒二十八年(1902)鴻寶書局鉛印本　十二册

330000－1712－0001294　史 0495　史部/傳記類/總傳之屬/仕宦

名宦志一卷　清抄本　一册

330000－1712－0001295　史 0504　史部/傳記類/總傳之屬/仕宦

歷代名臣言行錄二十四卷　(清)朱桓輯　清光緒二十四年(1898)掃葉山房石印本　八册

330000－1712－0001296　史 0505　史部/傳記類/總傳之屬/仕宦

歷代名臣言行錄二十四卷　(清)朱桓輯　清光緒二十五年(1899)求新書局石印本　八册

330000－1712－0001297　史 0506　史部/傳記類/總傳之屬/仕宦

歷代名臣言行錄二十四卷　(清)朱桓輯　清光緒十二年(1886)上海文盛書局石印本　七册　缺二卷(十五至十六)

330000－1712－0001298　史 0496　史部/傳記類/總傳之屬/仕宦

鶴徵錄八卷首一卷　(清)李集輯　(清)李富孫　(清)李遇孫續輯　**鶴徵後錄十二卷首一卷**　(清)李富孫輯　清嘉慶漾葭老屋刻同治修補本　六册

330000－1712－0001299　史 0507　史部/傳記類/總傳之屬/仕宦

歷代名臣言行錄二十四卷　(清)朱桓輯　清鉛印本　六册　缺十二卷(一至二、十一至十二、十七至二十四)

330000－1712－0001300　史 0497　史部/傳記類/總傳之屬/仕宦

鶴徵錄八卷首一卷　(清)李集輯　(清)李富孫　(清)李遇孫續輯　**鶴徵後錄十二卷首一卷**　(清)李富孫輯　清嘉慶漾葭老屋刻同治修補本　六册

330000－1712－0001301　史 0498　史部/傳記類/總傳之屬/仕宦

鶴徵錄八卷首一卷　(清)李集輯　(清)李富孫　(清)李遇孫續輯　**鶴徵後錄十二卷首一卷**　(清)李富孫輯　清嘉慶漾葭老屋刻同治修補本　六册

330000－1712－0001302　史 0499　史部/傳記類/總傳之屬/仕宦

鶴徵錄八卷首一卷　(清)李集輯　(清)李富孫　(清)李遇孫續輯　**鶴徵後錄十二卷首一卷**　(清)李富孫輯　清嘉慶漾葭老屋刻本　二册

330000－1712－0001303　史 0509　史部/傳記類/總傳之屬/列女

越女表微錄五卷　(清)汪輝祖纂　清光緒十八年(1892)杭州浙江學院刻本　一册

330000－1712－0001304　史 0508　史部/雜史類/斷代之屬

湖北節義錄十二卷　(清)黄昌輔輯　清同治九年(1870)湖北崇文書局刻本　三册　存三卷(三至四、六)

330000－1712－0001305　史 0510　史部/傳記類/科舉録之屬/諸貢録

道光丁酉科各省選拔同年明經通譜不分卷　清末抄本　三册

330000－1712－0001306　史 0515　史部/傳記類/科舉録之屬/總録

[同治九年]庚午舉子文抄一卷　清抄本　一册

330000－1712－0001307　史 0516　史部/傳

記類/科舉録之屬/總録

[光緒二十八年壬寅科補行二十六年庚子二十七年辛丑恩正併科]江西闈墨一卷 清光緒二十八年(1902)圖書集成局鉛印本 一册

330000－1712－0001308 史0517 史部/傳記類/科舉録之屬/總録

[光緒三十年甲辰恩科]會試闈墨一卷 清末商務印書館鉛印本 一册

330000－1712－0001309 史0518 史部/傳記類/科舉録之屬/歷科鄉試録

[光緒二十九年]癸卯恩科福建闈墨一卷 清末上海文寶書局石印本 一册

330000－1712－0001310 史0524 史部/傳記類/科舉録之屬/諸貢録

[清順治二年至光緒十五年]國朝貢舉年表三卷 (清)黄崇蘭撰 (清)□□補 清末鉛印本 二册

330000－1712－0001311 史0519 史部/傳記類/科舉録之屬/總録

增批直省闈墨不分卷 (清)馮一梅 (清)劉鯤輯 清石印本 一册

330000－1712－0001312 史0511 史部/傳記類/科舉録之屬/諸貢録

國朝貢舉年表三卷 (清)陳國霖 (清)顧錫中編 清光緒十四年(1888)上海積山書局石印本 一册 存二卷(一至二)

330000－1712－0001313 史0512 集部/總集/課藝之屬

增補分類試策問對十卷 (清)王統 (清)王誥纂 (清)徐樹蓤續纂 清光緒五年(1879)會稽徐氏八杉齋鉛印本 四册 存四卷(一、六至八)

330000－1712－0001314 史0513 史部/傳記類/總傳之屬/技藝

墨林今話十八卷 (清)蔣寶齡撰 **墨林今話續編一卷** (清)蔣茝生撰 清咸豐二年(1852)刻本 六册

330000－1712－0001315 史0520 史部/傳記類/科舉録之屬/歷科登科録

[光緒二十四年]殿試策一卷 (清)夏壽田撰 清末影印本 一册

330000－1712－0001317 史0521 史部/傳記類/科舉録之屬/歷科鄉試録

[光緒]浙江鄉試卷三卷 清光緒抄本 三册

330000－1712－0001318 史0522 史部/傳記類/科舉録之屬/諸貢録

宋貢舉考略六卷補不分卷 清抄本 九册

330000－1712－0001319 史0525 史部/傳記類/科舉録之屬/總録

金臚策楷一卷 清琉璃廠含英閣石印本 一册

330000－1712－0001320 史0528 史部/傳記類/總傳之屬/儒林

學案小識十四卷首一卷末一卷 (清)唐鑑撰 清末上海文瑞樓石印本 六册

330000－1712－0001321 史0526 史部/傳記類/科舉録之屬/總録

[光緒丁酉科]浙江選拔同年齒錄一卷 清刻本 一册

330000－1712－0001322 史0529 史部/傳記類/總傳之屬/儒林

學案小識十四卷首一卷末一卷 (清)唐鑑撰 清光緒十年(1884)刻本 十册

330000－1712－0001323 史0527 史部/傳記類/總傳之屬/儒林

明儒學案十六卷 (清)黄宗羲撰 清光緒二十八年(1902)上海文瀾書局石印本 八册

330000－1712－0001324 史0523 史部/傳記類/科舉録之屬/諸貢録

宋貢舉考略八卷補不分卷 清抄本 十一册

330000－1712－0001325　史0530　史部/傳記類/總傳之屬/儒林

宋元學案一百卷首一卷考畧一卷　(清)黄宗羲撰　(清)全祖望修定　(清)王梓材　(清)馮雲濠校並考　清光緒五年(1879)長沙寄廬刻本　四十册

330000－1712－0001326　史0531　史部/傳記類/總傳之屬/儒林

宋元學案一百卷首一卷考畧一卷　(清)黄宗羲撰　(清)全祖望修定　(清)王梓材　(清)馮雲濠校並考　清光緒五年(1879)長沙寄廬刻本　三十九册　缺二卷(二至三)

330000－1712－0001330　史0533　史部/傳記類/别傳之屬/年譜

殷譜經侍郎自定年譜一卷　(清)殷兆鏞撰　清宣統鉛印本　一册

330000－1712－0001331　史0549　史部/傳記類/總傳之屬/家乘

[浙江永康]應氏先型録六卷　(清)應正禄等纂修　**芝英應氏家規一卷**　(清)應傑撰　清同治五年(1866)上海道署刻本　一册

330000－1712－0001332　史0539　史部/傳記類/别傳之屬/年譜

顧亭林[炎武]先生年譜一卷　(清)吳映奎輯　**同志贈言一卷**　(清)沈岱瞻纂　清光緒十一年(1885)上海掃葉山房刻本　一册

330000－1712－0001333　史0536　史部/傳記類/别傳之屬/事狀

鄂國金佗稡編二十八卷續編三十卷　(宋)岳珂編　清光緒九年(1883)浙江書局刻本　十二册

330000－1712－0001334　史0540　史部/傳記類/别傳之屬

潘功甫舍人家傳一卷　(清)吳嘉洤譔　**年譜一卷**　(清)潘曾沂撰　清刻本　一册

330000－1712－0001335　史0538　史部/傳記類/别傳之屬

宜堂類編二十五卷　(清)丁中立編　清光緒二十六年(1900)錢塘丁氏嘉惠堂刻本　一册　存五卷(遺象、行狀、家傳、事略、哀誄)

330000－1712－0001337　史0542　史部/傳記類/别傳之屬/事狀

關帝聖蹟圖誌全集十卷　(清)盧湛等輯　王玉樹重訂　清刻本　四册

330000－1712－0001338　史0543　史部/傳記類/别傳之屬/事狀

劉襄勤史傳稿一卷　何維樸撰　清宣統二年(1910)石印本　高琴泉題記　一册

330000－1712－0001339　史0544　史部/傳記類/别傳之屬/事狀

忠武誌十卷　(清)張鵬翮輯　(清)周畹蘭增　清嘉慶十九年(1814)麻城周畹蘭刻本　二册　存四卷(七至十)

330000－1712－0001340　史0545　史部/傳記類/别傳之屬/事狀

詒煒集五卷　(清)許振禕輯　清光緒十八年(1892)東河節署刻本　一册

330000－1712－0001341　史0546　史部/傳記類/别傳之屬/事狀

楊貞女事略一卷　(清)楊理庵撰　清末刻本　一册

330000－1712－0001342　史0547　史部/傳記類/别傳之屬/事狀

許教授家傳一卷　(清)譚獻撰　**誥授奉政大夫五品銜嚴州府教授顯考壬伯府君[許仁沐]行狀一卷**　(清)許受恒等撰　清光緒刻本　一册

330000－1712－0001343　史0548　史部/傳記類/别傳之屬/事狀

明道先生[程顥]行狀一卷　(宋)程頤撰　清末抄本　一册

330000－1712－0001346　史0551　史部/傳記類/别傳之屬/事狀

太原張太宜人節孝事實一卷　(清)王壽康輯　清道光拓本　一册

330000－1712－0001347　史 0552　史部/傳記類/別傳之屬/事狀

誥授資政晉封榮祿大夫二品頂戴賞戴花翎前署江蘇常鎮通海道顯考君硯府君[錢寶傳]行述一卷　(清)錢紹楨述　清末刻本　一册

330000－1712－0001348　史 0553　史部/傳記類/別傳之屬/事狀

中議大夫晉通奉大夫鹽運使銜遇缺卽選道加一級先仲雲兄[李槩]家傳一卷　(清)李恒譔　清光緒刻本　一册

330000－1712－0001349　史 0554　史部/傳記類/別傳之屬/事狀

皇清誥授光祿大夫贈太子少保予謚勤肅頭品頂戴兵部尚書都察院右都御史兩廣總督顯考方之府君[陶模]行述一卷　陶葆廉　陶保霖撰　清光緒刻本　一册

330000－1712－0001350　叢 36　類叢部/叢書類/彙編之屬

榆園叢刻十五種附一種　(清)許增編　清同治至光緒刻本　三册　存一種

330000－1712－0001351　叢 35　類叢部/叢書類/彙編之屬

榆園叢刻十五種附一種　(清)許增編　清末有正書局石印本　二册　存二種

330000－1712－0001352　史 0555　史部/傳記類/別傳之屬/事狀

元嬪程恭人[蘭清]行述一卷　(清)夏壽田述　清刻本　一册

330000－1712－0001353　史 0556　史部/傳記類/別傳之屬/事狀

清授中憲大夫四品頂帶鹽提舉銜候選通判衡陽程府君五十九[程書祥]行狀一卷　(清)程之銘撰　清刻本　一册

330000－1712－0001354　史 0557　史部/傳記類/別傳之屬/事狀

皇清誥授通奉大夫署理江西巡撫江西布政使本生顯考黼堂府君[李黼堂]事略一卷　(清)李相綸　(清)李輔耀撰　清末刻本　一册

330000－1712－0001355　史 0561　史部/傳記類/別傳之屬

潛齋尚書六十賜壽圖四卷　(清)李實輯　清光緒三十三年(1907)京師官書局鉛印本　一册

330000－1712－0001356　史 0558　史部/傳記類/別傳之屬/事狀

誥封一品太夫人衡陽程母蕭太夫人八十二歲事略一卷　(清)程龢祥述　清宣統三年(1911)刻本　一册

330000－1712－0001358　史 0560　史部/傳記類/別傳之屬/事狀

清授資政大夫晉封榮祿大夫從一品封典賞戴花翎二品銜江蘇候補道衡陽文府君[文聚奎]年七十有四行狀一卷附輓詞一卷　(清)文煒墀等輯　清末石印本　一册

330000－1712－0001359　史 0566　史部/傳記類/總傳之屬/通代

於越先賢像傳贊二卷　(清)王齡撰　(清)任熊繪　清同治九年(1870)刻本　二册

330000－1712－0001367　史 0569　史部/傳記類/別傳之屬/事狀

程中議公[學伊]挽詞一卷　(清)游百川等撰　清光緒八年(1882)刻本　一册

330000－1712－0001368　史 0570　史部/傳記類/別傳之屬/事狀

程中議公[學伊]挽詞一卷　(清)游百川等撰　清光緒八年(1882)衡州文光堂刻本　一册

330000－1712－0001369　史 0571　史部/傳記類/別傳之屬/事狀

程中議公[學伊]挽詞一卷　(清)游百川等撰　清光緒八年(1882)衡州文光堂刻本　一册

330000－1712－0001381　史 0585　史部/傳記類/別傳之屬

會稽王氏清芬錄不分卷　王繼香輯　清光緒二十五年(1899)上海鴻文書局石印本　一册

330000－1712－0001383　經 367　經部/小學類/音韻之屬/古今韻說

六書音均表五卷 （清）段玉裁撰　清光緒七年（1881）海寧查燕緒木漸齋刻本　二册

330000－1712－0001384　叢129　類叢部/叢書類/彙編之屬

學古堂日記四十種 （清）雷浚　（清）汪之昌編　清光緒十六年（1890）刻二十二年（1896）續刻本　一册　存一種

330000－1712－0001385　史0587　史部/傳記類/日記之屬

曾文正公手書日記不分卷（清道光二十一年正月初一日至同治十一年二月初三日） （清）曾國藩撰　清宣統元年（1909）上海中國圖書公司石印本　四十册

330000－1712－0001386　史0588　史部/傳記類/日記之屬

丙寅北行日譜一卷 （明）朱祖文撰　清刻本　一册

330000－1712－0001387　史0589　史部/史表類/通代之屬

歷代帝王年表十四卷 （清）齊召南撰　（清）阮福續　**帝王廟謚年諱譜一卷** （清）陸費墀撰　清同治二年（1863）武林葉敦怡堂刻本　一册　存一卷（帝王廟謚年諱譜）

330000－1712－0001389　史0590　史部/史表類/通代之屬

歷代帝王年表一卷紀元同異攷略一卷 （清）黃大華撰　清光緒二十六年（1900）夢紅豆村刻本　一册

330000－1712－0001390　史0594　史部/編年類/斷代之屬

欽定明鑑二十四卷首一卷 （清）胡敬等輯　清同治九年（1870）湖北崇文書局刻本　十册

330000－1712－0001391　史0595　史部/紀傳類/正史之屬

三國志證聞三卷 （清）錢儀吉撰　清光緒十一年（1885）江蘇書局刻本　二册

330000－1712－0001392　史0591　史部/史表類/通代之屬

歷代帝王年表三卷 （清）齊召南撰　（清）阮福續　清光緒十二年（1886）蘇州掃葉山房刻本　三册

330000－1712－0001393　史0596　史部/史表類/通代之屬

廿一史四譜五十四卷 （清）沈炳震撰　清同治十年（1871）武林吴氏清來堂刻本　十六册

330000－1712－0001394　史0592　史部/史表類/通代之屬

四裔編年表四卷 李鳳苞輯　清光緒二十三年（1897）石印本　四册

330000－1712－0001395　史0597　史部/史表類/通代之屬

廿一史四譜五十四卷 （清）沈炳震撰　清同治十年（1871）武林吴氏清來堂刻本　十六册

330000－1712－0001396　史0598　史部/史抄類

廿一史約編八卷首一卷 （清）鄭元慶撰　清康熙三十六年（1697）鄭元慶刻本　八册

330000－1712－0001397　史0599　史部/史抄類

廿一史約編八卷首一卷 （清）鄭元慶撰　清刻本　七册　存七卷（二至八）

330000－1712－0001398　史0600　史部/史抄類

韻史二卷 （清）許遯翁撰　**補一卷** （清）朱玉岑撰　清枕漱居刻本　一册

330000－1712－0001399　史0601　史部/史抄類

韻史二卷 （清）許遯翁撰　**補一卷** （清）朱玉岑撰　清光緒十七年（1891）上海廣百宋齋鉛印本　二册

330000－1712－0001400　史0602　史部/史抄類

廿四史約編八卷首一卷 （清）鄭元慶撰　清光緒二十五年（1899）上海書局石印本　八册

330000－1712－0001401　史0604　史部/史

評類/史論之屬

歷代史論十二卷附宋史論三卷元史論一卷 (明)張溥撰 **明史論四卷** (清)谷應泰撰 **左傳史論二卷** (清)高士奇撰 清光緒五年(1879)西江裴氏校刻本 十冊

330000－1712－0001402 史0605 史部/史評類/史論之屬

歷代史論十二卷附宋史論三卷元史論一卷 (明)張溥撰 **明史論四卷** (清)谷應泰撰 **左傳史論二卷** (清)高士奇撰 清光緒五年(1879)西江裴氏校刻本 九冊 缺二卷(宋史論三、元史論)

330000－1712－0001403 史0606 史部/史評類/史論之屬

歷代史論十二卷附宋史論三卷元史論一卷 (明)張溥撰 **明史論四卷** (清)谷應泰撰 **左傳史論二卷** (清)高士奇撰 清光緒九年(1883)都城蒼松山房刻朱墨套印本 六冊

330000－1712－0001404 史0603 史部/史抄類

廿四史約編八卷首一卷 (清)鄭元慶撰 清光緒二十五年(1899)上海書局石印本 一冊 存二卷(首、金)

330000－1712－0001405 史0607 史部/史評類/史論之屬

歷代史論十二卷附宋史論三卷元史論一卷 (明)張溥撰 **明史論四卷** (清)谷應泰撰 **左傳史論二卷** (清)高士奇撰 清光緒二十四年(1898)上海博文書局石印本 六冊

330000－1712－0001406 史0608 史部/史評類/史論之屬

歷代史論一編四卷 (明)張溥撰 清光緒五年(1879)敏德堂刻本 六冊

330000－1712－0001407 史0609 史部/史評類/史論之屬

史論正鵠初集四卷二集四卷三集八卷 (清)王樹敏評點 清光緒二十七年(1901)上海久敬齋石印本 十六冊

330000－1712－0001408 史0610 史部/史評類/史論之屬

古今史論大觀前編十五卷後編十七卷 雷瑨輯 清光緒二十七年(1901)硯耕山莊石印本 十一冊 缺四卷(前編三至六)

330000－1712－0001409 史0611 史部/史評類/史論之屬

古今史論類纂□□卷 陸希績編 清末石印本 一冊 存三卷(八至十)

330000－1712－0001410 史0624 史部/史抄類

古今史畧十二卷附殉難錄一卷 (清)李漁纂輯 清光緒十四年(1888)刻本 五冊 缺二卷(九至十)

330000－1712－0001411 史0625 史部/史評類/史論之屬

重刊讀史論畧一卷 (清)杜詔撰 清同治五年(1866)永康胡氏退補齋刻本 一冊

330000－1712－0001412 史0612 史部/史評類/史論之屬

史通削繁四卷 (清)紀昀撰 清道光十三年(1833)涿州盧坤兩廣節署刻朱墨套印本 四冊

330000－1712－0001413 史0613 史部/史評類/史論之屬

史通削繁四卷 (清)紀昀撰 清道光十三年(1833)涿州盧坤兩廣節署刻朱墨套印本 四冊

330000－1712－0001414 史0626 史部/史抄類

史畧八十七卷 (清)朱堃輯 清石印本 一冊 存十三卷(七十五至八十七)

330000－1712－0001415 史0614 史部/史評類/史論之屬

史通削繁四卷 (清)紀昀撰 清光緒二十二年(1896)新化三味堂刻本 四冊

330000－1712－0001416 史0627 史部/叢編

史論彙函甲編二十六種 (清)述古齋主人編輯 清光緒二十九年(1903)申江開文書局石印本 十一冊 存十九種

330000－1712－0001417 史 0615 史部/史評類/史論之屬
史通削繁四卷 (清)紀昀撰 清光緒元年(1875)湖北崇文書局刻本 四冊

330000－1712－0001418 史 0616 史部/史評類/史論之屬
史通削繁四卷 (清)紀昀撰 清光緒元年(1875)湖北崇文書局刻本 四冊

330000－1712－0001419 史 0618 史部/史評類/史論之屬
讀史大畧六十卷首一卷 (清)沙張白撰 **小沙子史畧一卷** (清)沙晉撰 清咸豐七年(1857)刻本 十二冊

330000－1712－0001421 史 0619 史部/史評類/史論之屬
洪稚存先生評史十八卷 (清)洪亮吉撰 (清)龔熙評點 清光緒三十一年(1905)同文公記石印本 二冊 存四卷(一至四)

330000－1712－0001422 史 0620 史部/史評類/史論之屬
洪稚存先生評史十八卷 (清)洪亮吉撰 (清)龔熙評點 清光緒三十一年(1905)同文公記石印本 二冊 存四卷(一至四)

330000－1712－0001423 史 0635 史部/史評類/考訂之屬
廿二史劄記三十六卷首一卷補遺一卷 (清)趙翼撰 清光緒二十八年(1902)文淵山房石印本 四冊 存二十五卷(首,一至六、十三至三十)

330000－1712－0001424 史 0636 史部/史評類/考訂之屬
廿二史劄記三十六卷首一卷補遺一卷 (清)趙翼撰 清光緒二十八年(1902)文淵山房石印本 六冊

330000－1712－0001425 史 0637 史部/史評類/考訂之屬
廿二史劄記三十六卷補遺一卷 (清)趙翼撰 清末石印本 一冊 存七卷(三十一至三十六、補遺)

330000－1712－0001427 史 0622 史部/史評類/史論之屬
史腴二卷 (清)周金壇纂輯 清末刻本 一冊

330000－1712－0001428 史 0623 史部/史評類/史論之屬
新輯分類史論大成十九卷首一卷 孫廷翰鑒定 題(清)海濱行素生輯 清光緒二十八年(1902)上海醉六堂石印本 二十冊

330000－1712－0001430 史 0638 史部/史抄類
二十四史論贊七十八卷 (清)陳闓輯 清光緒二十八年(1902)文淵山房石印本 十二冊

330000－1712－0001431 史 0628 史部/史評類/史論之屬
明史論畧六卷 (清)彭焯南撰 清光緒二年(1876)古槑草廬刻本 三冊

330000－1712－0001432 史 0639 史部/史抄類
二十四史論贊七十八卷 (清)陳闓輯 清光緒二十八年(1902)上海石印書局石印本 二冊 存十四卷(一至十四)

330000－1712－0001433 史 0640 史部/史評類/考訂之屬
十七史商榷一百卷 (清)王鳴盛撰 清光緒二十三年(1897)點石齋石印本 四冊

330000－1712－0001434 史 0641 史部/史評類/考訂之屬
十七史商榷一百卷 (清)王鳴盛撰 清光緒二十三年(1897)點石齋石印本 三冊 缺二十八卷(一至二十八)

330000－1712－0001437 史 0633 史部/史評類/史論之屬
歷代諸家評鑑會纂四卷 (清)沈文蔚編 清

光緒二十八年(1902)上海開智書局石印本　四冊

330000－1712－0001438　史0634　史部/史評類/史論之屬

史通通釋二十卷　(清)浦起龍撰　清光緒十九年(1893)上海文瑞樓石印本　六冊　缺四卷(十一至十二、十九至二十)

330000－1712－0001439　史0630　史部/史抄類

史略八十七卷　(清)朱堃輯　清光緒二十四年(1898)上海蜚英館石印本　六冊

330000－1712－0001440　史0668　史部/政書類/通制之屬

欽定大清會典一百卷　(清)允祹等總裁　清刻本　二十四冊

330000－1712－0001441　史0669　史部/政書類/通制之屬

欽定大清會典一百卷　(清)張廷玉等纂修　清光緒十九年(1893)上海圖書集成印書局鉛印本　八冊

330000－1712－0001442　史0670　史部/政書類/通制之屬

欽定大清會典一百卷　(清)張廷玉等纂修　清光緒十九年(1893)上海圖書集成印書局鉛印本　六冊　存六十五卷(一至八、三十二至五十、六十三至一百)

330000－1712－0001443　史0656　史部/政書類/通制之屬

熙朝政紀八卷　(清)王慶雲撰　清光緒二十七年(1901)上海圖書集成印書局鉛印本　四冊

330000－1712－0001444　史0644　史部/政書類

九通分類總纂二百四十卷　(清)汪鍾霖輯　清光緒二十八年(1902)上海文瀾書局石印本　五十六冊　存一百六十七卷(四至四十三、四十九至五十七、六十二至一百四、一百九至一百十七、一百二十一至一百二十八、一百三十二至一百三十七、一百四十一至一百四十二、一百四十四至一百五十二、一百八十九至二百、二百四至二百二十、二百二十五至二百三十、二百三十五至二百四十)

330000－1712－0001445　史0657　史部/政書類/通制之屬

熙朝政紀八卷　(清)王慶雲撰　清光緒二十七年(1901)上海圖書集成印書局鉛印本　四冊

330000－1712－0001446　史0645　史部/政書類/通制之屬

三通考輯要七十六卷　湯壽潛輯　清光緒二十五年(1899)上海圖書集成局鉛印本　三十冊　存二十五卷(文獻通考九至十二、十五至十六、二十三至二十四,續文獻通考六至八、二十五至二十六,皇朝文獻通考一、四至五、八至十一、十七、二十一至二十四)

330000－1712－0001447　史0646　史部/政書類/通制之屬

三通考詳節七十六卷　(清)嚴虞惇錄　清光緒二十七年(1901)上海鴻寶齋書局石印本　二十冊

330000－1712－0001448　史0658　史部/政書類/儀制之屬/專志/科舉校規

欽定學政全書八十六卷首一卷　(清)童璜等撰　清嘉慶十七年(1812)武英殿刻本　二十四冊

330000－1712－0001449　史0654　史部/政書類/通制之屬

三通序不分卷　(清)吳巖輯　(清)康綸筠校　清道光十年(1830)刻本　清瀚題款　三冊

330000－1712－0001450　叢37　類叢部/叢書類/自著之屬

庸庵全集六種二十一卷　(清)薛福成撰　清光緒二十三年(1897)上海醉六堂石印本　十二冊

330000－1712－0001451　叢38　類叢部/叢書類/自著之屬

庸庵全集六種二十一卷　(清)薛福成撰　清光緒二十三年(1897)上海醉六堂石印本　十二冊

330000－1712－0001452　叢39　類叢部/叢書類/自著之屬

庸庵全集六種二十一卷　(清)薛福成撰　清光緒二十三年(1897)上海醉六堂石印本　十二冊

330000－1712－0001453　叢40　類叢部/叢書類/自著之屬

庸庵全集六種二十一卷　(清)薛福成撰　清光緒無錫薛氏刻本　四十六冊

330000－1712－0001454　史0643　史部/政書類/通制之屬

文獻通考正續合編三十二卷首一卷　(清)盧宣旬編　清光緒十二年(1886)豐城袁氏家塾刻本　三十二冊

330000－1712－0001455　史0655　史部/政書類/通制之屬

三通考輯要七十六卷　湯壽潛輯　清光緒石印本　十八冊　缺九卷(文獻通考輯要十九至二十四、皇朝文獻通考輯要二十四至二十六)

330000－1712－0001456　史0649　史部/政書類

九通　(清)□□輯　清光緒二十七年(1901)上海圖書集成局石印本　四十八冊　存三種

330000－1712－0001457　史0647　史部/政書類

九通　(清)□□輯　清光緒二十八年(1902)上海鴻寶書局石印本　五冊　存一種

330000－1712－0001458　史0648　史部/政書類

九通全書　(清)□□輯　清光緒二十七年至二十八年(1901－1902)貫吾齋石印本　二冊　存二種

330000－1712－0001459　史0650　史部/政書類/通制之屬

文獻通考詳節二十四卷　(元)馬端臨撰　(清)嚴虞惇輯　清光緒五年(1879)八杉齋鉛印本　八冊　存十六卷(一至四、十至十一、十三至二十二)

330000－1712－0001460　史0651　史部/政書類/通制之屬

文獻通考詳節二十四卷　(元)馬端臨撰　(清)嚴虞惇輯　清光緒五年(1879)八杉齋鉛印本　六冊　存十卷(十三至二十二)

330000－1712－0001461　史0652　史部/政書類/通制之屬

文獻通考詳節二十四卷　(元)馬端臨撰　(清)嚴虞惇輯　清光緒二十五年(1899)上海書局石印本　六冊

330000－1712－0001462　史0653　史部/政書類/通制之屬

文獻通考紀要四卷　□□纂　清光緒二十七年(1901)菁華閣石印本　四冊

330000－1712－0001463　史0659　史部/政書類/通制之屬

五洲各國政治考八卷輿圖考一卷　錢恂輯　清光緒二十七年(1901)石印本　六冊

330000－1712－0001464　史0667　子部/叢編

萬國政治藝學全書四十一種三百八十卷　(清)朱大文　(清)凌賡揚編　清光緒二十八年(1902)上海鴻文書局石印本　十八冊

330000－1712－0001465　史0660　史部/政書類/通制之屬

各國政治考十七卷　清光緒二十八年(1902)石印本　三冊

330000－1712－0001466　史0661　史部/政書類/邦交之屬

國朝通商始末記二十卷　清光緒二十一年(1895)寶善書局石印本　五冊　存十六卷(一至五、十至二十)

330000－1712－0001467　史0662　史部/政書類/通制之屬

熙朝紀政六卷　(清)王慶雲撰　清光緒二十七年(1901)上海天章書局石印本　四冊　存四卷(一至四)

330000－1712－0001468　史0663　史部/政書類/通制之屬
熙朝紀政六卷　(清)王慶雲撰　清光緒二十七年(1901)上海天章書局石印本　四冊　存四卷(一至二、四至五)

330000－1712－0001469　史0664　史部/政書類/通制之屬
吾學錄初編二十四卷　(清)吳榮光撰　清同治九年(1870)江蘇書局刻本　六冊

330000－1712－0001470　新0083　新學/雜著/叢編
江南製造局譯書　(清)江南製造局編　清光緒江南製造局刻本暨鉛印本　六冊　存一種

330000－1712－0001471　史0666　史部/地理類/外紀之屬
列國政要一百三十二卷　(清)戴鴻慈　(清)端方撰　清光緒三十三年(1907)上海商務印書館石印本　三十二冊

330000－1712－0001472　善244　史部/政書類/邦計之屬/荒政
欽定康濟錄四卷　(清)陸曾禹撰　(清)倪國璉釐正　清乾隆五十八年(1793)魏禮焯刻本　六冊

330000－1712－0001473　史0672　史部/地理類
李氏五種　(清)李兆洛撰　清同治九年至十一年(1870－1872)合肥李鴻章刻本　十冊　存四種

330000－1712－0001474　史0677　史部/編年類/斷代之屬
紀元編三卷末一卷　(清)李兆洛撰　(清)六承如輯　清光緒十四年(1888)上海蜚英館石印本　三冊

330000－1712－0001475　叢87　類叢部/叢書類/彙編之屬
挹秀山房叢書十一種　(清)朱克敬編　清同治至光緒刻光緒十年(1884)挹秀山房湘南彙印本　八冊　存五種

330000－1712－0001476　史0671　史部/地理類
李氏五種　(清)李兆洛撰　清同治九年至十一年(1870－1872)合肥李鴻章刻本　八冊　存二種

330000－1712－0001477　史0673　史部/地理類
李氏五種　(清)李兆洛撰　清光緒二十四年(1898)上海掃葉山房石印本　八冊

330000－1712－0001478　史0290　史部/傳記類/總傳之屬/斷代
明季殉難考一卷諸臣備考一卷　(清)□□撰　清抄本　一冊

330000－1712－0001479　叢51　類叢部/叢書類/自著之屬
蒼莨集三種　(清)孫鼎臣撰　清咸豐刻本　九冊　缺二卷(蒼莨初集二十至二十一)

330000－1712－0001480　史0674　史部/地理類
李氏五種　(清)李兆洛撰　清光緒二十四年(1898)上海掃葉山房石印本　八冊

330000－1712－0001481　史0675　史部/地理類
李氏五種　(清)李兆洛撰　清光緒二十四年(1898)上海掃葉山房石印本　一冊　存二種

330000－1712－0001482　史0676　史部/地理類
李氏五種　(清)李兆洛撰　清光緒二十四年(1898)上海掃葉山房石印本　一冊　存一種

330000－1712－0001483　叢52　類叢部/叢書類/自著之屬
蒼莨集三種　(清)孫鼎臣撰　清咸豐刻本　四冊　存二種

330000－1712－0001484　叢41　子部/儒家

類/儒學之屬/禮教

五種遺規　(清)陳弘謀輯並撰　清光緒二十一年(1895)浙江書局刻本　十冊

330000－1712－0001485　史 0828　史部/傳記類/別傳之屬/事狀

忠孝錄不分卷　(清)王庭楨輯　清同治七年(1868)漢陽官廨刻十三年(1874)增刻本　二冊

330000－1712－0001486　叢 42　子部/儒家類/儒學之屬/禮教

五種遺規　(清)陳弘謀輯並撰　清光緒二十一年(1895)浙江書局刻本　九冊　缺二卷(在官法戒錄三至四)

330000－1712－0001487　叢 44　子部/儒家類/儒學之屬/禮教

五種遺規　(清)陳弘謀輯並撰　清光緒二十一年(1895)浙江書局刻本　清陸昌烺題簽　四冊　存二種

330000－1712－0001488　叢 48　子部/儒家類/儒學之屬/禮教

五種遺規摘鈔　(清)陳弘謀輯並撰　(清)劉肇紳摘抄　清光緒二十八年(1902)上海古香閣石印本　五冊　缺二卷(在官法戒錄摘鈔一至二)

330000－1712－0001489　叢 50　子部/儒家類/儒學之屬/禮教

五種遺規摘鈔　(清)陳弘謀輯並撰　(清)劉肇紳摘抄　清光緒二十八年(1902)上海古香閣石印本　一冊　存一種

330000－1712－0001490　叢 46　子部/儒家類/儒學之屬/禮教

五種遺規　(清)陳弘謀輯並撰　清道光十年(1830)培遠堂刻本　三冊　存二種

330000－1712－0001491　史 0162　史部/傳記類/總傳之屬/忠孝

孝行錄一卷　清光緒刻本　一冊

330000－1712－0001492　史 0163　史部/傳記類/總傳之屬/忠孝

孝行錄一卷　清光緒刻本　一冊

330000－1712－0001494　史 0683　史部/政書類/邦計之屬/荒政

荒政輯要九卷首一卷　(清)汪志伊撰　清刻本　一冊　存四卷(六至九)

330000－1712－0001495　叢 43　子部/儒家類/儒學之屬/禮教

五種遺規摘鈔　(清)陳弘謀輯並撰　(清)劉肇紳摘抄　清同治七年(1868)楚北崇文書局刻本　八冊

330000－1712－0001496　叢 45　子部/儒家類/儒學之屬/禮教

五種遺規摘鈔　(清)陳弘謀輯並撰　(清)劉肇紳摘抄　清同治四年(1865)刻本　二冊　存一種

330000－1712－0001497　史 0684　史部/政書類/邦計之屬/荒政

永康胡氏試費義田記一卷　(清)胡鳳丹等輯　清同治四年(1865)永康胡氏退補齋刻本　一冊

330000－1712－0001498　叢 47　子部/儒家類/儒學之屬/禮教

五種遺規輯要　(清)陳弘謀輯並撰　(清)楊恩澍等輯　清同治九年(1870)龍山書院刻本　二冊　存二種

330000－1712－0001499　叢 49　子部/儒家類/儒學之屬/禮教

四種遺規摘鈔　(清)陳弘謀編　(清)劉肇紳摘抄　清嘉慶刻本　三冊　存三種

330000－1712－0001500　史 0685　史部/政書類/邦計之屬/荒政

重刊救荒補遺書二卷　(宋)董煟撰　(元)張光大增　(明)朱熊補　(明)王崇慶釋斷　清同治八年(1869)楚北崇文書局刻本　二冊

330000－1712－0001501　史 0686　史部/政書類/邦計之屬/賦稅

江西田賦稅清冊一卷　清刻本　一冊

330000－1712－0001502　史0687　史部/政書類/邦計之屬/賦稅
增修籌餉事例條款不分卷現行常例一卷　清同治刻本　一冊　存增修籌餉事例條款

330000－1712－0001503　叢53　類叢部/叢書類/自著之屬
武陵山人遺書　(清)顧觀光撰　清光緒九年(1883)獨山莫祥芝上海刻高桂續刻民國四年(1915)金山高煌修補彙印本　八冊　存十一種

330000－1712－0001504　叢54　類叢部/叢書類/自著之屬
武陵山人遺書二十四卷　(清)顧觀光撰　清光緒九年(1883)獨山莫祥芝上海刻高桂續刻民國四年(1915)金山高煌修補彙印本　十冊

330000－1712－0001505　史0678　史部/政書類/儀制之屬/典禮
文廟丁祭譜一卷　(清)藍鍾瑞等撰　清同治七年(1868)江蘇書局刻本　一冊

330000－1712－0001506　史0688　史部/政書類/邦計之屬
光緒會計表四卷　(清)劉嶽雲撰　清光緒二十七年(1901)教育世界社石印本　四冊

330000－1712－0001507　史0679　史部/政書類/儀制之屬/典禮
文廟祀典考五十卷首一卷　(清)龐鍾璐輯　清光緒四年(1878)刻本　八冊

330000－1712－0001508　史0681　史部/政書類/儀制之屬/典禮
澤宮序次舉要二卷附錄一卷　(清)洪恩波輯　清光緒二十三年(1897)刻本　二冊

330000－1712－0001509　史0680　史部/政書類/儀制之屬/典禮
文廟祀位一卷　(清)倭什琿布等輯　清同治八年(1869)楚北崇文書局刻本　一冊

330000－1712－0001510　史0689　史部/政書類/邦計之屬/貿易
國朝柔遠記二十卷　(清)王之春輯　清光緒十七年(1891)廣雅書局刻本　六冊

330000－1712－0001511　叢55　史部/政書類
政藝叢書壬寅全書二十一種　鄧實編　清光緒二十九年(1903)政藝通報館石印本　三冊

330000－1712－0001512　叢56　史部/政書類
政藝叢書癸卯全書十六種　鄧實編　清光緒二十九年(1903)政藝通報館石印本　一冊

330000－1712－0001513　叢57　史部/政書類
政藝叢書乙巳全書十六種　鄧實編　清光緒三十一年(1905)政藝通報館鉛印本　二十冊

330000－1712－0001514　叢58　史部/政書類
政藝叢書甲辰全書十六種　鄧實編　清光緒三十年(1904)政藝通報館鉛印本　十九冊　存十五種

330000－1712－0001515　史0695　史部/政書類/邦交之屬
新纂約章大全七十三卷　陸鳳石編　清宣統元年(1909)上海崇義堂石印本　四十七冊　缺三卷(二十五至二十七)

330000－1712－0001516　叢59　史部/政書類
政藝叢書丙午全書十五種　鄧實編　清光緒三十二年(1906)政藝通報館鉛印本　四冊　缺二卷(藝書通輯六至七)

330000－1712－0001517　史0693　史部/政書類/邦交之屬
金軺籌筆四卷附改定俄國約章疏一卷改訂陸路通商章程一卷和約一卷卡倫單一卷　清末刻本　四冊

330000－1712－0001518　史0690　史部/政書類/軍政之屬/兵制

皇朝兵制考略六卷　(清)翁同爵撰　清光緒元年(1875)武昌節署刻朱墨套印本　一冊

330000－1712－0001519　史0691　史部/紀傳類

補漢兵志一卷　(宋)錢文子撰　清抄本　一冊

330000－1712－0001520　史0692　史部/政書類/軍政之屬

師貞備覽一卷附苗疆指掌一卷　(清)南野老人輯　清抄本　一冊

330000－1712－0001521　史0694　史部/政書類/軍政之屬/邊政

朔方備乘六十八卷首十二卷　(清)何秋濤撰　清光緒石印本　八冊

330000－1712－0001522　史0696　史部/政書類/律令之屬/律例

欽定吏部處分則例五十二卷　(清)文孚等撰　清同治四年(1865)刻本　二十四冊

330000－1712－0001523　史0697　史部/政書類/律令之屬/律例

欽定吏部處分則例五十二卷　(清)文孚等撰　清同治四年(1865)刻本　十六冊　存三十五卷(九至十三、十七至二十、二十三至四十三、四十六至四十七、五十至五十二)

330000－1712－0001524　史0700　史部/政書類/律令之屬/律例

大清律例新增統纂集成四十卷附督捕則例附纂二卷　(清)姚潤輯　(清)陶駿　(清)陶念霖增輯　清刻本　二冊　存四卷(十一至十二、十六至十七)

330000－1712－0001525　史0698　史部/政書類/律令之屬/律例

大清律例增修統纂集成四十卷附督捕則例附纂二卷　(清)姚潤輯　(清)陶駿　(清)陶念霖增輯　清末鉛印本　十一冊　存十八卷(四、十一至十九、二十三至三十)

330000－1712－0001526　史0702　史部/政書類/律令之屬/律例

大清律例刑案彙纂集成四十卷附督捕則例二卷　(清)姚潤輯　(清)胡璋增輯　清刻本　八冊　存十四卷(六至七、十八至二十一、二十三至二十四、三十五至四十)

330000－1712－0001527　叢63　類叢部/類書類/通類之屬

續廣事類賦三十三卷　王鳳喈撰並注　清末刻本　十二冊　缺七卷(一至三、三十至三十三)

330000－1712－0001528　史0699　史部/政書類/律令之屬/律例

律例便覽八卷諸圖一卷　(清)蔡嵩年　(清)蔡逢年編　**處分則例圖要六卷**　(清)蔡逢年編　清同治九年(1870)江蘇書局刻本　六冊

330000－1712－0001529　史0703　史部/政書類/律令之屬/刑制

重修名法指掌圖四卷　(清)沈辛田撰　(清)徐灝重訂　清同治九年(1870)湖北崇文書局刻本　四冊

330000－1712－0001530　史0704　史部/政書類/律令之屬/刑制

重修名法指掌圖四卷　(清)沈辛田撰　(清)徐灝重訂　清同治九年(1870)湖北崇文書局刻本　四冊

330000－1712－0001531　史0705　史部/政書類/律令之屬/刑制

刑案彙要十二卷　(清)胡鳳丹輯　清同治五年(1866)永康胡氏退補齋刻本　四冊

330000－1712－0001532　史0706　史部/政書類/律令之屬/法驗

重刊補註洗冤錄集證六卷　(清)王又槐輯　(清)李觀瀾補輯　(清)阮其新補註　(清)張錫蕃重訂　(清)文晟續輯　清光緒三年至五年(1877－1879)浙江書局刻四色套印本　五冊

330000－1712－0001533　史0707　史部/政書類/律令之屬/法驗

重刊補註洗冤錄集證六卷　(清)王又槐輯

(清)李觀瀾補輯　(清)阮其新補註　(清)張錫蕃重訂　(清)文晟續輯　清道光二十四年(1844)刻四色套印本　五冊

330000－1712－0001534　史0708　史部/政書類/律令之屬/法驗

補註洗冤錄集證四卷　(清)王又槐輯　(清)李觀瀾補輯　(清)阮其新補注　(清)童濂刪　**作吏要言一卷**　(清)葉鎮撰　(清)朱椿增　清道光二十三年(1843)江都鍾淮刻三色套印本　一冊　存一卷(補註洗冤錄集證一)

330000－1712－0001535　史0709　史部/政書類/律令之屬/法驗

重刊補註洗冤錄集證五卷　(清)王又槐輯　(清)李觀瀾補輯　(清)阮其新補註　(清)張錫蕃重訂　(清)文晟續輯　清光緒三十三年(1907)上海書局石印本　一冊

330000－1712－0001536　善510　類叢部/類書類/通類之屬

廣事類賦四十卷　(清)華希閔撰　清乾隆二十九年(1764)華氏劍光閣刻本　八冊

330000－1712－0001537　善511　類叢部/類書類/通類之屬

事類賦三十卷　(宋)吳淑撰並注　清乾隆三十年(1765)華氏劍光閣刻本　六冊

330000－1712－0001539　史0713　史部/政書類/公牘檔冊之屬

浙江諮議局第二屆第一次臨時會議決案不分卷　(清)浙江諮議局編　清宣統三年(1911)鉛印本　一冊

330000－1712－0001541　史0712　史部/政書類

吏部例章揭要六卷　(清)牟嗣龍等輯　清光緒元年(1875)湖北藩署刻本　五冊　缺一卷(二)

330000－1712－0001543　史0710　史部/政書類/邦交之屬

各國通商條約稅則章程十四種　(清)總理各國事務衙門輯　清光緒刻本　四冊

330000－1712－0001544　叢64　類叢部/類書類/通類之屬

廣事類賦四十卷　(清)華希閔撰　清同治五年(1866)繩武堂刻本　八冊

330000－1712－0001545　叢65　類叢部/類書類/通類之屬

事類賦三十卷　(宋)吳淑撰並注　清末刻本　四冊

330000－1712－0001546　叢66　類叢部/類書類/通類之屬

重訂事類賦三十卷　(宋)吳淑撰並注　清刻本　五冊　缺四卷(十一至十四)

330000－1712－0001547　叢68　類叢部/類書類/通類之屬

增補事類統編九十三卷首一卷　(清)黃葆真輯　清光緒十四年(1888)上海積山書局石印本　八冊　缺二十八卷(二十三至四十二、五十九至六十六)

330000－1712－0001548　叢69　類叢部/類書類/通類之屬

增補事類統編九十三卷首一卷　(清)黃葆真輯　清末石印本　二冊　存十五卷(十七下至二十二、八十五至九十三)

330000－1712－0001549　史0727　史部/政書類/通制之屬

資治新書十四卷二集二十卷　(清)李漁輯　清同文堂刻本　七冊　存十三卷(十三至十四,二集一至四、十一至十六、二十)

330000－1712－0001550　史0724　史部/政書類/公牘檔冊之屬

谿州官牘四卷　(清)張修府撰　清同治四年(1865)刻本　四冊

330000－1712－0001551　史0725　史部/政書類/公牘檔冊之屬

谿州官牘四卷　(清)張修府撰　清同治四年(1865)刻本　四冊

330000－1712－0001556　史0718　史部/政書類/律令之屬/判牘

樊山判牘續編四卷　樊增祥撰　清宣統三年(1911)大同書局石印本　四冊

330000－1712－0001558　史 0719　子部/儒家類/儒學之屬

袁易齋先生圖民錄四卷　(清)袁守定撰　清同治十二年(1873)湘鄉楊昌濬刻本　二冊

330000－1712－0001559　史 0720　史部/職官類/官箴之屬

牧令書四種　(清)□□輯　清同治湖北崇文書局刻本　十冊　存一種

330000－1712－0001560　史 0721　史部/職官類/官箴之屬

牧令書四種　(清)□□輯　清同治湖北崇文書局刻本　十三冊　存三種

330000－1712－0001561　史 0722　史部/職官類/官箴之屬

牧令書補八卷　(清)張憲和撰　稿本　八冊

330000－1712－0001562　叢 70　類叢部/類書類/通類之屬

增補事類統編九十三卷首一卷　(清)黃葆真輯　清同治六年(1867)鴻漸書林刻十一年(1872)惇裕書林重印本　四十八冊

330000－1712－0001563　叢 71　類叢部/類書類/通類之屬

增補事類統編九十三卷首一卷　(清)黃葆真輯　清同治六年(1867)鴻漸書林刻本　三十二冊　缺十三卷(五十五至五十七、八十二至九十一)

330000－1712－0001564　叢 72　類叢部/類書類/通類之屬

增補事類統編九十三卷首一卷　(清)黃葆真輯　清光緒十年(1884)滋德山房刻本　四十八冊

330000－1712－0001565　史 0729　史部/政書類

校邠廬抗議二卷　(清)馮桂芬撰　清光緒十八年(1892)敏德堂潘氏刻本　二冊

330000－1712－0001566　史 0728　史部/政書類

校邠廬抗議二卷　(清)馮桂芬撰　清光緒十八年(1892)敏德堂潘氏刻本　二冊

330000－1712－0001567　善 246　史部/地理類/專志之屬/寺觀

白燕菴紀畧一卷　(清)錢巨沅輯　(清)錢學綸增訂　清乾隆五十七年(1792)刻本　一冊

330000－1712－0001568　善 245　史部/地理類/山川之屬/山志

名山勝槩記四十八卷圖一卷附錄一卷　(明)何鏜輯　(明)慎蒙續輯　(清)張縉彥等補輯　明崇禎刻本　一冊　存二卷(四十五至四十六)

330000－1712－0001569　善 512　類叢部/叢書類/彙編之屬

廣漢魏叢書　(明)何允中編　明刻本　一冊　存二種

330000－1712－0001570　史 0731　史部/職官類/官箴之屬

實政錄七卷　(明)呂坤撰　清同治十一年(1872)浙江書局刻本　六冊

330000－1712－0001571　史 0730　史部/詔令奏議類/詔令之屬

大清聖訓□□種　清刻本　一百八冊　存四種

330000－1712－0001572　史 0732　史部/職官類/官箴之屬

實政錄七卷　(明)呂坤撰　清同治七年(1868)湖北崇文書局刻本　三冊

330000－1712－0001573　史 0733　史部/職官類/官箴之屬

實政錄七卷　(明)呂坤撰　清同治八年(1869)篤實堂刻本　五冊　缺一卷(三)

330000－1712－0001574　史 0740　史部/詔令奏議類/奏議之屬

同治中興京外奏議約編八卷　(清)陳弢輯　清光緒元年(1875)篋劍囊琴之室刻本　四冊

330000－1712－0001575　史0734　史部/詔令奏議類/奏議之屬

曾文正公奏議十卷首一卷末一卷補編四卷　(清)曾國藩撰　(清)薛福成編　清同治十二年至十三年(1873－1874)蘇郡刻本　八册

330000－1712－0001576　史0737　史部/詔令奏議類/奏議之屬

張文毅公奏稿八卷　(清)張芾撰　清光緒二年(1876)刻本　四册

330000－1712－0001577　史0741　史部/詔令奏議類/奏議之屬

兵垣奏議一卷　(明)陳子龍撰　清光緒二十三年(1897)諸暨陳遹聲刻本　二册

330000－1712－0001578　史0742　史部/詔令奏議類/奏議之屬

九江礮台情形利害說竝善後四策一卷　(清)黄仁濟撰　清末石印本　一册

330000－1712－0001579　史0743　史部/詔令奏議類/奏議之屬

張相國保存國粹疏一卷　(清)張之洞撰　**書張相國保存國粹疏後一卷**　曹元弼撰　清光緒三十三年(1907)木活字印本　一册

330000－1712－0001580　史0738　史部/詔令奏議類/奏議之屬

張文毅公奏稿八卷　(清)張芾撰　清光緒二年(1876)刻本　四册

330000－1712－0001581　史0735　史部/詔令奏議類/奏議之屬

曾文正公奏議十卷首一卷末一卷　(清)曾國藩撰　(清)薛福成編　清同治十三年(1874)寶慶經訓堂刻本　十册

330000－1712－0001583　史0736　史部/詔令奏議類/奏議之屬

曾文正公奏議十卷首一卷末一卷補編四卷　(清)曾國藩撰　(清)薛福成編　清同治十二年至十三年(1873－1874)蘇郡刻本　十册　存十二卷(首、奏議一至十、末)

330000－1712－0001584　史0744　史部/詔令奏議類/奏議之屬

張相國保存國粹疏一卷　(清)張之洞撰　**書張相國保存國粹疏後一卷**　曹元弼撰　清光緒三十三年(1907)木活字印本　一册

330000－1712－0001585　史0745　史部/詔令奏議類/奏議之屬

張相國保存國粹疏一卷　(清)張之洞撰　**書張相國保存國粹疏後一卷**　曹元弼撰　清光緒三十三年(1907)木活字印本　一册

330000－1712－0001586　史0746　史部/詔令奏議類/奏議之屬

張相國保存國粹疏一卷　(清)張之洞撰　**書張相國保存國粹疏後一卷**　曹元弼撰　清光緒三十三年(1907)木活字印本　一册

330000－1712－0001587　史0747　史部/詔令奏議類/奏議之屬

張相國保存國粹疏一卷　(清)張之洞撰　**書張相國保存國粹疏後一卷**　曹元弼撰　清光緒三十三年(1907)木活字印本　一册

330000－1712－0001588　史0748　史部/政書類/邦計之屬

度支部奏試辦豫算謹陳大概情形摺并附片一卷　清末石印本　一册

330000－1712－0001589　史0749　史部/政書類/邦計之屬/荒政

湖北賑捐奏案不分卷　清末刻本　一册

330000－1712－0001590　史0750　史部/詔令奏議類/奏議之屬

南海先生四上書記四卷　康有為撰　清光緒二十一年(1895)上海時務報館石印本　一册

330000－1712－0001591　史0751　史部/雜史類/斷代之屬

經略洪承疇奏對筆記二卷　(清)洪承疇撰　清光緒十三年(1887)上海廣百宋齋鉛印本　一册

330000－1712－0001592　史0752　史部/詔令奏議類/奏議之屬

江督劉鄂督張會奏條陳變法第三摺一卷 （清）張會撰 **粵督陶覆奏條變法摺一卷** （清）陶覆撰 清末石印本 一冊

330000－1712－0001593 史0756 史部/政書類/儀制之屬/典禮

聖廟祀典圖考五卷首一卷附聖蹟圖一卷孟子聖蹟圖一卷 （清）顧沅撰 清道光六年（1826）刻本 五冊 缺一卷（四）

330000－1712－0001594 史0757 史部/地理類/總志之屬/通代

讀史方輿紀要一百三十卷輿圖要覽四卷 （清）顧祖禹撰 清光緒二十五年（1899）慎記書莊石印本 三十二冊

330000－1712－0001595 史0753 史部/詔令奏議類/奏議之屬

諫止中東和議奏疏四卷 （清）文廷式等撰 清光緒二十一年（1895）香港書局石印本 一冊

330000－1712－0001596 史0754 史部/時令類

月令粹編二十四卷圖說一卷 （清）秦嘉謨撰 清刻本 八冊 缺三卷（二十二至二十四）

330000－1712－0001597 史0758 史部/地理類/總志之屬/斷代

皇朝輿地通考二十三卷 （清）通文書局主人輯 清光緒二十九年（1903）上海通文書局石印本 三十九冊 缺三卷（二十一至二十三）

330000－1712－0001598 史0759 史部/地理類/總志之屬/通代

天下郡國利病書一百二十卷 （清）顧炎武撰 清光緒慎記書莊石印本 二十四冊

330000－1712－0001599 史0755 史部/時令類

月令粹編二十四卷圖說一卷 （清）秦嘉謨撰 清嘉慶十七年（1812）江都秦嘉謨琳琅仙館刻本 八冊

330000－1712－0001600 史0762 史部/地理類/總志之屬/斷代

大清一統志輯要五十卷 （清）洪亮吉撰 清光緒二十八年（1902）山左輿圖局石印本 十二冊

330000－1712－0001601 史0765 史部/地理類/外紀之屬

地球韻言四卷 （清）張士瀛撰 清刻本 一冊 存二卷（三至四）

330000－1712－0001602 史0760 史部/地理類/總志之屬/通代

天下郡國利病書一百二十卷 （清）顧炎武撰 清光緒二十七年（1901）上海圖書集成印書局鉛印本 六冊 存二十八卷（一至六、十七至二十、二十七至二十八、五十三至五十八、七十四至七十八、一百十三至一百十七）

330000－1712－0001603 史0763 新學/地學/地志學

中國歷代疆域沿革考不分卷 （日本）重野安繹 （日本）河田羆撰 （清）滌盦居士譯 清光緒二十八年（1902）上海商務印書館鉛印本 一冊

330000－1712－0001604 史0766 史部/地理類/總志之屬/通代

輿地總圖不分卷晉書食貨志一卷漢書匈奴傳贊一卷 （清）顧祖禹撰 清抄本 一冊

330000－1712－0001605 史0761 史部/地理類/總志之屬/通代

天下郡國利病書一百二十卷 （清）顧炎武撰 清光緒二十七年（1901）上海圖書集成印書局鉛印本 一冊 存六卷（一至六）

330000－1712－0001607 史0769 史部/地理類/方志之屬/通志

[光緒]江西通志一百八十卷首五卷 （清）劉坤一等修 （清）劉繹等纂 清光緒六年至七年（1880－1881）刻本 一百二十冊

330000－1712－0001608 史0768 史部/地理類/方志之屬/通志

[雍正]敕修浙江通志二百八十卷首三卷 （清）李衛 （清）嵇曾筠等修 （清）沈翼機

(清)傅王露等纂　清光緒二十五年(1899)浙江書局刻本　一百二十冊

330000－1712－0001609　史0773　史部/地理類/雜志之屬
新湖南一卷　(清)楊毓麟撰　清光緒二十九年(1903)鉛印本　一冊

330000－1712－0001610　史0774　史部/地理類/方志之屬/郡縣志
[同治]廣信府志十二卷首一卷　(清)蔣繼洙修　(清)李樹藩等纂　清同治十二年(1873)刻本　二十八冊　缺一卷(十)

330000－1712－0001611　史0775　史部/地理類/方志之屬/郡縣志
[嘉慶]南陽府志六卷　(清)孔傳金纂修　清嘉慶十二年(1807)刻本　六冊　存二卷(五至六)

330000－1712－0001612　史0776　史部/地理類/方志之屬/郡縣志
[光緒]鳳陽府志二十一卷　(清)馮煦修　(清)魏家驊等纂　(清)張德霈續纂　清光緒三十四年(1908)木活字印本　二十四冊

330000－1712－0001613　史0770　史部/政書類/通制之屬
文獻通考馬端臨序摘鈔一卷　(元)馬端臨撰　清抄本　一冊

330000－1712－0001614　史0771　史部/地理類
顧祖禹論各地形勢摘鈔一卷　(清)顧祖禹撰　清抄本　一冊

330000－1712－0001615　史0772　史部/地理類/方志之屬
[乾隆]湖北下荊南道志二十八卷　(清)魯之裕修　(清)靖道謨纂　清刻本　十五冊　缺二卷(一至二)

330000－1712－0001616　史0777　史部/地理類/方志之屬/郡縣志
[同治]贛縣志五十四卷首一卷　(清)黃德溥　(清)崔國榜修　(清)褚景昕纂　清同治十一年(1872)刻本　十八冊

330000－1712－0001617　史0778　史部/地理類/專志之屬/古跡
桃花源志二十四卷首一卷　(清)胡鳳丹輯　清光緒三年(1877)永康胡氏退補齋刻本　十冊

330000－1712－0001619　史0767　史部/地理類/水利之屬
荆州萬城隄志十卷首一卷末一卷　(清)倪文蔚纂　清光緒二年(1876)刻本　六冊

330000－1712－0001621　史0788　史部/地理類/方志之屬/郡縣志
[同治]鄖陽志八卷首一卷　(清)吳葆儀修　(清)王嚴恭纂　清同治九年(1870)鄖山書院刻本　十二冊

330000－1712－0001625　史0784　史部/地理類/方志之屬/郡縣志
[光緒]贛榆縣志十八卷　(清)王豫熙修　張謇纂　清光緒十四年(1888)刻本　四冊

330000－1712－0001626　史0780　史部/地理類/方志之屬/郡縣志
[光緒]南滙縣志二十二卷首一卷末一卷　(清)金福曾　(清)顧思賢修　(清)張文虎等纂　清光緒五年(1879)刻本　十二冊

330000－1712－0001627　史0785　史部/地理類/方志之屬/郡縣志
[同治]公安縣志八卷首一卷　(清)周承弼　(清)袁鳴珂修　(清)王慰纂　清同治十三年(1874)刻本　五冊　缺六卷(四至九)

330000－1712－0001628　史0790　史部/地理類/專志之屬/古跡
馬嵬志十六卷首一卷　(清)胡鳳丹輯　清光緒三年(1877)永康胡氏退補齋刻本　六冊

330000－1712－0001629　史0791　史部/地理類/方志之屬/郡縣志
[同治]常寧志十六卷首一卷　(清)玉山修　(清)李孝經等撰　清刻本　四冊　缺一卷(首)

330000－1712－0001630　史 0786　史部/地理類/方志之屬/郡縣志

乾道臨安志十五卷　(宋)周淙纂　清光緒竹書堂刻本(卷四至十五原缺)　一册

330000－1712－0001632　史 0792　史部/地理類/方志之屬/郡縣志

[同治]桂陽直隸州志二十七卷首一卷　(清)汪斆灝修　王闓運纂　清同治七年(1868)刻本　十三册

330000－1712－0001633　史 0787　類叢部/叢書類/郡邑之屬

武林掌故叢編一百九十種　(清)丁丙編　清光緒三年至二十六年(1877－1900)錢塘丁氏嘉惠堂刻本　二册　存一種

330000－1712－0001634　史 0794　史部/地理類/方志之屬/郡縣志

[同治]黄陂縣志十六卷　(清)劉昌緒修　(清)徐瀛纂　清同治十二年(1873)刻本　十二册

330000－1712－0001635　史 0795　史部/地理類/方志之屬/郡縣志

[正德]武功縣志三卷首一卷　(明)康海纂　(清)孫景烈評註　清同治十二年(1873)湖北崇文書局刻本　一册

330000－1712－0001637　史 0799　史部/地理類/雜志之屬

湖南陽秋十六卷　(清)王萬澍撰　**續編十三卷**　(清)王國牧撰　**衡湘稽古五卷**　清同治九年(1870)雙蹭書院刻本　八册

330000－1712－0001638　史 0796　史部/地理類/方志之屬/通志

湖南通志凡例一卷　清抄本　一册

330000－1712－0001639　史 0797　史部/地理類/方志之屬/郡縣志

康對山武蘇縣志官師篇一卷　清抄本　一册

330000－1712－0001641　史 0801　史部/地理類/專志之屬/古跡

金陵瑣志五種續刊二種　陳作霖撰　清光緒江寧陳氏可園刻本　四册　缺一卷(南朝佛寺志二)

330000－1712－0001642　史 0802　史部/地理類/雜志之屬

廣陵通典十卷　(清)汪中撰　清同治八年(1869)揚州書局刻本　二册

330000－1712－0001643　史 0805　史部/地理類/專志之屬/祠墓

子劉子祠堂配享碑一卷　(清)全祖望纂　清抄本　一册

330000－1712－0001644　史 0808　史部/地理類/專志之屬/祠墓

漂母祠志七卷首一卷　(清)胡鳳丹輯　清光緒三年(1877)胡氏退補齋刻本　二册

330000－1712－0001645　史 0807　史部/傳記類/别傳之屬

湖南平江縣重修唐杜左拾遺工部員外郎墓並建祠請祀集刊一卷　(清)李宗蓮輯　清光緒刻本　一册

330000－1712－0001646　史 0806　史部/地理類/專志之屬/祠墓

吴山伍公廟志六卷首一卷附一卷　(清)金文淳纂修　(清)沈永青增輯　清光緒二年(1876)刻本　一册

330000－1712－0001647　史 0811　史部/地理類/輿圖之屬/全國

大清中外壹統輿圖(皇朝中外壹統輿圖)三十一卷首一卷　(清)鄒世詒　(清)晏啟鎮編　(清)李廷簫　(清)汪士鐸增訂　清同治二年(1863)湖北撫署刻本　七册

330000－1712－0001648　史 0803　史部/地理類/雜志之屬

六朝事迹編類十四卷　(宋)張敦頤撰　清光緒十三年(1887)李濱寶章閣刻本　四册

330000－1712－0001649　史 0809　史部/地理類/專志之屬/祠墓

陪祭舜陵記略一卷　(清)張修府撰　清光緒刻本　一冊

330000－1712－0001650　史0804　史部/地理類/雜志之屬
六朝事迹編類十四卷　(宋)張敦頤撰　清光緒十三年(1887)李濱實章閣刻本　二冊

330000－1712－0001651　史0810　史部/地理類/專志之屬/祠墓
陪祭舜陵記略一卷　(清)張修府撰　清光緒刻本　一冊

330000－1712－0001652　史0812　史部/詔令奏議類/奏議之屬
更正易湖稟詞一卷　(清)張天翔等撰　稿本　一冊

330000－1712－0001653　叢73　類叢部/叢書類/彙編之屬
別下齋叢書初集二十三種　(清)蔣光煦編　清道光海昌蔣氏別下齋刻本　一冊　存一種

330000－1712－0001654　史0817　史部/地理類/水利之屬
義邑東江橋誌一卷　(清)陳玉梁撰　清光緒二十四年(1898)東陽周廷玉木活字印本　一冊

330000－1712－0001656　史0815　類叢部/叢書類/彙編之屬
心矩齋叢書十一種　(清)蔣鳳藻編　清光緒長洲蔣氏刻本　一冊　存一種

330000－1712－0001657　史0818　史部/地理類/水利之屬
嘉興府平湖縣水路道里記一卷　清抄本　一冊

330000－1712－0001658　史0814　史部/地理類/雜志之屬
增補都門紀略不分卷圖不分卷　(清)楊靜亭編　(清)李靜山增補　**菊部羣英二卷**　(清)小游仙客輯　**國朝鼎甲錄一卷**　(清)陳鍾輯　清光緒五年(1879)刻本　二冊　缺二卷(菊部羣英一至二)

330000－1712－0001659　史0819　史部/地理類/水利之屬
水道提綱二十八卷　(清)齊召南撰　清光緒四年(1878)津門徐士鑾霞城精舍刻本　八冊

330000－1712－0001661　善513　史部/地理類/山川之屬/水志
水經注四十卷　(北魏)酈道元撰　清乾隆張惟聲勵志書屋刻本　八冊　存三十一卷(一至三十一)

330000－1712－0001662　史0821　史部/地理類/山川之屬/水志
水經注釋四十卷首一卷附錄二卷刊誤十二卷　(清)趙一清撰　清光緒六年(1880)蛟川張氏華雨樓刻本　二十冊

330000－1712－0001663　史0823　史部/地理類/山川之屬/水志
水經注圖一卷附錄一卷　(清)汪士鐸撰　清咸豐十一年(1861)刻本　一冊

330000－1712－0001664　史0822　史部/地理類/山川之屬/水志
水經注圖一卷附錄一卷　(清)汪士鐸撰　清咸豐十一年(1861)刻同治元年(1862)重修本　一冊

330000－1712－0001665　史0824　史部/地理類/山川之屬/水志
水經注四十卷首一卷　(北魏)酈道元撰　王先謙校　**附錄二卷**　(清)趙一清輯　清光緒二十年(1894)寶善書局石印本　十九冊

330000－1712－0001666　史0837　史部/地理類/山川之屬/山志
黃鵠山志十二卷首一卷　(清)胡鳳丹撰　清同治十三年(1874)胡氏退補齋刻本　六冊

330000－1712－0001667　史0836　史部/地理類/山川之屬/山志
黃鵠山志十二卷首一卷　(清)胡鳳丹撰　清同治十三年(1874)胡氏退補齋刻本　六冊

330000－1712－0001668　善242　史部/地理類/山川之屬/山志

廬山志十五卷首一卷　(清)毛德琦撰　清康熙五十九年(1720)順德堂刻乾隆五十八年(1793)龔琰重修本　十五冊

330000－1712－0001669　史0838　史部/地理類/山川之屬/山志

西天目祖山志八卷首一卷末一卷補遺一卷　(明)釋廣賓撰　(清)釋際界增訂　清末刻本　一冊　存二卷(三至四)

330000－1712－0001672　史0835　史部/地理類/山川之屬/山志

武夷山志二十四卷首一卷　(清)董天工撰　清道光二十六年至二十七年(1846－1847)籍溪羅氏五夫尺木軒刻本　八冊

330000－1712－0001673　史0841　史部/地理類/山川之屬/山志

泰山道里記一卷　(清)聶鈫撰　清光緒二十三年(1897)雨花道院刻本　一冊

330000－1712－0001674　史0844　史部/地理類/山川之屬/水志

長江圖說十二卷首一卷　(清)馬徵麟等撰　清同治九年(1870)金陵提署刻本(卷一至二原缺)　十二冊

330000－1712－0001675　史0845　史部/地理類/山川之屬/水志

長江圖說十二卷首一卷　(清)馬徵麟等撰　清同治九年(1870)金陵提署刻本(卷一至二原缺)　十二冊

330000－1712－0001676　史0849　史部/地理類/山川之屬/水志

西湖志四十八卷　(清)李衛　(清)程元章修　(清)傅王露撰　清光緒四年(1878)浙江書局刻本　二十冊

330000－1712－0001677　史0842　史部/地理類/山川之屬/山志

泰山道里記一卷　(清)聶鈫撰　清光緒二十三年(1897)雨花道院刻本　一冊

330000－1712－0001678　史0843　史部/地理類/山川之屬/山志

九華山志十卷首一卷末一卷　(清)謝維喈　(清)周贇纂修　清光緒二十六年(1900)刻本　八冊

330000－1712－0001679　史0846　史部/地理類/山川之屬/水志

曹娥江志八卷首一卷　(清)胡鳳丹輯　清光緒三年(1877)永康胡氏退補齋刻本　二冊

330000－1712－0001680　善331　子部/藝術類/篆刻之屬/印譜

承清館印譜初集一卷續集一卷　(明)張灝輯　明刻鈐印本　一冊　存一卷(初集)

330000－1712－0001682　史0854　類叢部/叢書類/郡邑之屬

武林掌故叢編一百九十種　(清)丁丙編　清光緒三年至二十六年(1877－1900)錢塘丁氏嘉惠堂刻本([乾道]臨安志卷四至十五、南宋館閣錄卷一原缺)　十冊　存一種

330000－1712－0001683　史0857　史部/地理類/遊記之屬/紀行

北遊記一卷　(清)王浣雲撰　清抄本　一冊

330000－1712－0001684　史0847　史部/地理類/山川之屬/水志

莫愁湖志六卷首一卷　(清)馬士圖撰　清光緒八年(1882)刻本　二冊

330000－1712－0001685　史0848　史部/地理類/水利之屬

楚南諸水源流考一卷附一卷　(清)孫良貴撰　清光緒抄本　一冊

330000－1712－0001686　史0852　史部/地理類/山川之屬/水志

湖山便覽十二卷　(清)翟灝等撰　清光緒元年(1875)杭州王維翰槐蔭堂刻本　六冊

330000－1712－0001687　史0853　史部/地理類/遊記之屬/紀勝

鴻雪因緣圖記一集二卷二集二卷三集二卷　(清)麟慶撰　清光緒十年(1884)上海點石齋石印本　六冊

330000－1712－0001688　史 0855　史部/地理類/遊記之屬/紀勝

粵東葺勝記八卷首二卷　(清)徐琪撰　清光緒二十五年(1899)刻本　二冊　缺八卷(一至八)

330000－1712－0001689　史 0859　史部/地理類/雜志之屬

東瀛識略八卷　(清)丁紹儀撰　清同治十二年(1873)福州吳玉田刻本　二冊

330000－1712－0001691　史 0856　史部/地理類/遊記之屬/紀勝

丁亥入都紀程二卷　(清)黎庶昌撰　清光緒二十年(1894)川東道署刻本　一冊

330000－1712－0001692　史 0860　史部/地理類/外紀之屬

日本國志四十卷首一卷　(清)黃遵憲輯　清光緒二十四年(1898)上海圖書集成印書局鉛印本　十冊

330000－1712－0001693　史 0861　史部/地理類/外紀之屬

日本國志四十卷首一卷　(清)黃遵憲輯　清光緒二十四年(1898)上海圖書集成印書局鉛印本　八冊　缺六卷(三十二至三十四、三十八至四十)

330000－1712－0001694　史 0858　史部/地理類/遊記之屬/紀行

竺國紀游四卷　(清)周藹聯撰　清道光十二年(1832)頌詩堂刻本　四冊

330000－1712－0001695　史 0862　史部/地理類/外紀之屬

土耳其國志一卷羅馬尼亞國志一卷塞爾維亞國志一卷布加利亞國志一卷門得內各羅國志一卷希臘國志一卷　(清)薛福成鑒定　吳宗濂　郭家驥譯　張美翊　顧錫爵述　清光緒二十八年(1902)石印本　一冊

330000－1712－0001696　史 0863　史部/地理類/外紀之屬

續瀛環志略初編不分卷　(清)薛福成鑒定　(清)瞿昂來譯　清光緒二十八年(1902)無錫傳經樓石印本　四冊

330000－1712－0001697　史 0866　史部/地理類/外紀之屬

海國圖志一百卷首一卷　(清)魏源撰　**續集二十五卷首一卷**　(英國)麥高爾撰　(美國)林樂知　(清)瞿昂來譯　清光緒二十四年(1898)文賢閣石印本　十六冊

330000－1712－0001698　史 0867　史部/地理類/外紀之屬

瀛環志略十卷　(清)徐繼畬撰　**續集四卷末一卷**　(英國)慕維廉纂　**補遺一卷**　(清)陳俠君校正　清光緒二十四年(1898)上海掃葉山房石印本　七冊　存十四卷(一至十、續集一至二、末、補遺)

330000－1712－0001700　叢 75　類叢部/叢書類/自著之屬

求是齋雜存六種　(清)彭崧毓撰　清同治刻本　四冊　存四種

330000－1712－0001701　叢 74　類叢部/叢書類/自著之屬

求是齋雜存六種　(清)彭崧毓撰　清同治刻本　一冊　存一種

330000－1712－0001703　史 0864　史部/地理類/外紀之屬

中外輿地彙鈔七種　(清)馬冠羣撰　清光緒蘇州文瑞樓石印本　二冊　存一種

330000－1712－0001704　新 0093　新學/史志/諸國史

泰西新史攬要二十四卷　(英國)馬懇西撰　(英國)李提摩太釋　清光緒二十一年(1895)上海美華書館鉛印本　八冊

330000－1712－0001705　史 0865　史部/地理類/外紀之屬

各國地輿攷十六卷圖一卷　(清)王君省輯　清光緒二十八年(1902)石印本　四冊　存八卷(一、六至七、十二至十三、十五至十六,圖)

330000－1712－0001706　新 0094　新學/史

志/諸國史

泰西新史攬要二十四卷 (英國)馬懇西撰 (英國)李提摩太釋 清光緒二十一年(1895)上海美華書館鉛印本 七册 缺三卷(四至六)

330000－1712－0001707 新 0095 新學/史志/别國史

節本泰西新史攬要八卷 (英國)李提摩太譯 周慶雲節錄 清光緒鉛印本 二册

330000－1712－0001708 史 0825 史部/史表類/通代之屬

二十四史三表三種二十卷 (清)段長基撰 (清)段摺書編注 清嘉慶二十二年(1817)小西山房刻本 三册 存一種

330000－1712－0001709 史 0873 史部/金石類/總志之屬

金石萃編一百六十卷 (清)王昶撰 清嘉慶十年(1805)青浦王氏經訓堂刻同治十年(1871)嘉善錢寶傳補刻本 三十七册 缺六十六卷(十二至十五、十八至二十一、四十至五十二、六十一至六十三、七十三至七十五、八十三至八十四、八十八至九十七、一百五至一百九、一百十四至一百二十、一百二十三至一百二十四、一百三十九至一百四十四、一百五十二至一百五十六、一百五十九至一百六十)

330000－1712－0001710 新 0092 新學/史志/别國史

節本泰西新史攬要八卷 (英國)李提摩太譯 周慶雲節錄 清光緒二十七年(1901)周慶雲夢坡室刻本 一册 缺四卷(一至四)

330000－1712－0001711 史 0826 史部/地理類/總志之屬/斷代

太平寰宇記二百卷目錄二卷 (宋)樂史撰 (清)陳蘭森補闕 **朝代紀元表一卷** (清)萬廷蘭撰 清刻本 一册 存一卷(朝代紀元表)

330000－1712－0001712 史 0878 史部/金石類/總志之屬/文字

隨軒金石文字九種 (清)徐渭仁輯 清道光十七年(1837)、二十四年(1844)春暉堂刻本 四册

330000－1712－0001713 史 0874 史部/金石類/總志之屬/通考

重定金石契不分卷 (清)張燕昌撰 清光緒二十二年(1896)貴池劉氏聚學軒刻本 四册

330000－1712－0001714 史 0827 史部/史表類/通代之屬

中外紀年通表六卷 (清)著易堂輯 清光緒二十三年(1897)上海著易堂石印本 五册 存四卷(歷代帝王年表一至三、四裔編年表一)

330000－1712－0001716 史 0877 史部/金石類/總志之屬

金石摘十卷 (清)陳善墀輯 清同治十二年(1873)瀏陽縣學之不求甚解齋刻本 十册

330000－1712－0001724 史 0265 史部/傳記類/總傳之屬/郡邑

婺書八卷 (明)吳之器撰 清光緒二十六年(1900)刻本 四册

330000－1712－0001725 史 0879 史部/金石類/總志之屬

金石萃編一百六十卷 (清)王昶撰 清末石印本 一册 存六卷(一百十二至一百十七)

330000－1712－0001726 史 0880 史部/金石類/總志之屬

學古齋金石叢書四集 (清)葛元煦輯 清光緒崇川葛氏學古齋刻本 一册 存一種

330000－1712－0001727 史 0881 史部/金石類/總志之屬

金石索十二卷首一卷 (清)馮雲鵬 (清)馮雲鵷輯 清光緒三十二年(1906)上海文新局石印本 十六册 缺四卷(一至二、五至六)

330000－1712－0001728 史 0882 史部/金石類/金之屬/文字

積古齋鐘鼎彝器款識十卷 (清)阮元 (清)朱爲弼撰 清光緒五年(1879)武昌刻本

六册

330000－1712－0001729　史0883　史部/金石類/金之屬/文字
積古齋鐘鼎彝器款識十卷　(清)阮元　(清)朱爲弼撰　清嘉慶九年(1804)阮元刻文選樓叢書本　清蓺圃氏題簽　四册

330000－1712－0001730　史0894　史部/金石類/金之屬/文字
積古齋鐘鼎款識稿本四卷附録一卷　(清)阮元　(清)朱爲弼撰　清光緒三十二年(1906)朱之榛影印本　三册

330000－1712－0001731　史0887　史部/金石類/金之屬
敬吾心室彝器款識不分卷　(清)朱善旂撰　清光緒三十四年(1908)平湖朱氏影印本　二册

330000－1712－0001732　史0888　史部/金石類/金之屬
敬吾心室彝器款識不分卷　(清)朱善旂撰　清光緒三十四年(1908)平湖朱氏影印本　二册

330000－1712－0001733　史0889　史部/金石類/金之屬
敬吾心室彝器款識不分卷　(清)朱善旂撰　清光緒三十四年(1908)平湖朱氏影印本　二册

330000－1712－0001734　史0890　史部/金石類/金之屬
敬吾心室彝器款識不分卷　(清)朱善旂撰　清光緒三十四年(1908)平湖朱氏影印本　二册

330000－1712－0001735　史0885　史部/金石類/石之屬/通考
舊搨瘞鶴銘未出水本一卷攷補一卷　清光緒三十四年(1908)有正書局石印本　一册

330000－1712－0001736　史0886　史部/金石類/金之屬/文字
從古堂款識學十六卷　(清)徐同柏撰　(清)徐士燕輯　清抄本　八册

330000－1712－0001737　史0891　史部/金石類/金之屬
敬吾心室彝器款識不分卷　(清)朱善旂撰　清光緒三十四年(1908)平湖朱氏影印本　二册

330000－1712－0001738　史0893　史部/金石類/金之屬
敬吾心室彝器款識不分卷　(清)朱善旂撰　清光緒三十四年(1908)平湖朱氏影印本　二册

330000－1712－0001739　史0892　史部/金石類/金之屬
敬吾心室彝器款識不分卷　(清)朱善旂撰　清光緒三十四年(1908)平湖朱氏影印本　二册

330000－1712－0001740　史0895　史部/金石類/金之屬/文字
積古齋鐘鼎款識稿本四卷附録一卷　(清)阮元　(清)朱爲弼撰　清光緒三十二年(1906)朱之榛影印本　三册

330000－1712－0001741　史0896　史部/金石類/金之屬/文字
積古齋鐘鼎款識稿本四卷附録一卷　(清)阮元　(清)朱爲弼撰　清光緒三十二年(1906)朱之榛影印本　三册

330000－1712－0001742　史0897　史部/金石類/金之屬/文字
積古齋鐘鼎款識稿本四卷附録一卷　(清)阮元　(清)朱爲弼撰　清光緒三十二年(1906)朱之榛影印本　三册

330000－1712－0001743　史0898　史部/金石類/金之屬/文字
積古齋鐘鼎款識稿本四卷附録一卷　(清)阮元　(清)朱爲弼撰　清光緒三十二年(1906)朱之榛影印本　三册

330000－1712－0001744　史0899　史部/金

石類/金之屬/文字
積古齋鐘鼎款識稿本四卷附録一卷 (清)阮元 (清)朱爲弼撰 清光緒三十二年(1906)朱之榛影印本 三册

330000－1712－0001745 史0900 史部/金石類/金之屬/文字
積古齋鐘鼎款識稿本四卷附録一卷 (清)阮元 (清)朱爲弼撰 清光緒三十二年(1906)朱之榛影印本 二册 存三卷(一至二、附録)

330000－1712－0001746 史0901 史部/金石類/金之屬/文字
積古齋鐘鼎款識稿本四卷附録一卷 (清)阮元 (清)朱爲弼撰 清光緒三十二年(1906)朱之榛影印本 一册 存一卷(附録)

330000－1712－0001747 史0902 史部/金石類/金之屬/文字
積古齋鐘鼎款識稿本四卷附録一卷 (清)阮元 (清)朱爲弼撰 清光緒三十二年(1906)朱之榛影印本 一册 存一卷(附録)

330000－1712－0001748 史0903 史部/金石類/金之屬/文字
積古齋鐘鼎款識稿本四卷附録一卷 (清)阮元 (清)朱爲弼撰 清光緒三十二年(1906)朱之榛影印本 一册 存一卷(附録)

330000－1712－0001749 史0904 史部/金石類/金之屬/文字
積古齋鐘鼎款識稿本四卷附録一卷 (清)阮元 (清)朱爲弼撰 清光緒三十二年(1906)朱之榛影印本 一册 存一卷(附録)

330000－1712－0001751 史0905 史部/金石類/錢幣之屬/雜著
錢志新編二十卷 (清)張崇懿輯 清道光十年(1830)古婁尹湘酌春堂刻本 四册

330000－1712－0001752 叢77 類叢部/叢書類/自著之屬
石泉書屋全集六種 (清)李佐賢撰 清咸豐至光緒利津李氏刻本 六册 存一種

330000－1712－0001753 史0906 史部/金石類/錢幣之屬
錢幣摹本一卷 清抄本 一册

330000－1712－0001754 史0907 經部/小學類/文字之屬/字書/字體
選集漢印分韻二卷 (清)袁日省輯 (清)謝雲生臨摹 **續集漢印分韻二卷** (清)謝景卿輯並臨摹 清嘉慶二年(1797)湫藝堂刻本 四册

330000－1712－0001758 史0908 經部/小學類/文字之屬/字書/字體
選集漢印分韻二卷 (清)袁日省輯 (清)謝雲生臨摹 **續集漢印分韻二卷** (清)謝景卿輯並臨摹 清嘉慶二年(1797)湫藝堂刻本 一册 存一卷(續集下)

330000－1712－0001761 史0912 史部/金石類/郡邑之屬
墨妙亭碑目攷二卷附攷一卷 (清)張鑑撰 清光緒十年(1884)江蘇書局刻本 二册

330000－1712－0001763 史0913 史部/金石類/郡邑之屬
墨妙亭碑目攷二卷附攷一卷 (清)張鑑撰 清光緒十年(1884)江蘇書局刻本 二册

330000－1712－0001764 史0917 史部/金石類/玉之屬
古玉圖攷不分卷 (清)吴大澂撰 清光緒十五年(1889)上海同文書局石印本 四册

330000－1712－0001765 史0919 史部/目録類/總録之屬/官修
欽定四庫全書簡明目録二十卷 (清)紀昀等撰 清刻本 十二册

330000－1712－0001766 史0920 史部/目録類/總録之屬/官修
欽定四庫全書簡明目録二十卷 (清)紀昀等撰 清刻本 十一册

330000－1712－0001767 史0918 史部/目録類/總録之屬/官修
欽定四庫全書總目二百卷首一卷 (清)紀昀

等撰　清刻本　六十四册　存一百十六卷(首,一至十八、三十八至四十七、五十三至六十八、七十一至七十八、八十三至九十二、一百二十七至一百三十七、一百四十四至一百四十五、一百四十八至一百六十一、一百七十四、一百七十六至二百)

330000－1712－0001770　史0925　史部/目録類/總録之屬/官修
欽定四庫全書簡明目錄二十卷　(清)紀昀等撰　清刻本　十二册

330000－1712－0001771　史0928　史部/目録類/總録之屬/官修
四庫未收書目提要五卷　(清)阮元撰　清光緒四年(1878)上海淞隱閣鉛印本　一册

330000－1712－0001772　史0926　史部/目録類/總録之屬/官修
欽定四庫全書簡明目錄二十卷　(清)紀昀等撰　清刻本　十二册

330000－1712－0001773　史0922　史部/目録類/總録之屬/官修
欽定四庫全書簡明目錄二十卷　(清)紀昀等撰　清刻本　十二册

330000－1712－0001774　史0923　史部/目録類/總録之屬/官修
欽定四庫全書簡明目錄二十卷　(清)紀昀等撰　清刻本　十二册

330000－1712－0001775　史0924　史部/目録類/總録之屬/官修
欽定四庫全書簡明目錄二十卷　(清)紀昀等撰　清刻本　七册　存十一卷(一至五、八至九、十四至十七)

330000－1712－0001777　史0931　史部/目録類/總録之屬/私撰
古越藏書樓書目二十卷首一卷　(清)徐樹蘭撰　清光緒三十年(1904)崇實書局石印本　八册

330000－1712－0001779　史0944　史部/目録類/總録之屬/彙刻
彙刻書目初編十卷補編一卷　(清)顧修輯　清同治九年(1870)羣玉齋木活字印本　十册

330000－1712－0001782　史0945　史部/目録類/總録之屬/彙刻
彙刻書目初編十卷　(清)顧修輯　清嘉慶四年(1799)刻本　十二册

330000－1712－0001792　史0941　史部/目録類/總録之屬/官修
湖北崇文書局書目一卷　清光緒刻本　一册

330000－1712－0001795　善247　史部/目録類/總録之屬/官修
浙江採集遺書總錄十一卷　(清)沈初等輯　清乾隆三十九年(1774)浙江布政使王亶望刻本(己集、閏集配清咸豐九年管庭芬補抄本)　清管庭芬題記　十册

330000－1712－0001796　史0948　史部/目録類/總録之屬/官修
欽定天禄琳琅書目十卷　(清)于敏中等撰
欽定天禄琳琅書目後編二十卷　(清)彭元瑞等撰　清光緒十年(1884)長沙王氏刻本　十册

330000－1712－0001798　史0950　史部/目録類/總録之屬/地方
杭州藝文志十卷　吴慶坻編　清光緒三十四年(1908)長沙刻本　六册

330000－1712－0001799　史0951　史部/目録類/總録之屬/私撰
書目答問五卷別錄一卷國朝著述諸家姓名略一卷輶軒錄一卷　(清)張之洞撰　清末刻本　三册

330000－1712－0001801　史0952　史部/目録類/總録之屬/私撰
書目答問五卷別錄一卷國朝著述諸家姓名略一卷　(清)張之洞撰　清末刻本　二册

330000－1712－0001803　史0954　史部/目録類/總録之屬/私撰
書目答問五卷別錄一卷國朝著述諸家姓名略

一卷　(清)張之洞撰　清光緒四年(1878)上海淞隱閣鉛印本　四冊

330000－1712－0001804　史 0955　史部/目録類/總録之屬/私撰

書目答問五卷別錄一卷國朝著述諸家姓名略一卷　(清)張之洞撰　清光緒四年(1878)上海淞隱閣鉛印本　一冊　存一卷(一)

330000－1712－0001805　史 0956　史部/目録類/總録之屬/私撰

書目答問五卷別錄一卷國朝著述諸家姓名略一卷　(清)張之洞撰　清光緒十三年(1887)鴻文書局鉛印本　二冊

330000－1712－0001808　史 0959　史部/目録類/書志之屬/題跋

士禮居藏書題跋記六卷　(清)黄丕烈撰　清光緒十年(1884)吳縣潘祖蔭滂喜齋刻本　四冊

330000－1712－0001810　史 0961　史部/目録類/總録之屬/私撰

拜石軒藏書目錄一卷　清抄本　一冊

330000－1712－0001814　史 0964　史部/目録類/總録之屬/私撰

竹韻山房書目不分卷　(清)拜石軒主人記　稿本　一冊

330000－1712－0001816　史 0966　史部/目録類/總録之屬/禁燬

國朝著述未栞書目一卷　鄭文焯輯　清光緒十三年(1887)蘇州書局刻本　一冊

330000－1712－0001820　史 0972　史部/目録類/總録之屬

霜紅簃藏書草目一卷　稿本　一冊

330000－1712－0001821　史 0973　史部/目録類/總録之屬

詞學書籍舉要一卷曲學書目舉要一卷　清抄本　一冊

330000－1712－0001822　史 0974　史部/目録類/總録之屬

退補齋書目一卷退補齋金華叢書書目提要一卷　清刻本　一冊

330000－1712－0001828　史 0980　史部/目録類/總録/彙刻

上海博古齋影印叢書目錄一卷　(清)上海博古齋編　清上海博古齋石印本　一冊

330000－1712－0001831　史 0984　史部/傳記類/科舉録之屬/歷科會試録

[光緒辛丑壬寅恩正併科]會試墨卷一卷　高廷梅撰　清光緒二十八年(1902)刻本　一冊

330000－1712－0001832　史 0986　史部/傳記類/科舉録之屬/歷科鄉試録

[光緒癸卯恩科]浙江鄉試卷一卷　(清)陶垂撰　清光緒二十九年(1903)刻本　一冊

330000－1712－0001833　史 0987　史部/傳記類/科舉録之屬/歷科鄉試録

[光緒庚子辛丑恩正併科]浙江鄉試卷一卷　(清)崔鴻裁撰　清光緒二十七年(1901)刻本　一冊

330000－1712－0001834　史 0985　史部/傳記類/科舉録之屬/歷科鄉試録

[光緒庚子辛丑恩正併科]浙江鄉試卷一卷　高廷梅撰　清光緒二十七年(1901)刻本　一冊

330000－1712－0001835　史 0988　史部/傳記類/科舉録之屬/諸貢録

[宣統二年庚戌科]浙江歲貢卷一卷　(清)王積澍撰　清宣統二年(1910)平湖祥記印書館鉛印本　一冊

330000－1712－0001836　史 0989　史部/傳記類/科舉録之屬

寒香草廬試藝一卷　(清)薛振綱撰　清光緒二十五年(1899)平湖振翰齋刻本　一冊

330000－1712－0001837　史 0990　史部/傳記類/科舉録之屬

張傳梓考試卷一卷　(清)張傳梓撰　清末刻

本　一冊

330000－1712－0001838　史0982　史部/地理類/輿圖之屬/園林

平湖張氏直方堂圖樣一卷　稿本　一冊

330000－1712－0001839　史1004　史部/政書類/邦計之屬/地政

田畝丈量法一卷　清抄本　一冊

330000－1712－0001840　史1008　史部/政書類/儀制之屬/雜禮

喪事略節不分卷　清抄本　一冊

330000－1712－0001841　史1005　史部/傳記類/别傳之屬/事狀

書丁丑秋分事一卷　清光緒稿本　一冊

330000－1712－0001842　史1009　史部/詔令奏議類/奏議之屬

奏議雜抄不分卷　清抄本　一冊

330000－1712－0001843　史1006　史部/傳記類/日記之屬

庚午至辛未欠租稿一卷(同治九年至十年)　(清)張憲和撰　清同治九年至十年(1870－1871)稿本　一冊

330000－1712－0001844　史1010　史部/政書類/公牘檔冊之屬

擬修理張旺玟龍秋山小西溪墳墓合同議據不分卷　清同治十二年(1873)稿本　一冊

330000－1712－0001845　史1007　史部/傳記類/雜傳之屬

修墳經費書八卷　(清)張毓達撰　清光緒八年(1882)稿本　一冊

330000－1712－0001846　史1011　史部/地理類/專志之屬/祠墓

[當湖蘆川往來書宗祠事宜]不分卷　清光緒十年至十四年(1884－1888)平湖張氏稿本　一冊

330000－1712－0001847　史0996　史部/傳記類/别傳之屬/事狀

陛圩祖新田對易略節并善後事宜圖説一卷　清咸豐四年(1854)抄本　一冊

330000－1712－0001848　史0991　史部/政書類/公牘檔冊之屬

喪葬事情帳不分卷　(清)□□撰　稿本　一冊

330000－1712－0001849　史0992　史部/傳記類/别傳之屬/事狀

庚辰畚鍤事不分卷　清光緒稿本　二冊

330000－1712－0001850　史0994　史部/傳記類/雜傳之屬

張氏辦糧清冊一卷　清抄本　一冊

330000－1712－0001851　史0998　史部/傳記類/日記之屬

懷簃日記不分卷(清光緒十年)　(清)張憲和撰　清光緒十年(1884)稿本　一冊

330000－1712－0001852　史0995　史部/傳記類/雜傳之屬

張氏雜記不分卷　稿本　一冊

330000－1712－0001853　史0993　史部/傳記類/别傳之屬/事狀

請旌表及輓辭不分卷　清刻本　一冊

330000－1712－0001854　史0999　史部/傳記類/日記之屬

癸酉日記一卷(清同治十二年)　(清)張憲和撰　清同治十二年(1873)稿本　一冊

330000－1712－0001855　史1000　史部/傳記類/日記之屬

張憲和日記不分卷(清光緒十四年至十六年)

(清)張憲和撰　清同治十二年(1873)稿本　一册

330000－1712－0001856　史0997　史部/傳記類/日記之屬

懷簃日記不分卷(清光緒九年)　(清)張憲和撰　清光緒九年(1883)稿本　一册

330000－1712－0001857　史1001　史部/傳記類/日記之屬

邑人日記不分卷　稿本　一册

330000－1712－0001858　史1002　史部/政書類/公牘檔册之屬

合同議據不分卷　清光緒元年(1875)稿本　一册

330000－1712－0001859　史1003　史部/政書類/公牘檔册之屬

借書帳不分卷　稿本　一册

330000－1712－0001860　史1013　史部/傳記類/别傳之屬

分書後語一卷　(清)張毓達撰　清同治十三年(1874)稿本　一册

330000－1712－0001861　史1014　史部/傳記類/别傳之屬

分書後語初藁一卷　(清)張毓達撰　清同治十三年(1874)稿本　一册

330000－1712－0001862　史1012　史部/傳記類/别傳之屬

分書後語一卷　(清)張毓達撰　清同治十三年(1874)稿本　一册

330000－1712－0001863　史1015　史部/傳記類/雜傳之屬

複稿不分卷　稿本　一册

330000－1712－0001864　經515　經部/易類/傳說之屬

周易本義不分卷　(宋)朱熹撰　清平湖張氏躬厚堂抄本　一册

330000－1712－0001865　史0884　史部/詔令奏議類/奏議之屬

佚名奏議不分卷　清末抄本　一册

330000－1712－0001866　子0001　子部/雜著類/雜纂之屬

熙河雜記不分卷　(清)張諴撰　清末抄本　一册

330000－1712－0001867　子0002　子部/雜著類/雜纂之屬

張憲和雜記不分卷　(清)張憲和撰　稿本　一册

330000－1712－0001868　子0003　子部/雜著類/雜編之屬

養生雜錄不分卷　清末抄本　一册

330000－1712－0001869　子0004　子部/雜著類/雜編之屬

邑人雜抄不分卷　清末抄本　一册

330000－1712－0001870　子0005　子部/雜著類/雜編之屬

讀書隨筆不分卷　清抄本　一册

330000－1712－0001871　子0011　子部/雜著類/雜纂之屬

雜記不分卷　稿本　一册

330000－1712－0001872　子0012　子部/雜著類/雜編之屬

雲山讀書記二卷　(清)鄭繹撰　清光緒抄本　一册

330000－1712－0001873　子0006　子部/醫家類

七情管見錄二卷　(清)張履龢撰　清光緒十三年(1887)刻本　一册

330000－1712－0001874　子0018　子部/雜著類/雜纂之屬

善推所為不分卷　(清)懷郎撰　清道光二十四年(1844)抄本　一册

330000－1712－0001875　子0013　子部/雜著類/雜編之屬

讀書筆記不分卷　清抄本　一冊

330000－1712－0001876　子0007　子部/術數類/數學之屬

隨手摘錄一卷　清抄本　一冊

330000－1712－0001877　子0008　子部/術數類/數學之屬

數學一卷　清抄本　一冊

330000－1712－0001878　子0017　子部/雜著類/雜編之屬

復測彗星等雜抄不分卷　清末抄本　一冊

330000－1712－0001879　子0009　子部/儒家類/儒學之屬/禮教/女範

閨門女訓一卷　清抄本　一冊

330000－1712－0001881　子0010　子部/雜著類/雜纂之屬

雜抄不分卷　清抄本　一冊

330000－1712－0001882　子0015　子部/工藝類

豐豫合總不分卷　稿本　一冊

330000－1712－0001883　子0016　子部/宗教類/道教之屬

周易參同契考異三卷　(宋)朱熹撰　(元)黄端節附錄　**陰符經三卷**　清平湖躬厚堂抄本　一冊

330000－1712－0001884　子0019　子部/宗教類/佛教之屬/諸宗

姚江釋毁錄一卷密證錄一卷　(清)彭定求撰　**不諼錄一卷**　(清)彭紹升編　清光緒七年(1881)刻本　一冊

330000－1712－0001886　子0020　子部/藝術類/書畫之屬/總論

愛日吟廬書畫錄四卷　(清)葛金烺撰　**補錄一卷**　葛嗣浵撰　清宣統二年至民國二年(1910－1913)當湖葛氏上海刻本　二冊

330000－1712－0001887　善332　子部/儒家類/儒學之屬/性理

學蔀通辯前編三卷後編三卷續編三卷終編三卷　(明)陳建撰　清康熙啟後堂刻本　二冊

330000－1712－0001888　史1017　史部/傳記類/科舉録之屬/歷科鄉試録

[光緒庚子辛丑恩正併科]浙江鄉試卷一卷　(清)金賡清撰　清光緒二十八年(1902)刻本　一冊

330000－1712－0001890　史1018　集部/總集類/課藝之屬

平湖書院考卷不分卷　(清)胡廷枋等撰　稿本　一包

330000－1712－0001891　子0024　子部/儒家類/儒學之屬/禮教/鑑戒

鐸語一卷　(清)柯汝霖撰　清光緒二十八年(1902)柯培鼎鉛印本　一冊

330000－1712－0001894　善515　類叢部/叢書類/彙編之屬

小四書四種　(明)朱升編　清康熙三十二年(1693)恒德堂刻本　四冊

330000－1712－0001896　子0033　史部/金石類/總志之屬/題跋

清儀閣題跋不分卷　(清)張廷濟撰　清光緒刻本　四冊

330000－1712－0001897　子0026　子部/農家農學類/園藝之屬/瓜果

檇李譜一卷題詞一卷　(清)王逢辰撰　清同治九年(1870)竹里槐花吟館王氏刻本　一冊

330000－1712－0001898　子0034　史部/金石類/總志之屬/題跋

清儀閣題跋不分卷　(清)張廷濟撰　清光緒刻本　四冊

330000－1712－0001899　子0027　子部/農家農學類/園藝之屬/瓜果

檇李譜一卷題詞一卷　(清)王逢辰撰　清同

治九年(1870)竹里槐花吟館王氏刻本　一册

330000－1712－0001900　子0025　子部/儒家類/儒學之屬/禮教/鑑戒
鐸語一卷　(清)柯汝霖撰　清光緒二十八年(1902)柯培鼎鉛印本　一册

330000－1712－0001901　子0031　子部/天文曆算類/算書之屬
古今算學書錄七卷附錄一卷古今算學叢書編目一卷　(清)劉鐸編　清光緒二十四年(1898)算學書局石印本　一册　存二卷(附錄、編目)

330000－1712－0001903　史0665　史部/傳記類/總傳之屬/技藝
國朝畫徵錄三卷續錄二卷　(清)張庚撰　清宣統二年(1910)上海中國書畫會石印本　二册

330000－1712－0001904　子0032　子部/儒家類/儒學之屬/禮教
人範須知六卷　(清)盛隆輯　清同治二年(1863)武昌石竹山房刻本　一册　存一卷(四)

330000－1712－0001905　子0039　子部/儒家類/儒學之屬/蒙學
人範六卷首一卷附錄一卷　(清)蔣元輯　(清)顧廣譽增輯　清光緒十六年(1890)平湖學署刻本　二册

330000－1712－0001906　子0038　子部/儒家類/儒學之屬/蒙學
人範六卷首一卷附錄一卷　(清)蔣元輯　(清)顧廣譽增輯　清光緒十六年(1890)平湖學署刻本　二册

330000－1712－0001907　子0037　子部/儒家類/儒學之屬/蒙學
人範六卷首一卷附錄一卷　(清)蔣元輯　(清)顧廣譽增輯　清光緒十六年(1890)平湖學署刻本　二册

330000－1712－0001908　子0036　子部/儒家類/儒學之屬/蒙學
人範六卷首一卷附錄一卷　(清)蔣元輯　(清)顧廣譽增輯　清光緒十六年(1890)平湖學署刻本　二册

330000－1712－0001909　子0035　子部/儒家類/儒學之屬/蒙學
人範六卷首一卷附錄一卷　(清)蔣元輯　(清)顧廣譽增輯　清光緒十六年(1890)平湖學署刻本　陸惟鍙題記　清許仁傑批　四册

330000－1712－0001912　史1021　史部/傳記類/别傳之屬
景陸稡編八卷首一卷末一卷　(清)許仁沐輯　清光緒二十四年(1898)許仁沐平湖刻本　六册

330000－1712－0001915　子0040　子部/叢編
子書二十八種彙函　(清)育文書局編　清宣統三年(1911)育文書局石印本　三十一册　缺九卷(管子一至九)

330000－1712－0001916　善333　子部/儒家類/儒家之屬
孔氏家語十卷　(三國魏)王肅注　清乾隆四十五年(1780)李容刻本　四册

330000－1712－0001917　史1025　史部/傳記類/别傳之屬/年譜
孔子編年不分卷　(宋)胡仔撰　(清)胡培翬校註　清同治十三年(1874)抄本　一册

330000－1712－0001918　子0055　子部/儒家類/儒家之屬
孔氏家語十卷　(三國魏)王肅注　清道光三十年(1850)天祿齋刻本　二册

330000－1712－0001919　叢80　類叢部/類書類/專類之屬
子史精華一百六十卷　(清)吳士玉　(清)吳襄等輯　清光緒十二年(1886)上海同文書局石印本　八册

330000－1712－0001920　叢78　類叢部/類書類/專類之屬
子史精華一百六十卷　(清)吳士玉　(清)吳

襄等輯　清刻本　四十八册

330000－1712－0001924　叢81　類叢部/類書類/專類之屬
子史精華一百六十卷　（清）吳士玉　（清）吳襄等輯　清光緒十三年（1887）上海積山書局石印本　八册

330000－1712－0001925　叢79　類叢部/類書類/專類之屬
子史精華一百六十卷　（清）吳士玉　（清）吳襄等輯　清光緒十二年（1886）上海同文書局石印本　八册

330000－1712－0001928　叢82　類叢部/類書類/專類之屬
子史精華一百六十卷　（清）吳士玉　（清）吳襄等輯　清光緒十三年（1887）上海積山書局石印本　八册

330000－1712－0001931　叢83　類叢部/類書類/專類之屬
子史精華一百六十卷　（清）吳士玉　（清）吳襄等輯　清光緒十三年（1887）上海積山書局石印本　八册

330000－1712－0001933　叢84　類叢部/類書類/專類之屬
子史精華一百六十卷　（清）吳士玉　（清）吳襄等輯　清光緒十二年（1886）上海同文書局石印本　一册　存二十卷（二十一至四十）

330000－1712－0001937　子0054　子部/儒家類/儒家之屬
孔氏家語十卷　（三國魏）王肅注　清末勤思堂刻本　四册

330000－1712－0001941　子0057　子部/叢編
二十二子摘錦三十卷　（清）孫灝輯　（清）施崇恩編校　清光緒二十三年（1897）積山書局石印本　二册　存九卷（一至四、二十六至三十）

330000－1712－0001943　子0059　子部/儒家類/儒家之屬
荀子二十卷校勘補遺一卷　（唐）楊倞注　（清）盧文弨　（清）謝墉輯校並補遺　清乾隆五十一年（1786）嘉善謝氏安雅堂刻嘉慶九年（1804）姑蘇聚文堂刻本　六册

330000－1712－0001944　子0060　子部/儒家類/儒學之屬/性理
朱子語類一百四十卷　（宋）朱熹撰　（宋）黎靖德輯　清同治十一年（1872）應元書院刻本　四十八册

330000－1712－0001945　子0061　子部/儒家類/儒家之屬
孔子家語八卷　（明）何孟春注　（清）盧文弨校補　清同治十二年（1873）經綸堂刻本　四册

330000－1712－0001946　子0064　子部/叢編
子書二十三種　（清）浙江書局編　清光緒二十三年（1897）上海圖書集成局鉛印本　三十六册

330000－1712－0001947　子0062　類叢部/叢書類/自著之屬
朱子遺書十五種　（宋）朱熹撰　清康熙禦兒呂氏寶誥堂刻本　八册　存六種

330000－1712－0001948　子0063　子部/儒家類/儒家之屬
論語典制一卷　清平湖躬厚堂抄本　一册

330000－1712－0001949　子0068　子部/儒家類/儒學之屬/性理
朱子原訂近思錄集注十四卷　（清）江永撰　清同治七年（1868）楚北崇文書局刻本　四册

330000－1712－0001950　子0067　子部/儒家類/儒學之屬
淵鑒齋御纂朱子全書摘錄不分卷　（宋）朱熹撰　（清）李光地等輯　清平湖張氏抄本　六册

330000－1712－0001951　子0065　子部/儒家類/儒學之屬/性理

五子近思錄發明十四卷 (清)施璜撰 清咸豐二年(1852)忠信堂刻本 八册

330000-1712-0001952 子0069 子部/儒家類/儒學之屬/性理

朱子原訂近思錄集注十四卷 (清)江永撰 清同治七年(1868)楚北崇文書局刻本 四册

330000-1712-0001953 子0070 子部/儒家類/儒學之屬/性理

近思錄集注十四卷考訂朱子世家一卷 (清)江永撰 **校勘記一卷** (清)王炳撰 清同治八年(1869)江蘇書局刻本 四册

330000-1712-0001954 子0066 子部/雜著類/雜纂之屬

雜抄不分卷 清平湖張氏抄本 一册

330000-1712-0001955 子0071 子部/儒家類/儒學之屬/性理

近思錄集注十四卷 (清)江永撰 清光緒二十五年(1899)浙江官書局刻本 四册

330000-1712-0001957 叢85 類叢部/類書類/專類之屬

佩文韻府一百六卷 (清)張玉書 (清)蔡升元等輯 **韻府拾遺一百六卷** (清)汪灝 (清)何焯等輯 清光緒十三年(1887)上海點石齋石印本 四十三册 存一百二十八卷(佩文韻府一至四、二至三十四上、三十七至六十三、六十五至七十四、七十八至一百六,韻府拾遺一至三十、七十五至八十九)

330000-1712-0001960 子0076 子部/儒家類/儒學之屬/蒙學

上海千頃堂書莊精校新增繪圖幼學故事瓊林四卷首一卷 (清)程登吉撰 (清)鄒聖脈增補 清光緒二十六年(1900)上海千傾堂石印本 五册

330000-1712-0001961 子0073 子部/儒家類/儒學之屬/蒙學

小學集解六卷小學輯說一卷 (清)張伯行輯注 清同治六年(1867)楚北崇文書局刻本 二册

330000-1712-0001962 子0077 子部/儒家類/儒學之屬/蒙學

上海千頃堂書莊精校新增繪圖幼學故事瓊林四卷首一卷 (清)程登吉撰 (清)鄒聖脈增補 清光緒二十六年(1900)上海千傾堂石印本 一册 存一卷(首)

330000-1712-0001964 子0074 子部/儒家類/儒學之屬/蒙學

小學集解六卷小學輯說一卷 (清)張伯行輯注 清同治七年(1868)楚北崇文書局刻本 二册

330000-1712-0001966 史0487 史部/政書類/軍政之屬/邊政

邊事彙鈔十二卷續鈔八卷 (清)朱克敬輯 清光緒六年(1880)長沙刻本 六册 存十二卷(一至十二)

330000-1712-0001967 子0087 子部/雜著類/雜纂之屬

[雜抄]不分卷 清末平湖張氏躬厚堂抄本 一册

330000-1712-0001968 史1026 史部/詔令奏議類/奏議之屬

諭旨恭錄一卷 清末平湖張氏躬厚堂抄本 一册

330000-1712-0001969 子0083 子部/儒家類/儒學之屬/禮教/鑑戒

手抄聖諭廣訓不分卷 清抄本 一册

330000-1712-0001970 經562 經部/小學類/文字之屬/字書/訓蒙

澄衷蒙學堂字課圖說四卷檢字一卷類字一卷 劉樹屏撰 (清)吳子城繪圖 清光緒二十七年(1901)澄衷蒙學堂印書處石印本 八册

330000-1712-0001971 經561 經部/群經總義類

守經錄不分卷 清光緒二十四年(1898)平湖張氏躬厚堂抄本 一册

330000－1712－0001973　子0088　子部/雜著類/雜考之屬
東塾讀書記二十五卷　(清)陳澧撰　清光緒刻本(卷十三至十四、十七至二十、二十二至二十五原缺)　四册

330000－1712－0001974　子0089　子部/雜著類/雜考之屬
東塾讀書記二十五卷　(清)陳澧撰　清光緒刻本(卷十三至十四、十七至二十、二十二至二十五原缺)　五册

330000－1712－0001975　子0090　子部/儒家類/儒學之屬/勸學
程氏家塾讀書分年日程三卷綱領一卷　(元)程端禮撰　清咸豐八年(1858)丹陽書院刻本　二册

330000－1712－0001976　子0091　子部/儒家類/儒學之屬/勸學
程氏家塾讀書分年日程三卷綱領一卷　(元)程端禮撰　清咸豐八年(1858)丹陽書院刻本　二册

330000－1712－0001977　善334　子部/道家類
老莊合刻　(明)孫鑛評點　明萬曆刻本　三册　存一種

330000－1712－0001978　子0084　經部/四書類/論語之屬/傳說
論語述二十卷　(清)諸仁煦撰　清道光十七年(1837)稿本　清章樹經跋　五册

330000－1712－0001979　子0092　子部/儒家類/儒學之屬
二程全書六十七卷　(宋)程顥　(宋)程頤撰　(宋)朱熹輯　清小嫏嬛山館刻本　二十册

330000－1712－0001981　子0085　子部/儒家類/儒學之屬/蒙學
小學韻語一卷　(清)羅澤南撰　清咸豐六年(1856)浙江書局刻本　一册

330000－1712－0001982　子0093　子部/儒家類/儒學之屬/蒙學
養蒙金鑑二卷首一卷　(清)林之望編　清光緒元年(1875)鄂垣藩署刻本　二册

330000－1712－0001983　子0094　子部/儒家類/儒學之屬/蒙學
養蒙金鑑二卷首一卷　(清)林之望編　清光緒元年(1875)鄂垣藩署刻本　二册

330000－1712－0001984　子0095　子部/儒家類/儒學之屬/蒙學
養蒙金鑑二卷首一卷　(清)林之望編　清光緒元年(1875)鄂垣藩署刻本　二册

330000－1712－0001985　子0086　經部/四書類/論語之屬/傳說
論語述二十卷　(清)諸仁煦撰　清光緒二十一年(1895)平湖張憲和重校稿本　六册

330000－1712－0001986　子0096　子部/儒家類/儒學之屬/蒙學
養蒙金鑑二卷首一卷　(清)林之望編　清光緒元年(1875)鄂垣藩署刻本　二册

330000－1712－0001988　子0098　子部/雜著類/雜考之屬
王先生十七史蒙求十六卷　(宋)王令撰　清道光二十八年(1848)粵東文雅齋刻本　四册

330000－1712－0001989　經563　經部/小學類/文字之屬/字書/訓蒙
養蒙針度五卷　(清)潘子聲撰　清光緒三年(1877)古越恒德堂刻本　二册

330000－1712－0001990　子0099　子部/儒家類/儒學之屬/性理
讀書錄不分卷　清抄本　二册

330000－1712－0001992　子0082　子部/儒家類/儒學之屬/禮教
聖諭廣訓衍說一卷　(清)□□衍說　清刻本　二册

330000－1712－0001993　子0101　子部/儒家類/儒學之屬/蒙學
小學集注六卷首一卷末一卷　(明)陳選集注　**校勘記一卷**　(清)吳棠校勘　清同治二年

(1863)吳棠刻本　四册

330000－1712－0001994　子0102　子部/儒家類/儒學之屬/蒙學

小學集注六卷　(明)陳選集注　清光緒二十五年(1899)舊學山房刻本　四册

330000－1712－0001995　子0103　子部/儒家類/儒學之屬/蒙學

小學集注六卷首一卷末一卷　(明)陳選集注　**校勘記一卷**　(清)吳棠校勘　清同治二年(1863)吳棠刻本　四册

330000－1712－0001996　子0109　子部/儒家類/儒學之屬/蒙學

正蒙必讀初二三編十二卷　(清)陳蔚文編　清光緒石印本　三册　存二種

330000－1712－0001997　子0108　子部/儒家類/儒學之屬/蒙學

正蒙必讀初二三編十二卷　(清)陳蔚文編　清光緒二十八年(1902)上洋書局刻本　一册　存一種

330000－1712－0001998　子0104　子部/儒家類/儒學之屬/蒙學

小學集注六卷首一卷末一卷　(明)陳選集注　**校勘記一卷**　(清)吳棠校勘　清同治二年(1863)吳棠刻本　四册

330000－1712－0001999　子0105　子部/儒家類/儒學之屬/蒙學

小學集注六卷首一卷末一卷　(明)陳選集注　**校勘記一卷**　(清)吳棠校勘　清同治二年(1863)吳棠刻本　四册

330000－1712－0002000　子0106　子部/儒家類/儒學之屬/蒙學

小學六卷附文公朱夫子年譜一卷小學總論一卷　(清)高愈注　清同治八年(1869)江蘇書局刻本　二册

330000－1712－0002001　子0107　子部/儒家類/儒學之屬/蒙學

小學六卷附文公朱夫子年譜一卷小學總論一卷　(清)高愈注　清同治八年(1869)江蘇書局刻本　四册　存六卷(一至六)

330000－1712－0002002　史1029　史部/史抄類

史鑑節要便讀六卷　(清)鮑東里撰　清光緒二十八年(1902)會文堂刻本　三册

330000－1712－0002003　子0118　子部/儒家類/儒學之屬/經濟

大學衍義四十三卷　(宋)真德秀撰　清同治十一年(1872)浙江書局刻本　十册

330000－1712－0002005　子0115　子部/藝術類/書畫之屬/總論

愛日吟廬書畫錄四卷　(清)葛金烺撰　**補錄一卷續錄八卷別錄四卷**　葛嗣浵撰　清宣統二年至民國二年(1910－1913)當湖葛氏上海刻本　六册

330000－1712－0002006　子0113　子部/雜著類/雜纂之屬

經餘必讀八卷續編八卷　(清)雷琳等輯　清嘉慶十二年(1807)、十三年(1808)聚星堂刻本　六册　缺四卷(經餘必讀五至八)

330000－1712－0002007　子0110　子部/雜著類/雜纂之屬

經餘必讀八卷二編八卷　(清)雷琳等輯　**經餘必讀三編四卷**　(清)趙在翰輯　清光緒二年(1876)永康胡氏退補齋刻本　十册

330000－1712－0002008　子0080　子部/儒家類/儒學之屬/蒙學

重訂幼學須知句解四卷　(清)程登吉撰　清光緒二十二年(1896)蘇州掃葉山房刻本　四册

330000－1712－0002009　子0081　子部/儒家類/儒學之屬/蒙學

育正堂重訂幼學須知句解四卷首一卷　(清)程登吉撰　清刻本　四册

330000－1712－0002010　子0111　子部/雜著類/雜纂之屬

經餘必讀八卷續編八卷　(清)雷琳等輯　清嘉慶八年(1803)、十年(1805)大中堂刻本

八册

330000－1712－0002011　子0112　子部/雜著類/雜纂之屬

經餘必讀八卷二編八卷　(清)雷琳等輯　**經餘必讀三編四卷**　(清)趙在翰輯　清刻本　二册　存四卷(二編一至二、五至六)

330000－1712－0002012　子0116　子部/藝術類/書畫之屬/總論

愛日吟廬書畫録四卷　(清)葛金烺撰　**補録一卷續録八卷別録四卷**　葛嗣浵撰　清宣統二年至民國二年(1910－1913)當湖葛氏上海刻本　六册

330000－1712－0002013　經564　經部/群經總義類/傳説之屬

經學通論□□卷　清末石印本　一册　存一卷(一)

330000－1712－0002014　子0117　子部/藝術類/書畫之屬/總論

愛日吟廬書畫録四卷　(清)葛金烺撰　**補録一卷續録八卷別録四卷**　葛嗣浵撰　清宣統二年至民國二年(1910－1913)當湖葛氏上海刻本　六册

330000－1712－0002015　子0119　類叢部/類書類/專類之屬

李氏蒙求補注六卷　(唐)李瀚撰　(清)金三俊補注　清刻本　贅安圈點並題記　一册

330000－1712－0002016　經565　經部/小學類/文字之屬/字書/訓蒙

千字文一卷　(南朝梁)周興嗣撰　清刻本　一册

330000－1712－0002017　子0114　子部/雜著類/雜纂之屬

經餘必讀八卷二編八卷　(清)雷琳等輯　**經餘必讀三編四卷**　(清)趙在翰輯　清光緒二年(1876)汲綆齋刻本　九册　缺二卷(二編三至四)

330000－1712－0002018　子0120　子部/儒家類/儒學之屬/蒙學

初學稍進讀書要略一卷讀譯書須知一卷論格致理法綱要一卷　(清)葉瀚撰　清刻本　一册

330000－1712－0002019　子0128　子部/道家類

人極圖一卷真書一卷　(清)常士彦撰　清抄本　一册

330000－1712－0002020　叢90　類叢部/叢書類/自著之屬

不遠復齋遺書六種　(清)潘士璜輯　清刻本　二册　存二種

330000－1712－0002021　子0122　子部/儒家類/儒學之屬/性理

儒門法語輯要一卷　(清)彭定求撰　(清)湯金釗輯　清光緒十六年(1890)浙江書局刻本　一册

330000－1712－0002022　子0133　子部/雜著類/雜考之屬

義門讀書記五十八卷　(清)何焯撰　(清)蔣維鈞輯　清刻本　四册　存十三卷(三國志一至三、五代史一、陶靖節詩一、杜工部集一至六、李義山詩集上下)

330000－1712－0002023　子0123　子部/儒家類/儒學之屬/性理

儒門法語輯要一卷　(清)彭定求撰　(清)湯金釗輯　清光緒十六年(1890)浙江書局刻本　一册

330000－1712－0002024　子0124　子部/儒家類/儒學之屬/性理

儒門法語輯要一卷　(清)彭定求撰　(清)湯金釗輯　清光緒十六年(1890)浙江書局刻本　一册

330000－1712－0002026　子0129　子部/儒家類/儒學之屬/禮教

弟子箴言十六卷　(清)胡達源撰　清道光十五年(1835)聞妙香軒刻本　四册

330000－1712－0002027　子0125　子部/儒家類/儒學之屬/禮教

心影集四卷　(清)李士麟輯　清同治三年(1864)刻本　一冊

330000－1712－0002028　子 0126　子部/儒家類/儒學之屬/禮教
心影集四卷　(清)李士麟輯　清同治三年(1864)刻本　一冊

330000－1712－0002029　子 0127　子部/儒家類/儒學之屬/禮教
心影集四卷　(清)李士麟輯　清同治三年(1864)刻本　一冊

330000－1712－0002032　史 1030　史部/目錄類/書志之屬/提要
直齋書錄解題二十二卷　(宋)陳振孫撰　清光緒九年(1883)江蘇書局刻本　五冊

330000－1712－0002033　子 0130　子部/儒家類/儒學之屬/禮教
弟子箴言十六卷　(清)胡達源撰　清道光十五年(1835)聞妙香軒刻本　四冊

330000－1712－0002034　經 566　經部/四書類/總義之屬/傳說
四書反身錄八卷　(清)李顒撰　清道光十一年(1831)浙江書局刻本　四冊

330000－1712－0002037　子 0142　子部/法家類
韓非子二十卷　(戰國)韓非撰　**韓非子識誤三卷**　(清)顧廣圻撰　清末上海文瑞樓石印本　五冊

330000－1712－0002038　子 0144　子部/法家類
韓非子集解二十卷首一卷　(清)王先慎撰　清光緒二十二年(1896)刻本　六冊

330000－1712－0002039　善 335　子部/道家類
莊子獨見三十三卷　(清)胡文英撰　清乾隆十七年(1752)聚文堂刻本　三冊

330000－1712－0002042　子 0147　子部/道家類
莊子内篇註四卷　(明)釋德清撰　清光緒十四年(1888)金陵刻經處刻本　二冊

330000－1712－0002043　子 0148　子部/宗教類/道教之屬
養真集二卷　養真子撰　(清)王士端注　清同治六年(1867)高平易氏刻本　一冊

330000－1712－0002044　子 0135　子部/雜著類/雜考之屬
校訂困學紀聞集證二十卷　(宋)王應麟撰　(清)閻若璩等箋　(清)萬希槐集證　清嘉慶十八年(1813)掃葉山房刻本　十二冊

330000－1712－0002045　子 0149　子部/宗教類/道教之屬/雜著
悟真篇四註三卷　(宋)薛道光等撰　(清)傅金銓批　清道光五年(1825)刻本　四冊

330000－1712－0002046　子 0138　子部/雜著類/雜考之屬
困學紀聞注二十卷　(清)翁元圻撰　清道光五年(1825)餘姚翁氏守福堂刻本　九冊

330000－1712－0002047　史 1031　史部/政書類/儀制之屬/專志/科舉校規
學校四禮合纂十卷　(清)謝言子輯　清同治二年(1863)復真堂刻本　八冊

330000－1712－0002048　子 0137　子部/雜著類/雜考之屬
困學紀聞注二十卷　(清)翁元圻撰　清道光五年(1825)餘姚翁氏守福堂刻本　十一冊　缺二卷(十九至二十)

330000－1712－0002049　叢 91　類叢部/叢書類/自著之屬
徐氏雜著四種　(清)徐大椿撰　清光緒十九年(1893)上海圖書集成局鉛印本　一冊

330000－1712－0002050　子 0139　子部/雜著類/雜考之屬
校訂困學紀聞集證二十卷　(宋)王應麟撰　(清)閻若璩等箋　(清)萬希槐集證　清咸豐二年(1852)金閶小西山房刻本　十冊

330000－1712－0002051　子 0150　子部/雜著類/雜說之屬
淮南許注異同詁四卷　(清)陶方琦撰　清光緒七年(1881)湘南使院刻本　二冊

330000－1712－0002052　子 0140　子部/雜著類/雜考之屬
校訂困學紀聞集證二十卷　(宋)王應麟撰　(清)閻若璩等箋　(清)萬希槐集證　清咸豐二年(1852)金閶小酉山房刻本　八冊

330000－1712－0002053　經 567　經部/四書類/總義之屬/傳說
四書改錯二十二卷　(清)毛奇齡撰　清嘉慶十六年(1811)金孝柏學圃刻本　四冊

330000－1712－0002056　經 568　集部/別集類/清別集
一鐙精舍甲部稿五卷　(清)何秋濤撰　清光緒五年(1879)淮南書局刻本　一冊

330000－1712－0002057　經 569　經部/群經總義類/傳說之屬
匏瓜錄十卷　(清)芮長恤撰　清光緒十年(1884)毘陵懷永堂惲氏刻本　五冊

330000－1712－0002058　子 0152　子部/醫家類/綜合之屬/合刻、合抄
景岳全書六十四卷　(明)張介賓撰　清刻本　三十二冊

330000－1712－0002059　子 0153　子部/醫家類/綜合之屬/合刻、合抄
景岳全書六十四卷　(明)張介賓撰　清刻本　六冊　存三十五卷(七至十二、十九至三十三、四十八至五十一、五十五至六十四)

330000－1712－0002060　子 0136　子部/雜著類/雜考之屬
困學紀聞五卷　(宋)王應麟撰　(清)閻若璩等箋　(清)萬希槐集證　(清)翁元圻等注
補毛詩補傳一卷　清平湖張氏躬厚堂抄本　八冊

330000－1712－0002061　子 0154　子部/醫家類/綜合之屬/合刻、合抄
景岳全書六十四卷　(明)張介賓撰　清經元堂刻本　三十冊　缺四卷(三十六至三十八、五十一)

330000－1712－0002062　子 0155　子部/醫家類/綜合之屬/通論
御纂醫宗金鑑九十卷首一卷　(清)吳謙等纂修　清刻本　三十七冊　存七十五卷(首、一至七十四)

330000－1712－0002064　史 1032　史部/職官類/官箴之屬
公門修行錄一卷　清同治十二年(1873)永平府刻本　一冊

330000－1712－0002065　子 0158　子部/醫家類/綜合之屬/通論
御纂醫宗金鑑十六卷　(清)吳謙等纂修　清宣統二年(1910)上海章福記書局石印本　四冊

330000－1712－0002066　子 0156　子部/醫家類/綜合之屬/通論
御纂醫宗金鑑九十卷首一卷　(清)吳謙等纂修　清末鉛印本　三冊　存十五卷(一至三、八至十五、六十七至七十)

330000－1712－0002067　子 0157　子部/醫家類/綜合之屬/通論
御纂醫宗金鑑九十卷首一卷　(清)吳謙等纂修　清刻本　二冊　存六卷(八至十三)

330000－1712－0002068　子 0159　子部/醫家類/綜合之屬/通論
御纂醫宗金鑑九十卷首一卷　(清)吳謙等纂修　清刻本　一冊　存二卷(十四至十五)

330000－1712－0002069　子 0164　子部/儒家類/儒學之屬/性理
思問錄二卷　(清)王夫子撰　清抄本　二冊

330000－1712－0002070　子 0160　子部/醫家類/綜合之屬/通論
御纂醫宗金鑑九十卷首一卷　(清)吳謙等纂修　清刻本　四十二冊　缺十三卷(四十八至四十九、八十至九十)

330000－1712－0002071　子 0161　子部/醫家類/綜合之屬/通論

御纂醫宗金鑑三十卷首一卷金鑑外科十卷首一卷　(清)吳謙等纂修　清刻本　四十七册　缺一卷(御纂醫宗金鑑三十)

330000－1712－0002072　子 0165　子部/儒家類/儒學之屬/俗訓

人譜正篇一卷續編二卷人譜類記增訂六卷　(明)劉宗周撰　**子劉子行狀二卷**　(清)黄宗羲撰　清乾隆鄞縣金氏四吉草堂刻道光六年(1826)慈谿葉榮補修本　一册　缺三卷(人譜類記增訂六、子劉子行狀一至二)

330000－1712－0002073　叢 92　類叢部/叢書類/自著之屬

張宣公全集三種　(宋)張栻撰　清道光二十九年(1849)緜邑洗墨池刻本　十三册　缺十七卷(南軒文集三至八、三十二至三十七,南軒先生論語解六至十)

330000－1712－0002074　子 0166　子部/儒家類/儒學之屬/俗訓

人譜正篇一卷續編二卷人譜類記增訂六卷　(明)劉宗周撰　清道光二十四年(1844)綿雅堂刻本　一册

330000－1712－0002075　子 0162　子部/醫家類/綜合之屬/通論

醫宗備要三卷　(清)曾鼎撰　清同治八年(1869)楚北崇文書局刻本　一册

330000－1712－0002076　子 0170　子部/醫家類/綜合之屬

景岳全書發揮四卷　(清)葉桂撰　清光緒五年(1879)吳氏醉六堂刻本　四册

330000－1712－0002077　叢 93　類叢部/叢書類/自著之屬

張宣公全集三種　(宋)張栻撰　清道光二十九年(1849)緜邑洗墨池刻咸豐四年(1854)緜邑南軒祠補刻本　十二册

330000－1712－0002078　子 0168　子部/儒家類/儒學之屬/俗訓

人譜一卷人譜類記二卷　(明)劉宗周撰　清光緒元年(1875)刻本　二册

330000－1712－0002079　子 0167　子部/儒家類/儒學之屬/俗訓

人譜一卷人譜類記二卷　(明)劉宗周撰　清光緒元年(1875)刻本　二册

330000－1712－0002080　子 0169　子部/儒家類/儒學之屬/俗訓

人譜一卷人譜類記二卷　(明)劉宗周撰　清光緒三十年(1904)上海支那新書局石印本　三册

330000－1712－0002081　子 0171　子部/儒家類/儒學之屬

藏拙齋讀本一卷　(清)計兆麟抄　清抄本　一册

330000－1712－0002082　子 0172　子部/儒家類/儒學之屬

詩學入門不分卷　清抄本　一册

330000－1712－0002083　子 0173　子部/雜著類/雜纂之屬

開卷有益一卷　(清)□□輯　稿本　一册

330000－1712－0002084　子 0174　新學/幼學

普通學歌訣一卷　(清)張一鵬撰　清抄本　一册

330000－1712－0002085　子 0191　子部/雜著類/雜說之屬

巖下放言三卷拾遺一卷　(宋)葉夢得撰　清道光二十六年(1846)葉鍾等刻本　一册

330000－1712－0002086　子 0192　子部/儒家類/儒學之屬/性理

冰言十卷補錄十卷　(清)李惺撰　清光緒二十七年(1901)劉鴻業上海刻本　一册

330000－1712－0002087　子 0175　子部/兵家類

草廬經畧十二卷　(明)□□撰　清光緒二十

四年(1898)山西同文正記書局石印本　四册

330000－1712－0002088　子 0198　子部/儒家類/儒學之屬/勸學

輶軒語一卷　(清)張之洞撰　清刻本　一册

330000－1712－0002089　子 0176　子部/兵家類

草廬經畧十二卷　(明)□□撰　清末鉛印本　一册　存二卷(七至八)

330000－1712－0002090　子 0177　子部/醫家類/綜合之屬/通論

古吳童氏重校醫宗必讀十卷　(明)李中梓撰　清光緒三十二年(1906)上海書局石印本　五册

330000－1712－0002091　子 0178　子部/醫家類/綜合之屬/通論

羣玉山房重校醫宗必讀十卷　(明)李中梓撰　清光緒九年(1883)羣玉山房刻本　一册　存二卷(一至二)

330000－1712－0002092　子 0179　子部/醫家類/綜合之屬/通論

古吳童氏重校醫宗必讀十卷　(明)李中梓撰　清末石印本　一册　存三卷(四至六)

330000－1712－0002093　子 0180　子部/醫家類/綜合之屬/通論

羣玉山房重校醫宗必讀十卷　(明)李中梓撰　清羣玉山房刻本　三册　缺四卷(五至八)

330000－1712－0002094　子 0199　子部/儒家類/儒學之屬/勸學

輶軒語一卷　(清)張之洞撰　清末民國初上海文瑞樓石印本　一册

330000－1712－0002095　子 0197　子部/儒家類/儒學之屬/勸學

輶軒語一卷　(清)張之洞撰　清光緒二年(1876)永康胡氏退補齋刻本　一册

330000－1712－0002096　子 0200　子部/儒家類/儒學之屬/勸學

輶軒語一卷　(清)張之洞撰　清光緒四年(1878)葛元煦刻本　二册

330000－1712－0002097　子 0181　子部/醫家類/綜合之屬/通論

詳校醫宗必讀十卷　(明)李中梓撰　清掃葉山房刻本　六册

330000－1712－0002098　子 0182　子部/醫家類/綜合之屬/通論

醫宗必讀十卷　(明)李中梓撰　清刻本　一册　存一卷(四)

330000－1712－0002099　子 0183　子部/醫家類/綜合之屬/通論

醫宗必讀十卷　(明)李中梓撰　清刻本　三册　存六卷(一至四、九至十)

330000－1712－0002100　子 0193　子部/儒家類/儒學之屬/經濟

繹志十九卷　(清)胡承諾撰　清同治十一年(1872)浙江書局刻本　八册

330000－1712－0002101　子 0189　子部/雜家類

譚景昇化書六卷　(五代)譚峭撰　清同治十年(1871)平湖張聞惺抄本　一册

330000－1712－0002102　子 0194　子部/儒家類/儒學之屬/經濟

繹志十九卷　(清)胡承諾撰　清同治十一年(1872)浙江書局刻本　八册

330000－1712－0002103　子 0195　子部/儒家類/儒學之屬/性理

御纂性理精義十二卷　(清)李光地等纂修　清末刻本　四册

330000－1712－0002104　子 0187　子部/宗教類/道教之屬

性命雙修萬神圭旨四卷　清一山房刻本　二册

330000－1712－0002105　子 0196　子部/儒家類/儒學之屬/性理

御纂性理精義十二卷　(清)李光地等纂修　清末刻本　七册　存十卷(一至十)

330000－1712－0002107　子0188　子部/宗教類/道教之屬
性命雙修萬神圭旨四卷　清末錦章書局石印本　一冊　存一卷(二)

330000－1712－0002109　子0202　子部/儒家類/儒學之屬/禮教/女範
狀元閣女四書四卷　(清)王相箋註　清光緒六年(1880)李光明莊刻本　二冊

330000－1712－0002111　子0204　子部/儒家類/儒學之屬/禮教/鑑戒
日省錄三卷補遺一卷　(清)梁文科輯　清光緒十七年(1891)江南榷署強恕齋刻本　一冊

330000－1712－0002113　史1033　史部/政書類/律令之屬/律例
讀律心得三卷蜀僚問答二卷　(清)劉衡撰　**附漁陽山人手鏡一卷**　(清)王士禎撰　**代直隸總督勸諭牧文一卷**　(清)黃輔辰撰　清同治七年(1868)楚北崇文書局刻本　一冊

330000－1712－0002114　子0206　子部/儒家類/儒學之屬/禮教
最樂編六卷　(明)高道淳輯　清同治二年(1863)符離張景賢刻本　一冊

330000－1712－0002116　子0207　子部/儒家類/儒學之屬/禮教
百忍說一卷忍字集說一卷　(明)周初平撰　(清)郁方董注　清同治元年(1862)刻本　一冊

330000－1712－0002117　史1034　史部/政書類/律令之屬/律例
讀律心得三卷蜀僚問答二卷　(清)劉衡撰　**附漁陽山人手鏡一卷**　(清)王士禎撰　**代直隸總督勸諭牧文一卷**　(清)黃輔辰撰　清同治七年(1868)楚北崇文書局刻本　一冊

330000－1712－0002118　子0209　子部/儒家類/儒學之屬/俗訓
家寶初集八卷二集八卷三集八卷四集八卷　(清)石成金撰輯　清刻本　十二冊　存十二卷(初集二至八,四集一至三、七至八)

330000－1712－0002119　集1285　集部/別集類/清別集
二不山房詩四卷　(清)張誠撰　稿本　一冊

330000－1712－0002120　子0184　子部/道家類
道統大成九種十五卷　汪啟濩輯　清光緒二十六年(1900)刻本　十冊

330000－1712－0002121　子0185　子部/兵家類/兵法之屬
紀效新書十八卷首一卷　(明)戚繼光撰　清光緒二十一年(1895)上海醉經樓石印本　四冊

330000－1712－0002122　子0211　子部/儒家類/儒學之屬/性理
呻吟語節錄六卷　(明)呂坤撰　清咸豐六年(1856)長沙江忠濟刻本　一冊

330000－1712－0002123　叢96　類叢部/叢書類/自著之屬
呂子遺書四種　(明)呂坤撰　清道光七年(1827)栗毓美開封府署刻本　二十四冊

330000－1712－0002124　子0212　子部/儒家類/儒學之屬/性理
呻吟語六卷　(明)呂坤撰　清同治七年(1868)永城篤實堂刻本　六冊

330000－1712－0002125　子0218　類叢部/類書類/專類之屬
新鐫校正詳註分類百子金丹全書十卷　(明)郭偉選注　(明)郭中吉編　(明)王星聚校訂　清石印本　一冊　存二卷(三至四)

330000－1712－0002126　經570　經部/四書類/總義之屬/傳說
四書典林三十卷四書古人典林十二卷　(清)江永輯　清光緒八年(1882)奎元堂刻本　十六冊

330000－1712－0002127　經571　經部/四書類/總義之屬/傳說
四書典林三十卷　(清)江永輯　清簡香齋刻本　一冊　存五卷(一至五)

330000－1712－0002128　子 0213　子部/叢編

子書二十三種　(清)浙江書局編　清光緒二十三年(1897)上海圖書集成局鉛印本　三十九冊

330000－1712－0002129　子 0214　子部/儒家類/儒學之屬/勸學

勸學篇二卷　(清)張之洞撰　清光緒二十四年(1898)浙江刻本　一冊

330000－1712－0002130　子 0215　子部/儒家類/儒學之屬/勸學

勸學篇二卷　(清)張之洞撰　清光緒二十四年(1898)吉直隸分巡霸昌道端方刻本　一冊

330000－1712－0002131　子 0216　子部/儒家類/儒學之屬/勸學

勸學篇二卷　(清)張之洞撰　清光緒二十四年(1898)兩湖書院木活字印本　二冊

330000－1712－0002132　子 0210　子部/儒家類/儒學之屬

先儒趙子[復]言行錄二卷　(清)陳廷鈞輯　清同治九年(1870)楚北崇文書局刻本　二冊

330000－1712－0002133　子 0217　子部/儒家類/儒學之屬/俗訓

與人同善錄二卷　(清)李更生撰　清咸豐五年(1855)慈溪馮福基刻本　一冊

330000－1712－0002134　叢 106　類叢部/叢書類/彙編之屬

文林綺繡十種九十六卷　(清)鴻寶齋書局輯　清光緒二十二年(1896)鴻寶齋書局石印本　九冊　存九種

330000－1712－0002135　子 0219　新學/兵制/陸軍

德國陸軍紀略四卷　(清)許景澄撰　清刻本　二冊

330000－1712－0002136　子 0190　子部/術數類/占卜之屬

甘氏奇門一得二卷　(明)甘霖撰　清刻本　二冊

330000－1712－0002137　子 0186　子部/宗教類/道教之屬

天仙正理直論增註二卷　(明)伍守陽撰並注　(明)伍守虛同注　清宣統元年(1909)宏道堂刻本　二冊

330000－1712－0002138　叢 97　類叢部/叢書類/自著之屬

諸葛忠武侯全集五種　(三國蜀)諸葛亮撰　(清)張澍輯　清刻本　三冊

330000－1712－0002141　叢 98　類叢部/叢書類/自著之屬

陸子全書十八種　(清)陸隴其撰　清光緒許仁沐刻本　三十六冊

330000－1712－0002142　叢 99　類叢部/叢書類/自著之屬

陸子全書十八種　(清)陸隴其撰　清光緒許仁沐刻本　三十八冊

330000－1712－0002143　叢 100　類叢部/叢書類/自著之屬

陸子全書十八種　(清)陸隴其撰　清光緒許仁沐刻本　三十六冊

330000－1712－0002144　叢 101　類叢部/叢書類/自著之屬

陸子全書十八種　(清)陸隴其撰　清光緒許仁沐刻本　十冊　存九種

330000－1712－0002145　叢 102　類叢部/叢書類/自著之屬

陸子全書十八種　(清)陸隴其撰　清光緒許仁沐刻本　二冊　存一種

330000－1712－0002146　叢 103　類叢部/叢書類/自著之屬

陸子全書十八種　(清)陸隴其撰　清光緒許仁沐刻本　十六冊　存五種

330000－1712－0002147　叢 104　類叢部/叢書類/自著之屬

陸子全書十八種　(清)陸隴其撰　清光緒許仁沐刻本　三十六冊

330000－1712－0002148　子 0222　子部/儒家類/儒學之屬/禮教

陸清獻公治嘉格言一卷　（清）陸隴其撰　清同治七年(1868)上海道署刻本　清張毓達題跋　一册

330000－1712－0002149　子 0223　子部/儒家類/儒學之屬/禮教

陸清獻公治嘉格言一卷　（清）陸隴其撰　清同治七年(1868)上海道署刻本　一册

330000－1712－0002150　叢 105　類叢部/叢書類/自著之屬

陸子全書十八種　（清）陸隴其撰　清光緒許仁沐刻本　三十六册

330000－1712－0002151　子 0225　子部/儒家類/儒學之屬/性理

松陽鈔存二卷　（清）陸隴其撰　清同治十三年(1874)湖南省城書局刻本　一册

330000－1712－0002152　叢 107　類叢部/叢書類/彙編之屬

當歸草堂叢書八種　（清）丁丙編　清同治二年至五年(1863－1866)錢塘丁氏刻本　四册　存三種

330000－1712－0002153　子 0224　子部/儒家類/儒學之屬/俗訓

陸清獻公宰嘉訓俗一卷　（清）陸隴其撰　清光緒十年(1884)涂宗瀛六安求我齋刻本　一册

330000－1712－0002154　經 572　經部/三禮總義類/通論之屬

讀禮志疑不分卷　（清）陸隴其撰　清嘉慶二十一年(1816)華亭張應時刻本　一册

330000－1712－0002155　經 573　經部/三禮總義類/通論之屬

讀禮志疑不分卷　（清）陸隴其撰　清嘉慶二十一年(1816)華亭張應時刻本　一册

330000－1712－0002156　子 0226　子部/雜著類/雜纂之屬

雜抄不分卷　清抄本　二册

330000－1712－0002157　子 0227　子部/天文曆算類/天文之屬

管窺輯要八十卷　（清）黄鼎撰　清刻本　三十二册

330000－1712－0002158　子 0228　子部/儒家類/儒學之屬/禮教/女範

節孝圖説一卷　清光緒十三年(1887)止敬堂刻本　徐鑑鵬題簽　一册

330000－1712－0002159　子 0229　史部/傳記類/總傳之屬

聖諭像解二十卷　（清）梁延年撰　清末北洋官報局石印本　四册　存九卷(六至七、十至十六)

330000－1712－0002160　子 0230　子部/雜著類/雜説之屬

求己録三卷　陶葆廉編　清光緒二十七年(1901)志强書舍石印本　三册

330000－1712－0002161　子 0231　子部/儒家類/儒學之屬/性理

漢學商兑三卷　（清）方東樹撰　清光緒二十六年(1900)浙江書局刻本　四册

330000－1712－0002166　子 0236　子部/道家類

老子章義二卷　（清）姚鼐撰　清同治九年(1870)桐城吴氏邗上刻本　一册

330000－1712－0002170　子 0241　子部/道家類

莊子集解八卷　王先謙撰　清宣統元年(1909)上海掃葉山房石印本　四册

330000－1712－0002172　子 0243　子部/儒家類/儒學之屬/禮教/家訓

先正格言十卷　（清）陳鑾輯　清道光十六年(1836)江夏陳氏刻本　三册　缺二卷(六至七)

330000－1712－0002173　子 0244　子部/儒家類/儒學之屬/勸學

國朝先正學規彙鈔不分卷　（清）黄舒昺輯　清同治七年(1868)湘潭紹濂書屋刻本　二册

330000－1712－0002174　子0245　子部/儒家類/儒學之屬/勸學

先正遺規四卷　（清）汪正輯　清光緒十九年（1893）浙江書局刻本　一册　存二卷（一至二）

330000－1712－0002175　子0246　子部/儒家類/儒學之屬/性理

上蔡先生語録三卷　（宋）謝良佐撰　（宋）朱熹輯　（清）張伯行重訂　清道光古歙洪錫謙刻本　一册

330000－1712－0002176　子0254　子部/雜著類/雜纂之屬

平湖躬厚堂隨筆不分卷　清抄本　一册

330000－1712－0002177　子0255　子部/儒家類/儒學之屬

張熙河子一卷　（清）張誠撰　清抄本　一册

330000－1712－0002178　子0256　子部/儒家類/儒學之屬

古文一卷　清光緒稿本　一册

330000－1712－0002179　子0247　子部/儒家類/儒學之屬/禮教

教學五書十二卷　（清）繆元益輯　清刻本　二册　存三種

330000－1712－0002180　子0257　子部/雜著類/雜纂之屬

弗典一卷東土展武方言一卷　（清）張誠撰　清抄本　一册

330000－1712－0002181　子0259　子部/儒家類/儒學之屬/性理

居敬録三卷　清抄本　一册

330000－1712－0002182　史1035　史部/傳記類/總傳之屬/通代

學統五十六卷　（清）熊賜履編　清退補齋刻本　十六册

330000－1712－0002184　子0258　子部/儒家類/儒學之屬/性理

胡敬齋先生居業録十二卷　（明）胡居仁撰　清刻本　四册

330000－1712－0002186　子0248　子部/雜著類/雜考之屬

灤源問答十二卷　（清）沈可培撰　清嘉慶二十年（1815）嘉興沈銘彝雪浪齋刻道光七年（1827）重印本　四册

330000－1712－0002187　子0260　類叢部/類書類/通類之屬

典匯十二卷　（清）藜青閣主人輯　清光緒十二年（1886）上海點石齋石印本　三册　缺六卷（三至八）

330000－1712－0002188　子0249　子部/雜著類/雜考之屬

灤源問答十二卷　（清）沈可培撰　清嘉慶二十年（1815）嘉興沈銘彝雪浪齋刻道光七年（1827）重印本　六册

330000－1712－0002190　子0250　子部/雜著類/雜考之屬

灤源問答十二卷　（清）沈可培撰　清嘉慶二十年（1815）嘉興沈銘彝雪浪齋刻道光七年（1827）重印本　六册

330000－1712－0002191　子0253　子部/雜著類/雜考之屬

十駕齋養新録二十卷餘録三卷　（清）錢大昕撰　**錢辛楣先生年譜一卷**　（清）錢大昕編　（清）錢慶曾校註　**竹汀居士年譜續編一卷**　（清）錢慶曾撰　清光緒二年（1876）浙江書局刻本　八册

330000－1712－0002192　子0252　類叢部/類書類/自著之屬

潛研堂全書十六種　（清）錢大昕撰　清乾隆至嘉慶刻本　六册　存一種

330000－1712－0002194　史1036　史部/傳記類/别傳之屬

贈翰林院編修國子監生沈公［翼鵬］墓誌銘一卷拔貢生謝君［沂］行狀一卷書王文恪公墨蹟後一卷　清抄本　一册

330000－1712－0002196　子 0264　子部/醫家類/類編之屬

保赤彙編七種　(清)朱之榛編　清光緒五年(1879)蘇州刻本　四册

330000－1712－0002197　子 0265　子部/醫家類/類編之屬

保赤彙編七種　(清)朱之榛編　清光緒五年(1879)蘇州刻本　一册　存四種

330000－1712－0002198　子 0266　子部/術數類/數學之屬

皇極經世緒言九卷首二卷　(宋)邵雍撰　(明)黄畿注　(清)劉斯組輯　(清)包耀復增圖注　清嘉慶四年(1799)錢塘徐樹堂刻本　八册

330000－1712－0002199　經 574　經部/儀禮類/傳說之屬

儀禮十七卷　(漢)鄭玄注　**附校録一卷續校一卷**　(清)黄丕烈撰　清同治九年(1870)楚北崇文書局刻本　二册

330000－1712－0002200　經 575　經部/儀禮類/傳說之屬

儀禮十七卷　(漢)鄭玄注　**附校録一卷續校一卷**　(清)黄丕烈撰　清同治九年(1870)楚北崇文書局刻本　二册

330000－1712－0002201　經 576　經部/儀禮類/傳說之屬

儀禮十七卷　(漢)鄭玄注　**附校録一卷續校一卷**　(清)黄丕烈撰　清同治九年(1870)楚北崇文書局刻本　二册

330000－1712－0002202　子 0325　子部/醫家類/本草之屬/歷代綜合本草

本草綱目五十二卷附圖三卷　(明)李時珍撰　**本草綱目拾遺十卷**　(清)趙學敏輯　**本草萬方鍼線八卷**　(清)蔡烈先輯　清光緒三十四年(1908)上海集成圖書公司石印本　一册　存三卷(附圖一至三)

330000－1712－0002203　子 0267　子部/醫家類/醫理之屬/病源病機

重刊巢氏諸病源候總論五十卷　(隋)巢元方撰　清光緒元年(1875)湖北崇文書局刻十二年(1886)湖北官書處印本　八册

330000－1712－0002204　子 0268　子部/醫家類/類編之屬

六科證治準繩　(明)王肯堂撰　清光緒十八年(1892)上海圖書集成印書局鉛印本　二十册　存三種

330000－1712－0002205　子 0275　子部/醫家類/類編之屬

沈氏尊生書五種　(清)沈金鰲撰輯　清同治十三年(1874)湖北崇文書局刻本　二十六册

330000－1712－0002206　子 0271　子部/醫家類/類編之屬

韓園醫學六種　(清)潘霨編　清光緒九年至十年(1883－1884)江西書局刻本　十二册

330000－1712－0002208　善 512　類叢部/叢書類/彙編之屬

廣漢魏叢書　(明)何允中編　明刻本　一册　存一種六卷(說苑十五至二十)

330000－1712－0002210　子 0272　子部/醫家類/類編之屬

黄氏醫書八種　(清)黄元御撰　清刻本　二册　存一種

330000－1712－0002211　子 0277　子部/醫家類/類編之屬

徐氏醫書八種　(清)徐大椿撰　清光緒十九年(1893)上海圖書集成印書局鉛印本　奚可階批點　八册

330000－1712－0002212　子 0276　子部/醫家類/類編之屬

徐氏醫書八種　(清)徐大椿撰　清光緒十七年至十八年(1891－1892)湖北官書局刻本　十二册

330000－1712－0002213　子 0278　子部/醫家類/類編之屬

張氏醫書七種　(清)張璐等撰　清光緒三十三年(1907)上海書局石印本　十三册　存

三種

330000－1712－0002214　子0299　子部/醫家類/溫病之屬/瘧痢

痢疾三方一卷　(清)倪宗賢撰　清光緒八年(1882)耒陽縣署刻本　一册

330000－1712－0002215　子0279　子部/醫家類/類編之屬

醫林指月十二種　(清)王琦編　清光緒二十二年(1896)上海圖書集成印書局鉛印本　九册

330000－1712－0002216　子0300　子部/醫家類/溫病之屬/瘧痢

痢疾三方一卷　(清)倪宗賢撰　清光緒八年(1882)耒陽縣署刻本　一册

330000－1712－0002217　子0301　子部/醫家類/溫病之屬/瘧痢

痢疾三方一卷　(清)倪宗賢撰　清光緒八年(1882)耒陽縣署刻本　一册

330000－1712－0002218　子0302　子部/醫家類/溫病之屬/瘧痢

痢疾三方一卷　(清)倪宗賢撰　清光緒八年(1882)耒陽縣署刻本　一册

330000－1712－0002219　子0303　子部/醫家類/溫病之屬/瘧痢

痢疾三方一卷　(清)倪宗賢撰　清光緒八年(1882)耒陽縣署刻本　一册

330000－1712－0002220　子0280　子部/醫家類/類編之屬

醫林指月十二種　(清)王琦編　清光緒二十二年(1896)上海圖書集成印書局鉛印本　三册　存八種

330000－1712－0002222　子0305　子部/醫家類/方書之屬/單方驗方

集驗良方拔萃二卷癸卯年續補集驗拔萃良方一卷　(清)恬素氏輯　清咸豐九年(1859)寄漚氏刻本　一册

330000－1712－0002224　子0282　子部/醫家類/醫案之屬

臨證指南醫案十卷種福堂公選溫熱論醫案四卷　(清)葉桂撰　(清)徐大椿評　清道光二十四年(1844)蘇州經鉏堂刻朱墨套印本　十二册

330000－1712－0002225　子0283　子部/醫家類/醫案之屬

臨證指南醫案十卷種福堂公選溫熱論醫案四卷　(清)葉桂撰　(清)徐大椿評　清光緒二十二年(1896)寶善書局石印本　六册

330000－1712－0002227　子0284　子部/醫家類/醫案之屬

臨證指南醫案十卷種福堂公選溫熱論醫案四卷　(清)葉桂撰　(清)徐大椿評　清吳門五雲樓書坊刻本　十二册

330000－1712－0002228　子0289　子部/醫家類/傷寒金匱之屬/金匱要略

金匱心典三卷　(清)尤怡撰　清光緒七年(1881)崇德書院刻本　四册

330000－1712－0002229　子0290　子部/醫家類/傷寒金匱之屬/金匱要略

金匱心典三卷　(清)尤怡撰　清光緒七年(1881)崇德書院刻本　三册

330000－1712－0002230　子0291　子部/醫家類/傷寒金匱之屬/金匱要略

金匱心典三卷　(清)尤怡撰　清光緒七年(1881)崇德書院刻本　三册

330000－1712－0002231　子0292　子部/醫家類/綜合之屬/通論

醫醇賸義四卷醫方論四卷　(清)費伯雄撰　清光緒十四年(1888)上洋掃葉山房刻本　五册　缺一卷(醫醇賸義四)

330000－1712－0002232　子0293　子部/醫家類/綜合之屬/通論

醫醇賸義四卷醫方論四卷　(清)費伯雄撰　清光緒十四年(1888)上洋掃葉山房刻本　一册　存二卷(醫方論一至二)

330000－1712－0002233　子0285　子部/醫

家類/醫案之屬
臨證指南醫案十卷 (清)葉桂撰 (清)徐大椿評 清光緒十年(1884)掃葉山房刻朱墨套印本 十冊

330000－1712－0002234 子0294 子部/醫家類/綜合之屬/通論
醫醇賸義四卷醫方論四卷 (清)費伯雄撰 清光緒三年(1877)刻本 三冊 缺三卷(醫醇賸義二至四)

330000－1712－0002235 子0295 子部/醫家類/溫病之屬/其他溫疫病證
溫病條辨六卷首一卷 (清)吳瑭撰 清上海文淵山房刻本 六冊

330000－1712－0002236 子0286 子部/醫家類/醫案之屬
臨證指南醫案十卷種福堂公選溫熱論醫案四卷 (清)葉桂撰 (清)徐大椿評 清光緒十八年(1892)上海圖書集成印書局鉛印本 五冊 存六卷(一、五、七至八,種福堂公選溫熱論醫案三至四)

330000－1712－0002237 子0287 子部/醫家類/醫案之屬
臨證指南醫案十卷種福堂公選溫熱論醫案四卷 (清)葉桂撰 (清)徐大椿評 清刻本 二冊 缺十卷(一至十)

330000－1712－0002238 子0296 子部/醫家類/溫病之屬/其他溫疫病證
問心堂溫病條辨六卷首一卷 (清)吳瑭撰 清刻本 三冊 存四卷(一、三至五)

330000－1712－0002239 叢109 類叢部/叢書類/彙編之屬
增訂漢魏叢書八十六種 (清)王謨編 清乾隆五十六年(1791)金谿王氏刻本 七十八冊 存八十四種

330000－1712－0002240 子0297 子部/醫家類/溫病之屬/其他溫疫病證
溫病條辨六卷首一卷 (清)吳瑭撰 清光緒二十五年(1899)曲江書屋石印本 一冊

330000－1712－0002241 子0298 子部/醫家類/溫病之屬/其他溫疫病證
溫病條辨六卷首一卷 (清)吳瑭撰 清光緒十九年(1893)上海圖書集成印書局鉛印本 一冊 存二卷(首、一)

330000－1712－0002244 子0314 子部/醫家類/本草之屬/歷代綜合本草
本草述三十二卷首一卷 (清)劉若金撰 清嘉慶十五年(1810)武進薛氏還讀山房刻光緒二年(1876)姑蘇來青閣印本 二十九冊

330000－1712－0002246 子0308 子部/醫家類/本草之屬/歷代綜合本草
本草備要八卷醫方集解二十三卷 (清)汪昂撰 清光緒十三年(1887)鴻文書局石印本 五冊

330000－1712－0002248 子0310 子部/醫家類/外科之屬/外科方
外科正宗全部湯頭一卷 清抄本 一冊

330000－1712－0002249 子0311 子部/醫家類/類編之屬
徐氏醫書六種 (清)徐大椿撰 清雍正五年至乾隆二十二年(1727－1757)半松齋刻本 六冊 存四種

330000－1712－0002250 子0334 子部/宗教類/道教之屬
周易參同契發揮三卷釋疑一卷 (元)俞琰撰 清同治十年(1871)錢江王氏詒燕堂刻本 三冊

330000－1712－0002251 子0335 子部/醫家類/醫經之屬/内經
素問靈樞類纂約註三卷 (清)汪昂撰 清同治十年(1871)掃葉山房刻本 三冊

330000－1712－0002252 子0315 子部/醫家類/類編之屬
徐氏醫書八種 (清)徐大椿撰 清刻本 一冊 存一種

330000－1712－0002253 子0336 子部/醫

家類/醫經之屬/内經

黄帝内經素問集注九卷黄帝内經靈樞集注九卷 （清）張志聰撰　清光緒十六年（1890）浙江書局刻本　十四册

330000－1712－0002254　子0316　子部/醫家類/本草之屬/神農本草經

本草三家合註六卷 （清）郭汝驄撰　**神農本草經百種録一卷** （清）徐大椿撰　清兩儀堂刻本　七册

330000－1712－0002255　子0337　子部/醫家類/醫經之屬/内經

黄帝内經素問註證發微九卷補遺一卷靈樞註證發微九卷 （明）馬蒔撰　清光緒大文堂刻本　二十册

330000－1712－0002256　子0338　子部/醫家類/醫經之屬/内經

黄帝内經素問九卷 （清）高世栻注　清光緒十三年（1887）浙江書局刻本　八册

330000－1712－0002257　子0317　子部/醫家類/本草之屬/神農本草經

本草三家合註六卷 （清）郭汝驄撰　**神農本草經百種録一卷** （清）徐大椿撰　清兩儀堂刻本　六册　缺一卷（神農本草經百種録）

330000－1712－0002258　子0339　子部/醫家類/醫話醫論之屬

片石居瘍科治法輯要二卷 （清）沈志裕撰　清光緒十九年（1893）平湖刻本　一册

330000－1712－0002259　子0340　子部/醫家類/醫話醫論之屬

片石居瘍科治法輯要二卷 （清）沈志裕撰　清光緒十九年（1893）平湖刻本　一册

330000－1712－0002260　叢110　類叢部/叢書類/彙編之屬

增訂漢魏叢書九十六種 （清）王謨編　清末石印本　七册　存三十二種

330000－1712－0002261　子0318　子部/醫家類/本草之屬/歷代綜合本草

本草從新十八卷 （清）吳儀洛輯　清光緒六年（1880）上海校經山房刻本　六册

330000－1712－0002262　子0344　子部/醫家類/類編之屬

張氏醫書七種 （清）張璐等撰　清刻本　三册　存二種

330000－1712－0002263　叢111　類叢部/叢書類/彙編之屬

增訂漢魏叢書八十六種 （清）王謨編　清刻本　一册　存三種

330000－1712－0002264　子0345　子部/醫家類/傷寒金匱之屬/傷寒論

傷寒來蘇集三種 （清）柯琴撰　清金閶緑慎堂刻本　六册　存二種

330000－1712－0002265　子0319　子部/醫家類/本草之屬/歷代綜合本草

本草從新十八卷 （清）吳儀洛輯　清道光二十六年（1846）瓶花書屋刻同治九年（1870）印本　六册

330000－1712－0002266　叢112　類叢部/叢書類/彙編之屬

廣漢魏叢書 （明）何允中編　清嘉慶刻本　二册　存五種

330000－1712－0002267　子0346　子部/醫家類/傷寒金匱之屬/傷寒論

傷寒來蘇集三種 （清）柯琴撰　清金閶緑慎堂刻本　六册　存二種

330000－1712－0002268　子0320　子部/醫家類/本草之屬/歷代綜合本草

本草從新十八卷 （清）吳儀洛輯　清道光二十六年（1846）瓶花書屋刻同治九年（1870）印本　一册　存三卷（十六至十八）

330000－1712－0002269　子0321　子部/醫家類/類編之屬

吴氏醫學述□□種 （清）吳儀洛輯　清刻本　五册　存一種

330000－1712－0002270　子0349　子部/醫家類/傷寒金匱之屬/傷寒論

注解傷寒論十卷圖解運氣圖一卷 (漢)張機撰 (晉)王叔和輯 (金)成無己注 **傷寒明理論四卷** (金)成無己撰 清光緒六年(1880)掃葉山房刻本 三冊

330000-1712-0002271 子0341 子部/醫家類

吳醫彙講十一卷 (清)唐大烈輯 清乾隆五十七年(1792)刻嘉慶十九年(1814)唐慶耆印本 二冊 存五卷(一至五)

330000-1712-0002272 子0327 子部/醫家類/類編之屬

吳氏醫學述□□種 (清)吳儀洛輯 清刻本 四冊 存一種

330000-1712-0002273 子0348 子部/醫家類/傷寒金匱之屬/傷寒論

注解傷寒論十卷圖解運氣圖一卷 (漢)張機撰 (晉)王叔和輯 (金)成無己注 **傷寒明理論四卷** (金)成無己撰 清光緒二十二年(1896)湖南書局刻本 六冊

330000-1712-0002274 子0342 子部/醫家類

吳醫彙講十一卷 (清)唐大烈輯 清嘉慶元年(1796)刻本 四冊

330000-1712-0002275 子0326 子部/醫家類/類編之屬

吳氏醫學述□□種 (清)吳儀洛輯 清刻本 四冊 存一種

330000-1712-0002276 子0343 子部/醫家類

吳醫彙講十一卷 (清)唐大烈輯 清宣統二年(1910)上海掃葉山房石印本 二冊

330000-1712-0002277 子0328 子部/醫家類/類編之屬

吳氏醫學述□□種 (清)吳儀洛輯 清刻本 一冊 存一種

330000-1712-0002278 子0347 子部/醫家類/傷寒金匱之屬/傷寒論

注解傷寒論十卷圖解運氣圖一卷 (漢)張機撰 (晉)王叔和輯 (金)成無己注 **傷寒明理論四卷** (金)成無己撰 清同治九年(1870)常郡雙白燕堂陸氏刻本 四冊

330000-1712-0002280 善512 類叢部/叢書類/彙編之屬

廣漢魏叢書 (明)何允中編 明刻本 二冊 存一種

330000-1712-0002281 子0351 子部/醫家類/類編之屬

吳氏醫學述□□種 (清)吳儀洛輯 清乾隆三十一年(1766)硤川利濟堂刻本 七冊 存一種

330000-1712-0002282 子0322 子部/醫家類/本草之屬/歷代綜合本草

本草從新十八卷 (清)吳儀洛輯 清末石印本 四冊

330000-1712-0002283 子0350 子部/醫家類/傷寒金匱之屬/傷寒論

張仲景傷寒論貫珠集八卷 (清)尤怡輯註 清蘇州綠潤堂刻本 四冊

330000-1712-0002286 子0330 子部/醫家類/本草之屬/歷代綜合本草

本草綱目五十二卷圖三卷 (明)李時珍撰 **本草綱目拾遺十卷** (清)趙學敏輯 **本草萬方鍼線八卷** (清)蔡烈先輯 清光緒十九年(1893)鴻寶齋石印本 九冊 存四十八卷(四至八、十六至四十九,圖一,萬方鍼線一至八)

330000-1712-0002288 子0329 子部/醫家類/本草之屬/歷代綜合本草

本草綱目五十二卷圖三卷 (明)李時珍撰 **本草綱目拾遺十卷** (清)趙學敏輯 **本草萬方鍼線八卷** (清)蔡烈先輯 清芥子園刻本 十九冊 存二十三卷(一至十二、圖一至三,萬方鍼線一至八)

330000-1712-0002289 子0331 子部/醫家類/本草之屬/歷代綜合本草

本草綱目五十二卷圖不分卷 (明)李時珍撰

本草綱目拾遺十卷 (清)趙學敏輯 **本草萬方鍼線八卷** (清)蔡烈先輯 清宣統元年(1909)上海經香閣石印本 二册 存三卷(一至三)

330000－1712－0002291 子0332 子部/醫家類/本草之屬/歷代綜合本草
本草綱目五十二卷圖不分卷 (明)李時珍撰 **本草綱目拾遺十卷** (清)趙學敏輯 **本草萬方鍼線八卷** (清)蔡烈先輯 清宣統元年(1909)上海經香閣石印本 十二册

330000－1712－0002294 子0324 子部/醫家類/本草之屬/歷代綜合本草
本草綱目五十二卷首二卷圖三卷 (明)李時珍撰 **本草萬方鍼線八卷** (清)蔡烈先輯 **本草綱目拾遺十卷** (清)趙學敏輯 清光緒上海錦章圖書局石印本 二十四册

330000－1712－0002295 善38 子部/醫家類/方書之屬/歷代方書
唐王燾先生外臺秘要方四十卷 (唐)王燾撰 明崇禎十三年(1640)程氏經餘居刻本 十五册 存十八卷(二十三至四十)

330000－1712－0002296 子0357 子部/醫家類/方書之屬/歷代方書
唐王燾先生外臺秘要方四十卷 (唐)王燾撰 清光緒二十四年(1898)上海圖書集成印書局鉛印本 十五册 缺二卷(六至七)

330000－1712－0002297 子0358 子部/醫家類/方書之屬/歷代方書
唐王燾先生外臺秘要方四十卷 (唐)王燾撰 清光緒二十四年(1898)上海圖書集成印書局鉛印本 十五册 缺三卷(八至十)

330000－1712－0002298 子0359 子部/醫家類/方書之屬/歷代方書
唐王燾先生外臺秘要方四十卷 (唐)王燾撰 清光緒二十四年(1898)上海圖書集成印書局鉛印本 一册 存二卷(一至二)

330000－1712－0002299 子0356 子部/醫家類/類編之屬
東垣十書附二種 清刻本 七册 存七種

330000－1712－0002300 子0360 子部/醫家類/類編之屬
東垣十書附二種 清刻本 二册 存二種

330000－1712－0002301 子0401 子部/醫家類/綜合之屬/通論
醫門法律六卷 (清)喻昌撰 清步月樓刻本 四册

330000－1712－0002302 子0361 子部/醫家類/類編之屬
東垣十書附二種 清刻本 一册 存一種

330000－1712－0002304 子0365 子部/醫家類/婦科之屬/產科
達生編二卷廣達生編一卷 (清)亟齋居士撰 (清)南方恒人述 清同治八年(1869)姑蘇得見齋刻本 一册

330000－1712－0002305 子0366 子部/醫家類/婦科之屬/產科
達生編二卷稀痘編一卷保嬰編一卷 (清)亟齋居士撰 清刻本 攀香沈子題記 一册

330000－1712－0002306 子0270 子部/醫家類/方書之屬
不知醫必要四卷 (清)梁廉夫撰 清光緒二十六年(1900)武陵章氏刻本 二册 存二卷(一、四)

330000－1712－0002308 子0383 子部/醫家類/類編之屬
陳修園醫書四十八種 (清)陳念祖等撰 清光緒三十二年(1906)吳閶醫學書會石印本 十六册 存十九種

330000－1712－0002309 子0374 子部/醫家類/溫病之屬/其他溫疫病證
溫熱經緯五卷 (清)王士雄撰 清同治十三年(1874)湖北崇文書局刻本 四册

330000－1712－0002310　子 0375　子部/醫家類/醫經之屬/内經

類經三十二卷　(明)張介賓類注　**類經圖翼十一卷附翼四卷**　(明)張介賓撰　明刻本　三冊　存四卷(類經十四、十九,圖翼五至六)

330000－1712－0002311　子 0384　子部/醫家類/類編之屬

陳修園醫書四十種　(清)陳念祖等撰　清末石印本　十三冊　存二十二種

330000－1712－0002313　子 0389　子部/醫家類/類編之屬

潛齋醫書五種　(清)王士雄撰　清光緒三十年(1904)石印本　八冊

330000－1712－0002314　子 0377　子部/醫家類/綜合之屬/通論

醫說十卷　(宋)張杲撰　**續醫說十卷**　(明)俞弁撰　清宣統三年(1911)上海文明書局鉛印本　六冊

330000－1712－0002315　子 0390　子部/醫家類/類編之屬

潛齋醫書五種　(清)王士雄撰　清光緒三十年(1904)石印本　三冊　存二種

330000－1712－0002316　子 0391　子部/醫家類/類編之屬

潛齋醫書五種　(清)王士雄撰　清光緒二十二年(1896)上海圖書集成局鉛印本　三冊　存三種

330000－1712－0002317　子 0385　子部/醫家類/類編之屬

陳修園醫書二十一種　(清)陳念祖等撰　清光緒十八年(1892)上海圖書集成印書局鉛印本　八冊　存十二種

330000－1712－0002318　子 0368　子部/醫家類/診法之屬/脈經脈訣

圖註脈訣辨真四卷脈訣附方一卷　題(晉)王叔和撰　(明)張世賢注　清末掃葉山房刻本　二冊　缺一卷(脈訣附方)

330000－1712－0002320　子 0396　子部/醫家類/溫病之屬/痧症

吊腳痧方論一卷　(清)徐子默撰　清光緒九年(1883)信述堂刻本　一冊

330000－1712－0002321　子 0367　子部/醫家類/診法之屬/脈經脈訣

圖註脈訣辨真四卷脈訣附方一卷　題(晉)王叔和撰　(明)張世賢注　清刻本　一冊　缺二卷(一至二)

330000－1712－0002322　子 0386　子部/醫家類/類編之屬

陳修園醫書二十一種　(清)陳念祖等撰　清光緒十八年(1892)上海圖書集成印書局鉛印本　六冊　存六種

330000－1712－0002323　子 0369　子部/醫家類/溫病之屬/瘟疫

瘟疫條辨摘要不分卷　(清)呂田輯　清光緒十五年(1889)浙江書局刻本　一冊

330000－1712－0002324　子 0370　子部/醫家類/溫病之屬/瘟疫

瘟疫條辨摘要不分卷　(清)呂田輯　清刻本　一冊

330000－1712－0002325　子 0333　子部/醫家類/方書之屬/歷代方書

醫方集解二十三卷本草備要八卷　(清)汪昂撰　清末鉛印本　二冊　存十三卷(醫方集解十一至二十三)

330000－1712－0002326　子 0395　子部/醫家類/醫案之屬

三家醫案合刻　(清)吳金壽編　清掃葉山房刻本　二冊

330000－1712－0002327　子 0387　子部/醫家類/類編之屬

陳修園醫書二十一種　(清)陳念祖等撰　清光緒二十七年(1901)上海圖書集成局鉛印本　一冊　存二種

330000－1712－0002328　子 0394　子部/醫家類/傷寒金匱之屬

醫效秘傳三卷　(清)葉桂撰　清道光十一年

(1831)貯春仙館吳氏刻本　三册

330000－1712－0002329　子 0371　子部/醫家類/醫理之屬/綜合

醫林改錯二卷　(清)王清任撰　清光緒十五年(1889)掃葉山房刻本　二册

330000－1712－0002330　子 0397　子部/醫家類/綜合之屬/通論

儒門事親十五卷　(金)張從正撰　清宣統二年(1910)石印本　六册

330000－1712－0002331　子 0388　子部/醫家類/類編之屬

陳修園醫書二十八種　(清)陳念祖等撰　清末石印本　一册　存一種

330000－1712－0002332　子 0372　子部/醫家類/醫理之屬/綜合

醫林改錯一卷　(清)王清任撰　清光緒三十年(1904)上海飛鴻閣石印本　一册

330000－1712－0002333　子 0313　子部/醫家類/類編之屬

白嶽盦雜綴醫書五種　(清)余楙撰　清末趙翰香居鉛印本　一册　存三種

330000－1712－0002334　子 0378　子部/醫家類/綜合之屬/通論

扁鵲心書三卷首一卷神方一卷　(宋)竇材輯　清末上海千頃堂書局石印本　二册

330000－1712－0002338　子 0382　子部/醫家類/類編之屬

張氏醫書七種　(清)張璐等撰　清光緒三十三年(1907)上海書局石印本　一册　存二種

330000－1712－0002341　子 0392　子部/醫家類/醫案之屬

名醫類案十二卷　(明)江瓘輯　**續名醫類案三十六卷**　(清)魏之琇編　清宣統元年(1909)上海書局石印本　二十册

330000－1712－0002342　子 0400　子部/醫家類/婦科之屬/通論

女科經綸八卷　(清)蕭壎撰　清光緒十六年(1890)掃葉山房刻本　四册

330000－1712－0002343　子 0409　子部/醫家類/傷寒金匱之屬/金匱要略

金匱玉函經二註二十二卷補方一卷　(宋)趙以德(趙良仁)衍義　(清)周揚俊補注　**十藥神書一卷**　(元)葛乾孫撰　清同治二年(1863)刻本　六册

330000－1712－0002345　子 0410　子部/醫家類/類編之屬

當歸草堂醫學叢書初編十二種　(清)丁丙編　清光緒四年(1878)錢塘丁氏當歸草堂刻九年至十年(1883－1884)增刻本　十二册

330000－1712－0002346　子 0412　子部/醫家類/本草之屬/歷代綜合本草

珍珠囊指掌補遺藥性賦四卷　(金)李杲輯　**雷公炮製藥性解六卷**　(明)李中梓輯　清刻本　一册　存三卷(雷公炮製藥性解一至三)

330000－1712－0002347　子 0413　子部/醫家類/本草之屬/歷代綜合本草

珍珠囊指掌補遺藥性賦四卷　(金)李杲輯　**雷公炮製藥性解六卷**　(明)李中梓輯　清羣玉山房刻本　三册　存六卷(雷公炮製藥性解一至六)

330000－1712－0002348　子 0414　子部/醫家類/本草之屬/歷代綜合本草

珍珠囊指掌補遺藥性賦四卷　(金)李杲輯　**雷公炮製藥性解六卷**　(明)李中梓輯　清光緒六年(1880)姑蘇綠潤堂刻本　四册

330000－1712－0002351　子 0415　子部/醫家類/本草之屬/歷代綜合本草

珍珠囊指掌補遺藥性賦四卷　(金)李杲輯　**雷公炮製藥性解六卷**　(明)李中梓輯　清光緒三十四年(1908)蘇州振新書社石印本　二册

330000－1712－0002352　子 0373　子部/醫家類/類編之屬

喻氏醫書三種　(清)喻昌撰　清光緒上海掃葉山房石印本　六册

330000－1712－0002353　子 0398　子部/醫家類/類編之屬
醫門棒喝二種　(清)章楠撰　清宣統元年(1909)蠡城三友益齋石印本　十冊

330000－1712－0002356　子 0404　子部/醫家類/外科之屬
王洪緒先生外科證治全生不分卷　(清)王維德撰　**金瘡鐵扇散藥方一卷**　(清)盧福堯(清)沈大潤撰　清咸豐十一年(1861)武昌節署刻本　一冊

330000－1712－0002357　子 0405　子部/醫家類/外科之屬/外科方
外科症治全生集四卷　(清)王維德撰　清光緒十年(1884)潘敏德堂刻本　二冊

330000－1712－0002358　子 0406　子部/醫家類/外科之屬
王洪緒先生外科證治全生不分卷　(清)王維德撰　**金瘡鐵扇散藥方一卷**　(清)盧福堯(清)沈大潤撰　清同治十一年(1872)鉛印本　一冊

330000－1712－0002359　子 0269　子部/醫家類/醫案之屬
三家醫案合刻　(清)吳金壽編　清光緒二十七年(1901)上海漢讀樓石印本　一冊

330000－1712－0002360　子 0407　子部/醫家類/外科之屬/外科方
外科正宗十二卷　(明)陳實功撰　(清)徐大椿評　清末上海錦章圖書局石印本　四冊

330000－1712－0002361　子 0428　子部/醫家類/溫病之屬/其他溫疫病證
溫熱贅言一卷　(清)寄瓢子撰　清吳氏靈鶴山房刻本　一冊

330000－1712－0002362　子 0408　子部/醫家類/外科之屬/外科方
外科正宗十二卷附錄一卷　(明)陳實功撰(清)徐大椿評　清光緒十九年(1893)上海圖書集成印書局鉛印本　二冊　缺四卷(五至八)

330000－1712－0002364　子 0429　子部/醫家類/喉科口齒之屬/白喉
洞主仙師白喉治法忌表抉微一卷附增刊各方一卷　(清)徐鄂輯並注　清光緒十八年(1892)湖北官書處刻本　一冊

330000－1712－0002365　子 0424　子部/醫家類/醫經之屬/内經
内經知要二卷　(清)李中梓輯並注　清光緒九年(1883)上洋江左書林刻本　二冊

330000－1712－0002367　子 0427　子部/醫家類/類編之屬
圖註難經脈訣二種六卷　清光緒十七年(1891)金溪三讓堂刻本　一冊　存一種

330000－1712－0002368　子 0425　子部/醫家類/類編之屬
圖註難經脈訣二種六卷　清刻本　一冊　存一種

330000－1712－0002369　子 0419　子部/醫家類/綜合之屬/通論
御纂醫宗金鑑九十卷首一卷　(清)吳謙等纂修　清刻本　二冊　存四卷(七十二至七十五)

330000－1712－0002370　子 0426　子部/醫家類/類編之屬
圖註難經脈訣二種六卷　清刻本　一冊　存一種

330000－1712－0002371　子 0430　子部/醫家類/喉科口齒之屬/白喉
時疫白喉捷要一卷　(清)張紹修撰　清光緒十一年(1885)衡山聶緝槼刻本　一冊

330000－1712－0002374　子 0433　子部/醫家類/喉科口齒之屬/白喉
白喉全生集一卷附錄一卷　(清)李紀方撰　清末鉛印本　一冊

330000－1712－0002375　子 0420　子部/醫家類/綜合之屬/通論
御纂醫宗金鑑九十卷首一卷　(清)吳謙等纂

修　清末鉛印本　五冊　存十四卷(三至十六)

330000－1712－0002376　子0421　子部/醫家類/綜合之屬/通論

御纂醫宗金鑑九十卷首一卷　(清)吴謙等纂修　清末鉛印本　一冊　存二卷(三至四)

330000－1712－0002378　子0435　子部/醫家類/醫話醫論之屬

體學新編一卷　清光緒三十年(1904)福州美部工會鉛印本　一冊

330000－1712－0002379　子0436　子部/醫家類/醫話醫論之屬

東莊感證要略不分卷　(清)杏園公抄　(清)孫壽祺筆記　清抄本　一冊

330000－1712－0002382　子0452　子部/醫家類/方書之屬/單方驗方

類證普濟本事方十卷坊刻王氏本備錄一卷　(宋)許叔微撰　(清)葉桂釋義　清嘉慶十九年(1814)葉鍾刻姑蘇掃葉山房印本　六冊　缺一卷(備錄)

330000－1712－0002383　子0438　子部/醫家類/類編之屬

當歸草堂醫學叢書初編十種　(清)丁丙編　清光緒四年(1878)錢塘丁氏當歸草堂刻本　九冊　存八種

330000－1712－0002384　子0453　子部/醫家類/方書之屬/單方驗方

類證普濟本事方十卷坊刻王氏本備錄一卷　(宋)許叔微撰　(清)葉桂釋義　清嘉慶十九年(1814)葉鍾刻姑蘇掃葉山房印本　二冊　存三卷(一至三)

330000－1712－0002385　子0451　子部/醫家類/類編之屬

吴氏醫學述□□種　(清)吴儀洛輯　清刻本　八冊　存一種

330000－1712－0002386　子0439　子部/醫家類/方書之屬/單方驗方

葛仙翁肘後備急方八卷　(晉)葛洪　(南朝梁)陶弘景撰　清光緒十一年(1885)湖州王文光齋刻本　四冊

330000－1712－0002387　子0454　子部/醫家類/方書之屬/單方驗方

應驗簡便良方二卷　(清)孫克任輯　清永康胡氏退補齋刻本　二冊

330000－1712－0002388　子0455　子部/醫家類/方書之屬/單方驗方

經驗秘方一卷　(清)楊馥蕉　(清)潘之偉輯　清光緒二十年(1894)聚文堂刻本　一冊

330000－1712－0002390　子0456　子部/醫家類/方書之屬/單方驗方

醫方易簡新編六卷　(清)龔自璋　(清)黄統輯　**續編二卷**　(清)葉照林輯　**醫方易簡外科續編一卷**　(清)唐家祿撰　**續刻簡易新編新增良方一卷**　(清)歐陽松軒輯　清同治三年(1864)香山集善堂刻本　一冊　存一卷(醫方易簡續編一)

330000－1712－0002392　子0445　子部/醫家類/養生之屬

攝生總要四種　(明)洪基輯　清光緒三十二年(1906)上洋海左書局石印本　三冊　存三種

330000－1712－0002393　子0443　子部/醫家類/方書之屬/成方藥目

葉種德堂丸散膏丹全錄一卷　(清)葉種德堂主人輯　清光緒十三年(1887)葉種德堂刻本　一冊

330000－1712－0002394　子0441　子部/醫家類/方書之屬/成方藥目

同仁堂藥目不分卷　(清)同仁堂編　清光緒十九年(1893)京都同仁堂刻本　一冊

330000－1712－0002395　子0446　子部/醫家類/綜合之屬

玉曆金方合編四卷　(清)郭軒輯　清同治五年(1866)浙江葛氏刻本　四冊

330000－1712－0002396　子0457　子部/醫家類/方書之屬/單方驗方

驗方新編十六卷 (清)鮑相璈輯 **痧症全書三卷** (清)王凱編輯 **咽喉秘集二卷** (清)海山仙館輯 清同治九年(1870)福州刻光緒二年(1876)靈蘭堂補刻本 十册

330000－1712－0002397 子 0447 子部/醫家類/綜合之屬

玉曆金方合編四卷 (清)郭軒輯 清同治五年(1866)浙江葛氏刻本 二册 存二卷(三至四)

330000－1712－0002398 子 0448 子部/醫家類/喉科口齒之屬/通論

喉科心法二卷 (清)沈善謙撰 清光緒三十年(1904)石印本 一册

330000－1712－0002399 子 0449 子部/醫家類/喉科口齒之屬/通論

喉科秘鑰二卷首一卷喉證補編一卷 (清)鄭塵撰 清光緒十六年(1890)廣百宋齋鉛印本 一册

330000－1712－0002400 子 0458 子部/醫家類/方書之屬/單方驗方

驗方新編十六卷 (清)鮑相璈輯 **痧症全書三卷** (清)王凱編輯 **咽喉秘集二卷** (清)海山仙館輯 清同治九年(1870)福州刻光緒二年(1876)靈蘭堂補刻本 五册 存八卷(驗方新編二至四、九至十一、十五至十六)

330000－1712－0002401 子 0459 子部/醫家類/方書之屬/單方驗方

驗方新編十六卷 (清)鮑相璈輯 **痧症全書三卷** (清)王凱編輯 **咽喉秘集二卷** (清)海山仙館輯 清同治七年至十年(1868－1871)上海文墨齋刻本 十册

330000－1712－0002403 子 0460 子部/醫家類/方書之屬/單方驗方

驗方新編十六卷 (清)鮑相璈輯 **痧症全書三卷** (清)王凱編輯 **咽喉秘集二卷** (清)海山仙館輯 清末刻本 一册 存一卷(十)

330000－1712－0002404 子 0461 子部/醫家類/方書之屬/單方驗方

驗方新編十六卷 (清)鮑相璈輯 清末刻本 二册 存二卷(三、五)

330000－1712－0002405 子 0477 子部/醫家類/婦科之屬/產科

達生編二卷附錄一卷 (清)亟齋居士撰 **保赤輯要一卷** (清)吳嘉德輯 **補遺一卷** 伯尊纘纂 清平湖刻本 一册

330000－1712－0002408 子 0474 子部/醫家類/外科之屬/通論

重訂外科正宗十二卷 (明)陳實功撰 (清)張鶯翼重訂 清刻本 一册 存二卷(十一至十二)

330000－1712－0002410 子 0475 子部/醫家類/醫經之屬/内經

素問靈樞類纂約註三卷 (清)汪昂撰 清刻本 一册 存一卷(二)

330000－1712－0002412 子 0476 子部/醫家類/眼科之屬

啟矇真諦二種 (清)胡崧輯 清光緒二十七年(1901)嘉興許鼒龢姚寶炘刻本 一册

330000－1712－0002415 子 0464 子部/醫家類/方書之屬/單方驗方

驗方新編十八卷首一卷 (清)鮑相璈等輯 清光緒二十六年(1900)上海觀瀾閣石印本 六册

330000－1712－0002416 子 0467 子部/醫家類/綜合之屬/雜著

醫家四要四卷 (清)程曦等撰 清光緒十二年(1886)養鶴山房刻本 四册

330000－1712－0002417 子 0468 子部/醫家類/本草之屬/本草藥性

藥性一卷 (清)□□撰 清抄本 一册

330000－1712－0002420 子 0481 子部/醫家類/綜合之屬

玉曆金方合編四卷 (清)郭軒輯 清同治五年(1866)浙江葛氏刻本 一册 存一卷(四)

330000－1712－0002421 子 0478 子部/醫

家類/針灸之屬/通論

鍼灸大成十卷　(明)楊繼洲撰　清光緒二十九年(1903)上海點石書林石印本　三冊　缺四卷(三至六)

330000-1712-0002422　子0471　子部/醫家類/婦科之屬/產科

大生要旨五卷　(清)唐千頃撰　**增訂大生要旨一卷**　(清)仇文映纂　(清)歐陽維鎣補纂　清光緒十九年(1893)刻本　二冊

330000-1712-0002423　子0472　子部/醫家類/兒科之屬/通論

鼎鍥幼幼集成六卷　(清)陳復正輯　清光緒二十八年(1902)上海醉六堂石印本　一冊　存一卷(一)

330000-1712-0002424　子0479　子部/醫家類/綜合之屬/雜著

筆花醫鏡四卷　(清)江涵暾撰　**增補救急中毒跌打瘡毒諸驗方一卷**　(清)黃鼎鎮輯　清光緒九年(1883)刻本　二冊

330000-1712-0002425　子0480　子部/醫家類/綜合之屬/雜著

筆花醫鏡四卷　(清)江涵暾撰　清刻本　一冊　存一卷(二)

330000-1712-0002426　子0473　子部/醫家類/綜合之屬

大字傅青主先生男女科三種　(清)傅山撰　清末上海掃葉山房石印本　二冊

330000-1712-0002427　子0482　子部/醫家類/婦科之屬/產科

胎產秘書三卷附保嬰要訣一卷經驗各方一卷　(清)錢□□撰　清同治四年(1865)刻本　一冊　存二卷(一至二)

330000-1712-0002428　子0483　子部/雜著類/雜品之屬

墨娥小錄十四卷　清刻本　四冊

330000-1712-0002429　子0485　子部/醫家類

傅青主男科二卷　(清)傅山撰　清光緒十三年(1887)湖北官書處刻本　二冊

330000-1712-0002430　子0484　子部/醫家類/婦科之屬

傅青主女科二卷產後編二卷　(清)傅山撰　清同治八年(1869)湖北崇文書局刻本　二冊

330000-1712-0002432　子0506　子部/醫家類/兒科之屬/痘疹

活幼心法大全八卷末一卷　(明)聶尚恒撰　清同治八年(1869)刻本　一冊

330000-1712-0002435　子0495　子部/醫家類/診法之屬/脈經脈訣

三指禪三卷　(清)周學霆撰　清道光十二年(1832)大文堂刻本　三冊

330000-1712-0002436　子0486　子部/醫家類/綜合之屬/通論

醫學圭指三卷　(清)嚴焯撰　清道光二十二年(1842)嘉興嚴馨德堂刻本　一冊

330000-1712-0002438　子0494　子部/醫家類/診法之屬/脈經脈訣

瀕湖脈學一卷脈訣攷證一卷　(明)李時珍撰　清刻本　一冊

330000-1712-0002439　子0487　子部/醫家類/綜合之屬/通論

醫學圭指三卷　(清)嚴焯撰　清道光二十二年(1842)嘉興嚴馨德堂刻本　一冊

330000-1712-0002440　子0503　子部/醫家類/方書之屬/單方驗方

串雅内編四卷　(清)趙學敏輯　清光緒十四年(1888)榆園刻本　二冊

330000-1712-0002441　子0488　子部/醫家類/方書之屬/單方驗方

幾希錄一卷附集古方一卷　(清)瑞五堂主人輯　清光緒十四年(1888)瑞五堂金刻本　一冊

330000-1712-0002442　子0502　子部/醫家類/兒科之屬/通論

幼科四種 清末上海萃英書局石印本 二册 存一種

330000－1712－0002443 子 0501 子部/醫家類/兒科之屬/通論

幼科三種 清末上海萃英書局石印本 二册 缺二卷(幼科鐵鏡二、推拿廣意二)

330000－1712－0002445 子 0489 子部/醫家類/類編之屬

陳修園醫書二十一種 (清)陳念祖等撰 清刻本 六册 存二種

330000－1712－0002446 子 0500 子部/醫家類/兒科之屬/通論

保嬰易知錄二卷補編一卷 (清)吳寧瀾撰 清同治十二年(1873)葉廉諤刻本 一册

330000－1712－0002447 子 0504 子部/醫家類/類編之屬

述古齋幼科新書三種 (清)張振鋆編 清光緒十五年(1889)邗上張氏刻本 一册 存一種

330000－1712－0002449 子 0496 子部/醫家類/婦科之屬/通論

濟陰綱目十四卷 (明)武之望撰 (清)汪淇箋釋 清宣統三年(1911)上海校經山房石印本 六册

330000－1712－0002450 子 0498 新學/醫學

西洋易筋經一卷 (英國)慶丕 (清)翟汝舟編 (清)天津水師學堂譯 清光緒二十一年(1895)天津水師學堂石印本 二册

330000－1712－0002451 子 0507 子部/雜著類/雜品之屬

弦雪居重訂遵生八牋十九卷目錄一卷 (明)高濂撰 清光緒十年(1884)刻本 十三册 缺四卷(十一、十五至十七)

330000－1712－0002452 子 0510 子部/醫家類/類編之屬

陳修園醫書二十一種 (清)陳念祖等撰 清刻本 三册 存一種

330000－1712－0002453 子 0511 子部/醫家類/醫案之屬

醫醫偶錄二卷 (清)陳念祖撰 清四川友善堂刻本 一册

330000－1712－0002454 子 0508 子部/雜著類/雜品之屬

雅尚齋遵生八箋六卷雲笈七籤一卷 (明)高濂撰 清抄本 一册

330000－1712－0002456 子 0513 子部/醫家類/兒科之屬/通論

遂生福幼合編二卷 (清)莊一夔撰 清同治八年(1869)刻本 一册

330000－1712－0002457 子 0509 子部/醫家類/綜合之屬/合刻、合抄

醫書雜鈔不分卷 清抄本 六册

330000－1712－0002458 子 0514 子部/醫家類/婦科之屬/通論

女科指南二卷 (清)傅山撰 清道光七年(1827)刻本 一册

330000－1712－0002459 子 0515 子部/醫家類/養生之屬

攝生總要四種 (明)洪基輯 清咸豐十一年(1861)刻本 一册 存一種

330000－1712－0002460 子 0538 子部/天文曆算類/天文之屬

中西天算蒙求八卷 (清)徐朝俊纂 清光緒二十三年(1897)上海書局石印本 二册

330000－1712－0002461 新 0084 新學/算學/三角八綫

八線備旨四卷八線學總習問一卷 (美國)羅密士撰 (美國)潘慎文選譯 清光緒三十年(1904)上海美華書館鉛印本 一册

330000－1712－0002462 新 0085 新學/算學/三角八綫

八線備旨四卷八線學總習問一卷 (美國)羅

密士撰　(美國)潘慎文選譯　清光緒二十四年(1898)上海美華書館鉛印本　一冊

330000－1712－0002463　新0086　新學/算學/代數
代數備旨不分卷總答一卷　(美國)狄考文選譯　(清)鄒立文　(清)生福維筆述　清光緒二十八年(1902)上海美華書館鉛印本　一冊

330000－1712－0002464　新0087　新學/算學/代數
代數備旨不分卷總答一卷　(美國)狄考文選譯　(清)鄒立文　(清)生福維筆述　清光緒二十八年(1902)上海美華書館鉛印本　二冊

330000－1712－0002465　新0088　新學/算學/代數
代數備旨不分卷總答一卷　(美國)狄考文選譯　(清)鄒立文　(清)生福維筆述　清光緒二十三年(1897)上海美華書館鉛印本　二冊　缺一卷(總答)

330000－1712－0002466　新0089　新學/算學/形學
形學備旨十卷開端一卷　(美國)狄考文選譯　(清)鄒立文筆述　清光緒二十三年(1897)上海美華書館鉛印本　二冊

330000－1712－0002467　新0091　新學/算學/形學
形學備旨全草十卷首一卷　(美國)狄考文選譯　壽孝天衍補　清光緒三十一年(1905)上海會文學社石印本　五冊　缺一卷(四)

330000－1712－0002468　新0090　新學/算學/數學
對數表一卷　(美國)路密司編　(美國)赫士口譯　(清)朱葆琛筆述　清光緒三十三年(1907)上海美華書館鉛印本　一冊

330000－1712－0002471　子0530　子部/醫家類/養生之屬
却病延年雜抄五種　清抄本　一冊

330000－1712－0002473　子0561　新學/雜著/叢編
江南製造局譯書　(清)江南製造局編　清光緒江南製造局刻本暨鉛印本　四冊　存一種

330000－1712－0002475　子0529　子部/醫家類/養生之屬
衛生要術不分卷　(清)潘霨輯　清光緒二年(1876)石印本　一冊

330000－1712－0002477　子0532　子部/醫家類/眼科之屬
説瞽一卷　(清)李桓撰　清刻本　一冊

330000－1712－0002481　史1037　史部/傳記類/日記之屬
三魚堂日記十卷　(清)陸隴其撰　清同治九年(1870)浙江書局刻本　四冊

330000－1712－0002482　子0533　子部/天文曆算類/算書之屬
則古昔齋算學十三種二十四卷　(清)李善蘭學　**圓錐曲線説三卷**　(英國)艾約瑟口譯　(清)李善蘭筆述　清同治六年(1867)海寧李善蘭金陵刻本　六冊

330000－1712－0002483　子0534　子部/天文曆算類/算書之屬
則古昔齋算學十三種二十四卷　(清)李善蘭學　清光緒十四年(1888)上海大同書局石印本　二冊

330000－1712－0002484　子0535　子部/天文曆算類/算書之屬
則古昔齋算學十三種二十四卷　(清)李善蘭學　清光緒二十二年(1896)上海積山書局石印本　二冊

330000－1712－0002485　子0536　新學/算學/形學
幾何舉隅六卷　(英國)託咸都輯　(清)鄭毓英譯述　清光緒二十八年(1902)上海掃葉山房石印本　三冊

330000－1712－0002486　子0537　子部/天文曆算類/算書之屬
幾何原本十五卷　(意大利)利瑪竇　(英國)

偉烈亞力口譯 (明)徐光啟 (清)李善蘭筆受 清光緒二十二年(1896)上海積山書局石印本 四冊

330000－1712－0002487 子0540 子部/天文曆算類/算書之屬
天元一術不分卷 清抄本 一冊

330000－1712－0002489 子0542 新學/算學
最新註解筆算數學詳草三卷 (清)孔憲昌 (清)樓惠祥編纂 清光緒三十二年(1906)武林圖書社石印本 一冊 存一卷(一)

330000－1712－0002490 子0539 新學/天學
天文圖說四卷 (英國)柯雅各撰 (美國)摩嘉立 (清)薛承恩譯 清光緒九年(1883)上海益智書會刻本 一冊

330000－1712－0002491 子0543 子部/天文曆算類/曆法之屬
欽定萬年書一卷 清南京李光明莊刻本 一冊

330000－1712－0002492 子0544 子部/天文曆算類/曆法之屬
大清宣統二年歲次庚戌時憲書一卷 清宣統二年(1910)上海章福記書局石印本 一冊

330000－1712－0002493 子0545 子部/天文曆算類/天文之屬
御製曆象考成上編十六卷下編十卷後編十卷 (清)允祿 (清)允祉纂修 清光緒二十四年(1898)杭州德記書莊石印本 十四冊 存二十五卷(上編一至十五、下編一至十)

330000－1712－0002494 子0547 子部/天文曆算類/算書之屬
數學精詳十一卷首一卷末一卷 (清)屈曾發輯 清光緒八年(1882)蜀南黄氏刻本 四冊 缺四卷(一至四)

330000－1712－0002495 子0546 子部/天文曆算類/算書之屬
御製數理精蘊上編五卷下編四十卷表八卷 (清)聖祖玄燁撰 清刻本 八冊 存十一卷(下編三十至四十)

330000－1712－0002496 子0548 子部/天文曆算類/算書之屬
御製數理精蘊上編五卷下編四十卷表八卷 (清)聖祖玄燁撰 清光緒二十二年(1896)上海博文書局石印本 二十四冊

330000－1712－0002497 子0549 子部/天文曆算類/算書之屬
御製數理精蘊上編五卷下編四十卷表八卷 (清)聖祖玄燁撰 清光緒十四年(1888)上海慎記書局石印本(表卷六配清末石印本) 八冊 存十九卷(上編一至五,下編二十五至三十五,表二、四、六)

330000－1712－0002498 子0551 子部/天文曆算類/算書之屬
御製數理精蘊上編五卷下編四十卷表八卷 (清)聖祖玄燁撰 清末石印本 一冊 存一卷(表七)

330000－1712－0002499 子0550 子部/天文曆算類/算書之屬
御製數理精蘊上編五卷下編四十卷表八卷 (清)聖祖玄燁撰 清末石印本 一冊 存六卷(下編二十九至三十四)

330000－1712－0002500 子0552 子部/天文曆算類/算書之屬
九數通考十一卷首一卷末一卷 (清)屈曾發輯 **九數通考續集十卷** (清)顧觀光撰 清末石印本 二冊 存二卷(續集九至十)

330000－1712－0002501 子0553 子部/天文曆算類/算書之屬
數學精詳十一卷首一卷末一卷 (清)屈曾發輯 清光緒二十四年(1898)上海點石齋石印本 五冊 缺二卷(九至十)

330000－1712－0002502 子0554 子部/天文曆算類/算書之屬

九數通考十一卷首一卷末一卷 (清)屈曾發撰 清光緒十四年(1888)上海點石齋石印本 二册 缺九卷(二至十)

330000－1712－0002503 子0557 子部/天文曆算類/算書之屬
曆算叢書輯要 (清)梅文鼎撰 (清)梅瑴成重編 清刻本 八册 存八種

330000－1712－0002504 子0558 子部/天文曆算類/算書之屬
梅氏叢書輯要三十種六十二卷首一卷 (清)梅文鼎撰 (清)梅瑴成重編 清光緒十三年(1887)上海鴻文書局石印本 六册

330000－1712－0002505 子0559 子部/天文曆算類/算書之屬
梅氏叢書輯要三十種六十二卷首一卷 (清)梅文鼎撰 (清)梅瑴成重編 清末石印本 四册 存四十三卷(首,一至三十五、五十六至六十二)

330000－1712－0002506 子0555 子部/天文曆算類/算書之屬
御製數理精蘊上編五卷下編四十卷表八卷 (清)聖祖玄燁撰 清末石印本 五册 存四卷(表一至二、七至八)

330000－1712－0002507 子0556 子部/天文曆算類/算書之屬
御製數理精蘊上編五卷下編四十卷表八卷 (清)聖祖玄燁撰 清末石印本 一册 存一卷(表七)

330000－1712－0002510 子0560 子部/天文曆算類/算書之屬
原本直指算法統宗十二卷首一卷 (明)程大位撰 清同治三年(1864)刻本 五册 缺二卷(十一至十二)

330000－1712－0002511 子0565 子部/天文曆算類/算書之屬
白芙堂算學叢書 (清)丁取忠輯 清光緒二十三年(1897)上海文瀾書局石印本 八册

330000－1712－0002512 子0566 子部/天文曆算類/算書之屬
白芙堂算學叢書 (清)丁取忠輯 清光緒十四年(1888)上海龍文書局石印本 八册

330000－1712－0002513 子0567 子部/天文曆算類/算書之屬
白芙堂算學叢書 (清)丁取忠輯 清光緒十四年(1888)上海龍文書局石印本 七册 存十八種

330000－1712－0002514 子0568 子部/天文曆算類/算書之屬
白芙堂算學叢書 (清)丁取忠輯 清末石印本 一册 存四種

330000－1712－0002515 子0562 子部/天文曆算類/算書之屬
句股述二卷 (清)陳訏撰 清刻本 王積沂題記 一册

330000－1712－0002516 子0569 子部/天文曆算類/算書之屬
白芙堂算學叢書 (清)丁取忠輯 清光緒二十二年(1896)石印本 七册 存二十種

330000－1712－0002517 子0561 新學/雜著/叢編
江南製造局譯書 (清)江南製造局編 清光緒江南製造局刻本暨鉛印本 四册 存一種

330000－1712－0002518 子0563 新學/算學/曲綫
圓錐曲線一卷 (美國)求德生譯 (清)劉維師筆述 清光緒二十九年(1903)上海美華書館鉛印本 一册

330000－1712－0002519 子0589 子部/天文曆算類/算書之屬
算學集錦一卷 (清)張爔輯 清光緒二十五年(1899)刻本 一册

330000－1712－0002520 子0531 子部/天文曆算類/算書之屬
矩齋籌算六種 (清)勞乃宣撰 清光緒刻本 一册 存一種

330000－1712－0002521　子 0570　子部/天文曆算類/算書之屬
中西算學大成一百卷　(清)陳維祺等撰　清末上海同文書局石印本　十二冊　存六十二卷(六至八、十四至二十四、三十一至五十二、五十八至七十一、八十五至九十五、一百)

330000－1712－0002522　子 0571　子部/天文曆算類/算書之屬
中西算學大成一百卷　(清)陳維祺等撰　清末上海同文書局石印本　六冊　存三十七卷(九至十三、三十九至四十五、五十三至七十一、九十至九十五)

330000－1712－0002523　子 0572　子部/天文曆算類/算書之屬
中西算學大成一百卷　(清)陳維祺等撰　清光緒十五年(1889)上海同文書局石印本　十七冊　缺十二卷(三十一至三十四、五十七至六十三、一百)

330000－1712－0002524　子 0564　新學/雜著/叢編
江南製造局譯書　(清)江南製造局編　清光緒江南製造局刻本暨鉛印本　十一冊　存四種

330000－1712－0002525　子 0573　新學/幼學
蒙學算法正宗四卷　(清)徐以祥輯　清光緒三十三年(1907)上海書局石印本　二冊

330000－1712－0002526　子 0588　子部/天文曆算類/算書之屬
立方奇法一卷求一捷術一卷　(清)龔傑撰　清末抄本　一冊

330000－1712－0002527　子 0574　子部/天文曆算類/算書之屬
中西算學叢書初編二十二種　(清)求敏齋主人輯　清光緒二十二年(1896)上海鴻寶齋石印本　二十四冊　存十三種

330000－1712－0002528　子 0575　子部/天文曆算類/算書之屬
西算新法叢書　(清)馮桂芬等輯　清光緒二十一年(1895)上海賜書堂石印本　八冊　存四種

330000－1712－0002529　子 0576　子部/天文曆算類/天文之屬
五緯捷算四卷交食捷算四卷　(清)黄炳垕撰　清光緒二十二年(1896)上海書局石印本　六冊

330000－1712－0002530　新 0012　新學/雜著/叢編
續西學大成六十八種　(清)孫家鼐編　清光緒二十三年(1897)上海飛鴻閣書林石印本　七冊　存三十種

330000－1712－0002531　子 0578　新學/算學/數學
數學啟蒙二卷附對數表一卷　(英國)偉烈亞力撰　**量法須知一卷**　(英國)傅蘭雅撰　清末石印本　一冊　缺二卷(數學啟蒙一至二)

330000－1712－0002532　子 0587　子部/天文曆算類/算書之屬
弧矢算術細草一卷　(清)李鋭撰　**算學啟蒙天元術一卷**　(元)朱世傑撰　清抄本　一冊

330000－1712－0002533　子 0581　子部/天文曆算類/算書之屬
行素軒算稿九種　(清)華蘅芳撰　清末石印本　七冊　存六種

330000－1712－0002534　子 0582　子部/天文曆算類/算書之屬
九章算術細草圖說九卷海島算經細草圖說一卷　(三國魏)劉徽注　(唐)李淳風等注釋　(清)李潢細草　(清)沈欽裴補草　清光緒二十二年(1896)上海文淵山房石印本　二冊

330000－1712－0002535　子 0580　子部/天文曆算類/算書之屬
四元玉鑑細草三卷四象細草假令之圖一卷附補增一卷　(清)羅士琳撰　**四元釋例一卷**　(清)易之瀚撰　清光緒二十二年(1896)鴻寶齋書局石印本　六冊

330000－1712－0002536　子 0579　子部/天文曆算類/算書之屬

算術遊戲一卷　傅翼編譯　清光緒三十二年(1906)上海彪蒙書室石印本　一冊

330000－1712－0002537　子 0583　子部/天文曆算類/算書之屬

新纂簡捷易明算法四卷首一卷　(清)沈士桂纂輯　清翰寶樓刻本　四冊

330000－1712－0002538　子 0586　子部/天文曆算類/算書之屬

六九軒算書六種　(清)劉衡撰　清光緒二十九年(1903)石印本　四冊

330000－1712－0002539　子 0584　子部/天文曆算類/算書之屬

學彊恕齋筆算十卷　(清)梅啓照輯　清同治十二年(1873)刻本　十冊

330000－1712－0002540　子 0585　子部/天文曆算類/算書之屬

算法大全一卷　清末刻本　一冊

330000－1712－0002543　子 0590　子部/天文曆算類/算書之屬

九數存古九卷　(清)顧觀光撰　清光緒十八年(1892)江蘇書局刻本　一冊　存一卷(五)

330000－1712－0002544　子 0593　子部/農家農學類

泰西水法六卷　(意大利)熊三拔撰說　(明)徐光啟筆記　清嘉慶五年(1800)席世臣掃葉山房刻本　二冊

330000－1712－0002545　子 0447　子部/醫家類/綜合之屬

玉曆金方合編四卷　(清)郭軒輯　清同治五年(1866)浙江葛氏刻本　二冊　存二卷(一至二)

330000－1712－0002547　叢 120　類叢部/叢書類/彙編之屬

望三益齋叢書十種　(清)吳棠編　清咸豐至光緒吳氏望三益齋刻本　六冊　存一種

330000－1712－0002548　叢 119　類叢部/叢書類/自著之屬

龍莊遺書四種　(清)汪輝祖撰　清光緒江蘇書局刻本　六冊

330000－1712－0002549　叢 118　類叢部/叢書類/自著之屬

龍莊遺書四種　(清)汪輝祖撰　清刻本　一冊　存二種

330000－1712－0002550　史 1038　史部/傳記類/總傳之屬/家乘

直方堂生年干支一卷　稿本　一冊

330000－1712－0002552　史 1039　史部/政書類/公牘檔冊之屬

分書後語一卷　(清)張毓達撰　清同治十三年(1874)稿本　一冊

330000－1712－0002553　子 0608　子部/術數類/相宅相墓之屬

陽宅三要四卷　(清)趙廷棟撰　清蘇州掃葉山房刻本　二冊

330000－1712－0002556　子 0606　子部/術數類/陰陽五行之屬

選擇吉日一卷續編一卷　清抄本　一冊

330000－1712－0002557　子 0600　子部/術數類/陰陽五行之屬

參星秘要諏吉便覽二卷　(清)俞榮寬輯　清刻朱墨套印本　平季燾題簽　二冊

330000－1712－0002558　子 0601　子部/術數類/陰陽五行之屬

參星秘要諏吉便覽二卷　(清)俞榮寬輯　清光緒元年(1875)刻朱墨套印本　一冊

330000－1712－0002559　子 0602　子部/術數類/陰陽五行之屬

參星秘要諏吉便覽二卷　(清)俞榮寬輯　清光緒三年(1877)大魁楨記刻朱墨套印本　二冊

330000－1712－0002561　子 0603　子部/術數類/陰陽五行之屬

參星秘要諏吉便覽二卷　(清)俞榮寬輯　清光緒十三年(1887)二酉書室刻朱墨套印本　二册

330000－1712－0002562　子 0604　子部/術數類/陰陽五行之屬

參星秘要諏吉便覽二卷　(清)俞榮寬輯　清刻朱墨套印本　一册

330000－1712－0002563　子 0605　子部/術數類/陰陽五行之屬

選擇釋疑三卷　清抄本　一册

330000－1712－0002564　子 0607　子部/術數類/占卜之屬

八卦星宿卦氣歌不分卷　清抄本　一册

330000－1712－0002565　子 0608　子部/術數類/相宅相墓之屬

地理五訣八卷　(清)趙廷棟撰　清掃葉山房刻本　四册

330000－1712－0002571　子 0613　子部/術數類/陰陽五行之屬

欽定協紀辨方書三十六卷　(清)允祿　(清)張照等纂修　清光緒二十五年(1899)江左書林石印本　七册　缺四卷(十七至二十)

330000－1712－0002573　子 0614　子部/術數類/命書相書之屬

新鐫神峯張先生通考闢謬命理正宗大全六卷　(明)張楠撰　清光緒十二年(1886)掃葉山房刻本　五册　缺一卷(二)

330000－1712－0002574　子 0609　子部/雜家類

陳希夷心相編一卷　(宋)陳摶撰　清抄本　一册

330000－1712－0002575　子 0616　子部/術數類/命書相書之屬

新鐫神峰張先生通考闢謬命理正宗大全六卷　(明)張楠撰　清光緒三十四年(1908)上海書局石印本　六册

330000－1712－0002576　善 336　子部/術數類/陰陽五行之屬

永寧通書十二卷　(清)王維德輯　清康熙五十年(1711)王氏鳳梧樓刻本　四册

330000－1712－0002577　子 0618　子部/術數類/陰陽五行之屬

永寧通書十二卷　(清)王維德輯　清掃葉山房刻本　四册

330000－1712－0002578　子 0615　子部/術數類/命書相書之屬

重鐫神峯通考命理正宗六卷　(明)張楠撰　清刻本　一册　存一卷(一)

330000－1712－0002580　子 0620　子部/術數類/命書相書之屬

增補星平會海命學全書十卷首一卷　(清)水中龍撰　清道光八年(1828)刻本　六册

330000－1712－0002582　子 0621　子部/術數類/陰陽五行之屬

增廣玉匣記通書六卷　□□輯　清同治八年(1869)姑蘇綠潤堂刻本　二册

330000－1712－0002584　子 0623　子部/術數類/相宅相墓之屬

八宅明鏡二卷　(清)箬冠道人撰　清掃葉山房刻本　二册

330000－1712－0002585　子 0626　子部/術數類/陰陽五行之屬

諏吉述正二十五卷首一卷　(清)張祖同輯　清光緒二十三年(1897)湖南思賢書局刻本　十二册

330000－1712－0002586　子 0624　子部/術數類/占卜之屬

卜筮正宗十四卷　(清)王維德撰　清刻本　六册

330000－1712－0002587　子 0625　子部/術數類/占卜之屬

卜筮正宗十四卷　(清)王維德撰　清光緒三

十年(1904)上洋海左書局石印本　一册　存一卷(一)

330000－1712－0002589　子0628　子部/術數類/命書相書之屬

繪圖校正相理衡真十卷首一卷　(清)陳釗撰　清光緒二十三年(1897)上海書局石印本　四册　缺二卷(三至四)

330000－1712－0002591　子0631　子部/術數類/命書相書之屬

水鏡集約篇四卷　(清)范騋纂要　清宣統元年(1909)上海書局石印本　三册　存三卷(一至二、四)

330000－1712－0002593　子0633　子部/術數類/命書相書之屬

音義評註淵海子平五卷　(宋)徐升撰　清石印本　一册　存二卷(二至三)

330000－1712－0002594　子0632　子部/術數類/命書相書之屬

水鏡集四卷　(清)范騋撰　清石印本　一册　存一卷(二)

330000－1712－0002595　子0634　子部/術數類/命書相書之屬

新刊合併官板音義評註淵海子平五卷　(宋)徐升編　清石印本　二册　缺二卷(二至三)

330000－1712－0002597　子0638　子部/術數類/命書相書之屬

新刊校正增釋合併麻衣先生神相編五卷　(明)陸位崇輯　清光緒三十一年(1905)上海飛鴻閣石印本　四册

330000－1712－0002598　善337　子部/術數類/相宅相墓之屬

新刻石函平砂玉尺經全書真機六卷後集四卷　題(元)劉秉忠撰　(明)劉基解　**新刊地理五經四書解義郭璞葬經一卷擇日紀一卷**　(明)吳徵刪定　(明)鄭謐注釋　**新鐫京板工師雕斵正式魯班經匠家鏡三卷附靈驅解法洞明真言祕書一卷**　(明)午榮撰　(明)周言校正　明刻本　三册　存十卷(一至六、後集一至四)

330000－1712－0002599　子0644　子部/術數類/占卜之屬

六壬驗課四卷　(清)張官德撰　清同治八年(1869)香雪草堂刻本　一册　存一卷(四)

330000－1712－0002600　子0643　子部/術數類/命書相書之屬

精刻看命一掌金一卷　(唐)釋一行撰　清刻本　一册

330000－1712－0002602　子0639　子部/術數類/陰陽五行之屬

董公選要覽一卷附錄一卷　(明)董濳撰　清光緒二十四年(1898)浙江官書局刻本　一册

330000－1712－0002603　子0640　子部/術數類/陰陽五行之屬

董公選要覽一卷附錄一卷　(明)董濳撰　清光緒二十四年(1898)浙江官書局刻本　一册

330000－1712－0002610　子0652　子部/藝術類/書畫之屬/總論

書法指南不分卷　清末上海朝記書莊石印本　二册

330000－1712－0002614　子0648　子部/藝術類/書畫之屬/法帖

草字彙十二卷　(清)石梁輯　清敬義齋刻本　五册　缺二卷(十一至十二)

330000－1712－0002615　善339　子部/藝術類/書畫之屬/總論

湘管齋寓賞編六卷　(清)陳焯撰　清乾隆四十七年(1782)刻吳興陳氏聽香讀畫樓重修本　四册　存四卷(一至四)

330000－1712－0002616　子0655　子部/藝術類/書畫之屬/總論

習字講義一卷　(清)韓澄編輯　清末油印本　一册

330000－1712－0002617　善338　子部/藝術類/書畫之屬/書法書品

書法正宗四卷　(清)蔣和撰　清乾隆四十七

年(1782)刻本　二冊

330000－1712－0002619　子0656　子部/藝術類/遊藝之屬/聯語
聖教集對一卷　(清)張炳堃撰　清同治三年(1864)湖北崇文書局刻本　一冊

330000－1712－0002620　子0657　子部/藝術類/遊藝之屬/聯語
聖教集對一卷　(清)張炳堃撰　清同治三年(1864)湖北崇文書局刻本　一冊

330000－1712－0002621　子0658　子部/藝術類/遊藝之屬/聯語
聖教集對一卷　(清)張炳堃撰　清同治三年(1864)湖北崇文書局刻本　一冊

330000－1712－0002623　史1040　史部/金石類/石之屬/文字
望堂金石文字初集三十一種二集十八種　楊守敬輯　清同治至宣統宜都楊氏飛青閣刻本　五冊　存二十九種

330000－1712－0002627　子0662　子部/藝術類/書畫之屬/法帖
鄰蘇園法帖□□種　楊守敬輯　清光緒二十二年(1896)宜都楊氏鄰蘇園刻本　一冊　存二種

330000－1712－0002628　子0663　史部/金石類/石之屬/文字
思古齋雙鉤漢碑篆額三卷　(清)何澂輯　清光緒九年(1883)刻本　三冊

330000－1712－0002629　子0664　子部/藝術類/書畫之屬/法帖
篆體千字文一卷　(清)張日焜書　清末石印本　一冊

330000－1712－0002651　子0653　子部/藝術類/書畫之屬/書法書品
漢溪書法通解八卷　(清)戈守智撰　清乾隆霽雲閣刻本　四冊

330000－1712－0002653　子0654　子部/藝術類/書畫之屬/書法書品
漢溪書法通解八卷　(清)戈守智撰　清刻本　四冊

330000－1712－0002656　子0693　子部/藝術類/書畫之屬/題跋
退庵題跋二卷　(清)梁章鉅撰　清福州梁氏刻杭縣鄭氏小琳瑯館印本　二冊

330000－1712－0002660　善340　子部/藝術類/書畫之屬/法帖
當湖高峻齋先生真蹟不分卷　(清)高嵩書　清乾隆十年(1745)抄本　一冊

330000－1712－0002666　子0694　子部/藝術類/書畫之屬/法帖
蘇東坡書懷素自敘一卷　(宋)蘇軾書　清宣統元年(1909)影印本　一冊

330000－1712－0002689　子0722　子部/藝術類/書畫之屬/法帖
石印宋拓禮器碑一卷　清宣統三年(1911)石印本　一冊

330000－1712－0002693　史1040　史部/金石類/石之屬/文字
望堂金石文字初集三十一種二集十八種　楊守敬輯　清同治至宣統宜都楊氏飛青閣刻本　一冊　存七種

330000－1712－0002702　子0732　子部/藝術類/書畫之屬/法帖
國朝四十名家墨蹟不分卷　(清)沈鈞輯　清光緒三十四年(1908)上海教育圖書館石印本　二冊

330000－1712－0002703　叢121　類叢部/叢書類/彙編之屬
湖海樓叢書十二種　(清)陳春編　清嘉慶蕭山陳氏刻二十四年(1819)彙印本　四冊　存一種

330000－1712－0002705　子0733　子部/藝術類/書畫之屬/法帖
名人尺牘墨寶三集十八卷　文明書局輯　清宣統二年至民國四年(1910－1915)上海文明書局影印本　一冊　存一卷(六)

年(1864－1867)刻朱墨套印本　四冊

330000－1712－0002722　子0754　子部/藝術類/書畫之屬/法帖

陰隲文楷則一卷　(清)陸文煥撰　清光緒三十年(1904)上海飛鴻閣石印本　一冊

330000－1712－0002725　子0753　子部/藝術類/書畫之屬/法帖

陰隲文楷則一卷　(清)陸文煥撰　清光緒三十年(1904)上海飛鴻閣石印本　一冊

330000－1712－0002726　子0755　子部/藝術類/書畫之屬/法帖

陰隲文楷則一卷　(清)陸文煥撰　清光緒三十年(1904)上海飛鴻閣石印本　一冊

330000－1712－0002733　子0768　子部/藝術類/書畫之屬/法帖

翁叔平相國墨寶一卷　(清)翁同龢書　清光緒三十三年(1907)上海小停雲館石印本　一冊

330000－1712－0002734　子0770　集部/別集類/清別集

呂晚邨先生家書真蹟四卷　(清)呂留良書　清光緒三十四年(1908)澄衷學堂石印本　二冊

330000－1712－0002736　子0771　子部/藝術類/書畫之屬/畫法畫品

畫耕偶錄四卷　(清)邵梅臣撰　清刻本　四冊

330000－1712－0002737　子0769　子部/藝術類/書畫之屬/總論

願息齋書畫拾牘不分卷　(清)吳昂駒輯　清抄本　一冊

330000－1712－0002739　子0778　子部/藝術類/書畫之屬/畫法畫品

學畫捷法一卷　(清)戴以恒撰　清抄本　清東湖漁隱題款　一冊

330000－1712－0002740　子0780　子部/藝術類/書畫之屬

桐陰論畫三卷附錄一卷桐陰畫訣一卷續桐陰論畫一卷　(清)秦祖永撰　清同治三年至六年(1864－1867)刻朱墨套印本　四冊

330000－1712－0002741　子0781　子部/藝術類/書畫之屬

桐陰論畫三卷附錄一卷桐陰畫訣一卷續桐陰論畫一卷　(清)秦祖永撰　清同治三年至六年(1864－1867)刻朱墨套印本　四冊

330000－1712－0002743　子0775　史部/傳記類/總傳之屬/技藝

國朝畫徵錄三卷續錄二卷　(清)張庚撰　**明人附錄一卷**　(明)黎遂球　(明)袁樞撰　清刻本　一冊

330000－1712－0002745　子0776　子部/藝術類/書畫之屬

桐陰畫訣一卷　(清)秦祖永撰　清抄本　清漁記落款　一冊

330000－1712－0002750　子0766　子部/藝術類/書畫之屬/法帖

常熟翁相國手札一卷　(清)翁同龢撰並書　清光緒三十四年(1908)上海有正書局石印本　一冊

330000－1712－0002751　子0767　子部/藝術類/書畫之屬/法帖

常熟翁相國手札一卷　(清)翁同龢撰並書　清光緒三十四年(1908)上海有正書局石印本　一冊

330000－1712－0002756　子0764　子部/藝術類/書畫之屬/法帖

翁相國手札八卷　(清)翁同龢書　清光緒三十四年至宣統三年(1908－1911)上海有正書局影印本　五冊　存五卷(三、五至八)

330000－1712－0002757　子0765　子部/藝術類/書畫之屬/法帖

常熟翁相國手札八卷　(清)翁同龢撰並書　清光緒三十四年至民國四年(1908－1915)上海有正書局石印本　三冊　存三卷(一至二、四)

330000－1712－0002765　子0791　子部/藝術類/書畫之屬/總論

庚子銷夏記八卷　(清)孫承澤撰　清京都龍威閣刻本　四册

330000－1712－0002766　子 0792　子部/藝術類/書畫之屬/總論

庚子銷夏記八卷　(清)孫承澤撰　清宣統三年(1911)上海掃葉山房石印本　四册

330000－1712－0002769　叢 122　類叢部/叢書類/彙編之屬

埽葉山房叢鈔二十六種　(清)席威編　清同治至光緒刻光緒九年(1883)彙印本　五册　存一種

330000－1712－0002771　子 0796　子部/藝術類/書畫之屬/題跋

習苦齋畫絮十卷　(清)戴熙撰　清光緒十九年(1893)刻本　四册

330000－1712－0002772　子 0797　史部/傳記類/總傳之屬/技藝

懷古田舍梅統十三卷　(清)徐榮輯　清刻本　四册

330000－1712－0002773　子 0799　子部/藝術類/書畫之屬/總論

畫禪室隨筆四卷　(明)董其昌撰　(清)楊補輯　清宣統三年(1911)上海掃葉山房石印本　三册

330000－1712－0002774　子 0798　子部/藝術類/書畫之屬/總論

畫禪室隨筆四卷　(明)董其昌撰　(清)楊補輯　清刻本　一册　存三卷(二至四)

330000－1712－0002775　子 0805　子部/藝術類/書畫之屬/題跋

蘇黄題跋五卷　(清)溫一貞錄　清光緒二十年(1894)望三益齋石印本　四册　缺一卷(東坡題跋一)

330000－1712－0002776　子 0804　子部/藝術類/書畫之屬/題跋

蘇黄題跋五卷　(清)溫一貞錄　清光緒二十年(1894)望三益齋石印本　五册

330000－1712－0002777　子 0800　子部/藝術類/書畫之屬/題跋

蘇黄題跋五卷　(清)溫一貞錄　清乾隆刻同治十一年(1872)補刻本　四册　缺一卷(山谷題跋二)

330000－1712－0002778　子 0801　子部/藝術類/書畫之屬/題跋

蘇黄題跋五卷　(清)溫一貞錄　清乾隆刻同治十一年(1872)補刻本　五册

330000－1712－0002779　子 0803　子部/藝術類/書畫之屬/題跋

蘇黄題跋五卷　(清)溫一貞錄　清乾隆刻同治十一年(1872)補刻本　二册　存二卷(山谷題跋一、三)

330000－1712－0002782　子 0561　新學/雜著/叢編

江南製造局譯書　(清)江南製造局編　清光緒江南製造局刻本暨鉛印本　四册　存二種

330000－1712－0002785　史 1042　史部/政書類/儀制之屬

帖式不分卷　清抄本　一册

330000－1712－0002786　子 0788　子部/藝術類/書畫之屬/總論

清河書畫舫十二卷鑒古百一詩一卷　(明)張丑輯　清乾隆二十八年(1763)仁和吳氏池北草堂刻本　十二册

330000－1712－0002788　子 0812　子部/藝術類/書畫之屬/畫譜

胡蜨秋齋藏冊不分卷　(清)胡蜨秋齋主人輯　清光緒五年(1879)刻本　一册

330000－1712－0002790　子 0814　子部/藝術類/書畫之屬

詩畫舫六卷　(清)點石齋輯　清光緒三十年(1904)上海點石齋石印本　六册

330000－1712－0002791　子 0815　史部/傳記類/總傳之屬

圖繪寶鑑八卷補遺一卷　(元)夏文彥撰　(明)毛大倫增補　清怡堂刻本　四册

330000－1712－0002792　子 0817　子部/藝術類

巾箱小品初集十三種　(清)□□輯　清乾隆華韻軒刻本　四冊

330000－1712－0002793　子 0816　子部/藝術類/書畫之屬/畫録

國朝畫識十七卷墨香居畫識十卷　(清)馮金伯撰　清乾隆刻道光十一年(1831)江左書林增修本　八冊

330000－1712－0002794　子 0809　子部/藝術類/書畫之屬/畫譜

新鐫梅竹蘭菊四譜一卷　(明)黄鳳池輯　清光緒十九年(1893)上海文海書局石印本　一冊

330000－1712－0002795　子 0810　子部/藝術類/書畫之屬/畫譜

新鐫草本花詩譜一卷　(明)黄鳳池輯　清光緒十九年(1893)上海文海書局石印本　一冊

330000－1712－0002796　子 0802　子部/藝術類/書畫之屬/題跋

蘇黄題跋五卷　(清)溫一貞録　清乾隆刻同治十一年(1872)補刻本　一冊　存一卷(東坡題跋一)

330000－1712－0002797　子 0808　子部/藝術類/書畫之屬/畫譜

詩品畫譜不分卷　(清)諸乃方輯　清末石印本　一冊

330000－1712－0002803　子 0823　子部/藝術類/書畫之屬/畫譜

醉墨軒畫稿四卷　胡郯卿著　清宣統元年(1909)上海天寶書局石印本　一冊

330000－1712－0002804　子 0824　子部/藝術類/書畫之屬/畫譜

醉墨軒畫稿四卷　胡郯卿著　清宣統元年(1909)上海天寶書局石印本　四冊

330000－1712－0002805　子 0825　子部/藝術類/書畫之屬/畫法畫品

俞氏畫稿不分卷　(清)俞禮繪　清光緒二十年(1894)文林書局石印本　一冊

330000－1712－0002806　子 0826　子部/藝術類/書畫之屬/畫譜

蘭竹畫譜二卷　(清)府冬青撰　清光緒三十三年(1907)上海商業書局石印本　一冊　存一卷(竹)

330000－1712－0002808　子 0827　子部/藝術類/書畫之屬/畫譜

歷代名人畫譜四卷　(明)顧炳輯　清光緒十四年(1888)上海鴻文書局石印本　二冊　存二卷(一、四)

330000－1712－0002812　子 0828　子部/藝術類/書畫之屬/畫譜

芥子園畫傳初集六卷二集九卷三集六卷　(清)王槩等輯　清光緒三十四年(1908)上海章福記書局石印本　三冊

330000－1712－0002817　子 0833　子部/藝術類/書畫之屬/畫譜

芥子園畫傳初集六卷二集九卷三集六卷四集四卷　(清)王槩等輯　清光緒十四年(1888)上海天寶書局石印本　十四冊　缺三卷(初集四至五、三集六)

330000－1712－0002822　子 0835　子部/藝術類/書畫之屬/畫譜

芥子園畫傳初集六卷二集九卷三集六卷四集四卷　(清)王槩等輯　清刻本　一冊　存二卷(三集三至四)

330000－1712－0002824　子 0850　子部/藝術類/書畫之屬/總論

古芬閣書畫記十八卷　(清)杜瑞聯輯　清光緒七年(1881)太谷杜氏刻本　十六冊

330000－1712－0002830　子 0853　子部/藝術類/書畫之屬/畫譜

晚笑堂畫傳一卷明太祖功臣圖一卷　(清)上官周繪　清乾隆刻本　一冊

330000－1712－0002833　子 0844　子部/藝術類/書畫之屬

新增百美圖説二卷　(清)李世捷輯　清光緒

十三年(1887)上海積山書局石印本　四冊

330000－1712－0002835　子 0845　子部/藝術類/書畫之屬

新增百美圖說二卷　(清)李世捷輯　清光緒十三年(1887)上海積山書局石印本　二冊

330000－1712－0002843　子 0862　子部/藝術類/書畫之屬/法帖

草書集成五卷　(清)石梁書　清光緒十二年(1886)上海書局石印本　五冊

330000－1712－0002846　子 0868　子部/藝術類/篆刻之屬/印譜

陰隲文印存一卷　(清)張心淵篆　清鈐印本　一冊

330000－1712－0002847　經 578　經部/小學類/文字之屬/字書/字體

集篆四種　吳受福編　清光緒石印本　一冊

330000－1712－0002848　經 579　經部/小學類/文字之屬/字書/字體

集篆四種　吳受福編　清光緒石印本　一冊

330000－1712－0002849　子 0867　子部/藝術類/篆刻之屬/印譜

歷朝史印十卷　(清)黃學圯篆刻並輯　清道光九年(1829)刻鈐印本　四冊　缺二卷(七至八)

330000－1712－0002850　經 580　經部/小學類/文字之屬/字書/字體

篆訣辯釋不分卷　(明)陳鍾鼇撰　(清)甘受和訂定　清光緒八年(1882)常熟抱芳閣刻本　一冊

330000－1712－0002852　子 0866　子部/藝術類/篆刻之屬/印論

篆法探源一卷　(明)朱之蕃撰　(清)李登重訂　仰嘉祥音注　**習篆要訣一卷摹印要訣一卷**　仰嘉祥輯　清宣統三年(1911)中國圖書公司石印本　一冊

330000－1712－0002853　子 0863　子部/藝術類/音樂之屬/琴學

文廟秋祭琴譜不分卷　清末抄本　一冊

330000－1712－0002855　叢 123　類叢部/叢書類/自著之屬

十二硯齋三種　(清)汪鋆撰　清同治至光緒儀徵汪氏刻本　一冊　存一種

330000－1712－0002859　子 0870　子部/藝術類/篆刻之屬/印譜

望杏花館印草四卷　(清)徐基德篆刻　清同治六年(1867)鈐印本　四冊

330000－1712－0002867　叢 124　類叢部/叢書類/彙編之屬

麗廔叢書九種　葉德輝編　清光緒三十二年至宣統元年(1906－1909)長沙葉氏刻本　二冊　存五種

330000－1712－0002870　善 342　子部/藝術類/遊藝之屬/棋弈

桃花泉奕譜二卷　(清)范世勳撰　清乾隆三十年(1765)兩儀堂刻本　一冊　存一卷(一)

330000－1712－0002871　子 0874　子部/藝術類/遊藝之屬/棋弈

增研官子譜一卷　清刻本　一冊

330000－1712－0002873　子 0883　子部/藝術類/遊藝之屬/聯語

新刻黃鶴樓銘楹聯詩賦一卷　(清)畢沅等撰　清光緒六年(1880)自修山人刻本　一冊

330000－1712－0002874　子 0884　子部/藝術類/遊藝之屬/聯語

集華山碑楹聯一卷　清抄本　一冊

330000－1712－0002875　子 0520　子部/藝術類/遊藝之屬/聯語

綺霞江館聯語偶存一卷續存一卷再續存一卷　吳熙撰　清宣統二年至三年(1910－1911)長沙刻本　一冊

330000－1712－0002877　子 0873　子部/藝

術類/遊藝之屬/棋弈

桃花泉奕譜二卷　(清)范世勳撰　清光緒四年(1878)如皋義林堂刻本　二册

330000－1712－0002878　子0887　子部/藝術類/遊藝之屬/聯語

西湖楹聯四卷　清光緒十五年(1889)暨陽周慶祺知正軒刻本　清南園居士觀款　四册

330000－1712－0002879　子0911　子部/藝術類/遊藝之屬/酒令

酒令叢鈔四卷　(清)俞敦培輯　清光緒四年(1878)藝雲軒刻本　四册

330000－1712－0002881　子0886　子部/藝術類/遊藝之屬/聯語

楹聯叢話十二卷續話四卷　(清)梁章鉅輯　清道光二十三年(1843)南浦廌齋刻本　二册　存四卷(續話一至四)

330000－1712－0002882　子0888　子部/藝術類/遊藝之屬/聯語

楹聯叢話十二卷續話四卷　(清)梁章鉅輯　清道光二十五年(1845)刻咸豐元年(1851)邵州雨粟山房續刻本　六册

330000－1712－0002884　叢124　類叢部/叢書類/彙編之屬

麗廔叢書九種　葉德輝編　清光緒三十二年至宣統元年(1906－1909)長沙葉氏刻本　六册　存四種

330000－1712－0002885　善138　經部/樂類/律呂之屬

樂律全書十五種　(明)朱載堉撰　明萬曆鄭藩刻增修本　七册　存三種

330000－1712－0002886　子0905　子部/藝術類/遊藝之屬/雜藝

益智圖二卷燕几圖一卷副本一卷　(清)童葉庚撰　**益智續圖一卷**　(清)童昂等撰　**益智字圖一卷附一卷**　(清)祝梅君撰　清光緒四年至十六年(1878－1890)童葉庚睫巢刻本　二册　存三卷(益智續圖、益智字圖、附)

330000－1712－0002888　子0890　子部/藝術類/遊藝之屬/聯語

愚園楹聯一卷續編一卷附一卷　(清)胡光國輯　清刻本　一册

330000－1712－0002891　子0892　子部/藝術類/遊藝之屬/聯語

楹聯彙編八卷　(清)王榮商輯　清光緒三十三年(1907)石印本　三册　存三卷(一至二、五)

330000－1712－0002898　子0915　子部/工藝類/文房四寶之屬/叢録

文房肆攷圖說八卷　(清)唐秉鈞撰　(清)康愷繪　清刻本　吳立題簽　一册　存二卷(七至八)

330000－1712－0002905　子0912　子部/藝術類/遊藝之屬/謎語

謎語續集一卷　(清)味腴主人撰　計延齡等參訂　清宣統元年(1909)平湖文洽齋刻本　一册

330000－1712－0002907　子0908　子部/藝術類/遊藝之屬/聯語

巧對錄八卷　(清)梁章鉅撰　清道光二十二年(1842)刻本　二册

330000－1712－0002910　叢126　類叢部/叢書類/自著之屬

春在堂全書三十六種　(清)俞樾撰　清光緒二十三年(1897)石印本　三十二册　存三十四種

330000－1712－0002913　子0923　子部/宗教類/佛教之屬/經

妙法蓮華經七卷　(後秦)釋鳩摩羅什譯　清同治五年(1866)刻本　三册

330000－1712－0002914　叢128　類叢部/叢書類/自著之屬

千一齋全書　程先甲撰　清光緒至民國江寧程氏千一齋刻本　八册　存一種

330000－1712－0002915　子0916　子部/藝術類/遊藝之屬/聯語

楹聯錄存三卷附錄一卷　(清)俞樾撰　清光緒二十年(1894)刻本　四册

330000－1712－0002916　叢127　類叢部/叢書類/自著之屬
春在堂全書三十六種　(清)俞樾撰　清同治至光緒刻光緒末彙印本　九册　存二種

330000－1712－0002919　叢125　類叢部/叢書類/自著之屬
春在堂全書三十六種　(清)俞樾撰　清同治至光緒刻光緒末彙印本　三十四册　存六種

330000－1712－0002929　子0943　子部/宗教類/佛教之屬/經疏
大佛頂如來密因修證了義諸菩薩萬行首楞嚴經纂註十卷首一卷末一卷　(唐)釋般剌密帝譯　(唐)釋彌伽釋迦譯語　(唐)房融筆受　(明)釋真界纂註　清光緒三十四年(1908)金陵刻經處刻本　五册

330000－1712－0002931　子0938　子部/宗教類/佛教之屬/經疏
彌陀畧解圓中鈔二卷　(明)釋大佑撰　(明)釋傳燈鈔　清咸豐二年(1852)邵陽魏氏刻本　二册

330000－1712－0002932　子0944　子部/宗教類/佛教之屬/經疏
大佛頂如來密因修證了義諸菩薩萬行首楞嚴經纂註十卷首一卷末一卷　(唐)釋般剌密帝譯　(唐)釋彌伽釋迦譯語　(唐)房融筆受　(明)釋真界纂註　清光緒三十四年(1908)金陵刻經處刻本　五册

330000－1712－0002945　子0989　子部/宗教類/佛教之屬
一切經音義二十五卷　(唐)釋玄應撰　**補訂新譯大方廣佛華嚴經音義二卷**　(唐)釋慧苑撰　**華嚴經音義敘錄一卷**　(清)臧庸輯　**刻華嚴經音義校勘記一卷**　(清)曹籀撰　清同治八年(1869)武林張氏寶晉齋刻本　四册

330000－1712－0002951　子0960　子部/宗教類/佛教之屬/經疏
藥師琉璃光如來本願功德經一卷　(唐)釋玄奘譯　清光緒二十八年(1902)刻本　一册

330000－1712－0002952　子0959　子部/宗教類/佛教之屬/經
佛説高王觀世音經一卷千手千眼無礙大悲心陀羅尼一卷觀音大士咒一卷　清同治十年(1871)上海翼化堂刻本　一册

330000－1712－0002953　子0958　子部/宗教類/佛教之屬/諸宗
六祖大師法寶壇經一卷　(唐)釋慧能撰　(唐)釋法海等輯　清末杭州昭慶寺慧空經房刻本　一册

330000－1712－0002954　子0991　子部/宗教類/佛教之屬/總録
雲棲法彙二十八種七十四卷　(明)釋袾宏撰　(明)王宇春等輯　清光緒二十三年至二十五年(1897－1899)金陵刻經處刻本　三册　存一種

330000－1712－0002955　子0992　子部/宗教類/佛教之屬/總録
雲棲法彙二十八種七十四卷　(明)釋袾宏撰　(明)王宇春等輯　清光緒二十三年至二十五年(1897－1899)金陵刻經處刻本　二册　存一種

330000－1712－0002957　子0954　子部/宗教類/佛教之屬/諸宗
淨土要言三卷　(清)賀獻輯　清末刻本　四册

330000－1712－0002960　子0957　子部/宗教類/佛教之屬/經
金光明經四卷　(晉)釋曇無讖譯　清末浙杭西湖慧空經房刻本　一册

330000－1712－0002962　子0973　子部/宗教類/佛教之屬/諸宗
勸修淨土切要一卷　(清)陳熙願撰　清金陵一得齋善書坊刻本　一册

330000－1712－0002965　子0970　子部/宗教類/佛教之屬

西齋淨土詩四卷　（明）釋梵琦撰　清刻本　西園居士觀款　一册

330000－1712－0002967　子 0971　子部/宗教類/佛教之屬/諸宗
靈峰澫益大師選定淨土十要十卷　（清）釋智旭輯　（清）釋成時評點節略　清光緒二十年（1894）揚州廣陵藏經禪院刻本　一册　存一種

330000－1712－0002969　子 0994　子部/宗教類/佛教之屬
多寶塔小楷不分卷　清同治子仙抄本　一册

330000－1712－0002974　子 0979　集部/曲類/寶卷之屬
普陀觀音寶卷一卷　清光緒二十六年（1900）常州彭門徐氏刻本　一册

330000－1712－0002975　子 0980　集部/曲類/寶卷之屬
普陀觀音寶卷一卷　清光緒二十六年（1900）常州彭門徐氏刻本　一册

330000－1712－0002985　子 0997　子部/宗教類/佛教之屬/諸宗
緇門警訓十卷　（宋）釋澤賢輯　（元）釋永中補輯　（明）釋如巹續輯　清光緒十八年（1892）江北刻經處刻本　二册

330000－1712－0002986　子 0999　子部/宗教類/佛教之屬/經咒
白衣大士神咒一卷附靈異十九則一卷　清末宏大善書局石印本　一册

330000－1712－0002987　史 1043　史部/地理類/專志之屬/寺觀
洛陽伽藍記五卷　（北魏）楊衒之撰　**集證一卷**　（清）吳若準集證　清道光十四年（1834）吳若準刻本　一册

330000－1712－0002991　善 248　史部/傳記類/總傳之屬/釋道
善慧大士傳錄四卷　（唐）樓穎輯　明萬曆三十五年（1607）刻本　一册

330000－1712－0002996　子 1006　子部/宗教類/佛教之屬/諸宗
修習止觀坐禪法要二卷六妙法門一卷　（隋）釋智顗撰　清光緒十八年（1892）、二十九年（1903）金陵刻經處刻本　一册

330000－1712－0002997　子 1019　子部/宗教類/佛教之屬
徑中徑又徑徵義三卷首一卷　（清）張師誠輯　（清）徐槐廷注　清光緒二十五年（1899）陸智性刻本　一册

330000－1712－0002998　子 1007　子部/宗教類/佛教之屬
三經合解三卷　（明）釋智旭撰　清三寶經房刻本　一册

330000－1712－0002999　子 1008　子部/宗教類/佛教之屬/諸宗
八宗綱要二卷　（日本）釋凝然撰　清宣統三年（1911）揚州藏經院刻本　一册

330000－1712－0003000　子 1009　子部/宗教類/佛教之屬
破邪論二卷　（唐）釋法琳撰　清光緒三十四年（1908）揚州藏經院刻本　一册

330000－1712－0003001　子 1018　子部/宗教類/佛教之屬/諸宗
淨業初學須知一卷　（清）釋悟開撰　清光緒八年（1882）杭州昭慶寺慧空經房刻本　一册

330000－1712－0003002　子 1010　子部/宗教類/佛教之屬/律
沙彌律儀要略一卷　（明）釋袾宏輯　**毘尼日用切要一卷**　（清）釋讀體集　**四分戒本一卷**　**佛說梵網經二卷**　（後秦）釋鳩摩羅什譯　清光緒二十年（1894）刻本　三册

330000－1712－0003003　子 1011　子部/宗教類/佛教之屬
沙彌律儀要略一卷　（明）釋袾宏輯　**毘尼日用切要一卷**　（清）釋讀體集　**四分戒本一卷**　**佛說梵網經二卷**　（後秦）釋鳩摩羅什譯　清光緒二十年（1894）刻本　一册　存二卷

（佛說梵網經一至二）

330000－1712－0003004　史 1044　史部/傳記類/總傳之屬/釋道

隋天台智者大師別傳一卷　（唐）釋灌頂撰　**隋天台智者大禪師年譜一卷**　（清）陳敏曦識　**天台智者大師傳論一卷**　（唐）梁肅撰　清光緒五年（1879）天台山真學塔寺刻本　一册

330000－1712－0003007　子 1012　子部/宗教類/佛教之屬

法化老和尚貪瞋癡註一卷專修淨土直說一卷山居知足歌一卷序疏一卷　（清）釋法化撰　清光緒元年（1875）杭州昭慶寺慧空經房刻本　一册

330000－1712－0003009　子 1024　子部/宗教類/佛教之屬/諸宗

異方便淨土傳燈歸元鏡三祖實錄二卷　（清）釋智達撰　清光緒二十三年（1897）廣陵藏經禪院刻本　一册

330000－1712－0003010　子 1013　子部/宗教類/佛教之屬

佛祖心要節錄二卷　清同治五年（1866）杭州昭慶寺慧空經房刻本　一册

330000－1712－0003011　子 1025　子部/宗教類/佛教之屬/諸宗

重梓歸元直指集三卷　（五代）釋宗本撰　清同治十年（1871）杭省昭慶禪寺慧空經房刻本　三册

330000－1712－0003013　子 1014　子部/宗教類/佛教之屬

金光明懺齋天法儀一卷　□□輯　清光緒十七年（1891）同和永記經房刻本　一册

330000－1712－0003014　子 1015　子部/宗教類/佛教之屬

三皈註解不分卷　清抄本　一册

330000－1712－0003024　子 1031　子部/宗教類/佛教之屬/總録

御選語錄十九卷　（清）世宗胤禛輯　清刻本　一册　存一卷（十三）

330000－1712－0003025　子 1032　子部/宗教類/佛教之屬/諸宗

龍舒淨土文十卷　（宋）王日休撰　**龍舒淨土文卷首一卷**　（明）釋袾宏等撰　**龍舒淨土文卷末一卷**　（宋）劉章等撰　清光緒九年（1883）金陵刻經處刻本　二册

330000－1712－0003032　子 1047　子部/宗教類/佛教之屬/諸宗

靈峰蕅益大師梵室偶談一卷　（清）釋智旭輯　（清）釋成時評點節畧　**徹悟禪師語錄二卷**　（清）釋際醒說　（清）釋了亮集　清同治十年（1871）金陵刻本　一册

330000－1712－0003037　子 1050　子部/宗教類/佛教之屬/經

佛說大阿彌陀經二卷　（宋）王日休校正　清刻本　一册

330000－1712－0003038　子 1062　子部/宗教類/佛教之屬

紫柏大師法語節錄一卷附録淨土晨鐘法語一卷　（明）釋真可撰　**法界觀一卷漩澓頌一卷**　（唐）釋杜順撰　**佛說能淨一切眼疾病陀羅尼經一卷佛說除一切疾病陀羅尼經一卷**　（唐）釋不空譯　**佛說療痔病經一卷療瘧病鬼咒一卷觀音菩薩說除卒腹痛咒一卷止牙齒痛陀羅尼咒一卷**　（唐）釋義淨譯　清光緒五年（1879）長沙刻經處、十二年（1886）釋素蕉刻本　一册

330000－1712－0003039　子 1061　子部/宗教類/佛教之屬/諸宗

原人論一卷　（唐）釋宗密撰　清同治十三年（1874）雞園刻經處刻本　一册

330000－1712－0003044　子 1055　子部/宗教類/佛教之屬/經

摩訶般若波羅蜜多心經一卷　（明）何道全注　**道流傳集一卷**　（清）王中正撰　清光緒十一年（1885）王永春、張明德刻本　一册

330000－1712－0003053　子 1073　子部/宗

教類/佛教之屬/經疏

妙法蓮華經科註七卷 (明)釋一如集註 清同治十一年(1872)刻本 七冊

330000－1712－0003055 子1092 子部/宗教類/佛教之屬/經疏

金剛經解義二卷心經解義一卷 (清)徐槐廷撰 清咸豐八年(1858)刻本 一冊

330000－1712－0003058 子1093 子部/宗教類/佛教之屬/經疏

金剛經解義二卷心經解義一卷 (清)徐槐廷撰 清咸豐八年(1858)正文堂刻本 一冊

330000－1712－0003060 子1084 子部/宗教類/佛教之屬

金剛經註講不分卷 (後秦)釋鳩摩羅什譯 (清)釋行敏述 (清)蔣鳳清書 清光緒十八年(1892)刻本 一冊

330000－1712－0003061 子1103 子部/宗教類/佛教之屬

穿珠集二卷 (清)釋隆範撰 清光緒三十年(1904)上海著易堂書局鉛印本 二冊

330000－1712－0003062 子1066 子部/宗教類/佛教之屬/諸宗

萬善同歸集六卷 (宋)釋延壽撰 清刻本 一冊

330000－1712－0003064 子1068 子部/宗教類/佛教之屬

佛祖心燈一卷 (清)□□輯 **宗教律諸家演派一卷西藏剌麻溯源一卷** (清)釋守一編 清光緒十六年(1890)金陵刻經處刻本 一冊

330000－1712－0003065 子1085 子部/宗教類/佛教之屬/諸宗

佛祖心髓三卷 (清)釋達如輯 清光緒十七年(1891)杭州昭慶寺刻本 三冊

330000－1712－0003067 子1069 子部/宗教類/佛教之屬/諸宗

筠州黃蘗山斷際禪師傳心法要二卷 (唐)釋希運說 (唐)裴休輯 清光緒十年(1884)金陵刻經處刻本 一冊

330000－1712－0003068 子1074 子部/宗教類/佛教之屬/經疏

佛說阿彌陀經要解便蒙鈔三卷 (清)釋智旭解 (清)釋達默鈔 (清)釋達林参訂 清光緒二十三年(1897)三寶經房刻本 三冊

330000－1712－0003069 子1070 子部/宗教類/佛教之屬/總録

御選語錄十九卷 (清)世宗胤禛輯 清光緒十一年(1885)金陵刻經處刻本 一冊 存二卷(三、八)

330000－1712－0003071 子1108 子部/宗教類/佛教之屬/諸宗

念佛開心頌一卷 (清)釋古崑撰 清光緒十一年(1885)杭州昭慶慧空經房刻本 一冊

330000－1712－0003075 子1088 子部/宗教類/佛教之屬/經

金剛經解略一卷 清光緒九年(1883)湖南黃郁郁堂刻本 一冊

330000－1712－0003076 子1086 子部/宗教類/佛教之屬

金剛般若波羅蜜經講義一卷 (清)雲峯道人撰 (清)王何功輯 **金剛經受持靈驗記一卷** (清)吳尚采輯 **心經合參一卷** (清)王何功輯 清光緒二年(1876)化山傳燈寺釋松溪刻本 一冊

330000－1712－0003079 子1104 子部/宗教類/佛教之屬/諸宗

念佛鏡一卷 (唐)釋道鏡 (唐)釋善道輯 清同治十年(1871)虞妙道刻本 一冊

330000－1712－0003085 子1101 子部/宗教類/佛教之屬/諸宗

永嘉禪宗集註二卷 (唐)釋玄覺撰 (明)釋傳燈重輯并註 清同治十年(1871)刻本 一冊

330000－1712－0003087 子1099 子部/宗教類/佛教之屬

龐居士語錄一卷詩二卷 (唐)龐蘊撰 (唐)于頔編 清咸豐元年(1851)蘇州錢氏刻本

一册

330000－1712－0003091　子1089　子部/宗教類/佛教之屬/經

金剛般若波羅蜜經句解易知二卷　(後秦)釋鳩摩羅什譯　(南朝梁)蕭統分章　(清)王澤泩註解　清光緒二年(1876)吳下刻本　一册

330000－1712－0003094　子1100　集部/曲類/寶卷之屬

龐公寶卷不分卷　(清)雲山風月主人輯　清光緒二十一年(1895)刻本　一册

330000－1712－0003095　子1105　子部/宗教類/佛教之屬

大清杭州海潮寺普照道禪師塔銘一卷　(清)張大昌撰　(清)陳霖書　**普照禪師淨業記一卷**　(清)丁丙撰　**海潮寺文錄一卷附錄一卷**　(清)釋普照撰　(清)釋顯振等編　清刻本　一册

330000－1712－0003099　子1054　子部/宗教類/佛教之屬/經

佛説阿彌陀經一卷　(後秦)釋鳩摩羅什譯　**佛説阿彌陀經直解正行一卷**　(清)釋了根纂註　清同治八年(1869)杭州昭慶寺慧空經房刻本　一册

330000－1712－0003100　子1109　子部/宗教類/佛教之屬/經疏

大方廣圓覺經大疏十六卷首一卷　(唐)釋宗密撰　清宣統元年(1909)金陵刻經處刻本　四册

330000－1712－0003101　子1110　子部/宗教類/佛教之屬

大方廣圓覺修多羅了義經二卷　(唐)釋佛陀多羅譯　清同治八年(1869)金陵刻經處刻本　一册

330000－1712－0003102　子1111　子部/宗教類/佛教之屬

大方廣圓覺修多羅了義經二卷　(唐)釋佛陀多羅譯　清同治八年(1869)金陵刻經處刻本　一册

330000－1712－0003104　子1117　子部/宗教類/佛教之屬/經疏

金剛般若波羅密經直解一卷般若波羅密多心經直解一卷　題(唐)呂巖降乩撰　清光緒二十年(1894)銅峰刻本　一册

330000－1712－0003105　子1133　子部/宗教類/佛教之屬/經咒

大悲懺儀合節一卷　清瑪瑙經房刻本　一册

330000－1712－0003108　子1119　子部/宗教類/佛教之屬/論

佛説大乘金剛經論一卷　清昭慶經房刻本　一册

330000－1712－0003111　子1096　子部/宗教類/佛教之屬/經疏

註解鐵鋑鉛二卷　(明)屠埌註　清順治五年(1648)浙寧廣福堂刻本　一册

330000－1712－0003112　子1176　子部/宗教類/佛教之屬

最上一乘慧命經一卷　(清)柳華陽撰　清宣統元年(1909)上海掃葉山房石印本　一册

330000－1712－0003113　子1122　子部/宗教類/佛教之屬/經

金剛般若波羅蜜經一卷　(後秦)釋鳩摩羅什譯　**般若波羅蜜多心經一卷**　(唐)釋玄奘譯　清末杭州昭慶慧空經房刻本　一册

330000－1712－0003114　子1129　子部/宗教類/佛教之屬

大明三藏法數五十卷　(明)釋一如等集註　清刻本　十六册

330000－1712－0003117　子1112　子部/宗教類/佛教之屬/總録

雲棲法彙二十八種七十四卷　(明)釋袾宏撰　(明)王宇春等輯　清同治十年(1871)刻本　一册　存一種

330000－1712－0003118　子1130　子部/宗教類/佛教之屬/經疏

大佛頂首楞嚴經疏解蒙鈔六十卷首一卷

（清）錢謙益撰　清光緒十五年（1889）蘇城謝文翰齋刻本　二十册

330000－1712－0003121　子1131　子部/宗教類/佛教之屬
法苑珠林一百卷　（唐）釋道世撰　清宣統二年（1910）昆陵天寧寺刻本　三十册

330000－1712－0003122　子1113　子部/宗教類/佛教之屬/總録
雲棲法彙二十八種七十四卷　（明）釋袾宏撰（明）王宇春等輯　清照慶慧空經房刻本　一册　存一種

330000－1712－0003123　子1114　子部/宗教類/佛教之屬/總録
雲棲法彙二十八種七十四卷　（明）釋袾宏撰并註　清末刻本　一册　存二種

330000－1712－0003128　子1139　子部/宗教類/道教之屬
太上感應篇圖説八卷首一卷　（清）黄正元纂　清光緒三年（1877）長沙黎家坡遐齡精舍刻本　八册

330000－1712－0003129　子1140　子部/宗教類/道教之屬
太上寶筏圖説八卷首一卷　（清）黄正元纂（清）毛金蘭補　**大清刑律圖説一卷**　清光緒十八年（1892）上海同文書局石印本　八册

330000－1712－0003130　子1149　子部/宗教類/道教之屬/戒律
陰隲文圖證不分卷　（清）費丹旭繪圖　（清）許光清集證　清光緒十二年（1886）刻本　二册

330000－1712－0003131　子1135　子部/宗教類/道教之屬/戒律
太上感應篇註講證案彙編二卷　清道光十九年（1839）蘇州劉家浜尤氏刻本　二册

330000－1712－0003132　子1150　子部/宗教類/道教之屬/戒律
陰隲文圖證不分卷　（清）費丹旭繪圖　（清）許光清集證　清同治七年（1868）上海待鶴齋刻本　二册

330000－1712－0003133　子1141　子部/宗教類/道教之屬
太上寶筏圖説八卷　（清）黄正元纂　清光緒十八年（1892）上海竹簡齋書局石印本　八册

330000－1712－0003136　子1151　子部/宗教類/道教之屬/經文
九皇新經註解三卷　（唐）呂巖註　清光緒二年（1876）漢南道生堂刻本　二册

330000－1712－0003137　子1142　子部/宗教類/道教之屬
太上感應篇圖説八卷　（清）黄正元纂　清末石印本　五册　缺三卷（五至七）

330000－1712－0003138　子1168　子部/醫家類/養生之屬
體真山人性命要旨一卷附周子太極圖説註解一卷　汪啟濩撰　**葆真山人養性編一卷**（清）柯懷經撰　清光緒十七年（1891）海峯別墅刻二十二年（1896）增修本　二册

330000－1712－0003139　子1167　子部/宗教類/道教之屬
道祖眞傳輯要　（明）陸輿輯　清光緒三年（1877）常州味腴齋刻本　一册　存十五種

330000－1712－0003140　子1143　子部/宗教類/道教之屬
太上寶筏圖説八卷　（清）黄正元纂　清光緒十八年（1892）上海鴻文書局石印本　五册　缺三卷（五至七）

330000－1712－0003141　子1169　子部/宗教類/道教之屬
周易參同契分章註解三卷　（元）陳致虛撰（清）傅金銓批　清光緒二年（1876）敦仁堂刻本　一册　存一卷（上）

330000－1712－0003142　子1144　子部/宗教類/道教之屬
太上寶筏圖説八卷　（清）黄正元纂　清光緒十八年（1892）上海鴻文書局石印本　四册

存四卷(二至四、八)

330000－1712－0003143　子 1145　子部/宗教類/道教之屬

太上寶筏圖說八卷　(清)黄正元纂　清光緒石印本　一册　存一卷(五)

330000－1712－0003144　子 1170　子部/宗教類/道教之屬

悟真篇三註三卷外集一卷　(宋)薛道光等撰　清光緒二十二年(1896)刻本　二册

330000－1712－0003146　子 1137　子部/宗教類/道教之屬

仙佛合宗語録不分卷　(明)伍守陽撰　(明)伍守虚注　汪東亭輯　清宣統三年(1911)中國圖書公司石印本　四册

330000－1712－0003147　子 1177　子部/宗教類/道教之屬

覺世經果報圖證二卷　清末石印本　一册　存一卷(一)

330000－1712－0003148　子 1138　子部/宗教類/道教之屬

仙佛合宗語録不分卷　(明)伍守陽撰　(明)伍守虚注　汪東亭輯　清宣統三年(1911)中國圖書公司石印本　四册

330000－1712－0003150　史 1046　史部/傳記類/總傳之屬/釋道

金蓋心燈八卷　(清)閔苕旉撰　(清)鮑廷博注　(清)鮑錕評　**金蓋山純陽宮古今蹟畧一卷**　(清)閔苕旉述　清光緒二年(1876)雲巢古書隱樓刻本　六册

330000－1712－0003151　子 1171　子部/宗教類/道教之屬

道書試金石一卷入藥鏡注一卷康節邵子詩注一卷吕祖沁園春注一卷　(清)傅金銓撰　清刻本　一册

330000－1712－0003152　子 1188　子部/宗教類/道教之屬

三教一貫九卷辯正一卷　清末石印本　一册　存六卷(五至十)

330000－1712－0003153　子 1189　子部/宗教類/道教之屬

度人寶筏不分卷　清光緒十七年至十八年(1891－1892)刻本　一册

330000－1712－0003154　子 1160　子部/宗教類/道教之屬/經文

玉皇心印妙經真解一卷　(清)覺真子注　清弘一堂刻本　一册

330000－1712－0003155　子 1190　子部/宗教類/道教之屬

度人寶筏不分卷　清光緒十七年至十八年(1891－1892)刻本　一册

330000－1712－0003156　子 1191　子部/雜著類/雜説之屬

質神録一卷續録一卷　(清)彭紹升編　清光緒十三年(1887)刻本　一册　存一卷(質神録)

330000－1712－0003157　子 1192　子部/宗教類/道教之屬

關聖帝君警世寶誥一卷文昌帝君警世寶誥一卷　清末上海宏大紙號石印本　一册

330000－1712－0003158　子 1193　子部/宗教類/佛教之屬

玄門日誦不分卷　清同治二年(1863)杭州昭慶寺慧空經房刻本　一册

330000－1712－0003159　子 1162　子部/宗教類/道教之屬/經文

三聖經三卷　(清)錢文惠書　清末石印本　一册

330000－1712－0003160　子 1165　子部/宗教類/道教之屬

道書二十三種　(清)劉一明撰　清光緒三年至六年(1877－1880)上海翼化堂刻本　十五册　存二十種

330000－1712－0003161　子 1161　子部/宗教類/道教之屬/經文

玉皇心印妙經真解一卷　(清)覺真子注　清

弘一堂刻本　一册

330000－1712－0003162　子 1163　子部/宗教類/道教之屬

道書十二種　(清)劉一明撰　清嘉慶二十四年(1819)常郡護國庵刻本　六册　存二種

330000－1712－0003163　子 1164　子部/雜著類

通關文二卷　(清)劉一明撰　清道光二年(1822)刻常郡護國菴刻本　一册　存一卷(一)

330000－1712－0003165　子 1158　子部/宗教類/道教之屬

重刻盤山棲雲王真人語錄一卷　(元)王志謹述　(元)論志焕輯　清同治元年(1862)寧鄉同善分社刻本　一册

330000－1712－0003166　子 1157　子部/雜著類/雜説之屬

救刦回生四卷　清光緒十四年(1888)刻民國十年(1921)印本　一册　存一卷(四)

330000－1712－0003167　子 1182　子部/儒家類/儒學之屬

安士全書四種　(清)周夢顔撰　清宣統元年(1909)刻本　三册　存一種

330000－1712－0003169　子 1156　子部/宗教類/道教之屬

勤輔壇鸞書二種　(清)勤輔壇輯　清光緒二十六年(1900)龍游勤輔壇刻本　二册

330000－1712－0003170　史 1045　史部/傳記類/總傳之屬/釋道

歷代仙史八卷　(清)王建章輯　清光緒七年(1881)常熟抱芳閣刻本　六册

330000－1712－0003174　子 1178　子部/宗教類/道教之屬/戒律

陰隲文圖證不分卷　(清)費丹旭繪圖　(清)許光清集證　清刻本　一册

330000－1712－0003175　子 1194　子部/宗教類/道教之屬

重鐫清靜經圖註不分卷　混然子繪圖　水精子註解　清光緒十三年(1887)吳山馮圓安刻本　一册

330000－1712－0003177　子 1175　子部/宗教類/道教之屬

覺世經果報圖證二卷　清光緒二十一年(1895)上海宏大善書局石印本　二册

330000－1712－0003178　子 1174　子部/雜著類/雜纂之屬

宣講拾遺六卷首一卷　(清)莊跛仙輯　清末上海善書流通處石印本　三册

330000－1712－0003180　子 1209　子部/宗教類/道教之屬/戒律

陰隲果報圖注不分卷　(明)顔正注　(清)黄正元集證　吳友如繪　清光緒十七年(1891)仁濟堂石印本　一册

330000－1712－0003181　子 1196　子部/宗教類/道教之屬/戒律

古佛應驗明聖經三卷　(清)趙世安注　清光緒二十年(1894)上海宏大善書局石印本　一册

330000－1712－0003182　子 1187　子部/宗教類/道教之屬

太上黄庭内景玉經一卷外景玉經三卷　(唐)白履忠注　清同治八年(1869)刻本　一册

330000－1712－0003183　子 1154　集部/總集類/課藝之屬

新人眼目不分卷　清石印本　一册

330000－1712－0003184　子 1155　子部/宗教類/道教之屬/方法

濬性窮淵一卷　(明)涵谷子撰　清刻本　一册

330000－1712－0003185　子 1197　子部/宗教類/道教之屬/經文

九天應元雷聲普化天尊玉樞寶經一卷　清刻

本　一冊

330000－1712－0003186　子 1198　子部/宗教類/道教之屬/經文
九天應元雷聲普化天尊玉樞寶經一卷　清刻本　一冊

330000－1712－0003187　子 1208　子部/宗教類/道教之屬/戒律
陰隲果報圖注不分卷　(明)顏正注　(清)黄正元集證　吴友如繪　清光緒十七年(1891)仁濟堂石印本　一冊

330000－1712－0003188　子 1207　子部/宗教類/道教之屬/戒律
陰隲果報圖注不分卷　(明)顏正注　(清)黄正元集證　吴友如繪　清石印本　一冊

330000－1712－0003189　子 1183　子部/宗教類/道教之屬
大玄九統乘三卷淺解三卷附引用書目一卷　(清)張誠撰　清平湖張氏躬厚堂抄本　二冊

330000－1712－0003192　子 1200　子部/宗教類/道教之屬
高上玉皇本行集經三卷高上玉皇心印妙經一卷　清末刻本　三冊

330000－1712－0003195　子 1202　子部/宗教類/其他宗教之屬/其他
十二圓覺不分卷　(清)彭德源撰　清同治八年(1869)刻本　一冊

330000－1712－0003196　子 1203　子部/宗教類/其他宗教之屬/其他
十二圓覺不分卷　(清)彭德源撰　清同治八年(1869)刻本　一冊

330000－1712－0003198　子 1185　子部/宗教類/道教之屬/雜著
玉曆鈔傳警世不分卷附經驗良方一卷　清道光二十七年(1847)蘇州文會齋刻本　一冊

330000－1712－0003199　善 514　類叢部/叢書類/彙編之屬
說郛一百二十卷一千二百八十種　(明)陶宗儀編　明末刻清順治三年(1646)兩浙督學周南李際期宛委山堂印本　一冊　存一種

330000－1712－0003200　叢 130　類叢部/叢書類/彙編之屬
學古堂日記初編十五種　(清)雷浚撰　(清)吴履剛編　清光緒十六年(1890)刻本　二冊

330000－1712－0003201　經 581　經部/四書類/論語之屬/傳說
增訂二論詳解四卷　(清)劉忠輯　清紫文閣刻本　二冊　存二卷(三至四)

330000－1712－0003202　史 0586　史部/紀傳類/正史之屬
秦本紀不分卷　(漢)司馬遷撰　清抄本　一冊

330000－1712－0003203　史 1047　史部/傳記類/别傳之屬/事狀
輓詞彙編三卷　(清)龔尚毅　(清)郭兆芳輯　清光緒十九年(1893)養知書屋刻本　一冊

330000－1712－0003204　史 1048　史部/傳記類/别傳之屬/事狀
媿室先生[高鳳歧]哀輓錄一卷附錄一卷　高而謙　高鳳謙編　清宣統元年(1909)鉛印本　一冊

330000－1712－0003205　經 582　子部/儒家類/儒學之屬/蒙學
龍文鞭影二卷　(明)蕭良有纂輯　(清)楊臣諍增訂　(明)來集之音註　清聚盛堂刻本　二冊

330000－1712－0003208　史 1054　史部/地理類/方志之屬
湖北鄉土歷史教科書一卷附參攷書一卷　(清)陳慶林編　清光緒三十三年(1907)上海國學保存會鉛印本　一冊

330000－1712－0003209　史 1050　史部/地理類/雜志之屬
直隸鄉土歷史教科書一卷附參考書一卷　(清)陳慶林編　清光緒三十三年(1907)上海

國學保存會鉛印本　一冊

330000－1712－0003211　子 1184　子部/宗教類/道教之屬/雜著

玉曆鈔傳警世不分卷附經驗良方一卷　清刻本　一冊

330000－1712－0003212　子 1210　子部/宗教類/佛教之屬/經

妙法蓮華經七卷　(後秦)釋鳩摩羅什譯　清杭州昭慶寺慧空經房刻本　三冊

330000－1712－0003213　子 1186　子部/宗教類/道教之屬/雜著

玉曆鈔傳警世不分卷附經驗良方一卷　清刻本　一冊

330000－1712－0003214　子 1211　子部/宗教類/佛教之屬/經

妙法蓮華經七卷　(後秦)釋鳩摩羅什譯　清杭州昭慶寺慧空經房刻本　一冊　存二卷(一至二)

330000－1712－0003215　子 1212　子部/宗教類/佛教之屬/經

御製大雲輪請雨經一卷太上祈雨龍王真經三卷　(隋)釋那連提耶舍譯　清同治九年(1870)湖北崇文書局刻本　一冊

330000－1712－0003216　史 1051　史部/地理類/雜志之屬

江寧鄉土歷史教科書一卷附參考書一卷　劉師培編　清光緒三十二年(1906)上海國學保存會鉛印本　一冊

330000－1712－0003217　史 1052　史部/地理類/雜志之屬

江西鄉土歷史教科書一卷附參考書一卷　(清)陳慶林編　清光緒三十三年(1907)上海國學保存會鉛印本　一冊

330000－1712－0003218　史 1053　史部/地理類/雜志之屬

江西鄉土地理教科書一卷　(清)陳慶林編　清光緒三十三年(1907)上海國學保存會鉛印本　一冊

330000－1712－0003219　史 1055　史部/地理類/雜志之屬

宸垣識畧十六卷　(清)吳長元撰　清刻本　十一冊　缺一卷(一)

330000－1712－0003220　史 1056　子部/雜著類/雜纂之屬

嘯亭雜錄十卷續錄三卷　(清)昭槤撰　清宣統元年(1909)中國圖書公司鉛印本　一冊　存三卷(續錄一至三)

330000－1712－0003221　史 0627　史部/叢編

史論彙函甲編二十六種　(清)述古齋主人輯　清石印本　一冊　存三種

330000－1712－0003224　經 584　經部/小學類/訓詁之屬

手抄聖諭千字文夏小正孝經各本全不分卷　清道光二十五年(1845)抄本　一冊

330000－1712－0003226　子 1218　子部/儒家類/儒家之屬

小試鋏網珊瑚初集不分卷二集不分卷三集不分卷　(清)沈鏡堂輯　清同治三年(1864)京都琉璃廠刻本　六冊

330000－1712－0003227　子 1215　子部/儒家類/儒學之屬/蒙學

幼學須知句解四卷首一卷　(清)錢元龍(清)王世芬校梓　清光緒八年(1882)鴛湖博古堂刻本　一冊　存一卷(首、一)

330000－1712－0003228　子 1223　子部/農家農學類/園藝之屬/花卉

秘傳花鏡六卷圖一卷　(清)陳淏子撰　清刻遞修本　六冊

330000－1712－0003229　子 1222　子部/農家農學類/園藝之屬/總志

佩文齋廣羣芳譜一百卷目錄二卷　(清)汪灝等撰　清刻本　二冊　存八卷(四十六至五十三)

330000－1712－0003230　子 1219　子部/儒

家類/儒學之屬/性理

慈溪黄氏日抄分類九十七卷古今紀要十九卷 (宋)黄震撰 清刻本 二册 存五卷(古今紀要十五至十九)

330000－1712－0003231 子1221 子部/農家農學類/園藝之屬/花卉

蘭言述畧四卷首一卷 (清)袁世俊撰 清光緒二年(1876)六俊世家刻二十三年(1897)重修印本 一册

330000－1712－0003232 善343 子部/儒家類/儒學之屬/經濟

張子全書十五卷 (宋)張載撰 (宋)朱熹注 明萬曆鳳翔府刻清順治十年(1653)喻三畏重修康熙印本 四册 存十卷(一至十)

330000－1712－0003233 子1220 子部/農家農學類/蠶桑之屬

蠶桑簡明輯說一卷補遺一卷 (清)黄世本撰 清光緒十四年(1888)浙江書局刻本 一册

330000－1712－0003234 子1227 子部/醫家類/養生之屬

隨息居飲食譜一卷 (清)王士雄撰 清同治二年(1863)上海刻本 一册

330000－1712－0003235 善344 類叢部/叢書類/自著之屬

朱子遺書十五種 (宋)朱熹撰 清康熙禦兒吕氏寶誥堂刻本 一册 存三種

330000－1712－0003236 子1224 子部/醫家類/内科之屬

脾胃論三卷 (金)李杲撰 清刻本 二册

330000－1712－0003237 叢131 類叢部/叢書類/自著之屬

芳梫堂叢書□□種 (清)王玉樹撰 清嘉慶至道光安康王氏芳梫堂刻本 四册 存一種

330000－1712－0003240 子1229 子部/雜著類/雜纂之屬

餘冬録六十一卷 (明)何孟春輯 清同治三年(1864)大興邵綬名恭壽堂刻本 十册

330000－1712－0003241 子1233 子部/儒家類/儒學之屬/禮教/家訓

雙節堂庸訓六卷 (清)汪輝祖撰 清同治七年(1868)楚北崇文書局刻本 二册

330000－1712－0003242 子1234 子部/儒家類/儒學之屬/蒙學

正蒙必讀初二三編十二卷 (清)陳蔚文編 清光緒二十七年至二十八年(1901－1902)杞廬刻本 一册 存一種

330000－1712－0003243 子1239(1) 子部/雜著類/雜說之屬

盛世危言五卷續編三卷 (清)鄭觀應輯撰 清光緒二十二年至二十四年(1896－1898)上海書局石印本 七册

330000－1712－0003244 子1230 子部/雜著類/雜說之屬

欲海回狂集三卷内典字義譯註一卷 (清)周思仁撰 **附刻省庵法師不淨觀頌四念處頌一卷** (清)熊秉悳選 清光緒三年(1877)昭慶慧空經房刻本 一册

330000－1712－0003245 子1228 子部/儒家類/儒學之屬/性理

淵鑒齋御纂朱子全書六十六卷 (宋)朱熹撰 (清)李光地等承修 (清)法通等校對 清嘉慶刻本 四十八册

330000－1712－0003248 子1246 子部/宗教類/佛教之屬/諸宗

圓頓觀心十法界圖一卷 (宋)釋慈雲撰 **戒殺放生文一卷** (明)釋袾宏撰並註 清宣統元年(1909)海鹽木活字印本 一册

330000－1712－0003249 子1235 子部/雜著類/雜說之屬

二十二史感應錄二卷 (清)彭希涑輯 清光緒二年(1876)勵志書屋刻本 二册

330000－1712－0003250 子1236 子部/雜著類/雜說之屬

二十二史感應錄二卷 (清)彭希涑輯 清光緒二年(1876)勵志書屋刻本 二册

330000－1712－0003251　子 1232　子部/術數類/占卜之屬
牙牌神數不分卷　(清)何汝樫撰　清抄本　一冊

330000－1712－0003252　子 1247　子部/宗教類/道教之屬/雜著
惕慮集句四卷續集句四卷　清刻本　一冊　存二卷(續集句一至二)

330000－1712－0003253　子 1237　子部/儒家類/儒家之屬
孔氏家語十卷　(三國魏)王肅注　清光緒十八年(1892)上海掃葉山房影印本　五冊

330000－1712－0003254　子 1244　子部/雜家類
樞言一卷續一卷　(清)王柏心撰　清咸豐九年(1859)慕山書屋刻本　一冊

330000－1712－0003255　子 1238　子部/儒家類/儒家之屬
孔氏家語十卷　(三國魏)王肅注　清光緒十八年(1892)上海掃葉山房影印本　五冊

330000－1712－0003256　子 1243　子部/雜著類/雜考之屬
札迻十二卷　(清)孫詒讓撰　清光緒二十年(1894)刻二十一年(1895)重修本　四冊

330000－1712－0003257　子 1249　子部/術數類/相宅相墓之屬
山洋指迷原本四卷　(明)周景一撰　(清)俞歸璞　(清)吳卿瞻增注　清文奎堂刻本　一冊　存一卷(一)

330000－1712－0003258　子 1240　子部/叢編
經史百家序錄六種　邵章輯　清光緒二十八年(1902)會文學社石印本　二冊　存一種

330000－1712－0003259　子 1250　子部/藝術類/遊藝之屬
蘭閨清玩一卷　□□輯　清光緒二十二年(1896)上海書局石印本　一冊

330000－1712－0003260　子 1241　子部/雜家類
廣陽子述註圖說一卷　清抄本　一冊

330000－1712－0003262　子 1242　子部/雜著類/雜說之屬
淮南子精神訓一卷原道訓一卷詮言訓一卷　清抄本　一冊

330000－1712－0003263　子 1252　類叢部/類書類/通類之屬
策學纂要正續編十六卷　(清)戴朋　(清)黃卷輯　清同治六年(1867)刻本　一冊　存四卷(一至四)

330000－1712－0003265　子 1254　子部/雜著類/雜考之屬
讀書雜志八十二卷餘編二卷　(清)王念孫撰　清同治九年(1870)金陵書局刻本　二十二冊　缺五卷(史記雜志三至四、漢書雜志八至十)

330000－1712－0003266　子 1273　子部/術數類/陰陽五行之屬
擇日秘書不分卷　(明)董德彰撰　(清)覺羅耆齡輯　清光緒十七年(1891)思鶴館刻本　一冊

330000－1712－0003267　子 1253　子部/雜著類/雜考之屬
讀書雜志八十二卷餘編二卷　(清)王念孫撰　清刻本　十九冊　缺十二卷(淮南內篇雜志七至十八)

330000－1712－0003268　經 585　經部/小學類/訓詁之屬/譯語
東語入門二卷　(清)陳天麒輯譯　清光緒二十一年(1895)海鹽陳氏石印本　一冊　存一卷(一)

330000－1712－0003269　子 1255　子部/術數類/相宅相墓之屬
增補地理直指原真三卷首一卷　(清)釋如玉撰　清指歸菴刻本　二冊　存二卷(二至三)

330000－1712－0003272　子 1265　子部/雜著類/雜考之屬

日知錄集釋三十二卷刊誤二卷續刊誤二卷　(清)黄汝成撰　清光緒三年(1877)刻本　十六册

330000－1712－0003273　子 1266　子部/雜著類/雜考之屬

日知錄集釋三十二卷刊誤二卷　(清)黄汝成撰　清道光十四年至十五年(1834－1835)嘉定黄氏西谿草廬刻本　十六册

330000－1712－0003274　子 1256　子部/小說家類/瑣語之屬

勉戒切要錄十卷首一卷末一卷　(清)孫廷鏘編　清道光五年(1825)刻本　一册　存三卷(九至十、末)

330000－1712－0003275　子 1305　子部/叢編

子書百家　(清)崇文書局編　清光緒元年(1875)湖北崇文書局刻本　百十册

330000－1712－0003276　善 516　類叢部/叢書類/彙編之屬

百川學海　(宋)左圭編　明刻本　十二册　存六十六種

330000－1712－0003277　子 1257　子部/小說家類/雜事之屬

白門新柳記一卷　(清)許豫撰　**白門新柳補記一卷**　(清)楊亨輯　**白門衰柳附記一卷　葉兒樂府一卷北曲一卷**　(清)盋孏雲撰　清末上海申報館鉛印本　一册

330000－1712－0003278　子 1267　子部/雜著類/雜考之屬

日知錄集釋三十二卷刊誤二卷續刊誤二卷　(清)黄汝成撰　清同治八年(1869)廣州述古堂刻本　十六册

330000－1712－0003279　善 345　子部/小說家類/異聞之屬

山海經廣注十八卷讀山海經語一卷雜述一卷圖五卷　(清)吴任臣撰　清乾隆五十一年(1786)金閶書業堂刻本　四册

330000－1712－0003281　子 1259　子部/雜家類

栖流略三卷蔛一卷雜一卷　(清)郭㦗綺撰　清光緒刻本　一册

330000－1712－0003282　子 1268　子部/雜著類/雜考之屬

日知錄集釋三十二卷首一卷刊誤二卷續刊誤二卷　(清)黄汝成撰　清光緒二十一年(1895)上海點石齋石印本　六册

330000－1712－0003283　子 1269　子部/雜著類/雜考之屬

日知錄集釋三十二卷首一卷刊誤二卷續刊誤二卷　(清)黄汝成撰　清光緒二十一年(1895)上海點石齋石印本　一册　存六卷(首、一至五)

330000－1712－0003285　史 1057　史部/政書類/公牘檔册之屬

保嬰堂徵信錄不分卷　(清)柯當霖等撰　清末刻本　一册

330000－1712－0003286　善 517　類叢部/叢書類/彙編之屬

續百川學海一百三十一種　(明)吴永編　明末刻本　八册　存五十二種

330000－1712－0003287　子 1261　子部/雜著類/雜說之屬

浪跡叢談八卷　(清)梁章鉅撰　清光緒鉛印本　二册

330000－1712－0003292　子 1262　子部/雜著類/雜考之屬

潛研堂答問十二卷　(清)錢大昕撰　清光緒七年(1881)謨觴室刻本　四册

330000－1712－0003293　經 586　經部/易類

春水船易學四種七卷　(清)方本恭撰　清刻本　一册　存二種

330000－1712－0003294　善 518　類叢部/叢書類/彙編之屬

說鈴前集三十三種後集十九種續集七種 (清)吳震方編　清康熙刻本　十六冊　存五十四種

330000－1712－0003295　叢 132　類叢部/叢書類/自著之屬
藻川堂全集四種　(清)鄧繹撰　清光緒刻本　六冊　存二種

330000－1712－0003296　子 1278　子部/小說家類/雜事之屬
豈有此理四卷　(清)絳雪草廬主人撰　清道光四年(1824)刻本　四冊

330000－1712－0003297　子 1270　子部/雜著類/雜考之屬
雲谷雜紀四卷首一卷末一卷　(宋)張淏撰　清刻本　二冊

330000－1712－0003299　叢 133　類叢部/叢書類/自著之屬
亦園亭全集五種　(清)孟超然撰　清嘉慶二十年(1815)刻本　一冊　存一種

330000－1712－0003300　善 348　子部/雜著類/雜說之屬
輟耕錄三十卷　(明)陶宗儀撰　明刻清初廣文堂印本　六冊

330000－1712－0003302　子 1281　子部/雜著類/雜說之屬
墨子經說解二卷　(清)張惠言撰　清宣統元年(1909)國學保存會影印本　一冊

330000－1712－0003303　子 1274　子部/雜家類
天花亂墜八卷二集八卷三集八卷　(清)寅半生編　清光緒二十九年至三十三年(1903－1907)杭州崇寔齋刻本　四冊　存八卷(天花亂墜一至八)

330000－1712－0003304　子 1289　子部/小說家類/雜事之屬
繪圖騙術奇談四卷　(清)雷君曜編　清宣統元年(1909)掃葉山房石印本　四冊

330000－1712－0003305　子 1275　子部/藝術類/遊藝之屬/謎語
精選文虎大觀六卷補遺一卷　(清)李夔颺輯　清光緒十六年(1890)平湖味三書屋刻本　六冊

330000－1712－0003306　子 1282　類叢部/叢書類/彙編之屬
小穜字林叢刻七種　吳受福編　清光緒刻本　一冊　存一種

330000－1712－0003307　子 1276　子部/藝術類/遊藝之屬/謎語
精選文虎大觀六卷補遺一卷　(清)李夔颺輯　清光緒十六年(1890)平湖味三書屋刻本　五冊　缺一卷(四)

330000－1712－0003308　子 1277　子部/藝術類/遊藝之屬/謎語
精選文虎大觀六卷補遺一卷　(清)李夔颺輯　清光緒十六年(1890)平湖味三書屋刻本　一冊　存一卷(二)

330000－1712－0003309　子 1286　子部/術數類/相宅相墓之屬
菊逸山房地理正書三種　(清)寇宗編　清京都琉璃廠刻本　三冊

330000－1712－0003311　子 1279　子部/小說家類/雜事之屬
更豈有此理四卷　(清)半軒主人撰　清刻本　二冊　存二卷(三至四)

330000－1712－0003312　子 1280　子部/術數類/占卜之屬
牙牌神數不分卷　(清)何汝樫撰　清刻本　一冊

330000－1712－0003314　史 1064　史部/地理類/遊記之屬/紀行
乘槎筆記二卷　(清)斌椿撰　清觀妙堂抄本　一冊

330000－1712－0003315　子 1287　子部/術數類/相宅相墓之屬
闔闢水法全書不分卷　清平湖張氏躬厚堂抄

本　一冊

330000－1712－0003317　子1288　子部/雜家類

尸子一卷　(清)惠棟錄　**尸子三卷**　(戰國)尸佼撰　**尸子附錄一卷**　(清)惠棟集　(清)任兆麟補遺　清抄本　清何元錫批校　一冊

330000－1712－0003318　子1285　子部/儒家類/儒學之屬

孝思循環兩圖一卷　(清)張毓達撰　清光緒十三年(1887)稿本　一冊

330000－1712－0003319　子1284　子部/儒家類/儒學之屬

孝思循環兩圖一卷　(清)張毓達撰　清光緒十三年(1887)稿本　一冊

330000－1712－0003320　叢136　類叢部/叢書類/自著之屬

甌北全集八種　(清)趙翼撰　清乾隆至嘉慶湛貽堂刻本　二冊　存一種

330000－1712－0003321　子1295　子部/雜著類/雜說之屬

敬齋古今黈八卷　(元)李冶撰　清刻本　二冊

330000－1712－0003322　子1291　子部/宗教類/道教之屬/戒律

暗室燈二卷　(清)深山居士輯　清同治元年(1862)刻本　一冊

330000－1712－0003323　子1292　子部/雜著類/雜說之屬

墨子閒詁十五卷目錄一卷附錄一卷後語二卷　(清)孫詒讓撰　清末掃葉山房石印本　八冊

330000－1712－0003324　子1290　子部/雜著類/雜纂之屬

任兆麟述記三卷　(清)任兆麟撰　清末石印本　二冊　缺一卷(一)

330000－1712－0003325　史1062　史部/政書類/通制之屬

廣治平畧三十六卷補編八卷　(清)蔡方炳撰　清光緒五年(1879)點石齋石印本　八冊

330000－1712－0003326　史1065　史部/地理類/外紀之屬

適可齋記言四卷記行六卷　(清)馬建忠撰　清光緒刻本　四冊

330000－1712－0003327　叢139　類叢部/叢書類/彙編之屬

元和江氏靈鶼閣叢書五十六種　(清)江標輯　清光緒元和江氏湖南使院刻蘇州振新書社印本　二十四冊　存二十三種

330000－1712－0003328　經592　類叢部/類書類/專類之屬

集句儷典七卷　(清)朱伯倩撰　清光緒十五年(1889)上海鴻文書局石印本　一冊　存四卷(一至四)

330000－1712－0003329　叢137　類叢部/叢書類

維新學叢書□□種　清光緒二十九年(1903)上海鴻寶書局石印本　一冊　存一種

330000－1712－0003330　經591　經部/四書類/總義之屬/傳說

四書人物類典串珠四十卷　(清)臧志仁輯　清刻本　七冊　存二十二卷(五、十四至二十九、三十六至四十)

330000－1712－0003331　經590　類叢部/類書類/專類之屬

四書典制類聯音註三十三卷　(清)閻其淵輯　清刻本　六冊　存十五卷(十九至三十三)

330000－1712－0003333　叢142　類叢部/叢書類/彙編之屬

經策通纂二種　(清)吳潁炎　(清)陳通聲等纂　清光緒十四年(1888)上海點石齋石印本　八十冊

330000－1712－0003334　經312　經部/四書類/總義之屬/傳說

四書味根錄三十七卷首二卷　(清)金澂撰

清光緒七年(1881)海陵書屋刻本　十二册　缺八卷(論語五至七;孟子首,一至二、十一、十四)

330000－1712－0003335　經 588　經部/四書類/總義之屬/傳説
四書味根録三十九卷　(清)金澂撰　清刻本　十四册

330000－1712－0003336　善 346　子部/小説家類/異聞之屬
山海經廣注十八卷讀山海經語一卷雜述一卷圖五卷　(清)吴任臣撰　清乾隆五十一年(1786)金閶書業堂刻本　六册

330000－1712－0003337　子 1293　子部/小説家類/異聞之屬
山海經十八卷　(晉)郭璞傳　(清)畢沅校正　清光緒二十三年(1897)文瑞樓鉛印本　一册

330000－1712－0003338　子 1294　子部/小説家類/異聞之屬
山海經箋疏十八卷訂譌一卷圖讃一卷敘録一卷　(清)郝懿行撰　清光緒二十年(1894)上海書局石印本　五册　存十八卷(一至十八)

330000－1712－0003339　叢 143　類叢部/類書類/通類之屬
鑄史駢言十二卷　(清)孫玉田編　清光緒二年(1876)鉛印本　四册

330000－1712－0003340　叢 144　類叢部/類書類/通類之屬
鑄史駢言十二卷　(清)孫玉田編　清光緒二年(1876)鉛印本　四册

330000－1712－0003341　叢 145　類叢部/類書類/通類之屬
古事比五十二卷　(清)方中德輯　清光緒十三年(1887)上海點石齋石印本　六册

330000－1712－0003342　叢 146　類叢部/類書類/通類之屬
古事比五十二卷　(清)方中德輯　清末石印本　二册　存十七卷(二十七至四十三)

330000－1712－0003343　叢 147　類叢部/類書類/通類之屬
角山樓增補類腋六十七卷　(清)姚培謙輯　(清)趙克宜增輯　清咸豐七年(1857)趙克宜角山樓刻十年(1860)重修本　八册　缺三十五卷(人部一至十五、物部一至二十)

330000－1712－0003344　經 587　經部/四書類/總義之屬/傳説
四書味根録三十九卷　(清)金澂撰　清刻本　一册　存四卷(孟子首,一、十三至十四)

330000－1712－0003345　善 347　子部/雜著類/雜纂之屬
合諸名家點評諸子鴻藻十二卷　(明)姜思睿編　(明)趙景和訂　明天啓六年(1626)刻本　一册　存三卷(四至六)

330000－1712－0003346　叢 148　類叢部/類書類/通類之屬
角山樓增補類腋六十七卷　(清)姚培謙輯　(清)趙克宜增輯　清光緒十二年(1886)上海同文書局石印本　一册　存八卷(天部一至八)

330000－1712－0003347　叢 140　類叢部/類書類/通類之屬
增廣四書典腋二十卷　(清)松軒主人撰　清光緒七年(1881)鉛印本　六册

330000－1712－0003348　叢 149　類叢部/類書類/通類之屬
淵鑑類函四百五十卷　(清)張英等總裁　(清)徐乘義等分纂　清光緒九年(1883)上海點石齋石印本　十册

330000－1712－0003349　子 1300　子部/叢編
二十二子(二十二子彙函)　(清)浙江書局編　清光緒元年至三年(1875－1877)浙江書局刻本　六册　存一種

330000－1712－0003350　叢 134　類叢部/類書類/專類之屬
類類聯珠初編三十二卷二編十二卷　(清)李

堂編　（清）李椿林增補　清同治九年（1870）刻本　一冊　存五卷（初編一至五）

330000－1712－0003351　叢 141　類叢部/類書類/通類之屬
策府統宗六十五卷目錄一卷　（清）劉昌齡輯　清光緒二十五年（1899）上海點石齋石印本　十九冊　缺四卷（三十至三十三）

330000－1712－0003353　子 1296　子部/叢編
二十二子（二十二子彙函）　（清）浙江書局輯　清光緒元年至三年（1875－1877）浙江書局刻本　七十七冊　存二十種

330000－1712－0003354　子 1297　子部/叢編
二十二子（二十二子彙函）　（清）浙江書局編　清光緒元年至三年（1875－1877）浙江書局刻本　七十六冊　存十九種

330000－1712－0003355　子 1298　子部/叢編
二十二子（二十二子彙函）　（清）浙江書局編　清光緒元年至三年（1875－1877）浙江書局刻本　四十二冊　存十二種

330000－1712－0003356　叢 152　類叢部/類書類/通類之屬
玉海二百四卷附刻十三種　（宋）王應麟撰　**校補玉海瑣記二卷王深甯先生年譜一卷**　（清）張大昌撰　清光緒九年至十六年（1883－1890）浙江書局刻本　二冊　存四卷（急就篇一至四）

330000－1712－0003357　叢 151　類叢部/類書類/通類之屬
玉海二百四卷附刻十三種　（宋）王應麟撰　**校補玉海瑣記二卷王深甯先生年譜一卷**　（清）張大昌撰　清光緒九年至十六年（1883－1890）浙江書局刻本　一百二十冊

330000－1712－0003358　叢 153　類叢部/類書類/通類之屬
玉海纂二十二卷　（宋）王應麟輯　（明）劉鴻訓纂　（明）劉鴻采　（明）劉孔中編次　（清）鄧漢儀　（清）陸舜校閱　清光緒五年（1879）八杉齋刻本　十六冊

330000－1712－0003359　經 549　經部/叢編
古經解彙函十六種附小學彙函十四種　（清）鍾謙鈞等輯　清同治十二年（1873）粵東書局刻本　四冊　存三種

330000－1712－0003360　子 1299　子部/叢編
二十二子（二十二子彙函）　（清）浙江書局編　清光緒元年至三年（1875－1877）浙江書局刻本　六冊　存一種

330000－1712－0003361　子 1301　子部/叢編
二十二子（二十二子彙函）　（清）浙江書局編　清光緒元年至三年（1875－1877）浙江書局刻本　四冊　存一種

330000－1712－0003362　集 0001　集部/別集類/清別集
潛園詩存四卷　（清）張大翔撰　**眷仙樓遺稿一卷刻翠集一卷**　（清）章韻清撰　清光緒二十五年（1899）乍浦劉翰墨齋刻本　二冊

330000－1712－0003363　子 1302　子部/叢編
子書百家　（清）崇文書局編　清光緒元年（1875）湖北崇文書局刻本　二冊　存七種

330000－1712－0003364　集 0003　集部/別集類/清別集
潛園詩存四卷　（清）張天翔撰　**眷仙樓遺稿一卷刻翠集一卷**　（清）章韻清撰　清光緒二十五年（1899）乍浦劉翰墨齋刻本　二冊

330000－1712－0003366　子 1304　子部/叢編
子書二十八種彙函　（清）文瑞樓編　清光緒二十二年至三十四年（1896－1908）鉛印本　二冊　存二種

330000－1712－0003367　集 0006　集部/別集類/清別集

嘯軒詩集十二卷 （清）賈朝琮撰　清乾隆四十三年（1778）刻本　一册　存三卷（十至十二）

330000－1712－0003368　集 0004　集部/別集類/清別集
錦璇閣詩稿三卷 （清）于東泉撰　清刻本　與 330000－1712－0003367、330000－1712－0003369 合册

330000－1712－0003369　集 0005　集部/別集類/清別集
古水詩鈔一卷 （清）俞斯玉撰　清道光二十九年（1849）馬氏刻本　與 330000－1712－0003367、330000－1712－0003368 合册

330000－1712－0003370　子 1306　子部/叢編
子書百家 （清）崇文書局編　清光緒元年（1875）湖北崇文書局刻本　十七册　存八種

330000－1712－0003375　集 0018　集部/別集類/清別集
春農草堂文集二卷 （清）張論撰　（清）張湘任編　清刻本　二册

330000－1712－0003378　子 1307　子部/叢編
子書百家 （清）崇文書局編　清光緒元年（1875）湖北崇文書局刻本　一册　存一種

330000－1712－0003380　集 0002　集部/別集類/清別集
潛園詩存四卷 （清）張天翔撰　**眷仙樓遺稿一卷刻翠集一卷** （清）章韻清撰　清光緒二十五年（1899）乍浦劉翰墨齋刻本　二册

330000－1712－0003384　集 0007　集部/別集類/清別集
綠野草堂詩鈔一卷 （清）張文鰲撰　清光緒五年（1879）刻本　一册

330000－1712－0003385　集 0008　集部/別集類/清別集
綠野草堂詩鈔一卷 （清）張文鰲撰　清光緒五年（1879）刻本　一册

330000－1712－0003388　集 0011　集部/別集類/清別集
金薤山房詩稿四卷 （清）韓維鏞撰　清同治十一年（1872）漢鎮積秀堂刻本　二册

330000－1712－0003389　集 0043　集部/別集類/清別集
紫茜山房詩鈔六卷 （清）沈金藻撰　清同治十二年（1873）刻本　一册

330000－1712－0003390　集 0020　集部/別集類/清別集
四無妄齋吟稿二卷 （清）張培蘭撰　清宣統三年（1911）鉛印本　一册

330000－1712－0003391　集 0010　集部/別集類/清別集
秋樵詩鈔六卷文鈔二卷 （清）張慶成撰　清道光十四年（1834）刻本　二册

330000－1712－0003392　集 0019　集部/別集類/清別集
四無妄齋吟稿二卷 （清）張培蘭撰　清宣統三年（1911）鉛印本　一册

330000－1712－0003393　集 0009　集部/別集類/清別集
秋樵詩鈔六卷文鈔二卷 （清）張慶成撰　清道光十四年（1834）刻本　一册　存六卷（詩鈔一至六）

330000－1712－0003394　集 0025　集部/別集類/清別集
春水船詩鈔一卷補遺一卷文鈔一卷 （清）俞思源撰　清道光三十年（1850）刻本　一册

330000－1712－0003395　集 0026　集部/別集類/清別集
草心亭詩鈔六卷 （清）陸坊撰　清嘉慶刻本　一册　存二卷（一至二）

330000－1712－0003396　集 0021　集部/別集類/清別集
春水船詩鈔一卷補遺一卷文鈔一卷 （清）俞思源撰　清光緒十二年（1886）刻本　一册

330000－1712－0003398　集 0022　集部/別集類/清別集

春水船詩鈔一卷補遺一卷文鈔一卷　(清)俞思源撰　清光緒十二年(1886)刻本　一冊

330000－1712－0003399　集 0023　集部/別集類/清別集

春水船詩鈔一卷補遺一卷文鈔一卷　(清)俞思源撰　清光緒十二年(1886)刻宣統元年(1909)印本　一冊

330000－1712－0003400　集 0024　集部/別集類/清別集

春水船詩鈔一卷補遺一卷文鈔一卷　(清)俞思源撰　清光緒十二年(1886)刻宣統元年(1909)印本　一冊

330000－1712－0003401　集 0031　集部/別集類/清別集

清吟樓遺稿初編一卷續編一卷　(清)朱逢盛撰　清同治七年(1868)松江張文星齋刻本　二冊

330000－1712－0003403　集 0044　集部/別集類/清別集

紫茜山房詩鈔六卷　(清)沈金藻撰　清同治十二年(1873)刻本　一冊

330000－1712－0003405　集 0045　集部/別集類/清別集

紫茜山房詩鈔六卷　(清)沈金藻撰　清同治十二年(1873)刻本　一冊

330000－1712－0003406　集 0029　集部/別集類/清別集

修竹廬詩三卷　(清)邵澍撰　清道光八年(1828)刻本　一冊

330000－1712－0003407　集 0030　集部/別集類

適廬雜鈔不分卷　清末平湖陳氏抄本　一冊

330000－1712－0003408　集 0046　集部/別集類/清別集

守經堂詩集四卷自著書一卷補亡書目一卷　(清)沈筠撰　清光緒十二年(1886)刻本　一冊

330000－1712－0003409　集 0047　集部/別集類/清別集

守經堂詩集十卷附自著書一卷　(清)沈筠撰　清光緒九年至十三年(1883－1887)刻民國九年(1920)印本　三冊　缺三卷(一至三)

330000－1712－0003410　集 0028　經部/小學類/文字之屬/訓蒙

增廣千字文一卷釋注一卷　(清)沈筠編　清光緒十二年(1886)平湖文洽齋刻本　一冊

330000－1712－0003411　集 0041　集部/別集類/清別集

粵遊草一卷　(清)陸敦倫撰　**譜華吟館詩鈔一卷**　(清)崔廷琛撰　清光緒八年(1882)刻本　一冊

330000－1712－0003412　集 0033　集部/別集類/清別集

息養廬文集十一卷　(清)徐錦華撰　清光緒二十五年(1899)徐士琛寶善堂刻本　四冊

330000－1712－0003413　集 0042　集部/別集類/清別集

瀛臺爪雪集一卷　(清)王成瑞撰　清刻本　一冊

330000－1712－0003414　集 0037　集部/別集類/清別集

木雞書屋文鈔四卷二集六卷三集八卷四集六卷五集六卷　(清)黃金臺撰　清道光五年至咸豐元年(1825－1851)刻同治十年(1871)黃晉畇心窗樓補刻本　八冊

330000－1712－0003415　集 0048　集部/別集類/清別集

守經堂詩集四卷自著書一卷補亡書目一卷　(清)沈筠撰　清光緒十二年(1886)刻本　二冊

330000－1712－0003416　集 0049　集部/別集類/清別集

守經堂詩集十卷附自著書一卷　(清)沈筠撰

清光緒九年至十三年(1883－1887)刻民國九年(1920)印本　二册　存四卷(三至四、七至八)

330000－1712－0003417　集0039　集部/別集類/清別集
伊蔚草廬詩存一卷　(清)張顯周撰　清光緒十五年(1889)刻本　一册

330000－1712－0003418　集0040　集部/別集類/清別集
伊蔚草廬詩存一卷　(清)張顯周撰　清光緒十五年(1889)刻本　一册

330000－1712－0003419　集0036　集部/別集類/清別集
息養廬詩集四卷末一卷　(清)徐錦華撰　清光緒二十七年(1901)木活字印本　一册

330000－1712－0003420　集0038　集部/別集類/清別集
伊蔚草廬詩存一卷　(清)張顯周撰　清光緒十五年(1889)刻本　一册

330000－1712－0003421　集0035　集部/別集類/清別集
息養廬詩集四卷末一卷　(清)徐錦華撰　清光緒二十七年(1901)木活字印本　一册

330000－1712－0003422　集0034　集部/別集類/清別集
息養廬詩集四卷末一卷　(清)徐錦華撰　清光緒二十七年(1901)木活字印本　一册

330000－1712－0003423　集0050　集部/別集類/清別集
百廿蟲吟一卷和章一卷　(清)錢步曾撰並輯　清道光四年(1824)聞鶚樓刻本　一册

330000－1712－0003424　集0060　集部/別集類/清別集
餘事學詩室吟鈔一卷　(清)吳恩照撰　清宣統二年(1910)刻本　一册

330000－1712－0003425　集0051　集部/別集類/清別集
讀畫樓詩稿二卷　(清)張鳳撰　清道光刻本　一册

330000－1712－0003427　集0032　集部/別集類/清別集
息養廬文集十一卷　(清)徐錦華撰　稿本　十一册

330000－1712－0003431　集0061　集部/別集類/清別集
餘事學詩室吟鈔一卷　(清)吳恩照撰　清宣統二年(1910)刻本　一册

330000－1712－0003432　集0062　集部/別集類/清別集
餘事學詩室吟鈔一卷　(清)吳恩照撰　清宣統二年(1910)刻本　一册

330000－1712－0003435　集0080　集部/總集類/選集之屬/斷代
卷勺園集三卷續編一卷　(清)劉茂榕撰　清道光元年至九年(1821－1829)劉茂榕刻本　八册

330000－1712－0003438　集0081　集部/別集類/清別集
適我廬詩鈔三卷　(清)戈溫如撰　清嘉慶九年(1804)刻本　一册　存二卷(一至二)

330000－1712－0003440　集0082　集部/別集類/清別集
清燕堂詩存一卷　(清)陸瀇撰　清宣統三年(1911)葉存養刻本　一册

330000－1712－0003441　集0063　集部/別集類/清別集
哀生閣初稿四卷續稿三卷　(清)王大經撰　清光緒十一年(1885)平湖王氏刻本　六册

330000－1712－0003447　集0086　集部/別集類/清別集
譜華吟館詩鈔一卷　(清)崔廷琛撰　清光緒七年(1881)刻本　一册

330000－1712－0003449　集0066　集部/別集類/清別集

哀生閣初稿四卷續稿三卷 (清)王大經撰 清光緒十一年(1885)平湖王氏刻本 三册 存四卷(初稿二至三、續稿二至三)

330000－1712－0003450 集0064 集部/別集類/清別集
哀生閣初稿四卷續稿三卷 (清)王大經撰 清光緒十一年(1885)平湖王氏刻本 六册

330000－1712－0003451 集0056 集部/別集類/清別集
陸堂集四十四卷 (清)陸奎勳撰 清雍正十三年至乾隆五年(1735－1740)小瀛山閣刻本(卷一至五配民國平湖求是齋抄本) 五册 存十一卷(文集一至十一)

330000－1712－0003452 集0065 集部/別集類/清別集
哀生閣初稿四卷續稿三卷 (清)王大經撰 清光緒十一年(1885)平湖王氏刻本 六册

330000－1712－0003454 集0087 集部/總集類/郡邑之屬
鍾溪櫂歌一卷 (清)沈步青撰 清咸豐三年(1853)刻本 一册

330000－1712－0003455 集0067 集部/別集類/清別集
哀生閣初稿四卷續稿三卷 (清)王大經撰 清光緒十一年(1885)平湖王氏刻本 六册

330000－1712－0003456 集0068 集部/別集類/清別集
哀生閣初稿四卷續稿三卷 (清)王大經撰 清光緒十一年(1885)平湖王氏刻本 六册

330000－1712－0003457 集0088 集部/別集類/清別集
同懷詩稿四卷 清同治十年(1871)刻本 一册

330000－1712－0003458 集0089 集部/別集類/清別集
石瀨山房詩鈔九卷 (清)胡昌基撰 清刻本 一册 存四卷(一至四)

330000－1712－0003459 集0090 集部/別集類/清別集
集虛齋詩二卷 (清)郭咫宸撰 清道光十八年(1838)春暉堂刻本 一册

330000－1712－0003464 集0117 集部/別集類/清別集
餘生集一卷 (清)山鳳輝撰 清光緒十四年(1888)新倉古香齋刻本 一册

330000－1712－0003465 集0101 集部/總集類/郡邑之屬
梅里詩輯二十八卷 (清)許燦編 **續梅里詩輯十二卷** (清)沈愛蓮編 清道光三十年(1850)嘉興縣齋刻本 二十四册

330000－1712－0003466 集0115 集部/別集類/清別集
餘生集一卷 (清)山鳳輝撰 清光緒十四年(1888)新倉古香齋刻本 一册

330000－1712－0003467 集0116 集部/別集類/清別集
餘生集一卷 (清)山鳳輝撰 清光緒十四年(1888)新倉古香齋刻本 一册

330000－1712－0003468 集0100 集部/別集類/清別集
聽泉詩鈔二卷 (清)張達慶撰 清道光三年(1823)刻本 二册

330000－1712－0003469 集0111 集部/詞類/別集之屬
抱山樓詞錄四卷 (清)張炳堃撰 清光緒十五年(1889)當湖張氏刻本 一册

330000－1712－0003470 集0112 集部/詞類/別集之屬
抱山樓詞錄四卷 (清)張炳堃撰 清光緒十五年(1889)當湖張氏刻本 一册

330000－1712－0003471 集0113 集部/詞類/別集之屬
抱山樓詞錄四卷 (清)張炳堃撰 清光緒十五年(1889)當湖張氏刻本 一册

330000－1712－0003472　集 0114　集部/詞類/别集之屬

抱山樓詞録四卷　(清)張炳堃撰　清光緒十五年(1889)當湖張氏刻本　一册

330000－1712－0003474　集 0075　集部/别集類/清别集

粤西集一卷　(清)賈敦臨撰　清宣統二年(1910)華雲閣鉛印本　一册

330000－1712－0003475　集 0076　集部/别集類/清别集

粤西集一卷　(清)賈敦臨撰　清宣統二年(1910)華雲閣鉛印本　一册

330000－1712－0003476　集 0077　集部/别集類/清别集

華陔吟館詩鈔二卷　(清)錢人傑撰　清道光八年(1828)刻本　一册

330000－1712－0003478　集 0078　集部/别集類/清别集

華陔吟館詩鈔二卷　(清)錢人傑撰　清道光八年(1828)刻本　一册

330000－1712－0003479　集 0079　集部/别集類/清别集

似山堂集一卷　(清)朱為霖撰　清咸豐六年(1856)刻本　一册

330000－1712－0003480　集 0107　集部/别集類/清别集

抱山樓試帖録存二卷　(清)張炳堃撰　清同治九年(1870)武昌刻本　一册

330000－1712－0003481　集 0108　集部/别集類/清别集

抱山樓試帖録存二卷　(清)張炳堃撰　清同治九年(1870)武昌刻本　一册

330000－1712－0003483　集 0106　集部/别集類/清别集

抱山樓試帖録存二卷　(清)張炳堃撰　清同治九年(1870)武昌刻本　一册

330000－1712－0003485　集 0110　集部/别集類/清别集

抱山樓詩集四卷　(清)張炳堃撰　清平湖張氏抄本　一册

330000－1712－0003486　集 0125　集部/别集類/清别集

茱聲館集八卷首一卷　(清)朱爲弼撰　清咸豐二年(1852)刻本　四册

330000－1712－0003487　集 0109　集部/别集類/清别集

抱山樓文存一卷筆記一卷　(清)張炳堃撰　清平湖張氏抄本　一册

330000－1712－0003488　集 0102　集部/别集類

澄清堂詩存四卷　范祝崧撰　清刻本　二册

330000－1712－0003489　集 0103　集部/别集類

澄清堂詩存四卷　范祝崧撰　清刻本　二册

330000－1712－0003553　集 0195　集部/别集類/清别集

觀喜堂文集一卷　(清)張毓達撰　清末刻本　一册

330000－1712－0003554　集 0196　集部/别集類/清别集

觀喜堂文集一卷　(清)張毓達撰　清末刻本　清張毓達跋　一册

330000－1712－0003555　集 0192　集部/别集類/清别集

觀喜堂集詩録十六卷　(清)張毓達撰　稿本　九册

330000－1712－0003556　集 0216　集部/别集類/清别集

復齋詩鈔一卷　(清)高登奎撰　清光緒二十九年(1903)華雲閣鉛印本　一册

330000－1712－0003557　集 0193　集部/别集類/清别集

觀喜堂文集一卷　(清)張毓達撰　稿本　一册

330000－1712－0003558　集0217　集部/別集類/清別集

復齋詩鈔一卷　(清)高登奎撰　清光緒二十九年(1903)華雲閣鉛印本　吴一峰題記　一册

330000－1712－0003559　集0218　集部/別集類/清別集

復齋詩鈔一卷　(清)高登奎撰　清光緒二十九年(1903)華雲閣鉛印本　一册

330000－1712－0003560　集0219　集部/別集類/清別集

復齋詩鈔一卷　(清)高登奎撰　清光緒二十九年(1903)華雲閣鉛印本　一册

330000－1712－0003561　集0220　集部/別集類/清別集

復齋詩鈔一卷　(清)高登奎撰　清光緒二十九年(1903)華雲閣鉛印本　一册

330000－1712－0003562　集0221　集部/別集類/清別集

復齋詩鈔一卷　(清)高登奎撰　清光緒二十九年(1903)華雲閣鉛印本　一册

330000－1712－0003563　集0224　集部/別集類/清別集

真息齋詩鈔四卷續鈔一卷　(清)陸費瑔撰　清同治九年(1870)陸費氏履厚堂刻本　二册

330000－1712－0003564　集0194　集部/別集類/清別集

觀喜堂文集一卷　(清)張毓達撰　稿本　一册

330000－1712－0003565　集0104　集部/別集類

澄清堂詩存四卷　范祝崧撰　清刻本　二册

330000－1712－0003566　集0105　集部/別集類

澄清堂詩存四卷　范祝崧撰　清刻本　二册

330000－1712－0003567　集0198　集部/別集類/清別集

響泉外集一卷　(清)顧光旭撰　稿本　一册

330000－1712－0003568　子1309　子部/雜著類

説奥一卷　清平湖張氏抄本　一册

330000－1712－0003570　集0191　集部/別集類/清別集

古琴樓詩鈔二卷　(清)吴松撰　清宣統二年(1910)平湖高廷梅鉛印本　一册

330000－1712－0003573　子1310　子部/雜著類/雜説之屬

牧菴雜紀六卷　(清)徐一麟撰　清同治七年(1868)居易山房刻本　四册

330000－1712－0003574　集0214　集部/別集類/清別集

懷永堂詩存二卷　(清)張逢年撰　清乾隆刻本　二册

330000－1712－0003575　集0190　集部/別集類/清別集

古琴樓詩鈔二卷　(清)吴松撰　清宣統二年(1910)平湖高廷梅鉛印本　一册

330000－1712－0003576　子1311　子部/雜著類/雜説之屬

牧菴雜紀六卷　(清)徐一麟撰　清同治七年(1868)居易山房刻本　三册　存四卷(一、四至六)

330000－1712－0003577　集0215　集部/別集類/清別集

懷永堂詩存二卷　(清)張逢年撰　清乾隆刻本　二册

330000－1712－0003578　史1069　史部/傳記類/總傳之屬/家乘

徹桑餘話不分卷　(清)張毓達撰　稿本　一册

330000－1712－0003579　集0203　集部/別集類/清別集

漱芳閣集十卷　(清)徐士芬撰　清同治十一

年(1872)刻本　二册

330000－1712－0003580　集 0204　集部/别集類/清别集
潄芳閣時藝不分卷　(清)徐士芬撰　清咸豐刻本　二册

330000－1712－0003581　集 0222　集部/别集類/清别集
艿莊紀遊詩八卷　(清)張奕樞撰　清刻本　一册　存三卷(六至八)

330000－1712－0003582　子 1308　子部/儒家類/儒學之屬
孝思循環兩圖一卷　(清)張毓達撰　清光緒十三年(1887)稿本　一册

330000－1712－0003583　集 0223　集部/總集類/酬唱之屬
黄姑竹枝詞一卷　(清)顧鴻熙彙集　清咸豐三年(1853)刻本　一册

330000－1712－0003584　集 0197　集部/别集類/清别集
懸文一卷　(清)張諴撰　稿本　一册

330000－1712－0003585　集 0188　集部/别集類/清别集
求有益齋詩鈔八卷　(清)李道悠撰　清光緒二十六年(1900)刻本　四册

330000－1712－0003586　集 0205　集部/别集類/清别集
傳樸堂詩稿四卷補遺一卷竹樊山莊詞一卷　(清)葛金烺撰　**附録一卷**　(清)譚獻　(清)許景澄　(清)沈曾植撰　**弢華館詩稿一卷**　(清)葛嗣溁撰　清光緒二十一年(1895)刻三十三年(1907)補刻民國增修本　二册

330000－1712－0003587　集 0189　集部/總集類/郡邑之屬
聞湖詩三鈔八卷　(清)李道悠輯　清光緒十九年(1893)刻本　二册

330000－1712－0003588　集 0206　集部/别集類/清别集
傳樸堂詩稿四卷補遺一卷竹樊山莊詞一卷　(清)葛金烺撰　**附録一卷**　(清)譚獻　(清)許景澄　(清)沈曾植撰　**弢華館詩稿一卷**　(清)葛嗣溁撰　清光緒二十一年(1895)刻三十三年(1907)補刻民國增修本　二册

330000－1712－0003589　集 0207　集部/别集類/清别集
傳樸堂詩稿四卷　(清)葛金烺撰　**弢華館詩稿一卷**　(清)葛嗣溁撰　清光緒二十一年(1895)刻本　二册

330000－1712－0003590　集 0255　集部/總集類/郡邑之屬
當湖朋舊遺詩彙鈔　(清)朱壬林輯　清咸豐四年(1854)刻本　一册　存三種

330000－1712－0003591　史 1068　史部/政書類/儀制之屬
張氏及時略節不分卷　(清)張毓達撰　稿本　一册

330000－1712－0003592　集 0187　集部/總集類/郡邑之屬
竹里詩萃十六卷　(清)李道悠編　**竹里詩萃續編八卷**　祝廷錫編　王日極等輯　清光緒二十一年(1895)、民國十一年(1922)蔣十詠廬刻本　六册

330000－1712－0003593　集 0186　集部/總集類/郡邑之屬
竹里詩萃十六卷　(清)李道悠編　**竹里詩萃續編八卷**　祝廷錫編　王日極等輯　清光緒二十一年(1895)、民國十一年(1922)蔣十詠廬刻本　六册

330000－1712－0003595　集 0208　集部/别集類/清别集
傳樸堂詩稿四卷　(清)葛金烺撰　**弢華館詩稿一卷**　(清)葛嗣溁撰　清光緒二十一年(1895)刻本　二册

330000－1712－0003596　集 0209　集部/别集類/清别集
傳樸堂詩稿四卷　(清)葛金烺撰　**弢華館詩**

稿一卷　(清)葛嗣溁撰　清光緒二十一年(1895)刻本　二册

330000－1712－0003597　集 0210　集部/别集類/清别集
傳樸堂詩稿四卷　(清)葛金烺撰　**弢華館詩稿一卷**　(清)葛嗣溁撰　清光緒二十一年(1895)刻本　二册

330000－1712－0003598　集 0211　集部/别集類/清别集
傳樸堂詩稿四卷　(清)葛金烺撰　**弢華館詩稿一卷**　(清)葛嗣溁撰　清光緒二十一年(1895)刻本　二册

330000－1712－0003599　集 0233　集部/别集類/清别集
小雲廬晚學文稾八卷　(清)朱壬林撰　清光緒二十六年(1900)平湖朱氏刻本　二册

330000－1712－0003600　集 0225　集部/總集類/酬唱之屬
鴛鴦湖櫂歌五卷　(清)朱彝尊　(清)譚吉璁撰　(清)陸以誠　(清)張燕昌續　清乾隆四十年(1775)朱芳衡刻本　一册　缺二卷(一至二)

330000－1712－0003601　集 0234　集部/别集類/清别集
小雲廬晚學文稾八卷　(清)朱壬林撰　清光緒二十六年(1900)平湖朱氏刻本　二册

330000－1712－0003602　集 0235　集部/别集類/清别集
小雲廬晚學文稾八卷　(清)朱壬林撰　清光緒二十六年(1900)平湖朱氏刻本　二册

330000－1712－0003603　集 0236　集部/别集類/清别集
小雲廬晚學文稾八卷　(清)朱壬林撰　清光緒二十六年(1900)平湖朱氏刻本　二册

330000－1712－0003604　集 0237　集部/别集類/清别集
小雲廬晚學文稾八卷　(清)朱壬林撰　清光緒二十六年(1900)平湖朱氏刻本　二册

330000－1712－0003605　集 0238　集部/别集類/清别集
小雲廬晚學文稾八卷　(清)朱壬林撰　清光緒二十六年(1900)平湖朱氏刻本　二册

330000－1712－0003606　集 0239　集部/别集類/清别集
小雲廬晚學文稾八卷　(清)朱壬林撰　清光緒二十六年(1900)平湖朱氏刻本　二册

330000－1712－0003607　集 0212　集部/别集類/清别集
傳樸堂詩稿四卷　(清)葛金烺撰　**弢華館詩稿一卷**　(清)葛嗣溁撰　清光緒二十一年(1895)刻本　一册　存三卷(傳樸堂詩稿一至三)

330000－1712－0003608　集 0213　集部/别集類/清别集
傳樸堂詩稿四卷　(清)葛金烺撰　**弢華館詩稿一卷**　(清)葛嗣溁撰　清光緒二十一年(1895)刻本　一册　存三卷(傳樸堂詩稿一至三)

330000－1712－0003612　集 0240　集部/别集類/清别集
小雲廬晚學文稾八卷　(清)朱壬林撰　清咸豐七年(1857)平湖朱氏小雲廬刻本　二册

330000－1712－0003613　集 0241　集部/别集類/清别集
小雲廬晚學文稾八卷　(清)朱壬林撰　清光緒二十六年(1900)平湖朱氏刻本　一册　存四卷(一至四)

330000－1712－0003614　集 0317　集部/别集類/清别集
聞鴞樓四種合刻　(清)錢步曾著　清刻本　二册

330000－1712－0003615　集 0232　集部/别集類/清别集
小雲廬晚學文稾八卷　(清)朱壬林撰　清光緒二十六年(1900)平湖朱氏刻朱印本　五册　缺一卷(八)

330000－1712－0003616　集0227　集部/別集類/清別集
閩嶠游草二卷　(清)王成瑞撰　清光緒三十一年(1905)華雲閣鉛印本　一冊

330000－1712－0003617　集0242　集部/別集類/清別集
小雲廬詩稾刪存五卷　(清)朱壬林撰　清咸豐五年(1855)平湖朱氏小雲廬刻本　一冊

330000－1712－0003618　集0316　集部/別集類/清別集
雙柏詞一卷　(清)金鴻佺撰　清宣統元年(1909)上海商務印書館鉛印本　一冊

330000－1712－0003619　集0315　集部/別集類/清別集
雙柏詞一卷　(清)金鴻佺撰　清宣統元年(1909)上海商務印書館鉛印本　一冊

330000－1712－0003620　集0314　集部/別集類/清別集
雙柏詞一卷　(清)金鴻佺撰　清宣統元年(1909)上海商務印書館鉛印本　一冊

330000－1712－0003621　集0313　集部/別集類/清別集
雙柏詞一卷　(清)金鴻佺撰　清宣統元年(1909)上海商務印書館鉛印本　一冊

330000－1712－0003622　集0312　集部/別集類/清別集
雙柏詞一卷　(清)金鴻佺撰　清宣統元年(1909)上海商務印書館鉛印本　一冊

330000－1712－0003624　集0228　集部/別集類
鹽溪漁唱一卷　周光瑞撰　清宣統二年(1910)華雲閣鉛印本　一冊

330000－1712－0003625　集0229　集部/別集類
鹽溪漁唱一卷　周光瑞撰　清宣統二年(1910)華雲閣鉛印本　一冊

330000－1712－0003626　集0230　集部/別集類
鹽溪漁唱一卷　周光瑞撰　清宣統二年(1910)華雲閣鉛印本　一冊

330000－1712－0003627　集0303　集部/別集類/清別集
泖水鄉歌一卷　俞金鼎撰　清宣統三年(1911)華雲閣鉛印本　一冊

330000－1712－0003628　集0304　集部/別集類/清別集
當湖百詠一卷　(清)張雲錦撰　清宣統三年(1911)華雲閣鉛印本　一冊

330000－1712－0003629　集0253　集部/別集類/清別集
寄廬梅花詩一卷　(清)施洪烈撰　清宣統二年(1910)華雲閣鉛印本　一冊

330000－1712－0003630　集0254　集部/別集類/清別集
寄廬梅花詩一卷　(清)施洪烈撰　清宣統二年(1910)華雲閣鉛印本　一冊

330000－1712－0003635　集0305　集部/別集類/清別集
當湖百詠一卷　(清)張雲錦撰　清宣統三年(1911)華雲閣鉛印本　一冊

330000－1712－0003637　集0307　集部/別集類/清別集
當湖竹枝詞一卷　(清)陸棋斗撰　清宣統二年(1910)華雲閣鉛印本　一冊

330000－1712－0003638　集0308　集部/別集類/清別集
當湖竹枝詞一卷　(清)陸棋斗撰　清宣統二年(1910)華雲閣鉛印本　一冊

330000－1712－0003639　集0309　集部/別集類/清別集
當湖竹枝詞一卷　(清)陸棋斗撰　清宣統二年(1910)華雲閣鉛印本　一冊

330000－1712－0003640　集0310　集部/別集類/清別集

當湖竹枝詞一卷　(清)陸棋斗撰　清宣統二年(1910)華雲閣鉛印本　一冊

330000－1712－0003641　集0320　集部/別集類/清別集
蜀道小草一卷　(清)陸洽原著　清刻本　一冊

330000－1712－0003646　史1072　史部/地理類/專志之屬/祠墓
陸清獻公祠堂祠產清單不分卷　(清)陸念松撰　清同治稿本　一冊

330000－1712－0003648　史1071　史部/政書類/邦計之屬
發張令憲和應交清單不分卷　清同治稿本　一冊

330000－1712－0003651　集0261　集部/別集類/清別集
放鷴亭稿二卷　(清)李廷昰撰　清宣統三年(1911)華雲閣鉛印本　一冊

330000－1712－0003653　集0262　集部/別集類/清別集
放鷴亭稿二卷　(清)李廷昰撰　清宣統三年(1911)華雲閣鉛印本　一冊

330000－1712－0003654　集0263　集部/別集類/清別集
放鷴亭稿二卷　(清)李廷昰撰　清宣統三年(1911)華雲閣鉛印本　一冊

330000－1712－0003655　集0264　集部/別集類/清別集
鸚鵡湖櫂歌一卷　(清)陸增撰　清宣統二年(1910)華雲閣鉛印本　一冊

330000－1712－0003656　集0265　集部/別集類/清別集
鸚鵡湖櫂歌一卷　(清)陸增撰　清宣統二年(1910)華雲閣鉛印本　一冊

330000－1712－0003657　集0266　集部/別集類/清別集
鸚鵡湖櫂歌一卷　(清)陸增撰　清宣統二年(1910)華雲閣鉛印本　一冊

330000－1712－0003658　集0330　集部/總集類/氏族之屬
重鐫清河五先生詩選八卷　(清)朱爲弼選錄　**續補清河一先生詩選二卷**　(清)徐申錫選錄　清同治八年(1869)平湖張顯周刻光緒二十八年(1902)南園印本　二冊

330000－1712－0003659　集0331　集部/總集類/氏族之屬
重鐫清河五先生詩選八卷　(清)朱爲弼選錄　**續補清河一先生詩選二卷**　(清)徐申錫選錄　清同治八年(1869)平湖張顯周刻光緒二十八年(1902)南園印本　二冊

330000－1712－0003660　集0300　集部/別集類/清別集
甪西吟榭詩鈔一卷　(清)陸超陞撰　清宣統三年(1911)華雲閣鉛印本　一冊

330000－1712－0003661　集0231　集部/別集類/清別集
味雪齋詩鈔二卷　(清)郁載瑛撰　清刻本　一冊

330000－1712－0003662　集0302　集部/別集類/清別集
甪西吟榭詩鈔一卷　(清)陸超陞撰　清宣統三年(1911)華雲閣鉛印本　一冊

330000－1712－0003663　集0199　集部/別集類/清別集
耜洲詩鈔九卷　(清)張諧撰　清嘉慶元年(1796)刻本　一冊　存四卷(六至九)

330000－1712－0003664　集0301　集部/別集類/清別集
甪西吟榭詩鈔一卷　(清)陸超陞撰　清宣統三年(1911)華雲閣鉛印本　一冊

330000－1712－0003665　集0299　集部/別集類/清別集
甪西吟榭詩鈔一卷　(清)陸超陞撰　清宣統三年(1911)華雲閣鉛印本　寄曠題記　一冊

330000－1712－0003666　集 0298　集部/別集類/清别集

甪西吟榭詩鈔一卷　(清)陸超陞撰　清宣統三年(1911)華雲閣鉛印本　一冊

330000－1712－0003667　集 0297　集部/別集類/清别集

閩嶠游草二卷　(清)王成瑞撰　清光緒三十一年(1905)華雲閣鉛印本　吴立題記　一冊

330000－1712－0003668　集 0296　集部/別集類/清别集

閩嶠游草二卷　(清)王成瑞撰　清光緒三十一年(1905)華雲閣鉛印本　一冊

330000－1712－0003669　集 0272　集部/別集類/清别集

天生吾廬存稿三卷　(清)徐元琛撰　清光緒二十九年(1903)華雲閣鉛印本　一冊

330000－1712－0003670　集 0271　集部/別集類/清别集

天生吾廬存稿三卷　(清)徐元琛撰　清光緒二十九年(1903)華雲閣鉛印本　一冊

330000－1712－0003671　集 0270　集部/別集類/清别集

天生吾廬存稿三卷　(清)徐元琛撰　清光緒二十九年(1903)華雲閣鉛印本　一冊

330000－1712－0003672　集 0269　集部/別集類/清别集

天生吾廬存稿三卷　(清)徐元琛撰　清光緒二十九年(1903)華雲閣鉛印本　一冊

330000－1712－0003673　集 0268　集部/別集類/清别集

天生吾廬存稿三卷　(清)徐元琛撰　清光緒二十九年(1903)華雲閣鉛印本　一冊

330000－1712－0003674　集 0267　集部/別集類/清别集

天生吾廬存稿三卷　(清)徐元琛撰　清光緒二十九年(1903)華雲閣鉛印本　一冊

330000－1712－0003675　集 0295　集部/別集類/清别集

閩嶠游草二卷　(清)王成瑞撰　清光緒三十一年(1905)華雲閣鉛印本　一冊

330000－1712－0003676　集 0274　集部/別集類/清别集

天生吾廬存稿三卷　(清)徐元琛撰　清光緒二十九年(1903)華雲閣鉛印本　一冊

330000－1712－0003677　集 0273　集部/別集類/清别集

天生吾廬存稿三卷　(清)徐元琛撰　清光緒二十九年(1903)華雲閣鉛印本　一冊

330000－1712－0003678　集 0294　集部/別集類/清别集

閩嶠游草二卷　(清)王成瑞撰　清光緒三十一年(1905)華雲閣鉛印本　一冊

330000－1712－0003679　集 0275　集部/別集類/清别集

天生吾廬存稿三卷　(清)徐元琛撰　清光緒二十九年(1903)華雲閣鉛印本　一冊

330000－1712－0003680　集 0293　集部/別集類/清别集

閩嶠游草二卷　(清)王成瑞撰　清光緒三十一年(1905)華雲閣鉛印本　一冊

330000－1712－0003681　集 0292　集部/別集類/清别集

閩嶠游草二卷　(清)王成瑞撰　清光緒三十一年(1905)華雲閣鉛印本　一冊

330000－1712－0003682　集 0277　集部/別集類/清别集

味琴室詩鈔不分卷　(清)時元熙撰　清宣統三年(1911)華雲閣鉛印本　一冊

330000－1712－0003683　集 0276　集部/別集類/清别集

味琴室詩鈔不分卷　(清)時元熙撰　清宣統三年(1911)華雲閣鉛印本　一冊

330000－1712－0003684　集 0278　集部/別集類/清别集

味琴室詩鈔不分卷　(清)時元熙撰　清宣統三年(1911)華雲閣鉛印本　一冊

330000－1712－0003685　集0279　集部/別集類/清別集
味琴室詩鈔不分卷　(清)時元熙撰　清宣統三年(1911)華雲閣鉛印本　一冊

330000－1712－0003686　集0319　集部/別集類/清別集
古琴樓詩鈔二卷　(清)吳松撰　清刻本　與330000－1712－0003641合冊

330000－1712－0003687　集0318　集部/別集類/清別集
蹄涔集約鈔一卷又鈔一卷　(清)俞銈撰　清刻本　與330000－1712－0003686、330000－1712－0003641合冊

330000－1712－0003688　史1070　史部/傳記類/科舉録之屬/歷科登科録
[道光丁未科]會試硃卷不分卷　(清)張炳堃撰　清刻本　一冊

330000－1712－0003689　集0931　集部/別集類/清別集
長沙竹枝詞一卷續録二卷　清宣統二年(1910)抄本　一冊

330000－1712－0003690　集0415　集部/別集類/清別集
抱璞亭詩集十六卷初録五卷　(清)張湘任撰
　能閒草堂藁一卷　(清)沈鑫撰　稿本　十冊

330000－1712－0003691　集0332　集部/總集類/氏族之屬
重鐫清河五先生詩選八卷　(清)朱爲弼選録
　續補清河一先生詩選二卷　(清)徐申錫選録　清同治八年(1869)平湖張顯周刻光緒二十八年(1902)南園印本　二冊

330000－1712－0003693　集0333　集部/總集類/氏族之屬
重鐫清河五先生詩選八卷　(清)朱爲弼選録
　續補清河一先生詩選二卷　(清)徐申錫選録　清光緒二年(1876)刻本　二冊

330000－1712－0003694　集0323　集部/總集類/題詠之屬
乍川題詠一卷　(清)宋景關編輯　清抄本　一冊

330000－1712－0003696　集0414　集部/別集類/清別集
抱璞亭詩集十六卷初録五卷　(清)張湘任撰
　能閒草堂藁一卷　(清)沈鑫撰　稿本　清張炳堃、清沈丁文、清沈光和批校　八冊　缺四卷(詩集五至八)

330000－1712－0003697　集0413　集部/別集類/清別集
抱璞亭詩集二十四卷文集十卷　(清)張湘任撰　清同治元年(1862)稿本　十二冊

330000－1712－0003698　集0324　集部/別集類/清別集
東湖懷古詩五稿不分卷　稿本　一冊

330000－1712－0003699　集0326　集部/別集類/清別集
漱潤齋詩鈔四卷　(清)葉誎撰　清乾隆二十九年(1764)刻本　一冊

330000－1712－0003700　集0357　集部/別集類/清別集
朱布衣詩選一卷　(清)朱錫山撰　清同治十一年(1872)静安堂刻本　一冊

330000－1712－0003701　集0349　集部/別集類/清別集
蘭韻堂詩十二卷　(清)沈初撰　清刻本　清張憲和題簽　一冊　存三卷(七至九)

330000－1712－0003703　集0372　集部/別集類/清別集
嬰山小園詩集十六卷晚年手定稿五卷文集六卷　(清)張諴撰　清光緒元年(1875)、二十一年(1895)刻本　五冊　存二十二卷(六至十六、手定稿一至五、文集一至六)

330000－1712－0003704　集 0354　集部/别集類/清别集

朱布衣詩選一卷　(清)朱錫山撰　清同治十一年(1872)静安堂刻本　一册

330000－1712－0003705　集 0328　集部/别集類/清别集

睫巢詩鈔一卷　(清)魯邦煥著　清末抄本　一册

330000－1712－0003706　集 0373　集部/别集類/清别集

嬰山小園詩集十六卷晚年手定稿五卷　(清)張誠撰　清光緒元年(1875)刻本　四册

330000－1712－0003707　集 0350　集部/别集類/清别集

九山草堂詩鈔一卷　(清)柯弘祚撰　清道光二十九年(1849)刻本　清張宪和題簽　一册

330000－1712－0003709　集 0374　集部/别集類/清别集

嬰山小園詩集十六卷晚年手定稿五卷　(清)張誠撰　清光緒元年(1875)刻本　三册　存十五卷(詩集一至十、手定稿一至五)

330000－1712－0003710　集 0334　集部/總集類/氏族之屬

重鐫清河五先生詩選八卷　(清)朱爲弼選録　**續補清河一先生詩選二卷**　(清)徐申錫選録　清光緒二年(1876)刻本　二册

330000－1712－0003711　集 0375　集部/别集類/清别集

嬰山小園文集六卷晚年手定稿五卷　(清)張誠撰　清光緒元年(1875)、二十一年(1895)刻本　二册　存八卷(文集一至三、手定稿一至五)

330000－1712－0003712　集 0335　集部/總集類/氏族之屬

重鐫清河五先生詩選八卷　(清)朱爲弼選録　**續補清河一先生詩選二卷**　(清)徐申錫選録　清光緒二年(1876)刻本　二册

330000－1712－0003713　集 0336　集部/總集類/氏族之屬

重鐫清河五先生詩選八卷　(清)朱爲弼選録　**續補清河一先生詩選二卷**　(清)徐申錫選録　清同治八年(1869)平湖張顯周刻本　二册

330000－1712－0003714　集 0329　集部/别集類/清别集

三益書屋賦草一卷詩鈔一卷雪鴻集詩鈔一卷　(清)胡炯祖撰　稿本　張蓮生題簽　一册

330000－1712－0003715　集 0376　集部/别集類/清别集

嬰山小園晚年手定稿五卷　(清)張誠撰　清光緒元年(1875)刻本　一册

330000－1712－0003716　集 0377　集部/别集類/清别集

嬰山小園晚年手定稿五卷　(清)張誠撰　清光緒元年(1875)刻本　一册

330000－1712－0003717　集 0378　集部/别集類/清别集

嬰山小園詩集十六卷　(清)張誠撰　清嘉慶二十一年(1816)今文閣刻本　二册

330000－1712－0003718　集 0345　集部/别集類/清别集

蕉軒詩鈔一卷　(清)胡成孚撰　清宣統三年(1911)刻本　一册

330000－1712－0003719　集 0356　集部/别集類/清别集

蕉牕吟稿一卷　(清)葉成錦撰　清宣統三年(1911)平湖葉氏刻本　一册

330000－1712－0003720　集 0355　集部/别集類/清别集

蕉牕吟稿一卷　(清)葉成錦撰　清宣統三年(1911)平湖葉氏刻本　一册

330000－1712－0003721　集 0347　集部/别集類/清别集

蕉軒詩鈔一卷　(清)胡成孚撰　清宣統三年(1911)刻本　一册

330000－1712－0003722　集 0346　集部/別集類/清別集

蕉軒詩鈔一卷　(清)胡成孚撰　清宣統三年(1911)刻本　一册

330000－1712－0003723　集 0337　集部/總集類/氏族之屬

重鐫清河五先生詩選八卷　(清)朱爲弼選錄　**續補清河一先生詩選二卷**　(清)徐申錫選錄　清同治八年(1869)平湖張顯周刻本　二册

330000－1712－0003724　集 0379　集部/別集類/清別集

嬰山小園詩集十六卷　(清)張誠撰　清嘉慶二十一年(1816)今文閣刻本　一册　存二卷(一至二)

330000－1712－0003725　集 0338　集部/總集類/氏族之屬

重鐫清河五先生詩選八卷　(清)朱爲弼選錄　**續補清河一先生詩選二卷**　(清)徐申錫選錄　清同治八年(1869)平湖張顯周刻本　二册

330000－1712－0003726　集 0339　集部/總集類/氏族之屬

清河五先生詩選八卷　(清)朱爲弼輯　清道光九年(1829)刻本　二册

330000－1712－0003727　集 0380　集部/別集類/清別集

嬰山小園詩集十六卷　(清)張誠撰　清嘉慶二十一年(1816)今文閣刻本　一册　存九卷(八至十六)

330000－1712－0003728　集 0351　集部/別集類/清別集

九山草堂詩鈔一卷　(清)柯弘祚撰　清道光二十九年(1849)刻本　一册

330000－1712－0003729　集 0381　集部/別集類/清別集

嬰山小園文集六卷　(清)張誠撰　清光緒二十一年(1895)刻本　一册

330000－1712－0003730　集 0353　集部/別集類/清別集

韻松樓詩集一卷　(清)顧慈撰　清道光六年(1826)張湘任刻本　一册

330000－1712－0003731　集 0348　集部/別集類/清別集

蕉軒詩鈔一卷　(清)胡成孚撰　清宣統三年(1911)刻本　一册

330000－1712－0003732　集 0352　集部/別集類/清別集

韻松樓小草一卷　(清)顧慈撰　稿本　一册

330000－1712－0003733　集 0423　集部/別集類/清別集

躬厚堂詩錄十卷詩初錄四卷雜文八卷絳趺山館詞錄三卷　(清)張金鏞撰　**梅花閣遺詩一卷**　(清)錢蘅生撰　**皇清誥授奉政大夫文淵閣校理翰林院侍講湖南學政顯考海門府君[張金鏞]行述一卷**　(清)張憲和撰　清同治三年至光緒四年(1864－1878)刻本　六册

330000－1712－0003734　集 0409　集部/別集類/清別集

抱璞亭詩集十六卷初錄五卷文集十卷　(清)張湘任撰　**能閒草堂藁一卷**　(清)沈鑫撰　清光緒元年(1875)刻本　六册

330000－1712－0003735　集 0382　集部/別集類/清別集

嬰山小園詩集十六卷　(清)張誠撰　清寫樣本　二册

330000－1712－0003736　集 0408　集部/別集類/清別集

抱璞亭詩集十六卷初錄五卷文集十卷　(清)張湘任撰　**能閒草堂藁一卷**　(清)沈鑫撰　清光緒元年(1875)刻本　清張毓達題記　六册

330000－1712－0003737　集 0411　集部/別集類/清別集

抱璞亭詩集十六卷初錄五卷文集十卷　(清)張湘任撰　**能閒草堂藁一卷**　(清)沈鑫撰

清光緒元年(1875)刻本　六冊

330000－1712－0003738　集0383　集部/别集類/清别集
嬰山小園集六卷　(清)張誠撰　清寫樣本　二冊

330000－1712－0003739　集0410　集部/别集類/清别集
抱璞亭詩集十六卷初録五卷文集十卷　(清)張湘任撰　**能閒草堂藁一卷**　(清)沈鑫撰　清光緒元年(1875)刻本　五冊　缺五卷(文集六至十)

330000－1712－0003740　集0412　集部/别集類/清别集
抱璞亭詩集十六卷初録五卷文集十卷　(清)張湘任撰　**能閒草堂藁一卷**　(清)沈鑫撰　清光緒元年(1875)刻本　一冊　存三卷(文集一至三)

330000－1712－0003741　集0384　集部/别集類/清别集
熙河草堂集九卷　(清)張誠撰　清寫樣本　清張誠批　二冊

330000－1712－0003742　集0416　集部/别集類/清别集
抱璞亭文集不分卷　(清)張湘任撰　(清)張毓達等編　稿本　清高蘭曾跋　清馬光夔觀款　清孫逵借評　清榮文題記　清徐熊飛批　四冊

330000－1712－0003745　集0385　集部/别集類/清别集
熙河草堂集不分卷　(清)張誠撰　清寫樣本　一冊

330000－1712－0003747　集0420　集部/别集類/清别集
抱璞亭詩集二十六卷　(清)張湘任撰　清同治元年(1862)張毓達等抄本　一冊　存五卷(二十二至二十六)

330000－1712－0003748　集0358　集部/别集類/清别集
十杉亭帖體詩鈔五卷續編二卷　(清)吴楷撰　**薇雲小舍試帖詩課二卷續編二卷**　(清)吴之俊撰　(清)張汀香鑒定　清道光二十三年(1843)刻本　三冊　存五卷(一至二、五,續編一至二)

330000－1712－0003749　集0386　集部/别集類/清别集
嬰山小園文集六卷　(清)張誠撰　清光緒二十一年(1895)刻朱印本　二冊

330000－1712－0003750　集0417　集部/别集類/清别集
抱璞亭筆記不分卷　(清)張湘任撰　**能閒草堂藁一卷**　(清)沈鑫撰　清末平湖張氏抄本　一冊

330000－1712－0003751　集0387　集部/别集類/清别集
嬰山小園文集六卷　(清)張誠撰　清平湖張氏抄本　六冊

330000－1712－0003756　集0388　集部/别集類/清别集
嬰山小園晚年手定稿五卷　(清)張誠撰　清平湖張氏抄本　三冊

330000－1712－0003757　集0390　集部/别集類/清别集
策稿一卷　(清)張誠撰　清末平湖張登善抄本　一冊

330000－1712－0003758　集0389　集部/别集類/清别集
嬰山小園晚年手定稿五卷　(清)張誠撰　清平湖張氏抄本　一冊　存一卷(五)

330000－1712－0003759　集0424　集部/别集類/清别集
躬厚堂詩録十卷詩初録四卷雜文八卷絳趺山館詞録三卷　(清)張金鏞撰　**梅花閣遺詩一卷**　(清)錢蘅生撰　**皇清誥授奉政大夫文淵閣校理翰林院侍講湖南學政顯考海門府君[張金鏞]行述一卷**　(清)張憲和撰　清同治三年至光緒四年(1864－1878)刻本　六冊

330000－1712－0003760　集 0425　集部/別集類/清別集

躬厚堂詩録十卷詩初録四卷雜文八卷絳趺山館詞録三卷　(清)張金鏞撰　**梅花閣遺詩一卷**　(清)錢蘅生撰　**皇清誥授奉政大夫文淵閣校理翰林院侍講湖南學政顯考海門府君[張金鏞]行述一卷**　(清)張憲和撰　清同治三年至光緒四年(1864－1878)刻本　六冊

330000－1712－0003761　集 0426　集部/別集類/清別集

躬厚堂詩録十卷詩初録四卷雜文八卷絳趺山館詞録三卷　(清)張金鏞撰　**梅花閣遺詩一卷**　(清)錢蘅生撰　**皇清誥授奉政大夫文淵閣校理翰林院侍講湖南學政顯考海門府君[張金鏞]行述一卷**　(清)張憲和撰　清同治三年至光緒四年(1864－1878)刻本　六冊

330000－1712－0003762　集 0367　集部/總集類/郡邑之屬

鳳樓吟社第三課一卷　(清)馭仲值課　(清)沈福泰評定　稿本　一冊

330000－1712－0003763　集 0369　集部/別集類/清別集

繡佛樓詩鈔一卷　(清)金蘭貞撰　清光緒九年(1883)刻本　一冊

330000－1712－0003764　集 0368　集部/總集類/酬唱之屬

鳳樓吟社第捌集一卷　(清)錢星海評定　稿本　一冊

330000－1712－0003765　集 0427　集部/別集類/清別集

躬厚堂詩録十卷詩初録四卷雜文八卷絳趺山館詞録三卷　(清)張金鏞撰　**梅花閣遺詩一卷**　(清)錢蘅生撰　**皇清誥授奉政大夫文淵閣校理翰林院侍講湖南學政顯考海門府君[張金鏞]行述一卷**　(清)張憲和撰　清同治三年至光緒四年(1864－1878)刻本　六冊

330000－1712－0003766　集 0428　集部/別集類/清別集

躬厚堂詩録十卷詩初録四卷雜文八卷絳趺山館詞録三卷　(清)張金鏞撰　**梅花閣遺詩一卷**　(清)錢蘅生撰　**皇清誥授奉政大夫文淵閣校理翰林院侍講湖南學政顯考海門府君[張金鏞]行述一卷**　(清)張憲和撰　清同治三年至光緒四年(1864－1878)刻本　六冊

330000－1712－0003767　集 0429　集部/別集類/清別集

躬厚堂詩録十卷詩初録四卷雜文八卷絳趺山館詞録三卷　(清)張金鏞撰　**梅花閣遺詩一卷**　(清)錢蘅生撰　**皇清誥授奉政大夫文淵閣校理翰林院侍講湖南學政顯考海門府君[張金鏞]行述一卷**　(清)張憲和撰　清同治三年至光緒四年(1864－1878)刻本　六冊

330000－1712－0003768　集 0430　集部/別集類/清別集

躬厚堂詩録十卷詩初録四卷雜文八卷絳趺山館詞録三卷　(清)張金鏞撰　**梅花閣遺詩一卷**　(清)錢蘅生撰　**皇清誥授奉政大夫文淵閣校理翰林院侍講湖南學政顯考海門府君[張金鏞]行述一卷**　(清)張憲和撰　清同治三年至光緒四年(1864－1878)刻本　六冊

330000－1712－0003769　集 0431　集部/別集類/清別集

躬厚堂詩録十卷詩初録四卷賦一卷　(清)張金鏞撰　清同治三年(1864)刻本　清張毓達題記並題跋　四冊

330000－1712－0003770　史 1075　史部/傳記類/總傳之屬/家乘

敝族先民事略一卷　(清)張毓達録　稿本　一冊

330000－1712－0003771　集 0418　集部/別集類/清別集

笠谿草稿不分卷　(清)張湘任撰　清道光十三年至十五年(1833－1835)稿本　一冊

330000－1712－0003772　集 0419　集部/別集類/清別集

笠谿詩草一卷　(清)張湘任撰　稿本　清朱爲均題簽並觀款　清張學仁、清錢人傑觀款　清朱爲弼跋　一冊

330000－1712－0003773　集 0391　集部/別集類/清別集

梅花詩話二十二卷末一卷　(清)張誠撰　清平湖張氏抄本　十二册

330000－1712－0003774　集 0360　集部/別集類/清別集

研雲軒遺稿一卷　(清)張蘅撰　清末抄本　一册

330000－1712－0003775　集 0422　集部/別集類/清別集

笠谿吟草三卷　(清)張湘任撰　清嘉慶元年至五年(1796－1800)稿本　清王芝林跋　一册

330000－1712－0003776　集 0404　集部/別集類/清別集

存藹文草不分卷　(清)張憲和撰　稿本　一册

330000－1712－0003777　集 0421　集部/別集類/清別集

笠谿雜著不分卷　(清)張湘任撰　清末平湖張氏抄本　一册

330000－1712－0003778　集 0405　集部/別集類/清別集

聞惺隨筆一卷　(清)張憲和撰　稿本　一册

330000－1712－0003779　集 0393　集部/別集類/清別集

聞惺隨筆一卷　(清)張憲和撰　清平湖張氏躬厚堂抄本　一册

330000－1712－0003780　集 0400　集部/別集類/清別集

紅椒山館詩鈔一卷　(清)張興鏞撰　稿本　一册

330000－1712－0003781　集 0364　集部/別集類/清別集

詠烈彙鈔初刻二卷文一卷　(清)劉東藩等撰　清咸豐四年(1854)刻本　一册

330000－1712－0003782　集 0363　集部/總集類/選集之屬/斷代

闡幽錄詩四卷文一卷詞一卷續編一卷　(清)徐士芬等撰　清道光二十四年(1844)刻本　一册

330000－1712－0003783　集 0394　集部/別集類/清別集

受月軒詩草三卷　(清)張憲和撰　稿本　一册

330000－1712－0003784　集 0362　集部/別集類/清別集

撝庵詩稿鈔二卷　(清)張躍鱗撰　清道光二十八年(1848)平湖朱壬林小雲盧刻本　一册

330000－1712－0003785　集 0361　集部/總集類/題詠之屬

同人贈言彙集二卷　(清)許乃裕等撰　清咸豐刻本　一册

330000－1712－0003787　集 0395　集部/別集類/清別集

受月軒詩草二卷　(清)張憲和撰　稿本　一册

330000－1712－0003788　集 0403　集部/別集類/清別集

白鵠山房文一卷　(清)徐熊飛撰　清抄本　一册

330000－1712－0003789　史 1076　史部/傳記類

縮版偶記一卷　(清)張金奎　(清)張毓達撰　清末張毓達抄本　一册

330000－1712－0003790　集 0396　集部/別集類/清別集

問梅軒詩鈔一卷述懷一卷　(清)張金鈞撰　清同治七年(1868)稿本　清張炳堃跋　清王芝年題記　一册

330000－1712－0003791　集 0401　集部/別集類/清別集

得句即録一卷　(清)張宗樳撰　稿本　一册

330000－1712－0003792　集 0397　集部/別

集類/清別集

晚香居詩鈔四卷 (清)張嘉鈺撰　清道光二十八年(1848)刻本　一冊　存三卷(一至三)

330000－1712－0003793　史 1074　史部/傳記類/日記之屬

張憲和日記不分卷(清同治六年至光緒八年) (清)張憲和撰　清同治六年至光緒八年(1867－1882)稿本　三冊

330000－1712－0003796　集 0365　集部/別集類/清別集

先得月樓遺詩一卷 (清)朱蘭撰　清光緒十二年(1886)平湖沈煒刻本　一冊

330000－1712－0003797　集 0366　集部/別集類/清別集

先得月樓遺詩一卷 (清)朱蘭撰　清光緒十二年(1886)平湖沈煒刻本　一冊

330000－1712－0003798　集 0407　集部/別集類/清別集

張登善辭賦不分卷 (清)張登善撰　稿本　一冊

330000－1712－0003799　集 0398　集部/別集類/清別集

詩詞雜記不分卷　稿本　一冊

330000－1712－0003800　集 0457　集部/總集類/課藝之屬

賞奇彙會課一卷 (清)孫葆泉評定　稿本　一冊

330000－1712－0003801　集 0399　集部/別集類/清別集

子定草稿四卷 (清)張憲和撰　稿本　清張紹南、清楊峴、清錢元涪、清戚西麓題記　一冊

330000－1712－0003802　集 0456　集部/別集類/清別集

梯青集一卷　清抄本　一冊

330000－1712－0003804　集 0468　集部/別集類

靜庵詩稿一卷人間詞甲稿一卷　王國維撰　清末抄本　一冊

330000－1712－0003805　史 1078　史部/傳記類/雜傳之屬

心血全圖并書一卷 (清)張毓達書　清光緒十年(1884)抄本　一冊

330000－1712－0003806　集 0402　經部/小學類/訓詁之屬/方言

湖雅九卷 (清)汪曰楨撰　清光緒二十三年(1897)抄本　二冊　存二卷(二至三)

330000－1712－0003807　集 0406　集部/總集類/郡邑之屬

檇李詩繫平湖一卷 (清)沈季友撰　**續檇李詩繫平湖一卷** (清)胡昌基撰　清末抄本　一冊

330000－1712－0003808　集 0359　集部/總集類/選集之屬/通代

文選不分卷 (南朝梁)蕭統撰　清抄本　三冊

330000－1712－0003809　集 0392　集部/別集類/清別集

梅花詩話□□卷梅花吟一卷 (清)張誠撰　清乾隆五十一年(1786)稿本　清王昶批　清顧宗泰跋　四冊

330000－1712－0003810　集 0465　集部/別集類/清別集

搴芙舫詩稿一卷 (清)徐善膺撰　清光緒二十六年(1900)稿本　一冊

330000－1712－0003811　集 0452　子部/藝術類/書畫之屬/題跋

題畫詩十八卷 (清)張憲和輯　稿本　二冊

330000－1712－0003812　史 1079　史部/傳記類/雜傳之屬

心血全圖并書一卷 (清)張毓達書　清光緒十年(1884)抄本　一冊

330000－1712－0003813　史 1080　史部/傳記類/雜傳之屬

心血全圖并書一卷　(清)張毓達書　清光緒十年(1884)抄本　一册

330000－1712－0003814　史1081　史部/傳記類/雜傳之屬
心血全圖并書一卷　(清)張毓達書　清光緒十年(1884)抄本　一册

330000－1712－0003815　史1082　史部/傳記類/雜傳之屬
心血全圖并書一卷　(清)張毓達書　清光緒十年(1884)抄本　一册

330000－1712－0003816　史1083　史部/傳記類/雜傳之屬
心血全圖并書一卷　(清)張毓達書　清光緒十年(1884)抄本　一册

330000－1712－0003817　史1077　史部/傳記類/雜傳之屬
心血全圖并書一卷　(清)張毓達書　清光緒十年(1884)抄本　一册

330000－1712－0003818　集0467　集部/別集類/清別集
也秋學吟一卷　(清)也秋撰　稿本　一册

330000－1712－0003819　集0466　集部/別集類/清別集
也秋學吟一卷　(清)也秋撰　稿本　一册

330000－1712－0003820　史0072　集部/總集類/尺牘之屬
張毓達家書日記等不分卷　(清)張毓達撰　清同治七年至光緒十三年(1868－1887)稿本　十一册

330000－1712－0003821　集0459　集部/總集類/酬唱之屬
平湖先輩酬唱集一卷　稿本　清陳錫晉跋　一册

330000－1712－0003822　集0455　子部/雜著類
平湖張氏雜鈔不分卷　(清)張誠等撰　清光緒十八年至二十一年(1892－1895)平湖張氏抄本　一册

330000－1712－0003823　集0454　集部/總集類/尺牘之屬
張炳堃等書信不分卷　(清)張炳堃等撰　稿本　一册

330000－1712－0003824　史1085　集部/總集類/尺牘之屬
張毓達家書日記等不分卷　(清)張毓達撰　清光緒五年(1879)稿本　一册

330000－1712－0003825　集0485　集部/別集類/清別集
井養草堂詩鈔二卷　(清)馬承福撰　清咸豐五年(1855)刻本　一册

330000－1712－0003826　史1084　集部/總集類/尺牘之屬
張炳堃書信日記不分卷　(清)張炳堃撰　清同治元年至二年(1862－1863)稿本　一册

330000－1712－0003827　集0453　集部/總集類/尺牘之屬
張金鏞張炳堃與侃筠等書信不分卷　(清)張金鏞　(清)張炳堃撰　稿本　一册

330000－1712－0003828　集0483　集部/別集類/清別集
青柯館集三卷　(清)陳朗撰　清乾隆二十五年(1760)刻本　一册

330000－1712－0003829　集0482　集部/別集類/清別集
青柯館集二十卷　(清)陳朗撰　清寫樣本　五册

330000－1712－0003830　集0461　集部/總集類/課藝之屬
歲試課題文選一卷　(清)湯兆蘭等撰　清抄本　一册

330000－1712－0003831　集0460　集部/詩文評類
詩文雜論不分卷　(清)□□撰　稿本　一册

330000－1712－0003832　集0464　集部/別

集類/清別集
詩集不分卷　(清)□□撰　稿本　一册

330000－1712－0003833　集0458　子部/雜著類/雜纂之屬
雜抄不分卷　(清)許筠等撰　清抄本　一册

330000－1712－0003835　集0490　集部/別集類/清別集
詩稿不分卷　稿本　一册

330000－1712－0003836　集0470　集部/別集類/清別集
蘭玉堂詩集十二卷詩續集十一卷文集二十卷　(清)張雲錦撰　清乾隆刻本　一册　存三卷(詩續集九至十一)

330000－1712－0003837　集0471　集部/別集類/清別集
春暉堂文集五卷　(清)徐金誥撰　清咸豐七年(1857)刻本　二册

330000－1712－0003838　集0491　集部/別集類/清別集
詩稿不分卷　稿本　一册

330000－1712－0003839　集0462　子部/雜著類/雜纂之屬
沈平士手鈔一卷　(清)沈平士編　清同治二年(1863)沈平士抄本　一册

330000－1712－0003840　集0472　集部/別集類/清別集
橫山草堂詩鈔三卷　(清)顧邦傑撰　清道光二十三年(1843)刻本　一册　存二卷(一至二)

330000－1712－0003841　集0463　集部/總集類/尺牘之屬
為殷藹人兄等書信不分卷　(清)張炳堃撰　稿本　一册

330000－1712－0003842　集0473　集部/總集類/酬唱之屬
快雪唱和詩一卷　(清)沈汝良　(清)顧邦傑等撰　清咸豐三年(1853)刻本　與330000－1712－0003840、330000－1712－0003843合册

330000－1712－0003843　集0474　集部/別集類/清別集
竹影軒詩二卷　(清)唐敏撰　清嘉慶十五年(1810)織素山房刻本　與330000－1712－0003840、330000－1712－0003842合册

330000－1712－0003844　集0479　集部/總集類/尺牘之屬
信札鈔三卷　(清)□□輯　清抄本　一册

330000－1712－0003846　集0518　集部/總集類/尺牘之屬
賀詞雜札不分卷　稿本　一册

330000－1712－0003847　集0480　集部/別集類/清別集
顧星畬夫子改本一卷　顧星畬輯　清抄本　一册

330000－1712－0003848　集0481　集部/別集類/清別集
詩文摘錄不分卷　清抄本　一册

330000－1712－0003849　集0432　集部/別集類/清別集
躬厚堂詩錄十卷詩初錄四卷賦一卷　(清)張金鏞撰　清同治三年(1864)刻本　四册

330000－1712－0003850　集0515　集部/別集類/清別集
趙守正信札不分卷　(清)趙守正撰　稿本　二册

330000－1712－0003851　集0433　集部/別集類/清別集
躬厚堂詩錄十卷詩初錄四卷賦一卷　(清)張金鏞撰　清同治三年(1864)刻本　四册

330000－1712－0003852　集0436　集部/詞類/別集之屬
絳趺山館詞錄三卷　(清)張金鏞撰　清同治十年(1871)刻本　一册

330000－1712－0003853　集 0437　集部/詞類/別集之屬
絳趺山館詞錄三卷　(清)張金鏞撰　清同治十年(1871)刻本　一冊

330000－1712－0003854　集 0475　集部/詞類/總集之屬
三國宮詞一卷　陳翰撰　清光緒二十七年(1901)顧言行抄本　一冊

330000－1712－0003855　集 0435　集部/詞類/別集之屬
絳趺山館詞錄三卷　(清)張金鏞撰　清同治十年(1871)刻本　一冊

330000－1712－0003856　集 0476　集部/別集類/清別集
紫華舫詩初集四卷竹滬漁唱一卷　(清)屈為章撰　清嘉慶刻本　一冊

330000－1712－0003857　集 0484　集部/別集類/清別集
鶴齋存稿七卷　(清)張邦樞撰　清道光二十一年(1841)淳雅堂刻本　與 330000－1712－0003828 合冊　存三卷(一至三)

330000－1712－0003859　集 0440　集部/別集類/清別集
入山小草四卷　(清)張金瀾撰　清同治四年(1865)味梅吟館刻本　一冊

330000－1712－0003860　集 0441　集部/別集類/清別集
入山小草四卷　(清)張金瀾撰　清同治四年(1865)味梅吟館刻本　一冊

330000－1712－0003861　集 0494　集部/總集類/選集之屬/通代
古文評論集一卷　清抄本　一冊

330000－1712－0003862　集 0495　集部/總集類
詩鈔一卷補遺一卷　(清)□□輯　清抄本　一冊

330000－1712－0003863　集 0477　集部/別集類/清別集
辛庵館課詩鈔一卷歷試試帖詩鈔一卷　(清)徐士芬撰　清道光二十三年(1843)刻本　一冊

330000－1712－0003864　集 0492　集部/別集類/唐五代別集
重訂李義山詩集箋注一卷　(清)朱鶴齡箋注　(清)程夢星刪補　清抄本　一冊

330000－1712－0003865　集 0438　集部/別集類/清別集
入山小草四卷　(清)張金瀾撰　清同治四年(1865)味梅吟館刻本　一冊

330000－1712－0003866　集 0439　集部/別集類/清別集
入山小草四卷　(清)張金瀾撰　清同治四年(1865)味梅吟館刻本　一冊　存二卷(一至二)

330000－1712－0003867　集 0442　集部/別集類/清別集
入山小草四卷　(清)張金瀾撰　清同治四年(1865)味梅吟館刻本　一冊

330000－1712－0003868　集 0443　集部/別集類/清別集
躬厚堂律賦不分卷　(清)張金鏞撰　清抄本　一冊

330000－1712－0003869　集 0444　集部/別集類/清別集
嬰山小園集五卷　(清)張誠撰　清抄本　一冊

330000－1712－0003870　集 0486　集部/別集類/清別集
柘西草堂詩鈔一卷續鈔一卷　(清)沈正楷撰　清同治三年(1864)刻本　與 330000－1712－0003871、330000－1712－0003872、330000－1712－0003825 合冊　存一卷(詩鈔)

330000－1712－0003871　集 0487　集部/別集類/清別集

古水詩鈔一卷　(清)俞斯玉撰　清道光二十九年(1849)刻本　與330000－1712－0003870、330000－1712－0003872、330000－1712－0003825合册

330000－1712－0003872　集0488　集部/别集類/清别集
暢真機室遺稿一卷　(清)王均撰　清同治五年(1866)刻本　與330000－1712－0003870、330000－1712－0003871、330000－1712－0003825合册

330000－1712－0003874　集0445　集部/别集類/清别集
躬厚堂詩録五卷詩初録四卷　(清)張金鏞撰　清同治三年(1864)稿本　二册

330000－1712－0003875　集0446　集部/别集類/清别集
躬厚堂集補録七卷　(清)張金鏞撰　清光緒二十五年(1899)抄本　二册

330000－1712－0003876　集0500　集部/别集類/清别集
文選鈔本一卷　(清)貞吉輯　清貞吉抄本　一册

330000－1712－0003877　集0505　新學/報章
申報詩文鈔一卷　(清)葛其龍等撰　清抄本　一册

330000－1712－0003878　集0493　集部/總集類/課藝之屬
窗課一卷　(清)賓文手訂　稿本　一册

330000－1712－0003879　集0496　集部/總集類
詩鈔一卷　(唐)李嶠等撰　清抄本　一册

330000－1712－0003880　集0497　集部/總集類
詩鈔一卷　(清)錢祖培等撰　清抄本　一册

330000－1712－0003883　集0501　集部/别集類/清别集
輓詩鈔一卷　清末抄本　一册

330000－1712－0003884　集0507　集部/總集類/酬唱之屬
觀水唱和詩四卷　(清)郁載瑛輯　清道光二十九年至咸豐元年(1849－1851)刻本　一册

330000－1712－0003885　集0499　集部/總集類/課藝之屬
會試文選一卷　(清)梁倬漢等撰　清抄本　一册

330000－1712－0003886　集0517　子部/雜著類/雜纂之屬
雜抄不分卷　清抄本　一册

330000－1712－0003887　集0447　集部/别集類/清别集
躬厚堂雜文八卷　(清)張金鏞撰　稿本　二册

330000－1712－0003888　集0448　集部/别集類/清别集
屏山全集一卷　(宋)劉子翬撰　清抄本　一册

330000－1712－0003889　集0449　子部/雜著類/雜纂之屬
雜抄不分卷　清抄本　一册

330000－1712－0003890　集0498　集部/别集類/清别集
詩文集不分卷　(清)陳建奇録　清陳建奇抄本　一册

330000－1712－0003891　集0514　集部/别集類/清别集
賦鈔不分卷　清抄本　一册

330000－1712－0003893　集0450　集部/詞類/别集之屬
絳趺山館詞録三卷　(清)張金鏞撰　清抄本　一册

330000－1712－0003894　集0508　集部/别

集類/清別集

小讀書堆詞一卷賦一卷　(清)顧其銘撰　清刻本　一冊

330000－1712－0003895　集0509　集部/總集類/酬唱之屬

觀水唱和詩一卷　(清)郁載瑛輯　清道光二十九年(1849)刻本　與330000－1712－0003894、330000－1712－0003896合冊

330000－1712－0003896　集0510　集部/別集類/清別集

擷英軒詩鈔一卷　(清)沈步瀛撰　清嘉慶十三年(1808)稿本　與330000－1712－0003894、330000－1712－0003895合冊

330000－1712－0003897　集0511　集部/別集類/清別集

西廨詩草二卷　(清)陸樹蘭撰　稿本　二冊

330000－1712－0003898　集0451　集部/詞類/別集之屬

絳趺山館詞錄不分卷　(清)張金鏞撰　清抄本　一冊

330000－1712－0003899　集0513　集部/總集類/尺牘之屬

書信雜鈔不分卷　清末抄本　一冊

330000－1712－0003900　集0280　集部/別集類/清別集

梅花百詠一卷　(清)李確撰　清宣統二年(1910)華雲閣鉛印本　一冊

330000－1712－0003901　集0281　集部/別集類/清別集

梅花百詠一卷　(清)李確撰　清宣統二年(1910)華雲閣鉛印本　一冊

330000－1712－0003902　集0282　集部/別集類/清別集

梅花百詠一卷　(清)李確撰　清宣統二年(1910)華雲閣鉛印本　一冊

330000－1712－0003903　集0283　集部/別集類/清別集

梅花百詠一卷　(清)李確撰　清宣統二年(1910)華雲閣鉛印本　一冊

330000－1712－0003904　集0512　集部/別集類/清別集

錐廬詩草一卷　(清)陸樹蘭撰　稿本　一冊

330000－1712－0003905　集0547　集部/別集類/清別集

聽秋室詩鈔一卷　(清)胡金勝撰　清道光二十九年(1849)稿本　清屈鍾英題記　一冊

330000－1712－0003906　集0555　集部/別集類/清別集

詠花軒遺藁三卷　(清)方樹本撰　清道光四年(1824)刻本　一冊

330000－1712－0003908　集0284　集部/別集類/清別集

青琅玕館詩鈔一卷　(清)何之鼎撰　清宣統華雲閣鉛印本　吳一峰題記　一冊

330000－1712－0003909　集0285　集部/別集類/清別集

青琅玕館詩鈔一卷　(清)何之鼎撰　清宣統華雲閣鉛印本　吳一峰題記　一冊

330000－1712－0003910　集0543　集部/總集類/尺牘之屬

與劉蘊山先生書信集不分卷　(清)周桂午等撰　稿本　二冊

330000－1712－0003911　集0571　集部/總集類/氏族之屬

新安先集二十卷附崇祀錄一卷　(清)朱之榛輯　清同治十三年(1874)蘇州刻光緒補刻本　九冊

330000－1712－0003916　集0544　集部/總集類/尺牘之屬

劉蘊山先生尺牘不分卷　(清)劉其清撰　(清)當湖一簣山居士彙訂　清光緒二十年(1894)稿本　清當湖一簣山居士題簽　二冊

330000－1712－0003917　集0545　集部/總

集類/尺牘之屬

桐雲書信雜札不分卷 (清)楊希閔等撰 稿本 一冊

330000－1712－0003918 集0558 集部/別集類/清別集

山影樓詩存二卷 (清)徐光爕撰 清道光刻本 一冊

330000－1712－0003919 集0554 集部/別集類/清別集

紫茜山房詩鈔六卷 (清)沈金藻撰 清同治十二年(1873)刻本 一冊 存一卷(一)

330000－1712－0003920 集0286 集部/別集類/清別集

青琅玕館詩鈔一卷 (清)何之鼎撰 清宣統華雲閣鉛印本 一冊

330000－1712－0003921 集0287 集部/別集類/清別集

青琅玕館詩鈔一卷 (清)何之鼎撰 清宣統華雲閣鉛印本 一冊

330000－1712－0003922 集0288 集部/別集類/清別集

青琅玕館詩鈔一卷 (清)何之鼎撰 清宣統華雲閣鉛印本 一冊

330000－1712－0003923 集0289 集部/別集類/清別集

青琅玕館詩鈔一卷 (清)何之鼎撰 清宣統華雲閣鉛印本 一冊

330000－1712－0003924 集0290 集部/別集類/清別集

青琅玕館詩鈔一卷 (清)何之鼎撰 清宣統華雲閣鉛印本 一冊

330000－1712－0003925 集0291 集部/別集類/清別集

青琅玕館詩鈔一卷 (清)何之鼎撰 清宣統華雲閣鉛印本 一冊

330000－1712－0003926 集0553 集部/總集類/氏族之屬

小峨眉山館五種十八卷 (清)馬國偉 (清)馬用俊編 清嘉慶十八年(1813)棣園刻本 與330000－1712－0003935、330000－1712－0003934、330000－1712－0003933、330000－1712－0003929、330000－1712－0003928、330000－1712－0003919合冊 存一種

330000－1712－0003927 集0557 集部/別集類/清別集

陸堂集四十四卷 (清)陸奎勳撰 清雍正十三年至乾隆五年(1735－1740)小瀛山閣刻本 與330000－1712－0003918、330000－1712－0003930合冊 存六卷(詩續集一至六)

330000－1712－0003928 集0552 集部/別集類/清別集

烏絨花詠一卷 (清)錢仁榮撰 清刻本 與330000－1712－0003935、330000－1712－0003934、330000－1712－0003933、330000－1712－0003929、330000－1712－0003919合冊

330000－1712－0003929 集0551 集部/總集類/氏族之屬

小峨眉山館五種十八卷 (清)馬國偉 (清)馬用俊編 清嘉慶十八年(1813)棣園刻本 與330000－1712－0003935、330000－1712－0003934、330000－1712－0003933、330000－1712－0003928、330000－1712－0003919合冊 存二種

330000－1712－0003930 集0556 集部/別集類/清別集

詠烈彙鈔初刻二卷文一卷 (清)劉東藩等撰 清咸豐四年(1854)刻本 與330000－1712－0003927、330000－1712－0003918合冊

330000－1712－0003931 集0578 集部/總集類/氏族之屬

新安先集二十卷 (清)朱之榛輯 清同治十三年(1874)蘇州刻本 八冊

330000－1712－0003932 集0434 集部/別集類/清別集

躬厚堂詩錄十卷詩初錄四卷賦一卷 (清)張金鏞撰 清刻本 一冊 存四卷(初錄一至

四）

330000－1712－0003933　集0550　集部/總集類/酬唱之屬

詠物詩一卷　（清）諸錦等撰　（清）項夢昶輯　清乾隆二十三年（1758）刻本　與330000－1712－0003935、330000－1712－0003934、330000－1712－0003929、330000－1712－0003928、330000－1712－0003919合冊

330000－1712－0003934　集0549　集部/別集類/清別集

嚶鳴賦一卷河圖洛書賦一卷賦賦一卷　清宜雅堂刻本　與330000－1712－0003935、330000－1712－0003933、330000－1712－0003929、330000－1712－0003928、330000－1712－0003919合冊

330000－1712－0003935　集0548　集部/別集類/清別集

紅餘小草一卷　（清）徐錦撰　清刻本　與330000－1712－0003934、330000－1712－0003933、330000－1712－0003929、330000－1712－0003928、330000－1712－0003919合冊

330000－1712－0003936　集0579　集部/總集類/氏族之屬

新安先集二十卷　（清）朱之榛輯　清同治十三年（1874）蘇州刻本　八冊

330000－1712－0003937　集0580　集部/總集類/氏族之屬

新安先集二十卷　（清）朱之榛輯　清同治十三年（1874）蘇州刻本　八冊

330000－1712－0003938　集0563　集部/別集類/清別集

寶文堂遺稿二卷附叢篠盦畫跋一卷　（清）陸修潔撰　清光緒十五年（1889）許文勳刻本　一冊

330000－1712－0003939　集0581　集部/總集類/氏族之屬

新安先集二十卷　（清）朱之榛輯　清同治十三年（1874）蘇州刻本　八冊

330000－1712－0003940　集0562　集部/別集類/清別集

寶文堂遺稿二卷附叢篠盦畫跋一卷　（清）陸修潔撰　清光緒十五年（1889）許文勳刻本　一冊

330000－1712－0003941　集0453　集部/總集類/尺牘之屬

張金鏞張炳堃等書信集不分卷　（清）張金鏞　（清）張炳堃等撰　稿本　一冊

330000－1712－0003943　集0575　集部/總集類/氏族之屬

新安先集二十卷附崇祀錄一卷　（清）朱之榛輯　清同治十三年（1874）蘇州刻光緒補刻本　七冊

330000－1712－0003944　集0570　集部/別集類/清別集

小園賸藁一卷　（清）屈庚輿撰　清道光元年（1821）刻本　一冊

330000－1712－0003945　集0546　集部/總集類/選集之屬

序文雜抄一卷　（清）胡昌基等撰　清抄本　一冊

330000－1712－0003946　集0559　集部/別集類/清別集

桐華館詩鈔三卷附金屑詞一卷　（清）胡金題撰　清嘉慶九年（1804）刻本　一冊　缺一卷（金屑詞）

330000－1712－0003947　集0573　集部/總集類/氏族之屬

新安先集二十卷附崇祀錄一卷　（清）朱之榛輯　清同治十三年（1874）蘇州刻光緒補刻本　七冊

330000－1712－0003948　集0560　集部/別集類/清別集

聽秋室詩鈔四卷附笛家詞二卷　（清）胡金勝撰　清嘉慶二十一年（1816）石瀨山房刻本　與330000－1712－0003946合冊　缺一卷（笛家詞二）

330000－1712－0003949　集 0574　集部/總集類/氏族之屬

新安先集二十卷附崇祀錄一卷　(清)朱之榛輯　清同治十三年(1874)蘇州刻光緒補刻本　七冊

330000－1712－0003950　集 0569　集部/別集類/清別集

梅花閣遺詩一卷　(清)錢蘅生撰　清光緒四年(1878)刻本　一冊

330000－1712－0003951　集 0576　集部/總集類/氏族之屬

新安先集二十卷附崇祀錄一卷　(清)朱之榛輯　清同治十三年(1874)蘇州刻光緒補刻本　四冊　存十三卷(八至二十)

330000－1712－0003952　集 0577　集部/總集類/氏族之屬

新安先集二十卷附崇祀錄一卷　(清)朱之榛輯　清同治十三年(1874)蘇州刻光緒補刻本　一冊　存四卷(八至十一)

330000－1712－0003953　集 0568　集部/別集類/清別集

梅花閣遺詩一卷　(清)錢蘅生撰　清光緒四年(1878)刻本　一冊

330000－1712－0003954　集 0567　集部/別集類/清別集

梅花閣遺詩一卷　(清)錢蘅生撰　清光緒四年(1878)刻本　一冊

330000－1712－0003955　集 0566　集部/別集類/清別集

梅花閣遺詩一卷　(清)錢蘅生撰　清光緒四年(1878)刻本　一冊

330000－1712－0003956　集 0565　集部/別集類/清別集

梅花閣遺詩一卷　(清)錢蘅生撰　清光緒四年(1878)刻本　一冊

330000－1712－0003957　集 0564　集部/別集類/清別集

梅花閣遺詩一卷　(清)錢蘅生撰　清光緒四年(1878)刻本　一冊

330000－1712－0003958　集 0572　集部/總集類/氏族之屬

新安先集二十卷附崇祀錄一卷　(清)朱之榛輯　清同治十三年(1874)蘇州刻光緒補刻本　九冊

330000－1712－0003962　經 593　經部/春秋左傳類

駁劉彙輯不分卷　清末平湖張氏躬厚堂抄本　一冊

330000－1712－0003963　集 0590　集部/總集類/郡邑之屬

當湖文繫初編二十八卷　(清)朱壬林纂輯　清光緒十五年(1889)刻十九年(1893)補刻本　十二冊

330000－1712－0003964　集 0583　集部/總集類/郡邑之屬

當湖文繫初編一卷　(清)朱壬林纂輯　稿本　一冊

330000－1712－0003968　集 0588　集部/總集類/郡邑之屬

當湖文繫初編二十八卷　(清)朱壬林纂輯　清光緒十五年(1889)刻十九年(1893)補刻本　十二冊

330000－1712－0003969　集 0589　集部/總集類/郡邑之屬

當湖文繫初編二十八卷　(清)朱壬林纂輯　清光緒十五年(1889)刻本　十二冊

330000－1712－0003971　集 0591　集部/總集類/郡邑之屬

當湖文繫初編二十八卷　(清)朱壬林纂輯　清光緒十五年(1889)刻本　十二冊

330000－1712－0003972　集 0524　集部/別集類/清別集

經古篋存草四卷　(清)葉廉鍔撰　清宣統三年(1911)刻本　二冊

330000－1712－0003973　集 0525　集部/別

集類/清别集

經古篋存草四卷　(清)葉廉鍔撰　清宣統三年(1911)刻本　二册

330000－1712－0003974　集0586　集部/總集類/郡邑之屬

當湖文繫初編二十八卷　(清)朱壬林纂輯　清光緒十五年(1889)刻十九年(1893)補刻本　十二册

330000－1712－0003976　集0526　集部/别集類/清别集

經古篋存草四卷　(清)葉廉鍔撰　清宣統三年(1911)刻本　二册

330000－1712－0003977　集0527　集部/别集類/清别集

經古篋存草四卷　(清)葉廉鍔撰　清宣統三年(1911)刻本　二册

330000－1712－0003978　集0528　集部/别集類/清别集

經古篋存草四卷　(清)葉廉鍔撰　清宣統三年(1911)刻本　二册

330000－1712－0003979　集0529　集部/别集類/清别集

經古篋存草四卷　(清)葉廉鍔撰　清宣統三年(1911)刻本　二册

330000－1712－0003980　集0584　集部/總集類/郡邑之屬

當湖文繫初編二十八卷　(清)朱壬林纂輯　清光緒十五年(1889)刻本　二册　存四卷(八至十一)

330000－1712－0003981　集0615　集部/總集類/郡邑之屬

檇李詩繫摘鈔不分卷　(清)沈季友輯　清抄本　一册

330000－1712－0003983　集0587　集部/總集類/郡邑之屬

當湖文繫初編二十八卷　(清)朱壬林纂輯　清光緒十五年(1889)刻本　二册　存六卷(一至三、二十六至二十八)

330000－1712－0003984　集0530　集部/别集類/清别集

經古篋存草四卷　(清)葉廉鍔撰　清宣統三年(1911)刻本　二册

330000－1712－0003985　集0531　集部/别集類/清别集

經古篋存草四卷　(清)葉廉鍔撰　清宣統三年(1911)刻本　二册

330000－1712－0003986　集0532　集部/别集類/清别集

經古篋存草四卷　(清)葉廉鍔撰　清宣統三年(1911)刻本　二册

330000－1712－0003987　集0533　集部/别集類/清别集

經古篋存草四卷　(清)葉廉鍔撰　清宣統三年(1911)刻本　二册

330000－1712－0003988　集0534　集部/别集類/清别集

經古篋存草四卷　(清)葉廉鍔撰　清宣統三年(1911)刻本　二册

330000－1712－0003989　集0535　集部/别集類/清别集

經古篋存草四卷　(清)葉廉鍔撰　清宣統三年(1911)刻本　一册　存二卷(一至二)

330000－1712－0003990　集0536　集部/别集類/清别集

經古篋存草四卷　(清)葉廉鍔撰　清宣統三年(1911)刻本　一册　存二卷(一至二)

330000－1712－0003991　集0537　集部/别集類/清别集

三魚堂文集十二卷外集六卷　(清)陸隴其撰　**清故文林郎四川道監察御史陸先生行狀一卷**　(清)柯崇樸狀　**皇清文林郎四川道試監察御史前嘉定縣知縣平湖陸公崇祀名宦錄一卷**　清嘉慶至道光老掃葉山房刻本　八册

330000－1712－0003992　集0538　集部/别集類/清别集

三魚堂文集十二卷外集六卷賸言十二卷

（清）陸隴其撰　（清）侯銓編　**清故文林郎四川道監察御史陸先生行狀一卷**　（清）柯崇樸狀　**皇清文林郎四川道試監察御史前嘉定縣知縣平湖陸公崇祀名宦錄一卷**　清同治七年（1868）楊昌濬武林薇署刻本　六冊

330000－1712－0003993　集 0539　集部/別集類/清別集
三魚堂文集十二卷外集六卷賸言十二卷（清）陸隴其撰　（清）侯銓編　**清故文林郎四川道監察御史陸先生行狀一卷**　（清）柯崇樸狀　**皇清文林郎四川道試監察御史前嘉定縣知縣平湖陸公崇祀名宦錄一卷**　清同治七年（1868）楊昌濬武林薇署刻本　六冊

330000－1712－0003994　叢 154　類叢部/叢書類/自著之屬
方學博全集五種　（清）方垌撰　清光緒元年（1875）王大經武昌藩署刻本　六冊

330000－1712－0003995　集 0585　集部/總集類/郡邑之屬
當湖文繫初編二十八卷　（清）朱壬林纂輯　清刻本　一冊　存二卷（九至十）

330000－1712－0003997　集 0582　集部/總集類/郡邑之屬
當湖文繫初編二十八卷　（清）朱壬林纂輯　清刻本　二十八冊

330000－1712－0003998　叢 155　類叢部/叢書類/自著之屬
方學博全集五種　（清）方垌撰　清光緒元年（1875）王大經武昌藩署刻本　六冊

330000－1712－0003999　叢 156　類叢部/叢書類/自著之屬
方學博全集五種　（清）方垌撰　清光緒元年（1875）王大經武昌藩署刻本　六冊

330000－1712－0004000　叢 157　類叢部/叢書類/自著之屬
方學博全集五種　（清）方垌撰　清光緒元年（1875）王大經武昌藩署刻本　六冊

330000－1712－0004001　叢 158　類叢部/叢書類/自著之屬
方學博全集五種　（清）方垌撰　清光緒元年（1875）王大經武昌藩署刻本　六冊

330000－1712－0004004　集 0593　集部/總集類/郡邑之屬
當湖詩文逸二十二卷　（清）張憲和編　清光緒二十年（1894）稿本　清張憲和校並題記　八冊

330000－1712－0004009　集 0607　集部/總集類/郡邑之屬
續檇李詩繫四十卷　（清）胡昌基輯　清宣統三年（1911）刻本　二十冊

330000－1712－0004010　集 0540　集部/別集類/清別集
三魚堂文集十二卷外集六卷賸言十二卷（清）陸隴其撰　（清）侯銓編　**清故文林郎四川道監察御史陸先生行狀一卷**　（清）柯崇樸狀　**皇清文林郎四川道試監察御史前嘉定縣知縣平湖陸公崇祀名宦錄一卷**　清同治七年（1868）武林薇署刻本　十二冊　缺十二卷（賸言一至十二）

330000－1712－0004012　集 0541　集部/別集類/清別集
三魚堂文集十二卷外集六卷賸言十二卷（清）陸隴其撰　（清）侯銓編　**清故文林郎四川道監察御史陸先生行狀一卷**　（清）柯崇樸狀　**皇清文林郎四川道試監察御史前嘉定縣知縣平湖陸公崇祀名宦錄一卷**　清同治七年（1868）楊昌濬武林薇署刻本　一冊　存五卷（三魚堂文集八至十二）

330000－1712－0004013　集 0609　集部/總集類/郡邑之屬
續檇李詩繫四十卷　（清）胡昌基輯　清宣統三年（1911）刻本　十九冊　缺三卷（八至十）

330000－1712－0004015　集 0610　集部/總集類/郡邑之屬
續檇李詩繫四十卷　（清）胡昌基輯　清宣統三年（1911）刻本　十三冊　缺十八卷（一至三、八至十二、十八至二十、二十二至二十四、

三十四至三十五、三十八至三十九）

330000－1712－0004016　集 0613　集部/總集類/郡邑之屬
續檇李詩繫四十卷　（清）胡昌基輯　清宣統三年（1911）刻本　二十册

330000－1712－0004017　集 0630　集部/總集類/選集之屬/斷代
皇朝經世文編一百二十卷姓名總目二卷生存姓名一卷　（清）賀長齡輯　**皇朝經世文續編一百二十卷姓名總目二卷生存姓名總目一卷**　（清）饒玉成輯　清同治十二年（1873）江右饒玉成雙峰書屋刻光緒八年（1882）續刻本（續編卷二十五、三十六、四十三、五十一、五十六、七十三、九十六、一百至一百二、一百五、一百七、一百九、一百十四至一百十五、一百十八原缺）　一百五十四册

330000－1712－0004018　集 0697　集部/總集類/選集之屬/斷代
唐詩不分卷　清抄本　一册

330000－1712－0004019　集 0611　集部/總集類/郡邑之屬
續檇李詩繫四十卷　（清）胡昌基輯　清宣統三年（1911）刻本　四册　存八卷（四至五、二十一至二十四、三十八至三十九）

330000－1712－0004022　集 0605　集部/總集類/郡邑之屬
續檇李詩繫三十九卷　（清）胡昌基輯　稿本　清辛白等校　二十册

330000－1712－0004023　集 0625　子部/儒家類/儒學之屬/經濟
皇朝經世文續編一百二十卷姓名總目二卷　（清）盛康輯　盛宣懷編次　清光緒二十三年（1897）武進盛氏思補樓刻本　四十一册　存六十卷（二十至二十四、二十六至三十二、五十一、五十三至五十五、六十至六十五、六十七至六十八、七十至七十二、七十五、七十七至九十二、九十四至一百九）

330000－1712－0004024　集 0626　子部/儒家類/儒學之屬/經濟
皇朝經世文續編一百二十卷　（清）葛士濬輯　清末鉛印本　二十二册　缺十一卷（一至五、十五至二十）

330000－1712－0004029　集 0614　集部/總集類/郡邑之屬
檇李詩繫平湖錄三卷　（清）沈季友輯　**續檇李詩繫平湖錄三卷**　（清）胡昌基輯　清平湖張氏躬厚堂抄本　六册

330000－1712－0004030　集 0606　集部/總集類/郡邑之屬
續檇李詩繫四十卷　（清）胡昌基輯　清宣統三年（1911）刻本　二十册

330000－1712－0004031　集 0608　集部/總集類/郡邑之屬
續檇李詩繫四十卷　（清）胡昌基輯　清宣統三年（1911）刻本　二十册

330000－1712－0004032　集 0612　集部/總集類/郡邑之屬
續檇李詩繫四十卷　（清）胡昌基輯　清寫樣本　十一册　存二十二卷（三至四、九至二十、二十五至二十六、三十三至三十八）

330000－1712－0004036　集 0621　集部/別集類/清別集
詩賦一卷　清抄本　一册

330000－1712－0004037　集 0620　集部/別集類/清別集
文集一卷　（清）陳紫芝等撰　清抄本　一册

330000－1712－0004038　集 0619　集部/總集類/酬唱之屬
鴛鴦湖櫂歌五卷　（清）朱彝尊　（清）譚吉璁撰　（清）陸以誠　（清）張燕昌續　清乾隆四十年（1775）朱芳衡刻本　一册　存二卷（鴛鴦湖櫂歌一、鴛鴦湖櫂歌次朱太史竹垞原韻一）

330000－1712－0004039　集 0561　集部/別集類/清別集

沈沆詩文稿一卷　(清)沈沆撰　稿本　一册

330000－1712－0004040　集0618　集部/總集類/郡邑之屬

平湖邑人詩文集不分卷　稿本　一册

330000－1712－0004041　集0622　集部/別集類/清別集

試帖詩鈔一卷　(清)陳中銘等撰　清抄本　一册

330000－1712－0004042　善4109　集部/別集類/清別集

蜃園詩前集五卷後集五卷續集二卷　(清)李天植撰　清康熙十年至十二年(1671－1673)陸樵刻嘉慶十九年(1814)乍浦錢椒數峯草堂補刻本　六册

330000－1712－0004043　集0623　集部/總集類/選集之屬/斷代

皇朝經世文編一百二十卷姓名總目二卷　(清)賀長齡輯　清末鉛印本　二十四册

330000－1712－0004044　集0624　集部/總集類/選集之屬/斷代

皇朝經世文編一百二十卷姓名總目二卷　(清)賀長齡輯　清光緒二十二年(1896)上海掃葉山房鉛印本　二十四册

330000－1712－0004045　集0627　子部/儒家類/儒學之屬/經濟

皇朝經世文新增續編一百二十卷　(清)葛士濬輯　**皇朝經世文新增時務續編四十卷洋務續編八卷**　(清)甘韓輯　清光緒二十三年(1897)上海掃葉山房鉛印本　二十四册　缺四十八卷(時務一至四十、洋務一至八)

330000－1712－0004046　集0628　子部/儒家類/儒學之屬/經濟

皇朝經世文新增續編一百二十卷　(清)葛士濬輯　**皇朝經世文新增時務續編四十卷洋務續編八卷**　(清)甘韓輯　清光緒二十三年(1897)上海掃葉山房鉛印本　三十册

330000－1712－0004047　集0638　集部/總集類/選集之屬/通代

古文辭類纂七十四卷　(清)姚鼐輯　**續古文辭類纂三十四卷**　王先謙輯　清光緒十八年(1892)吳縣朱記榮上海刻席氏掃葉山房印本　二十册

330000－1712－0004048　集0640　集部/總集類/選集之屬/通代

古文辭類纂七十四卷　(清)姚鼐輯　清同治八年(1869)江蘇書局刻本　十二册

330000－1712－0004049　集0661　集部/總集類/選集之屬/通代

文選六十卷　(南朝梁)蕭統輯　(唐)李善注　**文選考異十卷**　(清)胡克家撰　清光緒六年(1880)四明林植梅刻本　二十册　缺十卷(考異一至十)

330000－1712－0004050　集0641　集部/總集類/選集之屬/通代

古文辭類纂七十四卷　(清)姚鼐輯　清同治八年(1869)江蘇書局刻本　十二册

330000－1712－0004051　集0639　集部/總集類/選集之屬/通代

古文辭類纂七十四卷　(清)姚鼐輯　清同治八年(1869)江蘇書局刻本　十二册

330000－1712－0004052　集0637　集部/總集類/選集之屬/通代

古文辭類纂七十四卷　(清)姚鼐輯　**續古文辭類纂三十四卷**　王先謙輯　清光緒十八年(1892)吳縣朱記榮上海刻席氏掃葉山房印本　八册　存三十四卷(續古文辭類纂一至三十四)

330000－1712－0004053　集0646　集部/總集類/選集之屬/通代

古文辭類纂十五卷　(清)姚鼐輯　**續古文辭類纂三十四卷**　王先謙輯　清光緒二十年(1894)上海圖書集成印書局鉛印本　六册　存十五卷(古文辭類纂一至十五)

330000－1712－0004054　集0642　集部/總集類/選集之屬/通代

古文辭類纂七十四卷 (清)姚鼐輯 **續古文辭類纂三十四卷** 王先謙輯 清光緒十九年(1893)思賢講舍刻本 二十册

330000－1712－0004055 集0643 集部/總集類/選集之屬/通代
古文辭類纂七十四卷 (清)姚鼐輯 **續古文辭類纂三十四卷** 王先謙輯 清光緒三十年(1904)上海商務印書館鉛印本 六册 缺二十六卷(續古文辭類纂九至三十四)

330000－1712－0004056 集0629 集部/總集類/選集之屬/斷代
經世文編不分卷 (清)賀長齡輯 (清)張士元等撰 清末抄本 一册

330000－1712－0004057 集0708 集部/總集類/選集之屬/通代
樂府詩集一百卷目錄二卷 (宋)郭茂倩輯 清刻本 八册 存五十八卷(四十三至一百)

330000－1712－0004058 善471 集部/總集類/選集之屬/通代
文選六十卷 (南朝梁)蕭統輯 (唐)李善注 (清)何焯評 清乾隆三十七年(1772)長洲葉樹藩海録軒刻朱墨套印本 十一册 缺五卷(三十至三十四)

330000－1712－0004059 集0644 集部/總集類/選集之屬/通代
古文辭類纂七十四卷 (清)姚鼐輯 **續古文辭類纂三十四卷** 王先謙輯 清光緒三十年(1904)上海商務印書館鉛印本 一册 存八卷(續古文辭類纂一至八)

330000－1712－0004060 集0709 集部/總集類/選集之屬/通代
樂府詩集一百卷目錄二卷 (宋)郭茂倩輯 清刻本 八册 存五十八卷(四十三至一百)

330000－1712－0004061 集0645 集部/總集類/選集之屬/通代
古文辭類纂七十四卷 (清)姚鼐輯 **續古文辭類纂三十四卷** 王先謙輯 清光緒三十三年(1907)上海商務印書館鉛印本 一册 存十卷(古文辭類纂二十一至三十)

330000－1712－0004062 集0631 集部/總集類/選集之屬/通代
經史百家雜鈔二十六卷 (清)曾國藩輯 清光緒三十二年(1906)上海商務印書館鉛印本 十二册

330000－1712－0004063 集0667 集部/總集類/選集之屬/通代
續古文苑二十卷 (清)孫星衍輯 清光緒九年(1883)江蘇書局刻本 六册

330000－1712－0004064 集0647 集部/總集類/選集之屬/通代
文選六十卷 (南朝梁)蕭統輯 (唐)李善注 **文選考異十卷** (清)胡克家撰 清嘉慶十四年(1809)鄱陽胡克家刻本 二十册 缺十卷(考異一至十)

330000－1712－0004065 集0632 集部/總集類/選集之屬/通代
經史百家雜鈔二十六卷 (清)曾國藩輯 清光緒三十二年(1906)上海商務印書館鉛印本 十二册

330000－1712－0004066 集0633 集部/總集類/選集之屬/通代
經史百家雜鈔二十六卷 (清)曾國藩輯 清光緒三十二年(1906)上海商務印書館鉛印本 十二册

330000－1712－0004068 集0634 集部/總集類/選集之屬/通代
詳註經史百家雜鈔二十六卷 (清)曾國藩纂 清末上海會文堂書局石印本 十六册

330000－1712－0004069 集0635 集部/總集類/選集之屬/通代
詳註經史百家雜鈔二十六卷 (清)曾國藩纂 清末上海會文堂書局石印本 七册 存十卷(一至二、四至十一)

330000－1712－0004070 集0650 集部/總集類/選集之屬/通代
重訂文選集評十五卷首一卷末一卷 (清)于

光華輯　清同治十一年(1872)江蘇書局刻本　十六冊

330000－1712－0004073　集0703　集部/總集類/選集之屬/通代
評選古詩源四卷　(清)沈德潛評選　清末鉛印本　一冊　存一卷(二)

330000－1712－0004075　善469　集部/總集類/選集之屬/斷代
唐詩貫珠六十卷　(清)胡以梅輯並箋釋　清康熙五十四年(1715)蘇州胡氏素心堂刻本　二十冊

330000－1712－0004076　集0670　集部/總集類/選集之屬/通代
玉臺新詠十卷　(南朝陳)徐陵編　清光緒十二年(1886)常熟抱芳閣刻本　三冊　存八卷(一至八)

330000－1712－0004077　集0652　集部/總集類/選集之屬/通代
文選六十卷　(南朝梁)蕭統輯　(唐)李善注　**文選考異十卷**　(清)胡克家撰　清同治八年(1869)湖北崇文書局刻本　七冊　存二十卷(一至二十)

330000－1712－0004078　集0748　集部/總集類/選集之屬/斷代
中晚唐詩叩彈集十二卷續集三卷　(清)杜詔　(清)杜庭珠輯　清刻本　十三冊　缺一卷(中晚唐詩叩彈集一)

330000－1712－0004079　善468　集部/總集類/選集之屬/通代
玉臺新詠十卷　(南朝陳)徐陵選定　(明)陳垣芳訂正　明刻本　一冊

330000－1712－0004081　集0664　集部/總集類/選集之屬/通代
文選集腋六卷　(清)胥斌輯　清光緒十五年(1889)上海文瑞樓鉛印本　一冊　存三卷(一至三)

330000－1712－0004084　集0662　類叢部/類書類/專類之屬

文選四種　(清)徐叔蓓輯　清光緒二十年(1894)上海寶文書局石印本　六冊

330000－1712－0004086　集0649　集部/總集類/選集之屬/通代
文選六十卷　(南朝梁)蕭統撰　(唐)李善注　清刻本　九冊　存四十四卷(十七至六十)

330000－1712－0004087　集0651　集部/總集類/選集之屬/通代
文選六十卷　(南朝梁)蕭統輯　(唐)李善注　**文選考異十卷**　(清)胡克家撰　清末石印本　六冊　缺四十二卷(一至八、十三至二十四、二十九至三十八、四十四至五十、五十六至六十)

330000－1712－0004090　集0698　集部/總集類/選集之屬/通代
文選六十卷　(南朝梁)蕭統輯　(唐)李善注　(清)何焯評　清刻朱墨套印本　一冊　存四卷(十九至二十二)

330000－1712－0004091　集0754　集部/總集類/選集之屬/斷代
唐詩別裁集引典備註二十卷　(清)沈德潛輯　(清)俞汝昌注　清光緒二十一年(1895)文海書局石印本　五冊　存十一卷(一至五、十二至十七)

330000－1712－0004094　集0710　集部/總集類/選集之屬/通代
古唐詩合解古詩四卷唐詩十二卷　(清)王堯衢注　清懷德堂刻本　五冊

330000－1712－0004095　集0653　集部/總集類/選集之屬/通代
重訂文選集評十五卷首一卷末一卷　(清)于光華輯　清嘉慶十二年(1807)懷德堂刻本　十六冊

330000－1712－0004097　集0648　集部/總集類/選集之屬/通代
文選六十卷　(南朝梁)蕭統輯　(唐)李善注　(清)何焯評　清刻本　十二冊

330000－1712－0004098　集0711　集部/總

集類/選集之屬/通代
古唐詩合解古詩四卷唐詩十二卷　(清)王堯衢注　清令德堂刻本　六册

330000－1712－0004099　集0712　集部/總集類/選集之屬/通代
古唐詩合解古詩四卷唐詩十二卷　(清)王堯衢注　清刻本　一册　存三卷(唐詩十至十二)

330000－1712－0004100　善470　集部/總集類/選集之屬/斷代
刪訂唐詩解二十四卷　(明)唐汝詢輯　(清)吴昌祺評　清康熙四十一年(1702)刻本　八册

330000－1712－0004101　集0674　集部/總集類/選集之屬/斷代
唐人萬首絕句選七卷　(清)王士禛輯　清永康胡氏退補齋刻本　二册

330000－1712－0004102　集0725　集部/總集類/選集之屬/斷代
國朝文録八十二卷　(清)姚椿輯　清光緒二十六年(1900)掃葉山房石印本　十六册

330000－1712－0004105　集0721　集部/總集類/選集之屬/通代
古文析義十六卷　(清)林雲銘輯並注　清經元堂刻本　一册　存一卷(一)

330000－1712－0004112　集0720　集部/總集類/選集之屬/通代
重訂古文釋義新編八卷　(清)余誠輯　清末掃葉山房刻本　五册　缺三卷(一至三)

330000－1712－0004114　集0718　集部/總集類/選集之屬/通代
古文析義十六卷　(清)林雲銘輯並注　清刻本　十五册　缺一卷(一)

330000－1712－0004115　集0728　集部/總集類/選集之屬/通代
歷朝名媛詩詞十二卷　(清)陸昶輯　清宣統上海掃葉山房石印本　四册

330000－1712－0004116　集0724　集部/詩文評類/文評之屬
連元閣詳訂古文評註全集十卷　(清)過珙　(清)黃越選評　清宣統元年(1909)上洋海左書局石印本　八册

330000－1712－0004122　集0727　集部/總集類/選集之屬/通代
歷代宫閨文選二十六卷姓氏小錄一卷　(清)周壽昌輯　清宣統三年(1911)上海群學社鉛印本　六册

330000－1712－0004123　集0654　集部/總集類/選集之屬/通代
文選六十卷　(南朝梁)蕭統輯　(唐)李善注
文選考異十卷　(清)胡克家撰　清末刻朱印本　六册　存十九卷(三十六至五十四)

330000－1712－0004126　集0680　集部/總集類/選集之屬/斷代
唐詩三百首註疏六卷　(清)孫洙編　(清)章燮注　清光緒十七年(1891)上海掃葉山房刻本　六册

330000－1712－0004131　集0663　集部/總集類/選集之屬/通代
御定歷代賦彙一百四十卷目錄二卷外集二十卷逸句二卷補遺二十二卷　(清)陳元龍輯　清光緒十二年(1886)雙梧書屋石印本　十六册

330000－1712－0004132　集0636　集部/總集類/彙編之屬
國朝十家四六文鈔十一卷　王先謙輯　清光緒二十一年(1895)上海書局石印本　四册

330000－1712－0004133　集0681　集部/總集類/選集之屬/斷代
唐詩三百首註疏六卷　(清)孫洙編　(清)章燮注　**續選一卷姓氏小傳一卷**　(清)于慶元輯　清經元堂刻本　八册

330000－1712－0004134　集0730　集部/總集類/選集之屬/斷代
國朝駢體正宗評本十二卷補編一卷　(清)曾

燠輯　(清)姚燮評　(清)張壽榮參　清光緒十年(1884)鎮海張氏花雨樓刻朱墨套印本　六冊

330000－1712－0004135　集 0731　集部/總集類/選集之屬/斷代
國朝駢體正宗評本十二卷補編一卷　(清)曾燠輯　(清)姚燮評　(清)張壽榮參　清光緒十年(1884)鎮海張氏花雨樓刻朱墨套印本　四冊　缺四卷(三至六)

330000－1712－0004136　集 0733　集部/總集類/選集之屬/斷代
國朝駢體正宗十二卷　(清)曾燠輯　清光緒二十三年(1897)上海文淵山房石印本　六冊

330000－1712－0004138　集 0734　集部/總集類/選集之屬/通代
自怡軒古文選十卷　(清)許寶善選定　(清)杜綱同輯　清乾隆五十六年(1791)刻光緒三年(1877)吳縣朱氏補刻本　十冊

330000－1712－0004139　集 0735　集部/總集類/選集之屬/通代
自怡軒古文選十卷　(清)許寶善選定　(清)杜綱同輯　清乾隆五十六年(1791)刻光緒三年(1877)吳縣朱氏補刻本　六冊　存六卷(四至六、八至十)

330000－1712－0004140　集 0666　集部/總集類/選集之屬/通代
文選五卷首一卷　(南朝梁)蕭統輯　(唐)李善注　**文選考異一卷**　(清)胡克家撰　清光緒十四年(1888)同文書局石印本　六冊

330000－1712－0004142　集 0742　集部/總集類/選集之屬/斷代
八家四六文註八卷　(清)吳鼒輯　(清)許貞幹注　**補註一卷補註校勘一卷補註增訂一卷**　陳衍撰　清光緒十八年(1892)上海圖書集成印書局鉛印本　四冊

330000－1712－0004143　集 0746　集部/總集類/選集之屬/通代
古詩十九首一卷　(清)姜任修撰　清光緒十九年(1893)刻本　一冊

330000－1712－0004144　集 0747　集部/總集類/選集之屬/斷代
南北朝文鈔二卷　(清)彭兆蓀輯　清光緒八年(1882)紫雲室刻本　二冊

330000－1712－0004146　集 0665　集部/總集類/選集之屬/通代
文選音義八卷　(清)余蕭客撰　清光緒二十二年(1896)上海書局石印本　一冊

330000－1712－0004147　集 1286　集部/別集類/清別集
遠遊詩草一卷嬰山小園詩集補遺一卷　(清)張誠撰　稿本　一冊

330000－1712－0004149　善 476　集部/總集類/選集之屬/通代
阮亭選古詩三十二卷　(清)王士禛輯　清康熙天藜閣刻本　四冊　存十五卷(七言詩歌行鈔一至十五)

330000－1712－0004150　集 0758　集部/總集類/選集之屬/斷代
唐四家詩集二十卷附二種　(清)胡鳳丹輯　清同治九年(1870)永康胡氏退補齋刻本　六冊

330000－1712－0004151　集 0743　史部/史評類/詠史之屬
樹經堂詠史詩八卷　(清)謝啟昆撰　清道光五年(1825)吳下刻本　五冊

330000－1712－0004153　集 0684　集部/總集類/選集之屬/斷代
唐詩三百首注釋六卷　(清)孫洙編　(清)章燮注　**唐詩三百首續選一卷姓氏小傳一卷**　(清)于慶元輯　清光緒十六年(1890)石渠山房刻本　二冊　存四卷(注釋一至四)

330000－1712－0004154　集 0744　史部/史評類/詠史之屬
樹經堂詠史詩八卷　(清)謝啟昆撰　清嘉慶刻本　二冊

330000－1712－0004155　集0751　集部/總集類/選集之屬/斷代
全五代詩一百卷補遺一卷　（清）李調元輯　清乾隆四十五年（1780）刻本　一册　存七卷（三十三至三十九）

330000－1712－0004156　集0756　集部/總集類/選集之屬/斷代
唐四家詩集二十卷附二種　（清）胡鳳丹輯　清同治九年（1870）永康胡氏退補齋刻本　四册

330000－1712－0004157　集0757　集部/總集類/選集之屬/斷代
唐四家詩集二十卷附二種　（清）胡鳳丹輯　清同治九年（1870）永康胡氏退補齋刻本　六册

330000－1712－0004158　集0766　集部/總集類/選集之屬/斷代
初唐四傑集三十七卷　（清）項家達編　清同治十二年（1873）鄒氏叢雅居刻本　十册

330000－1712－0004159　集0750　集部/總集類/選集之屬/斷代
唐人選唐詩八種　（明）毛晉編　明崇禎元年（1628）海虞毛氏汲古閣刻嘉會堂印本　與330000－1712－0004155合册　存三種

330000－1712－0004163　集0683　集部/總集類/選集之屬/斷代
唐詩三百首註疏六卷　（清）孫洙編　（清）章燮注　**續選一卷姓氏小傳一卷**　（清）于慶元輯　清經綸堂刻本　一册　存一卷（一）

330000－1712－0004164　集0736　集部/總集類/選集之屬/斷代
國朝常州駢體文錄三十一卷附結一宧駢體文一卷　屠寄輯　清光緒十六年（1890）刻本　八册

330000－1712－0004165　集0737　集部/總集類/選集之屬/通代
駢體文鈔三十一卷　（清）李兆洛輯　清道光元年（1821）合河康氏家塾刻本　六册　存二十五卷（一至十九、二十二至二十四、二十九至三十一）

330000－1712－0004166　集0686　集部/總集類/選集之屬/斷代
唐詩三百首六卷　（清）孫洙編　清末武林三餘堂刻本　一册

330000－1712－0004167　善484　集部/總集類/彙編之屬
宋詩鈔初集八十四種　（清）吕留良　（清）吳之振　（清）吳爾堯編　清康熙十年（1671）洲錢吳氏鑑古堂刻清修補本　二十四册

330000－1712－0004168　集0738　集部/總集類/選集之屬/通代
古文析義六卷二編八卷　（清）林雲銘輯注　清令德堂刻本　七册　存七卷（二編一、三至八）

330000－1712－0004169　集0763　集部/總集類/選集之屬/通代
宋元明詩約鈔三百首二卷　（清）朱梓　（清）冷昌言輯　清末刻本　二册

330000－1712－0004170　集0749　集部/總集類/選集之屬/斷代
重訂唐詩別裁集二十卷　（清）沈德潛輯　清教忠堂刻本　清柯海橋題簽並批　二册　存四卷（一至二、十九至二十）

330000－1712－0004173　集0688　集部/總集類/選集之屬/斷代
唐詩三百首六卷　（清）孫洙編　清同治六年（1867）常熟留真堂刻本　一册　存四卷（一、三、五至六）

330000－1712－0004174　集0762　集部/總集類/選集之屬/通代
宋元明詩三百首六卷摘句一卷　（清）朱梓　（清）冷昌言輯　清道光二十一年（1841）小石山房刻本　一册　存二卷（二、摘句）

330000－1712－0004175　善473　集部/總集類/選集之屬/斷代
國朝六家詩鈔八卷　（清）劉執玉選編　清乾

隆三十二年(1767)劉執玉詒燕樓刻本　五冊　缺一卷(一)

330000－1712－0004176　集0689　集部/總集類/選集之屬/斷代

唐詩三百首六卷　(清)孫洙編　清刻本　一冊　缺二卷(一至二)

330000－1712－0004177　集0695　集部/總集類/選集之屬/斷代

唐詩鈔二卷　清抄本　一冊

330000－1712－0004178　善478　集部/總集類/選集之屬/斷代

宋四六選二十四卷　(清)彭元瑞　(清)曹振鏞輯　清乾隆四十一年(1776)曹振鏞翠微山麓刻本　十二冊

330000－1712－0004180　集0760　集部/總集類/選集之屬/通代

七十家賦鈔六卷　(清)張惠言輯　清光緒四年(1878)宏達堂刻本　四冊

330000－1712－0004181　集0789　集部/總集類/課藝之屬

館律分韻初編六卷　(清)春暉閣主人輯　清光緒十四年(1888)上海鴻寶齋石印本　六冊

330000－1712－0004182　集0791　集部/總集類/選集之屬/斷代

宋四六選二十四卷　(清)彭元瑞　(清)曹振鏞輯　清刻本　五冊　存十卷(一至四、七至八、十三至十六)

330000－1712－0004183　集0759　集部/總集類/選集之屬/通代

七十家賦鈔六卷　(清)張惠言輯　清道光元年(1821)合河康氏刻本　四冊

330000－1712－0004184　集0790　集部/總集類/選集之屬/斷代

宋四六選二十四卷　(清)彭元瑞　(清)曹振鏞輯　清刻本　三冊　存十卷(一至十)

330000－1712－0004185　集0788　集部/總集類/郡邑之屬

硤川詩鈔二十卷首一卷詞鈔一卷　(清)曹宗載輯　(清)顧瀾校　清光緒十八年(1892)雙山講舍刻本　四冊

330000－1712－0004186　集0792　集部/總集類/選集之屬/斷代

南宋羣賢小集　(宋)陳起編　(清)顧修重輯　清嘉慶六年(1801)石門顧氏讀畫齋刻本　四十冊　存七十四種

330000－1712－0004187　善474　集部/總集類/選集之屬/斷代

重訂唐詩別裁集二十卷　(清)沈德潛輯　清乾隆二十八年(1763)教忠堂刻本　六冊

330000－1712－0004188　善472　集部/總集類/選集之屬/斷代

國朝六家詩鈔八卷　(清)劉執玉選編　清乾隆三十二年(1767)劉執玉詒燕樓刻本　四冊　缺二卷(七至八)

330000－1712－0004189　集0693　集部/總集類/選集之屬/斷代

唐詩七律畧錄三卷七絕略錄三卷　清抄本　二冊

330000－1712－0004190　集0696　集部/總集類/選集之屬/斷代

晚唐詩選二卷　清抄本　一冊

330000－1712－0004191　集0787　集部/總集類/郡邑之屬

硤川詩續鈔十六卷詞續鈔一卷　(清)許仁沐　蔣學堅輯　清光緒二十一年(1895)雙山講舍刻本　六冊

330000－1712－0004192　集0786　史部/史評類/詠史之屬

南宋襍事詩七卷　(清)沈家轍等撰　清武林芹香齋刻本　二冊

330000－1712－0004193　善475　集部/總集類/選集之屬/斷代

唐詩鼓吹十卷　(金)元好問輯　(元)郝天挺注　(明)廖文炳解　清康熙四十七年(1708)崇玉堂刻本　四冊

330000－1712－0004194　集 0690　集部/總集類/選集之屬/斷代

唐詩三百首六卷　(清)孫洙編　清光緒六年(1880)錢道生堂刻本　一冊　存二卷(一至二)

330000－1712－0004195　集 0761　集部/總集類/選集之屬/斷代

國朝六家詩鈔八卷　(清)劉執玉選編　清乾隆三十二年(1767)劉執玉詒燕樓刻本　清徐熊飛跋　一冊　存二卷(一、八)

330000－1712－0004196　集 0691　集部/總集類/選集之屬/斷代

唐詩三百首六卷　(清)孫洙編　清刻本　一冊　存二卷(一至二)

330000－1712－0004197　集 0692　集部/總集類/選集之屬/斷代

唐詩三百首六卷　(清)孫洙編　清刻本　一冊　存二卷(一至二)

330000－1712－0004198　集 0685　集部/總集類/選集之屬/斷代

唐詩三百首續選一卷　(清)于慶元編　清道光二十三年(1843)漁古堂刻本　一冊

330000－1712－0004206　集 0833　集部/總集類/選集之屬/斷代

普天忠憤全集十四卷首一卷　(清)孔廣德編　清光緒二十一年(1895)石印本　十二冊

330000－1712－0004207　集 0834　集部/總集類/選集之屬/斷代

普天忠憤全集十四卷首一卷　(清)孔廣德編　清光緒二十一年(1895)石印本　一冊　存一卷(六)

330000－1712－0004208　集 0925　集部/總集類/酬唱之屬

聽經閣同聲集六卷　(清)胡鳳丹輯　清同治八年(1869)正覺禪林刻本　一冊

330000－1712－0004209　集 0795　集部/總集類/選集之屬/斷代

八家四六文註八卷　(清)吳鼒輯　(清)許貞幹注　**補註一卷補註校勘一卷補註增訂一卷**　陳衍撰　清光緒十八年(1892)上海圖書集成印書局鉛印本　八冊

330000－1712－0004210　集 0924　集部/總集類/酬唱之屬

皖江同聲集十卷　(清)胡鳳丹輯　清同治八年(1869)永康胡氏退補齋刻本　二冊

330000－1712－0004211　集 0923　集部/總集類/郡邑之屬

鄂渚同聲集正編二十卷　(清)胡鳳丹編　清同治九年(1870)永康胡氏退補齋刻本　一冊

330000－1712－0004212　集 0821　集部/詩文評類

藝概六卷　(清)劉熙載撰　清光緒三年(1877)嶺南刻本　二冊

330000－1712－0004213　叢 172　類叢部/叢書類/自著之屬

桂馨堂集八種　(清)張廷濟撰　清道光至咸豐刻本　五冊

330000－1712－0004214　善 477　集部/總集類/選集之屬/斷代

濂洛風雅八卷　(清)魏麐徵編　清康熙刻本　二冊

330000－1712－0004216　叢 171　類叢部/叢書類/自著之屬

桂馨堂集八種　(清)張廷濟撰　清道光至咸豐刻本　三冊　存一種

330000－1712－0004217　集 0826　集部/總集類/酬唱之屬

擊鉢吟偶存二卷二集二卷三集二卷四集二卷五集二卷六集二卷七集二卷　(清)曾元海等輯　清道光二十五年至同治九年(1845－1870)刻本　五冊　存六卷(偶存上下、二集上下、三集上下)

330000－1712－0004218　集 0799　集部/別集類/清別集

甘泉鄉人稿二十四卷餘稿二卷　(清)錢泰吉撰　**皇清敕授修職郎誥封朝議大夫顯考警石**

府君[錢泰吉]年譜一卷 (清)錢應溥撰 四水子遺著一卷 (清)錢友泗撰 附養素堂詩集哭錢一卷 (清)張澍撰 郊農偶吟稿一卷 (清)錢炳森撰 清同治十一年(1872)嘉興錢氏白下刻光緒十一年(1885)增刻本 七冊

330000－1712－0004219 集0827 集部/總集類/酬唱之屬
擊鉢吟偶存二卷二集二卷三集二卷四集二卷五集二卷六集二卷七集二卷 (清)曾元海等輯 清道光二十五年至同治九年(1845－1870)刻本 一冊 存一卷(四集下)

330000－1712－0004220 集0771 集部/總集類/郡邑之屬
吳會英才集二十四卷 (清)畢沅輯 清道光刻本 六冊

330000－1712－0004222 集0800 集部/別集類/清別集
甘泉鄉人稿二十四卷餘稿二卷 (清)錢泰吉撰 皇清敕授修職郎誥封朝議大夫顯考警石府君[錢泰吉]年譜一卷 (清)錢應溥撰 四水子遺著一卷 (清)錢友泗撰 附養素堂詩集哭錢一卷 (清)張澍撰 郊農偶吟稿一卷 (清)錢炳森撰 清同治十一年(1872)嘉興錢氏白下刻光緒十一年(1885)增刻本 七冊

330000－1712－0004223 集0802 集部/別集類/清別集
甘泉鄉人稿二十四卷 (清)錢泰吉撰 皇清敕授修職郎誥封朝議大夫顯考警石府君[錢泰吉]年譜一卷 (清)錢應溥撰 四水子遺著一卷 (清)錢友泗撰 附養素堂詩集哭錢一卷 (清)張澍撰 郊農偶吟稿一卷 (清)錢炳森撰 清同治七年(1868)、十一年(1872)嘉興錢氏白下刻光緒七年(1881)增刻本 六冊

330000－1712－0004228 子1313 子部/宗教類/道教之屬
大玄九統乘三卷 (清)張誠撰 清抄本 二冊

330000－1712－0004229 子1312 子部/儒家類/儒學之屬
張熙河子一卷 (清)張誠撰 清抄本 一冊

330000－1712－0004230 集0772 集部/總集類/選集之屬/通代
賦鈔箋略十五卷 (清)雷琳 (清)張杏濱輯 清光緒元年(1875)雲間九如堂刻本 八冊

330000－1712－0004231 集0926 集部/總集類/酬唱之屬
同聲詩鈔一卷補刊一卷 (清)李樹瀛輯 清同治五年(1866)、九年(1870)興國學署刻本 二冊

330000－1712－0004233 集0767 集部/總集類/尺牘之屬
名賢手札八種 (清)郭慶藩輯 清光緒十一年(1885)上海同文書局石印本 四冊

330000－1712－0004234 集0801 集部/別集類/清別集
甘泉鄉人稿二十四卷 (清)錢泰吉撰 皇清敕授修職郎誥封朝議大夫顯考警石府君[錢泰吉]年譜一卷 (清)錢應溥撰 四水子遺著一卷 (清)錢友泗撰 附養素堂詩集哭錢一卷 (清)張澍撰 郊農偶吟稿一卷 (清)錢炳森撰 清同治七年(1868)、十一年(1872)嘉興錢氏白下刻光緒七年(1881)增刻本 三冊 存十五卷(十至二十四)

330000－1712－0004235 新0010 新學/理學/理學
天演論二卷 (英國)赫胥黎撰 嚴復譯 清末鉛印本 一冊 存一卷(一)

330000－1712－0004236 集0803 集部/別集類/清別集
甘泉鄉人稿二十四卷 (清)錢泰吉撰 皇清敕授修職郎誥封朝議大夫顯考警石府君[錢泰吉]年譜一卷 (清)錢應溥撰 四水子遺著一卷 (清)錢友泗撰 附養素堂詩集哭錢一卷 (清)張澍撰 郊農偶吟稿一卷 (清)錢炳森撰 清同治七年(1868)、十一年(1872)嘉興錢氏白下刻光緒七年(1881)增刻本 五冊 存二十四卷(一至二十四)

330000－1712－0004237　集 0773　集部/總集類/課藝之屬

青雲集分韻試帖詳註四卷　（清）楊逢春（清）蕭應櫆輯　（清）沈品華等註　清光緒十四年（1888）永康胡氏退補齋刻本　清陸增鈺題簽　四冊

330000－1712－0004239　新 0009　新學/理學/理學

天演論二卷　（英國）赫胥黎撰　嚴復譯　清光緒二十七年（1901）富文書局石印本　一冊

330000－1712－0004241　集 0805　集部/別集類/清別集

甘泉鄉人稿二十四卷　（清）錢泰吉撰　**皇清敕授修職郎誥封朝議大夫顯考警石府君［錢泰吉］年譜一卷**　（清）錢應溥撰　**四水子遺著一卷**　（清）錢友泗撰　**附養素堂詩集哭錢一卷**　（清）張澍撰　**邠農偶吟稿一卷**　（清）錢炳森撰　清同治七年（1868）、十一年（1872）嘉興錢氏白下刻光緒七年（1881）增刻本　二冊　存三卷（七至九）

330000－1712－0004242　集 0824　集部/總集類/選集之屬/通代

敬書堂古文十二卷　（清）吳乘權　（清）吳大職輯　清道光元年（1821）刻本　五冊　存十卷（一至十）

330000－1712－0004244　集 0804　集部/別集類/清別集

甘泉鄉人稿二十四卷餘稿二卷　（清）錢泰吉撰　**皇清敕授修職郎誥封朝議大夫顯考警石府君［錢泰吉］年譜一卷**　（清）錢應溥撰　**四水子遺著一卷**　（清）錢友泗撰　**附養素堂詩集哭錢一卷**　（清）張澍撰　**邠農偶吟稿一卷**　（清）錢炳森撰　清末刻本　一冊　存三卷（七至九）

330000－1712－0004245　集 0770　集部/總集類/尺牘之屬

名賢手札八種　（清）郭慶藩輯　清光緒十九年（1893）上海寶文書局石印本　一冊

330000－1712－0004247　集 0794　集部/總集類/選集之屬/通代

古文近道集八卷　（清）王贊元輯　清同治七年（1868）山陰王氏培槐軒刻本　彥麟觀款　二冊

330000－1712－0004249　集 0774　集部/總集類/選集之屬/斷代

章譚合鈔六卷　（清）上海國學扶輪社編　清宣統二年（1910）上海國學扶輪社鉛印本　五冊

330000－1712－0004251　集 0825　集部/總集類/彙編之屬

蘭言集四卷　（唐）李商隱撰　清光緒三十年（1904）刻朱印本　一冊

330000－1712－0004252　集 0928　集部/總集類/選集之屬/通代

古詩箋三十二卷　（清）王士禛輯　（清）聞人倓箋　清乾隆三十一年（1766）芷蘭堂刻本　一冊　存二卷（五言詩一至二）

330000－1712－0004253　叢 178　類叢部/叢書類/彙編之屬

藝苑捃華四十八種　（清）顧之逵編　清同治七年（1868）刻本　二十二冊　存三十九種

330000－1712－0004256　集 0793　集部/別集類/清別集

茗柯文初編一卷二編二卷三編一卷四編一卷　（清）張惠言撰　清宣統三年（1911）上海掃葉山房石印本　二冊

330000－1712－0004257　叢 173　類叢部/叢書類/自著之屬

桂馨堂集八種　（清）張廷濟撰　清道光至咸豐刻本　十冊　存六種

330000－1712－0004259　集 0807　集部/總集類/選集之屬/斷代

唐中興閒氣集二卷　（唐）高仲武輯　清光緒十九年（1893）武進費氏刻本　一冊

330000－1712－0004261　叢 179　類叢部/叢書類/彙編之屬

藝苑捃華四十八種　（清）顧之逵編　清同治七年（1868）刻本　八冊　存十一種

330000－1712－0004265　集 0811　集部/總集類/郡邑之屬

羅陽詩始四卷　（清）董斿輯　清同治五年(1866)羅陽書院刻本　一册　存二卷(一至二)

330000－1712－0004266　集 0858　集部/總集類/選集之屬/通代

賦學正鵠集釋十一卷　（清）李元度輯　清刻本　七册　存十卷(二至十一)

330000－1712－0004267　集 0816　集部/總集類/郡邑之屬

國朝杭郡詩續輯四十六卷姓氏韻編一卷　（清）吳振棫輯　清光緒二年(1876)錢唐丁氏刻本　十六册

330000－1712－0004268　集 0856　集部/總集類/選集之屬/通代

阮亭選古詩三十二卷　（清）王士禛輯　**惜抱軒今體詩選十八卷**　（清）姚鼐輯　清同治五年(1866)金陵書局刻本　胡士瑩題記　十册

330000－1712－0004269　集 0817　集部/總集類/郡邑之屬

國朝杭郡詩輯三十二卷姓氏韻編一卷　（清）吳顥輯　（清）吳振棫重輯　清同治十三年(1874)錢塘丁氏刻本　十二册

330000－1712－0004270　集 0815　集部/總集類/郡邑之屬

國朝杭郡詩三輯一百卷姓氏韻編一卷　（清）丁申　（清）丁丙編　清光緒十九年(1893)錢塘丁氏刻本　四十册

330000－1712－0004272　集 0863　集部/總集類/郡邑之屬

增訂二酉英華二十四卷　（清）馮壺川輯　清光緒元年(1875)夏承勳、夏縉光刻本　十二册

330000－1712－0004274　集 0814　集部/曲類/寶卷之屬

真修寶卷不分卷　清光緒二年(1876)常郡培本堂刻光緒十二年(1886)印本　一册

330000－1712－0004277　集 0820　集部/總集類/選集之屬/通代

六朝唐賦讀本不分卷　（清）馬傳庚選註　清光緒二年(1876)京都松竹齋刻本　二册

330000－1712－0004278　集 0864　集部/總集類/選集之屬/通代

六朝唐賦讀本二卷　（清）馬傳庚選註　清光緒十三年(1887)點石齋石印本　二册

330000－1712－0004279　集 0868　集部/總集類/課藝之屬

近科分韻館詩三十卷　王先謙編　清末鉛印本　四册　存四卷(初集一至二、四至五)

330000－1712－0004280　叢 174　類叢部/叢書類/自著之屬

覆瓿集十三種附一種　（清）張文虎撰　清同治至光緒刻本　十二册

330000－1712－0004281　叢 177　類叢部/叢書類/自著之屬

惜抱軒全集十種　（清）姚鼐撰　清同治五年(1866)李瀚章省心閣刻本　十六册

330000－1712－0004282　集 0867　集部/總集類/選集之屬/通代

夢華廬賦海三十卷　（清）夢華廬主人選　清末石印本　四册　存十七卷(二至三、九至二十三)

330000－1712－0004283　集 0755　集部/總集類/選集之屬/斷代

唐四家詩集二十卷附二種　（清）胡鳳丹輯　清同治九年(1870)永康胡氏退補齋刻本　五册　存四種

330000－1712－0004284　集 0857　集部/總集類/選集之屬/斷代

國朝古文正的五卷　（清）楊彝珍纂輯　**逐學齋文鈔一卷**　（清）孫衣言撰　**移芝室古文一卷**　（清）楊彝珍撰　清光緒六年(1880)獨山莫氏木活字印本　六册

330000－1712－0004285　叢176　類叢部/叢書類/自著之屬

覆瓿集十三種附一種　(清)張文虎撰　清同治至光緒刻本　八冊　存三種

330000－1712－0004286　集0865　類叢部/類書類/通類之屬

增廣試帖玉芙蓉五卷韻目一卷類目一卷續集二卷韻目一卷類目一卷　(清)同文書局主人輯　清光緒十九年(1893)上海鴻寶齋石印本　八冊

330000－1712－0004287　叢175　類叢部/叢書類/自著之屬

覆瓿集十三種附一種　(清)張文虎撰　清同治至光緒刻本　一冊　存一種

330000－1712－0004288　集0866　集部/總集類/彙編之屬

增廣詩句題解彙編四卷姓氏考一卷　(清)同文書局編　清光緒上海同文書局石印本　四冊

330000－1712－0004290　集0861　集部/總集類/選集之屬/斷代

皇朝古學類編十四卷首一卷　(清)姚燮選　清光緒二十一年(1895)玉軸山房石印本　八冊

330000－1712－0004291　集0860　集部/總集類/選集之屬/通代

文章游戲初編八卷二編八卷三編八卷四編八卷　(清)繆艮輯　清嘉慶二十一年至道光元年(1816－1821)刻本　十六冊　存十六卷(初編二至六,二編二至六、八,三編一、七,四編一、三、六)

330000－1712－0004292　集0847　集部/總集類/彙編之屬

弘正四傑詩集　(清)張百熙編　清光緒二十一年(1895)長沙張氏湘雨樓刻本　十六冊

330000－1712－0004293　集0859　集部/詩文評類/詩評之屬

詩法入門四卷首一卷新鐫詩韻五卷　(清)游藝輯　清刻本　三冊　存八卷(二至四、詩韻一至五)

330000－1712－0004294　集0845　集部/總集類/選集之屬/通代

古文淵鑒六十四卷　(清)徐乾學等輯注　清同治十二年(1873)浙江書局刻本　三十一冊　缺三卷(八至十)

330000－1712－0004296　集0835　集部/總集類/氏族之屬

南塘張氏詩略二卷　(清)張家鼎輯　清光緒四年(1878)鐵花館刻本　一冊

330000－1712－0004297　集0846　集部/總集類/氏族之屬

寧都三魏全集八十三卷　(清)林時益編　清道光二十五年(1845)寧都謝庭綬紱園書塾刻本　五十冊

330000－1712－0004298　集0862　集部/總集類/選集之屬/通代

文章游戲初編八卷二編八卷三編八卷四編八卷　(清)繆艮輯　清道光五年(1825)寶彝堂刻本　十五冊　缺三卷(二編五至七)

330000－1712－0004304　集0902　集部/總集類/選集之屬/通代

尺木堂古文觀止六卷　(清)吳乘權　(清)吳大職輯　清刻本　六冊

330000－1712－0004305　集0901　集部/總集類/選集之屬/通代

古文觀止十二卷　(清)吳乘權　(清)吳大職輯　清刻本　六冊

330000－1712－0004308　集0893　集部/總集類/選集之屬/通代

繪圖增批古文觀止十二卷　(清)吳乘權　(清)吳大職輯　清末石印本　一冊　存二卷(三至四)

330000－1712－0004309　集0900　集部/總集類/選集之屬/通代

古文觀止十二卷　(清)吳乘權　(清)吳大職輯　清大魁楨記刻本　五冊　缺二卷(十一

至十二)

330000－1712－0004310　集 0899　集部/總集類/選集之屬/通代
古文觀止十二卷　(清)吳乘權　(清)吳大職輯　清光緒二十一年(1895)永康胡氏退補齋刻本　六冊

330000－1712－0004311　集 0903　集部/總集類/選集之屬/通代
古文分編集評初集五卷二集五卷三集八卷四集四卷　(清)于光華輯　清刻本　一冊　存一卷(初集下一)

330000－1712－0004312　集 0837　集部/總集類/彙編之屬
耆舊詩存□□卷　(清)陸敦倫等撰　清末抄本　清張憲和題簽　一冊　存一卷(二)

330000－1712－0004313　集 0838　集部/別集類/清別集
蘭軒詩草一卷　(清)戴松撰　清末抄本　一冊

330000－1712－0004314　集 0898　集部/總集類/選集之屬/通代
聚瀛堂古文觀止十二卷　(清)吳乘權　(清)吳大職輯　清刻本　二冊　存四卷(四至五、九至十)

330000－1712－0004315　集 0897　集部/總集類/選集之屬/通代
九思堂古文觀止十二卷　(清)吳乘權　(清)吳大職輯　清九思堂刻本　張維成題簽並觀款　一冊　存二卷(十一至十二)

330000－1712－0004316　集 0895　集部/總集類/選集之屬/通代
博古堂古文觀止十二卷　(清)吳乘權　(清)吳大職輯　清刻本　張維城題簽　一冊　存二卷(七至八)

330000－1712－0004317　集 0896　集部/總集類/選集之屬/通代
三餘堂古文觀止十二卷　(清)吳乘權　(清)吳大職輯　清同治五年(1866)刻本　三冊　缺六卷(三至四、七至十)

330000－1712－0004318　集 0907　集部/總集類/選集之屬/通代
古文雅正十四卷　(清)蔡世遠輯　清光緒二十二年(1896)上海圖書集成印書局鉛印本　四冊

330000－1712－0004319　集 0915　集部/別集類/唐五代別集
杜工部集二十卷附錄一卷畧例一卷諸家詩話一卷唱酬題詠一卷　(唐)杜甫撰　(清)錢謙益箋註　清宣統二年(1910)上海神州國光社鉛印本　八冊

330000－1712－0004320　集 0909　集部/總集類/選集之屬/通代
古文翼八卷　(清)唐德宜輯並評　(清)季福襄重訂　清光緒十九年(1893)湖南經國書局刻本　十六冊

330000－1712－0004323　集 0850　集部/別集類/唐五代別集
唐陸宣公集二十二卷首一卷增輯一卷附錄一卷　(唐)陸贄撰　清光緒二年(1876)江蘇書局刻本　六冊

330000－1712－0004324　集 0910　集部/總集類/選集之屬/通代
古文翼八卷　(清)唐德宜輯並評　(清)季福襄重訂　清同治十二年(1873)常熟黃氏萩文堂刻本　八冊

330000－1712－0004325　集 0891　集部/別集類/清別集
移芝室古文十二卷詩鈔三卷　(清)楊彝珍撰　清末刻本　三冊　存十二卷(古文一至十二)

330000－1712－0004327　集 0839　集部/別集類/清別集
畊餘小草一卷　清末抄本　一冊

330000－1712－0004328　集 0932　集部/別集類/清別集

夢蓮吟草一卷 （清）沈夢蓮撰　清光緒十三年（1887）稿本　一冊

330000－1712－0004329　集0890　集部/別集類/清別集
移芝室古文十二卷詩鈔三卷 （清）楊彝珍撰　清末刻本　二冊　存三卷（古文一至三）

330000－1712－0004330　集0851　集部/別集類/唐五代別集
唐陸宣公集二十二卷首一卷增輯一卷附錄一卷 （唐）陸贄撰　清光緒二年（1876）江蘇書局刻本　六冊

330000－1712－0004331　集0908　集部/詩文評類
古文緒論三卷 （清）孫思奮編輯　清末木活字印本　一冊　存二卷（二至三）

330000－1712－0004332　集0852　集部/別集類/唐五代別集
唐陸宣公集二十二卷 （唐）陸贄撰　清同治五年（1866）楊氏問竹軒家塾刻本　八冊

330000－1712－0004333　集0853　集部/別集類/唐五代別集
唐陸宣公集二十二卷 （唐）陸贄撰　清同治五年（1866）楊氏問竹軒家塾刻本　六冊

330000－1712－0004334　子1317　子部/儒家類/儒學之屬/蒙學
小學弦歌八卷 （清）李元度輯　清光緒五年（1879）平江李氏刻本　四冊

330000－1712－0004335　史1094　史部/詔令奏議類/奏議之屬
唐陸宣公奏議讀本四卷首一卷 （唐）陸贄撰　（清）汪銘謙輯　（清）馬傳庚評點　清道光九年（1829）貽安堂刻本　二冊

330000－1712－0004336　集0927　集部/詩文評類/詩評之屬
石林詩話三卷 （宋）葉夢得撰　**拾遺一卷附錄一卷** （清）葉廷琯輯　清道光二十四年（1844）東洞庭山葉氏刻本　一冊

330000－1712－0004337　集0912　集部/別集類/唐五代別集
杜詩鏡銓二十卷年譜一卷附諸家論杜一卷 （清）楊倫撰　**讀書堂杜工部文集註解二卷** （清）張溍撰　清同治十一年（1872）望三益齋刻本　十二冊

330000－1712－0004338　史1095　史部/詔令奏議類/奏議之屬
唐陸宣公奏議讀本四卷首一卷 （唐）陸贄撰　（清）汪銘謙輯　（清）馬傳庚評點　清道光九年（1829）貽安堂刻本　二冊

330000－1712－0004339　集0854　集部/別集類/唐五代別集
唐陸宣公集二十二卷 （唐）陸贄撰　清光緒二十四年（1898）上海著易堂石印本　二冊

330000－1712－0004340　集0877　集部/總集類/選集之屬/通代
五七言今體詩鈔十八卷 （清）姚鼐輯　清同治五年（1866）金陵書局刻本　一冊　存九卷（五言今體詩鈔一至九）

330000－1712－0004341　集0878　集部/總集類/選集之屬/通代
五七言今體詩鈔十八卷 （清）姚鼐輯　清同治五年（1866）金陵書局刻本　一冊　存四卷（五言今體詩鈔六至九）

330000－1712－0004342　集0918　集部/別集類/唐五代別集
讀杜心解六卷首二卷 （清）浦起龍撰　清文淵堂刻本　八冊

330000－1712－0004343　集0879　集部/總集類/彙編之屬
六朝四家全集 （清）胡鳳丹輯　清同治九年（1870）永康胡氏退補齋刻本　四冊　存四種

330000－1712－0004344　集0880　集部/總集類/選集之屬/斷代
唐詩觀瀾集二十四卷唐人小傳一卷 （清）李因培輯　清刻本　一冊　存四卷（二十一至二十四）

330000－1712－0004346　集 0881　集部/總集類/選集之屬/斷代

唐七律選四卷　(清)王錫等輯　(清)毛奇齡定　清康熙刻本　與 330000－1712－0004344 合册

330000－1712－0004347　史 1096　史部/詔令奏議類/奏議之屬

唐陸宣公奏議讀本四卷首一卷　(唐)陸贄撰　(清)汪銘謙輯　(清)馬傳庚評點　清光緒二十四年(1898)上海著易堂石印本　二册

330000－1712－0004349　集 0942　集部/别集類/宋别集

劍南詩鈔六卷　(宋)陸游撰　(清)楊大鶴選　清愛日堂刻本　八册

330000－1712－0004350　集 0745　集部/别集類/宋别集

劍南詩選一卷　(宋)陸遊撰　清抄本　南村田舍題簽　一册

330000－1712－0004352　集 0911　集部/别集類/唐五代别集

杜詩鏡銓二十卷年譜一卷附諸家論杜一卷　(清)楊倫撰　**讀書堂杜工部文集註解二卷**　(清)張溍撰　清同治十一年(1872)望三益齋刻本　十册

330000－1712－0004353　集 0940　集部/别集類/宋别集

劍南詩鈔六卷　(宋)陸游撰　(清)楊大鶴選　清光緒五年(1879)善成堂刻本　七册

330000－1712－0004354　集 0914　集部/别集類/唐五代别集

杜工部集二十卷附錄一卷畧例一卷諸家詩話一卷唱酬題詠一卷　(唐)杜甫撰　(清)錢謙益箋註　清康熙六年(1667)季氏靜思堂刻本　四册

330000－1712－0004355　集 0941　集部/别集類/宋别集

劍南詩鈔六卷　(宋)陸游撰　(清)楊大鶴選　清光緒五年(1879)善成堂刻本　一册　存一卷(七言律)

330000－1712－0004356　善 479　集部/别集類/唐五代别集

杜子美詩集二十卷　(唐)杜甫撰　(宋)劉辰翁評點　明刻本　四册　缺五卷(十二至十六)

330000－1712－0004357　集 0873　集部/楚辭類

楚辭章句十七卷　(漢)王逸撰　(宋)洪興祖補注　清光緒九年(1883)長沙書堂山館刻本　四册

330000－1712－0004358　集 0874　集部/楚辭類

楚詞釋二卷附一卷　王闓運撰　**楚辭通釋一卷**　(清)王夫之撰　清末平湖張氏躬厚堂抄本　一册

330000－1712－0004359　集 0876　子部/藝術類/書畫之屬/法帖

屈原賦二十五篇不分卷　(清)王仁堪等書　清光緒十六年(1890)上海同文書局石印本　一册

330000－1712－0004361　善 519　類叢部/叢書類/自著之屬

陸放翁全集六種　(宋)陸游撰　明末清初毛氏汲古閣刻楚濃李氏森寶齋印本　六十四册

330000－1712－0004362　集 0929　集部/總集類/酬唱之屬

蘆浦竹枝詞二卷　(清)朱鼎鎬　(清)山鳳輝撰　清光緒八年(1882)南山草堂刻本　二册

330000－1712－0004363　集 0916　集部/别集類/唐五代别集

杜工部集二十卷首一卷　(唐)杜甫撰　(清)鄭澐校　**唱酬題詠附錄一卷諸家詩話一卷**　清同治十一年(1872)致一齋刻本　十册

330000－1712－0004366　集 0917　集部/别集類/唐五代别集

杜詩註釋二十四卷首一卷　(清)許寶善輯　清光緒三年(1877)吳縣朱氏自怡軒刻本　十

册　存二十卷（五至二十四）

330000－1712－0004367　集0983　集部/别集類/唐五代别集
韓昌黎詩集編年箋注十二卷　（唐）韓愈撰（清）方世舉考訂　（清）盧見曾刪定　清宣統二年（1910）海寧陳氏石印本　六册　存六卷（七至十二）

330000－1712－0004368　善522　類叢部/叢書類/自著之屬
陸放翁全集六種　（宋）陸游撰　明末海虞毛氏汲古閣刻清初毛扆增刻彙印本　十一册　存一種

330000－1712－0004369　集0987　集部/别集類/唐五代别集
昌黎先生集四十卷外集十卷遺文一卷　（唐）韓愈撰　（宋）廖瑩中校正　**朱子校昌黎先生集傳一卷**　（宋）朱熹撰　**韓集點勘四卷**（清）陳景雲撰　清宣統二年（1910）埽葉山房石印本　十二册

330000－1712－0004370　集0875　集部/楚辭類
楚辭燈四卷　（清）林雲銘撰　清刻本　一册

330000－1712－0004371　集0919　集部/總集類/選集之屬/通代
古今勸世詩鈔不分卷　（清）江皋居士輯　清道光二十七年（1847）刻本　一册

330000－1712－0004374　集0990　集部/總集類/選集之屬/斷代
唐四家詩集二十八卷　清光緒十年（1884）尚友山房石印本　四册　存一種

330000－1712－0004375　善523　類叢部/叢書類/自著之屬
陸放翁全集六種　（宋）陸游撰　明末海虞毛氏汲古閣刻清初毛扆增刻彙印本　四册　存一種

330000－1712－0004378　集0991　集部/别集類/唐五代别集
李長吉集四卷外卷一卷　（唐）李賀撰　（明）黃淳耀評點　（清）黎簡批點　清宣統元年（1909）上海掃葉山房石印本　二册

330000－1712－0004380　集0887　集部/别集類/唐五代别集
李翰林集十卷　（唐）李白撰　（宋）樂史編　清光緒二十五年（1899）仁和吳昌綬刻本　一册

330000－1712－0004382　集0982　集部/别集類/唐五代别集
柳文四十三卷别集二卷外集二卷附錄一卷（唐）柳宗元撰　清寧遠楊季鸞春星閣刻本　八册

330000－1712－0004383　善521　類叢部/叢書類/自著之屬
陸放翁全集六種　（宋）陸游撰　明末海虞毛氏汲古閣刻清初毛扆增刻彙印本　十一册　存一種

330000－1712－0004384　善520　類叢部/叢書類/自著之屬
陸放翁全集六種　（宋）陸游撰　明末海虞毛氏汲古閣刻清初毛扆增刻彙印本　三册　存一種

330000－1712－0004385　善480　集部/總集類/選集之屬/斷代
本朝名媛詩鈔六卷　（清）胡孝思　（清）朱珖輯　清康熙五十五年（1716）淩雲閣刻本　二册

330000－1712－0004386　集0922　集部/總集類/酬唱之屬
耋齡酬唱一卷　（清）俞光曾等撰　**八旬自述百韻詩一卷**　（清）黃炳垕撰　清光緒二十年（1894）刻本　一册

330000－1712－0004387　集0984　集部/别集類/唐五代别集
韓昌黎詩集編年箋注十二卷　（唐）韓愈撰（清）方世舉考訂　（清）盧見曾刪定　清宣統二年（1910）海寧陳氏石印本　十二册

330000－1712－0004388　集0988　集部/别

集類/唐五代別集

昌黎先生集四十卷外集十卷遺文一卷 (唐)韓愈撰 (宋)廖瑩中校正 **朱子校昌黎先生集傳一卷** (宋)朱熹撰 **韓集點勘四卷** (清)陳景雲撰 清同治八年至九年(1869－1870)江蘇書局刻本 十一册

330000－1712－0004389 集0957 集部/別集類/唐五代別集

樊川詩集四卷補遺一卷外集一卷別集一卷 (唐)杜牧撰 (清)馮集梧注 清光緒十六年(1890)湘南書局刻本 五册

330000－1712－0004391 集0956 集部/別集類/唐五代別集

樊川詩集四卷補遺一卷外集一卷別集一卷 (唐)杜牧撰 (清)馮集梧注 清光緒十六年(1890)湘南書局刻本 四册 缺一卷(二)

330000－1712－0004392 集0959 集部/別集類/漢魏六朝別集

徐孝穆全集六卷 (南朝陳)徐陵撰 (清)吳兆宜箋注 **備考一卷** (清)徐文炳撰 清善化經濟書堂刻本 六册 存六卷(一至六)

330000－1712－0004393 集0935 子部/雜著類/雜說之屬

勸善歌一卷 (清)□□輯 清光緒二十四年(1898)浙江藩署刻本 一册

330000－1712－0004394 史0544 史部/傳記類/別傳之屬/事狀

忠武誌十卷 (清)張鵬翮輯 (清)周畹蘭增 清嘉慶十九年(1814)麻城周畹蘭刻本 三册 存六卷(一至六)

330000－1712－0004395 集0989 集部/別集類/唐五代別集

昌黎先生集四十卷外集十卷遺文一卷 (唐)韓愈撰 (宋)廖瑩中校正 **朱子校昌黎先生集傳一卷** (宋)朱熹撰 **韓集點勘四卷** (清)陳景雲撰 清同治八年至九年(1869－1870)江蘇書局刻本 十一册

330000－1712－0004396 集0944 集部/別集類/唐五代別集

李衛公文集二十卷別集十卷外集四卷補遺一卷 (唐)李德裕撰 清光緒十六年(1890)常慊慊齋刻本 六册

330000－1712－0004397 集0947 集部/別集類/唐五代別集

李衛公文集二十卷別集十卷外集四卷補遺一卷 (唐)李德裕撰 清光緒十六年(1890)常慊慊齋刻本 六册

330000－1712－0004398 集0945 集部/別集類/唐五代別集

李衛公文集二十卷別集十卷外集四卷補遺一卷 (唐)李德裕撰 清光緒十六年(1890)常慊慊齋刻本 八册

330000－1712－0004399 善482 集部/別集類/漢魏六朝別集

庾子山集十六卷總釋一卷 (北周)庾信撰 (清)倪璠註 **年譜一卷** (清)倪璠撰 清康熙二十六年(1687)崇岫堂刻本 八册

330000－1712－0004400 集0946 集部/別集類/唐五代別集

李衛公文集二十卷別集十卷外集四卷補遺一卷 (唐)李德裕撰 清光緒十六年(1890)常慊慊齋刻本 一册 存五卷(別集六至十)

330000－1712－0004401 集0844 集部/總集類/選集之屬/通代

四忠遺集 (清)羅文謙編 清楚醴景萊書室刻本 十八册 存三種

330000－1712－0004402 集0975 集部/別集類/漢魏六朝別集

庾子山集十六卷總釋一卷 (北周)庾信撰 (清)倪璠註 **年譜一卷** (清)倪璠撰 清光緒二十年(1894)粵東儒雅堂刻本 十二册

330000－1712－0004403 集0985 集部/別集類/唐五代別集

昌黎先生詩增注証訛十一卷 (唐)韓愈撰 (清)黃鉞增注証訛 **昌黎先生年譜一卷** (清)黃鉞編 清道光二十八年(1848)黃中民

刻咸豐七年(1857)四明鮑氏二客軒印本　四冊

330000－1712－0004405　集0933　集部/總集類/選集之屬/斷代
百老吟一卷後編一卷　錢溯耆輯　清宣統二年至民國元年(1910－1912)太倉錢氏聽邠館刻本　二冊

330000－1712－0004407　集0970　集部/別集類/宋別集
節孝先生文集三十卷事實一卷附載一卷語錄一卷　(宋)徐積撰　清宣統三年(1911)山陽徐氏刻本　六冊

330000－1712－0004409　善481　集部/別集類/宋別集
節孝先生文集三十卷事實一卷附載一卷語錄一卷　(宋)徐積撰　清康熙六十年(1721)刻本　十冊　缺四卷(一、二十四至二十六)

330000－1712－0004410　集0888　集部/別集類/唐五代別集
李太白文集三十六卷　(唐)李白撰　(清)王琦輯注　清刻本　十四冊　存二十三卷(一至二十、二十五至二十六、三十六)

330000－1712－0004411　集0841　集部/別集類/清別集
南湖百詠一卷　(清)吳萃恩撰　清同治五年(1866)嘉興吳氏小匏庵刻本　一冊

330000－1712－0004412　集0842　集部/別集類/清別集
南湖百詠一卷　(清)吳萃恩撰　清同治五年(1866)嘉興吳氏小匏庵刻本　一冊

330000－1712－0004413　集0843　集部/別集類/清別集
南湖百詠一卷　(清)吳萃恩撰　清同治五年(1866)嘉興吳氏小匏庵刻本　一冊

330000－1712－0004415　史1097　史部/傳記類/別傳之屬/事狀
九君子事略二卷　(清)李元度輯　清同治七年(1868)爽溪書院刻本　一冊

330000－1712－0004416　集0949　集部/別集類/唐五代別集
樊南文集補編十二卷首一卷附錄一卷　(唐)李商隱撰　(清)錢振倫　(清)錢振常箋注　清同治五年(1866)望三益齋刻本　四冊

330000－1712－0004417　集0962　集部/別集類/唐五代別集
溫飛卿詩集七卷別集一卷集外詩一卷附錄諸家詩評一卷　(唐)溫庭筠撰　(明)曾益注　(清)顧予咸補注　(清)顧嗣立續注　清宣統二年(1910)上海國學扶輪社石印本　四冊

330000－1712－0004418　集0963　集部/別集類/唐五代別集
溫飛卿詩集七卷別集一卷集外詩一卷附錄諸家詩評一卷　(唐)溫庭筠撰　(明)曾益注　(清)顧予咸補注　(清)顧嗣立續注　清宣統二年(1910)石印本　四冊

330000－1712－0004420　集0964　集部/別集類/唐五代別集
溫飛卿詩集七卷別集一卷集外詩一卷附錄諸家詩評一卷　(唐)溫庭筠撰　(明)曾益注　(清)顧予咸補注　(清)顧嗣立續注　清宣統二年(1910)上海國學扶輪社石印本　四冊

330000－1712－0004422　集0973　集部/總集類/選集之屬/通代
唐宋大家全集錄十種　(清)儲欣編　清光緒八年(1882)江蘇書局刻本　二十五冊　存九種

330000－1712－0004423　集0972　集部/別集類/唐五代別集
唐丞相曲江張文獻公集十二卷首一卷附錄一卷千秋金鑑錄五卷　(唐)張九齡撰　**金鑑錄真僞辨一卷**　(清)黃子高撰　清光緒十八年(1892)張曉如刻本　五冊　缺三卷(唐丞相曲江張文獻公集一至三)

330000－1712－0004424　集0969　集部/別集類/唐五代別集
王子安集註二十卷首一卷末一卷　(唐)王勃撰　(清)蔣清翊注　清光緒九年(1883)吳縣

蔣氏雙唐碑館刻十年(1884)補刻本　八冊

330000－1712－0004425　集 0952　集部/別集類/清別集

玉谿生詩詳註三卷首一卷樊南文集詳註八卷首一卷　(唐)李商隱撰　(清)馮浩編訂　(清)胡重參校　清乾隆四十五年(1780)德聚堂刻嘉慶元年(1796)增刻本　四冊　存四卷(首、玉谿生詩詳注一至三)

330000－1712－0004426　集 0965　集部/別集類/宋別集

林和靖詩集四卷拾遺一卷　(宋)林逋撰　清宣統二年(1910)上海文瑞樓石印本　二冊

330000－1712－0004427　集 0938　集部/總集類/選集之屬

詩文雜鈔不分卷　(清)趙之壁等撰　清末抄本　三冊

330000－1712－0004428　集 0968　集部/別集類/唐五代別集

王子安集註二十卷首一卷末一卷　(唐)王勃撰　(清)蔣清翊注　清光緒九年(1883)吳縣蔣氏雙唐碑館刻本　六冊

330000－1712－0004430　集 0950　集部/別集類/清別集

玉谿生詩詳註三卷首一卷樊南文集詳註八卷首一卷　(唐)李商隱撰　(清)馮浩編訂　(清)胡重參校　清乾隆四十五年(1780)德聚堂刻嘉慶元年(1796)增刻本　清劉元莊跋　二冊　存四卷(首、玉谿生詩詳註一至三)

330000－1712－0004431　集 0976　集部/別集類/漢魏六朝別集

庾子山集十六卷總釋一卷　(北周)庾信撰　(清)倪璠註　**年譜一卷**　(清)倪璠撰　清光緒十六年(1890)成都試院刻本　十一冊　缺一卷(十六)

330000－1712－0004432　集 0974　集部/總集類/彙編之屬

三宋人集　(清)方功惠編　清光緒七年(1881)巴陵方氏碧琳琅館刻本　六冊

330000－1712－0004433　集 0966　集部/別集類/宋別集

蘇文忠公詩編註集成四十六卷集成總案四十五卷諸家雜綴酌存一卷蘇海識餘四卷牋詩圖一卷韻山堂詩集七卷補遺一卷　(清)蘇軾撰　(清)王文誥輯注　清光緒十四年(1888)浙江書局刻光緒增刻本　二十四冊

330000－1712－0004434　集 0977　集部/別集類/漢魏六朝別集

庾子山集十六卷總釋一卷　(北周)庾信撰　(清)倪璠註　**年譜一卷**　(清)倪璠撰　清道光十九年(1839)大文堂刻本　十二冊

330000－1712－0004436　集 0936　集部/別集類/清別集

雜體詩五十篇不分卷東山游稿不分卷附雜錄書帖不分卷　(清)查繼佐撰　清乾隆抄本　清吳騫批跋　一冊

330000－1712－0004438　集 0937　集部/別集類/清別集

敬修堂雜著不分卷　(清)查繼佐撰　清抄本　與 330000－1712－0004436 合冊

330000－1712－0004439　集 0992　集部/別集類/明別集

楊忠愍公集五卷首一卷末一卷　(明)楊繼盛撰　**擬進呈楊忠愍蚺蛇膽表忠記二卷三十六齣**　(清)丁耀亢撰　清同治十一年(1872)湖北崇文書局刻本　五冊

330000－1712－0004441　集 0978　集部/別集類/漢魏六朝別集

庾子山集十六卷總釋一卷　(北周)庾信撰　(清)倪璠註　**年譜一卷**　(清)倪璠撰　清刻本　一冊　存一卷(十四)

330000－1712－0004442　集 0979　集部/別集類/唐五代別集

白香山詩長慶集二十卷後集十七卷別集一卷補遺二卷　(唐)白居易撰　(清)汪立名編訂　**白香山年譜一卷**　(清)汪立名撰　**白香山年譜舊本一卷**　(宋)陳振孫撰　清刻本　五冊　缺二十五卷(長慶集一至四、十五至十

七，後集二至十七，補遺一至二）

330000－1712－0004443　集0951　集部/別集類/清別集

玉谿生詩詳註三卷首一卷樊南文集詳註八卷首一卷　（唐）李商隱撰　（清）馮浩編訂　（清）胡重參校　清乾隆四十五年（1780）德聚堂刻嘉慶元年（1796）增刻本　四册　存四卷（首、玉谿生詩詳注一至三）

330000－1712－0004444　集0953　集部/別集類/唐五代別集

李義山文集十卷　（唐）李商隱撰　（清）徐樹穀箋　（清）徐炯注　清康熙四十七年（1708）崑山徐氏花谿草堂刻本　五册　缺一卷（一）

330000－1712－0004446　集0993　集部/別集類/明別集

楊忠愍公集五卷首一卷末一卷　（明）楊繼盛撰　**擬進呈楊忠愍蚺蛇膽表忠記二卷三十六齣**　（清）丁耀亢撰　清同治十一年（1872）湖北崇文書局刻本　五册

330000－1712－0004448　集1012　集部/總集類/選集之屬/斷代

唐詩近體四卷　（清）張錫麟評選　（清）張熙麟　（清）張仁麟校訂　清刻本　一册　存二卷（三至四）

330000－1712－0004449　集1009　集部/總集類/郡邑之屬

容城三賢集十二卷　（清）張斐然　（清）楊莳編　清道光十六年（1836）正義書院刻本　三册　存二卷（容城文靖劉先生文集一至二）

330000－1712－0004451　叢184　類叢部/叢書類/自著之屬

章氏遺書二種　（清）章學誠撰　清道光十二年至十三年（1832－1833）章華紱刻浙江書局補刻本　五册

330000－1712－0004452　集1006　集部/別集類/清別集

變雅堂文集四卷詩集十卷詩集補遺一卷　（清）杜濬撰　**變雅堂遺集附錄一卷**　（清）方苞等撰　清同治九年（1870）劉維楨鄂垣刻本　八册

330000－1712－0004453　集1013　集部/別集類/金別集

元遺山詩集箋注十四卷附錄一卷補載一卷年譜一卷　（金）元好問撰　（元）張德輝類次　（清）施國祁箋注　清道光二年（1822）南潯瑞松堂蔣氏刻本　五册

330000－1712－0004454　叢185　類叢部/叢書類/自著之屬

章氏遺書二種　（清）章學誠撰　清道光十二年至十三年（1832－1833）章華紱刻浙江書局補刻本　五册

330000－1712－0004455　集1030　集部/別集類/宋別集

廬陵周益國文忠公集二百卷附錄五卷末一卷　（宋）周必大撰　**周益國文忠公年譜一卷**　清道光二十八年（1848）歐陽棨瀛塘別墅刻咸豐元年（1851）續刻本　四十册

330000－1712－0004456　集1007　集部/別集類/宋別集

文山別集十四卷　（宋）文天祥撰　清宣統二年（1910）東雅社鉛印本　二册

330000－1712－0004457　集1008　集部/別集類/宋別集

文山別集十四卷　（宋）文天祥撰　清宣統二年（1910）東雅社鉛印本　一册　存八卷（指南錄一至四，後錄一至三、附）

330000－1712－0004458　史1098　史部/詔令奏議類/奏議之屬

明大司馬盧公奏議十卷文集一卷詩集一卷首一卷　（明）盧象昇撰　清光緒元年（1875）會稽施惠刻本　十册

330000－1712－0004459　集0967　集部/別集類/宋別集

蘇文忠詩合註五十卷首一卷目錄一卷　（宋）蘇軾撰　（清）馮應榴輯　清刻本　清姚韻梅批跋　二十册

330000－1712－0004460　集 0997　集部/別集類/唐五代別集

可之先生文集二卷　(唐)孫樵撰　清宣統二年(1910)上海會文堂石印本　一冊

330000－1712－0004461　善 483　集部/總集類/彙編之屬

元人集十種六十二卷　(明)毛晉編　明崇禎十一年(1638)毛氏汲古閣刻清初增刻本　八冊　存一種

330000－1712－0004463　史 1100　史部/政書類/律令之屬

治浙成規八卷　清刻本　與 330000－1712－0004484 合冊

330000－1712－0004469　集 1001　集部/別集類/漢魏六朝別集

陶淵明文集十卷　(晉)陶潛撰　清宣統二年(1910)上海著易堂書局石印本　四冊

330000－1712－0004471　集 1014　集部/別集類/金別集

元遺山詩集箋注十四卷附錄一卷補載一卷年譜一卷　(金)元好問撰　(元)張德輝類次　(清)施國祁箋注　清道光二年(1822)南潯瑞松堂蔣氏刻本　四冊

330000－1712－0004473　集 1003　集部/別集類/漢魏六朝別集

陶淵明集八卷首一卷末一卷　(晉)陶潛撰　清光緒五年(1879)廣州翰墨園刻朱墨套印本　二冊

330000－1712－0004474　集 1004　集部/總集類/彙編之屬

六朝四家全集　(清)胡鳳丹輯　清同治九年(1870)永康胡氏退補齋刻本　一冊　存一種

330000－1712－0004475　集 1029　集部/別集類/明別集

王文成公全書三十八卷　(明)王守仁撰　清光緒浙江書局刻本　十一冊　存十五卷(一至二、八至九、十九至二十三、三十二至三十六、三十八)

330000－1712－0004476　集 1031　集部/總集類/選集之屬/通代

三十家詩鈔六卷首一卷末一卷　(清)曾國藩纂　(清)王定安增輯　清同治十三年(1874)傳忠書局刻本　六冊

330000－1712－0004477　集 1005　集部/總集類/彙編之屬

六朝四家全集　(清)胡鳳丹輯　清同治九年(1870)永康胡氏退補齋刻本　一冊　存一種

330000－1712－0004479　集 1040　集部/別集類/元別集

余忠宣公文集六卷　(元)余闕撰　(清)余秉剛編　清同治六年(1867)皖江臬署刻本　二冊

330000－1712－0004480　集 1032　集部/總集類/選集之屬/通代

駢體南鍼十六卷　(清)汪傳懿輯　清同治五年(1866)容我讀齋刻本　八冊

330000－1712－0004481　集 0994　集部/別集類/清別集

蔣石林先生遺詩三卷　(清)蔣之翹撰　(清)李道悠　(清)沈景修編輯　清光緒二十二年(1896)刻本　一冊

330000－1712－0004482　集 1028　集部/別集類/明別集

王陽明先生全集十六卷目錄二卷　(明)王守仁撰　(清)王貽樂編　(清)陶潯批評　清道光六年(1826)柳庭芳刻本　九冊　存九卷(二至三、七至十、十四,目錄一至二)

330000－1712－0004483　集 1034　集部/總集類/選集之屬/斷代

宋四名家詩　(清)周之鱗　(清)柴升編　清嘉慶二十二年(1817)博古堂刻本　六冊　缺八卷(東坡先生詩鈔七言律、五言絕、六言絕、七言絕,山谷先生詩鈔五言絕,放翁先生詩鈔五言絕、六言絕、七言絕)

330000－1712－0004484　史 1099　集部/別集類/明別集

盧忠肅公集十卷附一卷 (明)盧象昇撰 清嘉慶十八年(1813)木活字印本 一冊 存三卷(一至三)

330000－1712－0004485 集 1041 集部/別集類/元別集
趙文敏公松雪齋全集十卷外集一卷續集一卷 (元)趙孟頫撰 清康熙五十二年(1713)海上曹培廉城書室刻光緒八年(1882)楊氏重修本 四冊

330000－1712－0004486 集 1027 集部/別集類/明別集
王陽明先生全集十六卷目錄二卷 (明)王守仁撰 (清)王貽樂編 (清)陶潯批評 清道光六年(1826)柳庭芳刻本 三冊 存五卷(六、十三至十四,目錄一至二)

330000－1712－0004487 叢 182 類叢部/叢書類/彙編之屬
新陽趙氏叢刊十四種 (清)趙元益編 清光緒十一年至二十八年(1885－1902)新陽趙氏刻本 一冊 存一種

330000－1712－0004488 叢 183 類叢部/叢書類/彙編之屬
新陽趙氏叢刊十四種 (清)趙元益編 清光緒十一年至二十八年(1885－1902)新陽趙氏刻本 一冊 存一種

330000－1712－0004489 集 1042 集部/總集類/選集之屬/斷代
東嵒草堂評訂唐詩鼓吹十卷 (金)元好問輯 (元)郝天挺註 (明)廖文炳解 (清)朱三錫評 清乾隆四十年(1775)刻本 一冊 存二卷(一至二)

330000－1712－0004491 集 1038 集部/別集類/宋別集
陸象山先生文集三十六卷 (宋)陸九淵撰 **附錄少湖徐先生學則辯一卷** (明)徐階撰 清道光三年(1823)金谿陸邦瑞槐堂書齋刻本 十六冊

330000－1712－0004492 集 1037 集部/別集類/宋別集
陸象山先生文集三十六卷 (宋)陸九淵撰 **附錄少湖徐先生學則辯一卷** (明)徐階撰 清道光三年(1823)金谿陸邦瑞槐堂書齋刻本 十二冊

330000－1712－0004494 集 1035 集部/別集類/明別集
震川先生集三十卷別集十卷附録一卷 (明)歸有光撰 (清)歸莊校勘 (清)錢謙益選定 (清)歸玠編輯 清光緒六年(1880)常熟歸氏刻本 十二冊

330000－1712－0004496 集 1047 集部/別集類/明別集
山帶閣集三十三卷附錄一卷 (明)朱曰藩撰 清道光十五年(1835)宜祿堂刻本 四冊

330000－1712－0004497 集 1016 集部/別集類/明別集
海叟集四卷附錄一卷集外詩一卷 (明)袁凱撰 清宣統三年(1911)江西印刷局石印本 二冊

330000－1712－0004501 集 1044 集部/別集類/明別集
黃漳浦集五十卷首一卷目錄二卷 (明)黃道周撰 (清)陳壽祺重編 **漳浦黃先生年譜二卷** (明)莊起儔編 清道光八年至十年(1828－1830)福州陳氏刻本 三十冊

330000－1712－0004502 集 1045 集部/別集類/明別集
太師誠意伯劉文成公集二十卷首一卷 (明)劉基撰 清光緒二十六年(1900)浙江書局刻本 十冊

330000－1712－0004503 集 1050 集部/別集類/宋別集
南軒文集八卷詩集七卷 (宋)張栻撰 清道光十六年(1836)四益堂刻本 四冊

330000－1712－0004506 集 1051 集部/別集類/宋別集
南軒文集八卷詩集七卷 (宋)張栻撰 清道

光十六年(1836)四益堂刻本　六册　存十四卷(文集一至八、詩集二至七)

330000－1712－0004507　集1046　集部/别集類/明别集

太師誠意伯劉文成公集二十卷首一卷　(明)劉基撰　清光緒刻本　二十一件

330000－1712－0004508　集1020　集部/别集類/明别集

讀書後八卷　(明)王世貞撰　清光緒味菜廬木活字印本　二册　存四卷(一至四)

330000－1712－0004509　集1049　集部/别集類/宋别集

南軒文集八卷詩集七卷　(宋)張栻撰　清道光十六年(1836)四益堂刻本　一册　存三卷(南軒詩集五至七)

330000－1712－0004512　集1048　集部/别集類/宋别集

南軒文集八卷詩集七卷　(宋)張栻撰　清道光十六年(1836)四益堂刻本　一册　存三卷(南軒詩集五至七)

330000－1712－0004513　集1052　集部/别集類/宋别集

南軒先生詩集八卷　(宋)張栻撰　(清)張啓禹編輯　清刻本　一册　存三卷(五至七)

330000－1712－0004514　叢188　類叢部/叢書類/自著之屬

楊園先生全集十九種附一種　(清)張履祥撰　清同治十年(1871)江蘇書局刻本　十六册

330000－1712－0004518　叢187　類叢部/叢書類/自著之屬

楊園先生全集十九種附一種　(清)張履祥撰　清同治十年(1871)江蘇書局刻本　十六册

330000－1712－0004520　善485　集部/别集類/清别集

黄梨洲先生南雷文約四卷　(清)黄宗羲撰　清乾隆鄭性刻本　六册

330000－1712－0004521　集1054　集部/别集類/明别集

陳忠裕公全集三十卷首一卷末一卷自著年譜三卷　(明)陳子龍撰　(清)王昶輯　清嘉慶八年(1803)簳山草堂刻本　十二册

330000－1712－0004522　集1055　集部/别集類/明别集

陳忠裕公全集三十卷首一卷末一卷自著年譜三卷　(明)陳子龍撰　(清)王昶輯　清嘉慶八年(1803)簳山草堂刻本　九册　缺三卷(十至十二)

330000－1712－0004523　集1073　集部/别集類/明别集

太史升菴全集八十一卷目錄二卷附年譜一卷　(明)楊慎撰　(明)楊有仁錄　**升菴外集一百卷**　(明)楊慎撰　(明)焦竑編　**太史升菴遺集二十六卷**　(明)楊慎撰　(清)楊金吾　(清)楊宗吾輯　清道光刻本　五十六册　缺三十一卷(全集目錄一、年譜、外集九十八至一百、遺集一至二十六)

330000－1712－0004525　集1105　集部/别集類/清别集

樊榭山房集十卷文集八卷續集十卷　(清)厲鶚撰　清光緒七年(1881)嶺南述軒刻本　六册

330000－1712－0004526　集1072　集部/總集類/選集之屬/斷代

湖海詩傳四十六卷　(清)王昶輯　清嘉慶八年(1803)青浦王氏三泖漁莊刻本　二十四册

330000－1712－0004527　集1106　集部/别集類/清别集

樊榭山房集外詩三卷　(清)厲鶚撰　清同治十三年(1874)錢塘丁氏當歸草堂刻本　一册

330000－1712－0004528　集1059　集部/總集類/選集之屬/斷代

國朝詩别裁集三十六卷　(清)沈德潛輯並評　清刻本　一册　存三卷(七至九)

330000－1712－0004529　集1107　集部/别集類/清别集

紀文達公遺集十六卷 （清）紀昀撰 （清）紀樹馨編 清刻本 四冊

330000－1712－0004532 集 1108 集部/别集類/清别集

望溪先生文集十八卷集外文十卷集外文補遺二卷年譜二卷 （清）方苞撰 清咸豐元年(1851)戴鈞衡刻二年(1852)增刻本 十三冊 缺三卷(文集二至四)

330000－1712－0004533 善 486 集部/别集類/清别集

帶經堂集九十二卷 （清）王士禛撰 （清）程哲校編 清康熙四十九年至五十一年(1710－1712)程哲七略書堂刻乾隆十二年(1747)黄晟重修本 二十二冊 缺八卷(蠶尾續文十三至二十)

330000－1712－0004535 集 1057 集部/總集類/選集之屬/斷代

湖海文傳七十五卷 （清）王昶輯 清道光十七年(1837)經訓堂刻同治五年(1866)印本 十六冊

330000－1712－0004536 集 1023 集部/别集類/明别集

陶元暉中丞遺集二卷首一卷 （明）陶朗先撰 清光緒二十四年(1898)蘭州書局鉛印本 一冊

330000－1712－0004537 集 1024 集部/别集類/宋别集

淮海集四十卷後集六卷長短句三卷首一卷詩餘一卷 （宋）秦觀撰 （明）徐渭評 清同治十二年(1873)秦氏家塾刻本 六冊

330000－1712－0004538 集 1025 集部/别集類/宋别集

淮海集十七卷後集二卷詞一卷補遺一卷續補遺一卷 （宋）秦觀撰 **淮海文集攷證一卷** （清）王敬之等撰 **重編淮海先生年譜節要一卷** （清）秦瀛編 （清）王敬之節要 清道光十七年(1837)王敬之等刻二十一年(1841)增刻本 八冊

330000－1712－0004539 集 1026 集部/别集類/唐五代别集

新雕校證大字白氏諷諫一卷 （唐）白居易撰 清光緒十九年(1893)刻本 一冊

330000－1712－0004540 集 1102 集部/别集類/清别集

樊榭山房全集四十二卷 （清）厲鶚撰 **振綺堂詩存一卷** （清）汪憲撰 **松聲池館詩存四卷** （清）汪璐撰 清光緒十年至十五年(1884－1889)汪氏振綺堂刻本 十二冊

330000－1712－0004541 集 1056 集部/總集類/選集之屬/斷代

明人詩鈔正集十四卷續集十四卷 （清）朱琰輯 清乾隆二十五年(1760)樊桐山房刻本 四冊 存十四卷(續集一至十四)

330000－1712－0004542 集 1741 集部/總集類/尺牘之屬

歷朝名媛尺牘二卷 （清）陳韶輯 清同治十二年(1873)申江刻本 清周積垵題簽 一冊

330000－1712－0004543 集 1103 集部/别集類/清别集

樊榭山房全集四十二卷 （清）厲鶚撰 清光緒十年至十一年(1884－1885)汪氏振綺堂刻本 十冊

330000－1712－0004544 叢 192 類叢部/叢書類/自著之屬

亭林遺書十種 （清）顧炎武撰 清康熙吳江潘氏遂初堂刻本 四冊 存九種

330000－1712－0004545 叢 193 類叢部/叢書類/自著之屬

亭林遺書十種 （清）顧炎武撰 清康熙吳江潘氏遂初堂刻本 四冊 存五種

330000－1712－0004546 叢 194 類叢部/叢書類/自著之屬

亭林先生遺書彙輯二十三種附録三種 （清）顧炎武撰 （清）席威 （清）朱記榮編 清光緒十一年至三十二年(1885－1906)吳縣朱氏槐廬家塾刻本 二十四冊

330000－1712－0004547　善 487　集部/詩文評類/詩評之屬

帶經堂詩話三十卷首一卷　(清)王士禛撰　(清)張宗柟輯　清乾隆二十七年(1762)南曲舊業刻本　八册

330000－1712－0004548　集 1104　集部/別集類/清別集

樊榭山房全集四十二卷　(清)厲鶚撰　清光緒十年至十五年(1884－1889)汪氏振綺堂刻本　二册　存九卷(游仙百詠一至三、秋林琴雅一至四、集外曲一至二)

330000－1712－0004550　子 1319　子部/雜著類/雜纂之屬

格言聯璧一卷　(清)金纓輯　**經驗良方一卷**　(清)陳玉麟撰　清光緒十六年(1890)刻本　一册

330000－1712－0004551　集 1074　集部/詩文評類/詩評之屬

帶經堂詩話三十卷首一卷　(清)王士禛撰　(清)張宗柟輯　清刻本　六册

330000－1712－0004552　集 1109　集部/別集類/清別集

陳檢討集二十卷　(清)陳維崧撰　(清)程師恭注　清同治十三年(1874)大文堂刻本　六册

330000－1712－0004553　集 1060　集部/別集類/清別集

錢牧齋文鈔不分卷　(清)錢謙益撰　清宣統元年(1909)國學扶輪社鉛印本　四册

330000－1712－0004555　集 1070　集部/別集類/清別集

亭林詩集五卷　(清)顧炎武撰　清光緒二年(1876)刻本　二册

330000－1712－0004557　集 1063　集部/別集類/清別集

吳詩約選不分卷　(清)吳偉業撰　清抄本　一册

330000－1712－0004558　集 1110　集部/別集類/清別集

詩存四卷觀劇絶句一卷附鄉賢崇祀錄一卷　(清)金德瑛撰　清刻本　二册

330000－1712－0004559　集 1096　集部/別集類/清別集

曝書亭集詩註二十四卷　(清)朱彝尊撰　(清)楊謙注　**年譜一卷**　(清)楊謙撰　**曝書亭集詞注七卷**　(清)李富孫撰　清楊氏木山閣刻民國十年(1921)陸祖穀補刻本(卷二十三至二十四原缺,詞注配清嘉慶刻本)　十一册

330000－1712－0004560　集 1111　集部/別集類/清別集

詩存四卷觀劇絶句一卷附鄉賢崇祀錄一卷　(清)金德瑛撰　清刻本　二册

330000－1712－0004561　集 1068　集部/別集類/清別集

船山詩草二十卷　(清)張問陶撰　清嘉慶二十年(1815)刻本　八册

330000－1712－0004562　集 1069　集部/別集類/清別集

船山詩草二十卷　(清)張問陶撰　清末刻本　六册

330000－1712－0004563　叢 195　類叢部/叢書類/自著之屬

亭林先生遺書彙輯二十三種附錄三種　(清)顧炎武撰　(清)席威　(清)朱記榮編　清光緒十一年至三十二年(1885－1906)吳縣朱氏槐廬家塾刻本　十五册　存十七種

330000－1712－0004564　史 1102　史部/史評類/史論之屬

讀通鑑論十卷末一卷　(清)王夫之撰　清光緒二十四年(1898)上海書局鉛印本　六册

330000－1712－0004565　集 1064　集部/別集類/清別集

梅村詩集箋注十八卷　(清)吳偉業撰　(清)吳翌鳳箋注　清光緒十年(1884)湖北官書處刻本　十二册

330000－1712－0004566　史 0301　史部/傳記類/總傳之屬/文苑

漁洋感舊集小傳四卷補遺一卷　(清)盧見曾撰　清光緒四年(1878)上海淞隱閣鉛印本　二册

330000－1712－0004567　史 1103　史部/史評類/史論之屬

讀通鑑論十卷末一卷宋論五卷　(清)王夫之撰　清光緒二十六年(1900)山西書業昌莊石印本　七册

330000－1712－0004568　叢 191　類叢部/叢書類/自著之屬

船山遺書四十五種補遺一種補刊三種　(清)王夫之撰　清末石印本　一册　存一種

330000－1712－0004569　集 1094　集部/別集類/清別集

曝書亭集詩註二十四卷　(清)朱彝尊撰　(清)楊謙注　**年譜一卷**　(清)楊謙撰　清楊氏木山閣刻本(卷二三至二四原缺)　十册

330000－1712－0004570　叢 190　類叢部/叢書類/自著之屬

船山遺書五十八種　(清)王夫之撰　清同治四年(1865)湘鄉曾國荃金陵刻本　十一册　存二十種

330000－1712－0004571　集 1091　集部/別集類/清別集

梅村詩集箋注十八卷　(清)吳偉業撰　(清)吳翌鳳箋注　清光緒二十二年(1896)新化三味堂刻本　六册　存十二卷(三至四、九至十八)

330000－1712－0004572　集 1075　集部/別集類/清別集

漁洋山人精華錄箋注十二卷補一卷附年譜一卷　(清)王士禛撰　(清)金榮箋注　(清)徐淮纂輯　清刻賨華順印本　八册

330000－1712－0004573　集 1099　集部/詞類/別集之屬

曝書亭集詞註七卷　(清)朱彝尊撰　(清)李富孫注　清嘉慶十九年(1814)嘉興李氏校經廎刻本　四册

330000－1712－0004574　集 1095　集部/別集類/清別集

曝書亭集詩註二十四卷　(清)朱彝尊撰　(清)楊謙註　**年譜一卷**　(清)楊謙撰　清楊氏木山閣刻本(卷二三至二四原缺)　六册

330000－1712－0004575　集 1076　集部/別集類/清別集

漁洋山人精華錄箋注十二卷補一卷附年譜一卷　(清)王士禛撰　(清)金榮箋注　(清)徐淮纂輯　清刻本　四册　缺四卷(一至三、年譜)

330000－1712－0004576　史 1101　史部/史評類/史論之屬

讀通鑑論十六卷附宋論十五卷　(清)王夫之撰　清光緒三十年(1904)上海商務印書館鉛印本　十册

330000－1712－0004577　叢 196　類叢部/叢書類/自著之屬

亭林先生遺書彙輯二十三種附錄三種　(清)顧炎武撰　(清)席威　(清)朱記榮編　清光緒十一年至三十二年(1885－1906)吳縣朱氏槐廬家塾刻本　四册　存七種

330000－1712－0004578　善 490　集部/別集類/清別集

曝書亭集八十卷附錄一卷　(清)朱彝尊撰　**笛漁小稾十卷**　(清)朱昆田撰　清康熙五十三年(1714)朱稻孫刻乾隆重修本　十五册　存八十一卷(曝書亭集一至八十、附錄)

330000－1712－0004579　集 1067　集部/別集類/清別集

梅村集四十卷　(清)吳偉業撰　清康熙八年(1669)顧湄等刻本　四册　存二十卷(二十一至四十)

330000－1712－0004580　善 488　集部/別集類/清別集

漁洋山人精華錄訓纂十卷目錄二卷自撰年譜

二卷 （清）王士禛 （清）惠棟撰 （清）同學諸子參 清乾隆惠氏紅豆齋刻本 十一冊 缺二卷（自撰年譜一至二）

330000－1712－0004581 集1097 集部/别集類/清别集

曝書亭集箋注二十三卷 （清）朱彝尊撰 （清）孫銀槎輯注 清嘉慶五年（1800）三有堂刻九年（1804）補刻本 十六冊

330000－1712－0004582 集1100 集部/别集類/清别集

曝書亭集外詩八卷 （清）朱彝尊撰 （清）馮登府 （清）朱墨林輯 清嘉慶二十二年（1817）刻道光二年（1822）印本 二冊

330000－1712－0004583 集1101 集部/别集類/清别集

曝書亭集箋注二十三卷 （清）朱彝尊撰 （清）孫銀槎輯注 清嘉慶五年（1800）三有堂刻九年（1804）補刻本 一冊 存二卷（十一至十二）

330000－1712－0004584 集1098 集部/詞類/别集之屬

曝書亭集詞註七卷 （清）朱彝尊撰 （清）李富孫注 清嘉慶十九年（1814）嘉興李氏校經廎刻本 四冊

330000－1712－0004585 集1065 集部/别集類/清别集

吴詩集覽二十卷補註二十卷吴詩談藪二卷拾遺一卷 （清）吳偉業撰 （清）靳榮藩注並輯 清乾隆四十年（1775）凌雲亭刻本 九冊 缺七卷（吳詩集覽一至六、十一）

330000－1712－0004586 善489 集部/别集類/清别集

漁洋山人精華録十卷 （清）王士禛撰 （清）林佶編 清康熙三十九年（1700）林佶寫刻本 一冊 存三卷（三至五）

330000－1712－0004588 集1089 集部/别集類/清别集

潛研堂詩集十卷詩續集十卷文集五十卷 （清）錢大昕撰 清嘉慶十一年（1806）刻本 十二冊

330000－1712－0004590 集1088 集部/别集類/清别集

潛研堂詩集十卷詩續集十卷文集五十卷 （清）錢大昕撰 清嘉慶十一年（1806）刻本 三十冊 存五十卷（文集一至五十）

330000－1712－0004594 善524 類叢部/叢書類/自著之屬

施愚山先生全集五種附一種 （清）施閏章撰 清康熙至乾隆彙印本 二十冊

330000－1712－0004596 叢215 類叢部/叢書類/自著之屬

曾文正公家書四種十七卷 （清）曾國藩撰 清宣統元年（1909）章福記書局石印本 六冊

330000－1712－0004599 集1146 集部/别集類/清别集

衎石齋記事稿十卷續稿十卷刻楮集四卷旅逸小稿二卷 （清）錢儀吉撰 清光緒六年（1880）錢彝甫刻本 十冊 存二十卷（衎石齋記事稿一至十、續稿一至十）

330000－1712－0004600 集1145 集部/别集類/清别集

衎石齋記事稿十卷續稿十卷刻楮集四卷旅逸小稿二卷 （清）錢儀吉撰 清光緒六年（1880）錢彝甫刻本 十二冊

330000－1712－0004601 集1144 集部/别集類/清别集

衎石齋記事稿十卷續稿十卷刻楮集四卷旅逸小稿二卷 （清）錢儀吉撰 清光緒六年（1880）錢彝甫刻本 十二冊

330000－1712－0004602 集1147 集部/别集類/清别集

衎石齋記事稿十卷續稿十卷刻楮集四卷旅逸小稿二卷 （清）錢儀吉撰 清光緒六年（1880）錢彝甫刻本 六冊 存十四卷（衎石齋記事稿一至十、刻楮集一至四）

330000－1712－0004604 集1081 集部/别

集類/清別集
胡文忠公遺集八十六卷首一卷 (清)胡林翼撰 (清)鄭敦謹 (清)曾國荃輯 (清)胡鳳丹重編 清同治六年(1867)李氏黃鶴樓刻本 三十二册

330000－1712－0004605 集1090 集部/別集類/清別集
寒松堂全集十二卷年譜一卷 (清)魏象樞撰 清嘉慶十六年(1811)魏煜刻本 二十六册

330000－1712－0004606 集1066 集部/別集類/清別集
梅村集四十卷 (清)吳偉業撰 清康熙八年(1669)顧湄等刻本 一册 存七卷(十四至二十)

330000－1712－0004607 集1148 集部/別集類/清別集
衎石齋記事稿十卷續稿十卷刻楮集四卷旅逸小稿二卷續良吏述一卷 (清)錢儀吉撰 清光緒六年(1880)錢彝甫廣州刻本 十二册

330000－1712－0004608 集1225 集部/別集類/清別集
倚晴樓集五種 (清)黃燮清撰 清咸豐至同治海鹽黃氏拙宜園刻本 二册 存一種

330000－1712－0004610 集1092 集部/詞類/別集之屬
吳梅村詞一卷 (清)吳偉業撰 清宣統二年(1910)上海埽葉山房石印本 一册

330000－1712－0004614 集1082 集部/別集類/清別集
胡文忠公遺集十卷首一卷 (清)胡林翼撰 (清)閻敬銘 (清)厲雲官 (清)盛康輯 清同治七年(1868)醉六堂刻本 八册

330000－1712－0004615 集1122 集部/別集類/清別集
兩當軒集二十卷補遺二卷附錄四卷 (清)黃景仁撰 **兩當軒集攷異二卷** (清)黃志述撰 清光緒二年(1876)武進黃氏家塾刻本 六册

330000－1712－0004616 叢197 類叢部/叢書類/自著之屬
安吳四種三十六卷 (清)包世臣撰 清同治十一年(1872)湖北包誠注經堂刻光緒十四年(1888)印本 十五册

330000－1712－0004618 集1083 集部/別集類/清別集
胡文忠公遺集十卷首一卷 (清)胡林翼撰 (清)閻敬銘 (清)厲雲官 (清)盛康輯 清同治五年(1866)刻本 八册

330000－1712－0004619 集1121 集部/別集類/清別集
兩當軒集二十卷附錄六卷 (清)黃景仁撰 **兩當軒集攷異二卷** (清)黃志述撰 清同治十二年(1873)集珍齋木活字印本 六册

330000－1712－0004620 集1123 集部/別集類/清別集
兩當軒詩鈔十四卷悔存詞鈔二卷 (清)黃景仁撰 清兩儀堂刻本 三册 存十一卷(一至十一)

330000－1712－0004621 集1084 集部/別集類/清別集
胡文忠公遺集十卷首一卷 (清)胡林翼撰 (清)閻敬銘 (清)厲雲官 (清)盛康輯 清同治五年(1866)茹蘇漱芳齋刻本 八册

330000－1712－0004622 集1130 集部/別集類/清別集
忠雅堂文集十二卷 (清)蔣士銓撰 清嘉慶二十一年(1816)藏園刻本 六册

330000－1712－0004623 集1179 集部/別集類/清別集
隨園駢體文註十六卷 (清)袁枚撰 清光緒五年(1879)長沙刻本 八册

330000－1712－0004624 集1120 集部/別集類/清別集
兩當軒詩鈔十四卷悔存詞鈔二卷 (清)黃景仁撰 清嘉慶四年(1799)長寧趙希璜河南高堰廳署刻本 二册 存十四卷(一至十四)

330000－1712－0004625　集 1131　集部/別集類/清別集

忠雅堂詩集二十七卷補遺二卷銅絃詞附南北曲一卷　(清)蔣士銓撰　清嘉慶三年(1798)揚州刻敬書堂印本　八冊

330000－1712－0004626　史 1105　史部/傳記類/別傳之屬/事狀

曾文正公[國藩]榮哀錄一卷　清同治十一年(1872)刻本　一冊

330000－1712－0004627　集 1129　集部/別集類/清別集

忠雅堂詩集二十七卷銅絃詞二卷南北雜曲一卷　(清)蔣士銓撰　清嘉慶藏園刻本　八冊

330000－1712－0004629　集 1180　集部/總集類/彙編之屬

隨園同人尺牘四卷　(清)袁枚鑒定　清同治三年(1864)寶賢堂刻本　四冊

330000－1712－0004631　叢 216　類叢部/叢書類/自著之屬

曾文正公全集十六種　(清)曾國藩撰　清光緒十四年(1888)上海鴻文書局鉛印本　七冊　存五種

330000－1712－0004632　集 1139　集部/別集類/清別集

王夢樓絶句二卷　(清)王文治撰　(清)宍戸逸郎編錄　清光緒九年(1883)刻本　二冊

330000－1712－0004634　集 1132　集部/別集類/清別集

朱止泉先生文集八卷　(清)朱澤澐撰　(清)朱光進輯　**附行狀一卷**　清光緒二十七年(1901)朱孫茀刻本　二冊

330000－1712－0004635　集 1133　集部/別集類/清別集

朱止泉先生文集八卷　(清)朱澤澐撰　(清)朱光進輯　**附行狀一卷**　清乾隆四年(1739)顧天齋刻本　一冊　存四卷(一至四)

330000－1712－0004637　集 1125　集部/別集類/清別集

恪靖侯盾鼻餘瀋一卷附聯語一卷　(清)左宗棠撰　清光緒七年(1881)刻八年(1882)補刻本　一冊

330000－1712－0004638　集 1085　集部/別集類/清別集

胡文忠公遺集十卷首一卷　(清)胡林翼撰　(清)閻敬銘　(清)厲雲官　(清)盛康輯　清同治七年(1868)醉六堂刻本　六冊　缺二卷(四至五)

330000－1712－0004639　集 1086　集部/別集類/清別集

胡文忠公遺集十卷首一卷　(清)胡林翼撰　(清)閻敬銘　(清)厲雲官　(清)盛康輯　清同治七年(1868)醉六堂刻本　六冊　缺三卷(一、六至七)

330000－1712－0004640　集 1087　集部/別集類/清別集

胡文忠公遺集八十六卷首一卷　(清)胡林翼撰　(清)鄭敦謹　(清)曾國荃輯　(清)胡鳳丹重編　清光緒二十七年(1901)上海圖書集成印書局鉛印本　七冊　缺九卷(五十九至六十七)

330000－1712－0004642　史 1104　史部/傳記類/別傳之屬

左文襄公[宗棠]輓聯不分卷　清光緒十二年(1886)刻本　一冊

330000－1712－0004643　集 1137　集部/別集類/清別集

有正味齋駢文箋注十六卷補注一卷　(清)吳錫麒撰　(清)葉聯芬注　清道光二十年(1840)慈谿葉氏刻本　四冊

330000－1712－0004644　集 1136　集部/別集類/清別集

有正味齋駢文箋注十六卷補注一卷　(清)吳錫麒撰　(清)葉聯芬注　清道光二十年(1840)慈谿葉氏刻本　六冊

330000－1712－0004646　集 1140　集部/詞類/總集之屬

歷朝詞綜三種　(清)朱彝尊　(清)王昶輯　清光緒二十八年(1902)金匱浦氏刻本　二十四冊

330000－1712－0004647　集1135　集部/别集類/清别集

有正味齋駢體文二十四卷詩集十六卷詞集八卷外集五卷　(清)吳錫麒撰　清嘉慶十三年(1808)刻本　十二冊

330000－1712－0004648　集1183　集部/詩文評類/詩評之屬

隨園詩話十六卷補遺十卷　(清)袁枚撰　清同治八年(1869)經綸堂刻本　二冊　存四卷(一至二、補遺三至四)

330000－1712－0004649　集1134　集部/别集類/清别集

有正味齋集十六卷　(清)吳錫麒撰　清刻本　四冊

330000－1712－0004650　集1184　集部/别集類/清别集

音註小倉山房尺牘八卷補遺一卷　(清)袁枚撰　(清)胡光斗箋釋　清咸豐九年(1859)山陰胡氏青蘿室刻本　四冊

330000－1712－0004651　集1224　集部/别集類/清别集

倚晴樓集五種　(清)黄燮清撰　清咸豐至同治海鹽黄氏拙宜園刻本　二冊　存一種

330000－1712－0004652　集1220　集部/别集類/清别集

倚晴樓集五種　(清)黄燮清撰　清咸豐至同治海鹽黄氏拙宜園刻本　八冊　存一種

330000－1712－0004654　集1141　集部/詞類/總集之屬

詞綜三十八卷　(清)朱彝尊輯　(清)汪森增定　(清)柯崇樸編次　(清)周篔辨譌　(清)王昶補纂　**明詞綜十二卷國朝詞綜四十八卷國朝詞綜二集八卷**　(清)王昶輯　清同治四年(1865)亦西齋刻本　十冊　存三十八卷(詞綜一至三十八)

330000－1712－0004655　集1138　集部/總集類/選集之屬/斷代

國朝八家四六文鈔八種　(清)吳鼒編　清較經堂刻本　三冊　存七種

330000－1712－0004657　集1143　集部/詞類/總集之屬

詞綜三十八卷　(清)朱彝尊輯　(清)汪森增定　(清)柯崇樸編次　(清)周篔辨譌　(清)王昶補纂　**明詞綜十二卷國朝詞綜四十八卷國朝詞綜二集八卷**　(清)王昶輯　清同治四年(1865)亦西齋刻本　六冊　存二十四卷(詞綜一至十八、明詞綜七至十二)

330000－1712－0004661　集1114　集部/别集類/清别集

介白堂詩集二卷　(清)劉光第撰　清光緒二十九年(1903)鉛印本　一冊

330000－1712－0004662　集1113　集部/别集類/明别集

赤城山人稿十八卷　(明)胡震亨撰　清初刻本　三冊　存七卷(一至七)

330000－1712－0004663　集1142　集部/詞類/總集之屬

詞綜三十八卷　(清)朱彝尊輯　(清)汪森增定　(清)柯崇樸編次　(清)周篔辨譌　(清)王昶補纂　**明詞綜十二卷國朝詞綜四十八卷國朝詞綜二集八卷**　(清)王昶輯　清同治四年(1865)亦西齋刻本　二冊　存八卷(詞綜五至十二)

330000－1712－0004664　叢202　類叢部/叢書類/自著之屬

隨園三十種　(清)袁枚撰　清刻本　八冊　存九種

330000－1712－0004665　叢203　類叢部/叢書類/自著之屬

隨園三十種　(清)袁枚撰　清刻本　二冊　存二種

330000－1712－0004666　叢204　類叢部/叢書類/自著之屬

隨園三十種　(清)袁枚撰　清刻本　二十册　存三種

330000－1712－0004667　叢 205　類叢部/叢書類/自著之屬

隨園三十六種　(清)袁枚撰　清光緒三十四年(1908)上海集成圖書公司鉛印本　一册　存二種

330000－1712－0004673　集 1170　集部/別集類/清別集

滋蘭室遺稿一卷　(清)王嗣暉撰　清宣統鉛印本　一册

330000－1712－0004674　集 1173　集部/別集類/清別集

堇廬遺稿四卷　(清)王賓基撰　清宣統二年(1910)鉛印本　一册　存二卷(五言今體詩、七言今體詩)

330000－1712－0004675　善 491　集部/別集類/清別集

唐堂集五十卷補遺二卷續八卷附冬錄一卷　(清)黄之雋撰　清乾隆刻本　十二册

330000－1712－0004676　集 1172　集部/別集類/清別集

堇廬遺稿四卷　(清)王賓基撰　清宣統二年(1910)鉛印本　一册　存二卷(五言今體詩、七言今體詩)

330000－1712－0004677　集 1171　集部/別集類/清別集

堇廬遺稿四卷　(清)王賓基撰　清宣統二年(1910)鉛印本　一册　存二卷(五言今體詩、七言今體詩)

330000－1712－0004678　集 1174　集部/別集類/清別集

堇廬遺稿四卷　(清)王賓基撰　清宣統二年(1910)鉛印本　一册　存二卷(五言今體詩、七言今體詩)

330000－1712－0004679　集 1154　集部/別集類/清別集

思貽堂詩集六卷　(清)金衍宗撰　清光緒至宣統鉛印本　二册

330000－1712－0004680　叢 217　類叢部/叢書類/自著之屬

曾文正公四種　(清)曾國藩撰　清光緒十二年(1886)著易堂鉛印本　三册　存一種

330000－1712－0004681　叢 220　類叢部/叢書類/自著之屬

曾文正公四種　(清)曾國藩撰　清光緒二十年(1894)上海書局石印本　四册　存三種

330000－1712－0004683　集 1202　集部/別集類/清別集

塞上吟四卷　(清)方聯甲撰　清同治十二年(1873)武昌郡廨刻本　二册

330000－1712－0004684　叢 219　類叢部/叢書類/自著之屬

曾文正公四種　(清)曾國藩撰　清光緒十六年(1890)鴻寶南局鉛印本　六册　存二種

330000－1712－0004687　集 1205　集部/別集類/清別集

顯志堂稿十二卷萝柰詩稿一卷　(清)馮桂芬撰　清光緒二年(1876)吴縣馮氏校邠廬刻本　四册　存五卷(一至五)

330000－1712－0004689　叢 218　類叢部/叢書類/自著之屬

曾文正公四種　(清)曾國藩撰　清光緒十六年(1890)鴻寶南局鉛印本　六册　存三種

330000－1712－0004690　集 1203　集部/別集類/清別集

小匏庵詩存六卷末一卷　(清)吴仰賢撰　清光緒四年(1878)刻本　三册

330000－1712－0004691　集 1164　集部/別集類/清別集

直木齋全集十卷　(清)任繩隗撰　清光緒三年(1877)睦本堂刻本　一册　存四卷(一至四)

330000－1712－0004692　集 1155　集部/別集類/清別集

思貽堂詩集六卷 (清)金衍宗撰 清光緒至宣統鉛印本 二册

330000－1712－0004693 集 1204 集部/別集類/清別集
小匏庵詩存六卷末一卷 (清)吳仰賢撰 清光緒四年(1878)刻本 三册

330000－1712－0004694 集 1156 集部/別集類/清別集
思貽堂詩集六卷 (清)金衍宗撰 清光緒至宣統鉛印本 二册

330000－1712－0004695 集 1191 子部/藝術類/書畫之屬/法帖
湘鄉師相言兵事手函不分卷 (清)曾國藩撰並書 清末石印本 二册

330000－1712－0004696 集 1157 集部/別集類/清別集
思貽堂詩集六卷 (清)金衍宗撰 清光緒至宣統鉛印本 二册

330000－1712－0004697 叢 221 類叢部/叢書類/自著之屬
曾惠敏公全集四種 (清)曾紀澤撰 清光緒二十年(1894)上海石印本 四册

330000－1712－0004699 集 1201 集部/總集類/郡邑之屬
鄂渚同聲集初編七卷正編二十卷三編八卷 (清)胡鳳丹編 清同治九年至光緒二年(1870－1876)永康胡氏退補齋刻本 二册 存二十卷(正編一至二十)

330000－1712－0004700 集 1163 集部/別集類/清別集
榴實山莊文稿一卷詩鈔六卷詞鈔一卷試律二卷 (清)吳存義撰 清同治至光緒刻本 二册 存三卷(文稿、詩鈔一至二)

330000－1712－0004701 集 1151 集部/別集類/清別集
思詒堂詩稿十二卷文稿一卷 (清)金衍宗撰 清同治五年(1866)刻本 四册 缺一卷(文稿)

330000－1712－0004702 集 1152 集部/別集類/清別集
思詒堂詩稿十二卷文稿一卷 (清)金衍宗撰 清同治五年(1866)刻本 四册 缺一卷(文稿)

330000－1712－0004703 集 1153 集部/別集類/清別集
思詒堂詩稿十二卷文稿一卷 (清)金衍宗撰 清同治五年(1866)刻本 四册 缺一卷(文稿)

330000－1712－0004704 集 1162 集部/別集類/清別集
海日堂集七卷補遺一卷 (清)程可則撰 清道光五年(1825)程士偉刻本 四册

330000－1712－0004705 集 1149 集部/別集類/清別集
思貽堂詩集十二卷續存八卷第三集四卷書簡八卷後永州集八卷 (清)黄文琛撰 清咸豐元年至同治十二年(1851－1873)刻本 五册 存二十卷(詩集一至十二、續存一至八)

330000－1712－0004706 集 1160 集部/別集類/清別集
校經廎文稿十八卷 (清)李富孫撰 清道光元年(1821)讀書臺刻本 六册

330000－1712－0004708 集 1150 集部/別集類/清別集
思貽堂詩集十二卷續存八卷第三集四卷書簡八卷後永州集八卷 (清)黄文琛撰 清咸豐元年至同治十二年(1851－1873)刻本 四册 存十六卷(詩集一至八、續存一至八)

330000－1712－0004709 叢 208 類叢部/叢書類/自著之屬
隨園三十八種 (清)袁枚撰 清光緒十八年(1892)勤裕堂鉛印本 四十册

330000－1712－0004710 集 1161 集部/別集類/清別集
校經廎文稿十八卷 (清)李富孫撰 清道光元年(1821)讀書臺刻本 六册

330000－1712－0004711　集 1200　集部/别集類/清别集
榕園吟稿十卷　(清)吳寧撰　清嘉慶二十四年(1819)刻本　一冊

330000－1712－0004713　集 1199　集部/别集類/清别集
茗游吟草一卷　(清)戴光曾等撰　清嘉慶二十五年(1820)刻本　與 330000－1712－0004711、330000－1712－0004715 合冊

330000－1712－0004715　集 1198　集部/别集類/清别集
榕叟文鈔不分卷　清刻本　與 330000－1712－0004711、330000－1712－0004713 合冊

330000－1712－0004717　叢 209　類叢部/叢書類/自著之屬
隨園三十六種　(清)袁枚撰　清光緒十八年(1892)上海圖書集成印書局鉛印本　五十冊

330000－1712－0004718　善 492　集部/詞類/詞韻之屬
榕園詞韻一卷發凡一卷　(清)吳寧撰　清乾隆四十九年(1784)冬青山館刻本　一冊

330000－1712－0004719　集 1210　集部/别集類/清别集
補讀書齋遺稿十卷　(清)沈維鐈撰　清光緒元年(1875)廣州刻本　二冊　存五卷(一至二、八至十)

330000－1712－0004720　集 1209　集部/别集類/清别集
退補齋詩鈔二十卷首一卷　(清)胡鳳丹撰　清同治四年(1865)永康胡氏退補齋刻本　三冊

330000－1712－0004722　叢 210　類叢部/叢書類/自著之屬
隨園三十種　(清)袁枚撰　清刻本　四十七冊　存十一種

330000－1712－0004723　叢 211　類叢部/叢書類/自著之屬
隨園三十種　(清)袁枚撰　清刻本　七十九冊　存二十九種

330000－1712－0004724　集 1208　集部/别集類/清别集
退補齋詩存十六卷文存十二卷首二卷　(清)胡鳳丹撰　(清)王柏心等刪定　清同治十二年(1873)永康胡氏退補齋刻本　八冊

330000－1712－0004727　集 1207　集部/别集類/清别集
退補齋詩存十六卷文存十二卷首二卷　(清)胡鳳丹撰　(清)王柏心等刪定　清同治十二年(1873)永康胡氏退補齋刻本　六冊　存二十一卷(詩存一至十二、文存四至十二)

330000－1712－0004728　集 1213　集部/别集類/清别集
雙白燕堂詩八卷集唐詩二卷　(清)陸耀遹撰　清同治六年(1867)刻本　四冊

330000－1712－0004729　集 1211　集部/别集類/清别集
實其文齋文鈔八卷制藝一卷兵部公牘二卷緗芸詩錄六卷完貞伏虎圖集一卷　(清)黃雲鵠撰　清同治十一年(1872)刻本　十二冊　存十三卷(實其文齋文鈔一至八、兵部公牘一至二、緗芸詩錄一至二、完貞伏虎圖集)

330000－1712－0004730　集 1221　集部/别集類/清别集
倚晴樓集五種　(清)黃燮清撰　清咸豐至同治海鹽黃氏拙宜園刻本　八冊　缺十四卷(倚晴樓詩集七至十二、國朝詞綜續編十七至二十四)

330000－1712－0004731　集 1215　集部/别集類/清别集
賜龍堂詩稿八卷　(清)彭瑞毓撰　清同治十年(1871)戎州刻本　四冊

330000－1712－0004732　集 1188　集部/别集類/清别集
寶硯齋詩集八卷　(清)戚芸生撰　清嘉慶二十三年(1818)戚嗣曾刻本　二冊

330000－1712－0004734　集1189　集部/別集類/清別集

實夫詩存六卷　（清）李若虛撰　清咸豐十一年（1861）刻本　三册

330000－1712－0004736　集1216　集部/別集類/清別集

芝庭詩稿十六卷　（清）彭啟豐撰　清刻本　二册　存八卷（四至十一）

330000－1712－0004737　集1190　集部/別集類/清別集

實夫詩存六卷　（清）李若虛撰　清咸豐十一年（1861）刻本　三册

330000－1712－0004738　集1223　集部/別集類/清別集

倚晴樓集五種　（清）黄燮清撰　清咸豐至同治海鹽黄氏拙宜園刻本　許如山題記　六册　存一種

330000－1712－0004739　集1185　集部/總集類/郡邑之屬

吾與彙編十卷附録一卷　（清）吴翌鳳輯　**附録一卷**　（清）釋念實輯　清嘉慶二十一年（1816）刻本　四册

330000－1712－0004740　集1222　集部/別集類/清別集

倚晴樓集五種　（清）黄燮清撰　清咸豐至同治海鹽黄氏拙宜園刻本　六册　存四種

330000－1712－0004741　叢222　類叢部/叢書類/自著之屬

湘綺樓全書　王闓運撰　清光緒至宣統刻本　五十九册　存十四種

330000－1712－0004742　集1214　集部/別集類/清別集

袁文箋正十六卷補注一卷　（清）袁枚撰　（清）石韞玉箋　清嘉慶十七年（1812）鶴壽山堂刻本　六册

330000－1712－0004743　叢223　類叢部/叢書類/自著之屬

王湘綺先生全集二十六種　王闓運撰　清光緒至民國刻民國十二年（1923）長沙王氏彙印本　三十册　存八種

330000－1712－0004744　集1219　集部/別集類/清別集

倚晴樓集五種　（清）黄燮清撰　清咸豐至同治海鹽黄氏拙宜園刻本　四册　存二種

330000－1712－0004745　集1254　集部/別集類/清別集

耐庵詩存三卷文存六卷首一卷　（清）賀長齡撰　清咸豐十一年（1861）刻本　四册

330000－1712－0004746　集1246　集部/別集類/清別集

雲臥山莊詩集八卷首一卷末一卷家訓二卷末一卷　（清）郭崑燾撰　（清）郭慶藩等校字　清光緒十一年（1885）湘陰郭氏岵瞻堂刻本　五册

330000－1712－0004747　集1187　集部/別集類/清別集

墨花吟館文鈔二卷　（清）嚴辰撰　清光緒十六年（1890）刻本　二册

330000－1712－0004748　集1186　集部/別集類/清別集

墨花吟館文鈔一卷憶雲集試帖一卷籥雲集試帖一卷　（清）嚴辰撰　清光緒刻本　二册

330000－1712－0004751　集1241　集部/別集類

湘綺樓詩八卷夜雪集一卷後集一卷　王闓運撰　清光緒二十六年（1900）東州講舍刻本　四册

330000－1712－0004752　集1258　集部/別集類/清別集

壯學齋文集十二卷　（清）周樹槐撰　清咸豐八年（1858）刻周玉麒補修本　四册

330000－1712－0004753　集2013　集部/別集類/清別集

端齋遺草一卷　（清）金應麟撰　清道光二十六年（1846）刻本　一册

330000－1712－0004754　集 1238　集部/別集類/清別集

碧城詩鈔十二卷　(清)俞功懋稾　清光緒十三年(1887)仙城刻本　二冊　存六卷(一至六)

330000－1712－0004756　集 2012　集部/別集類/清別集

金粟詩存一卷拾遺一卷　(清)金光烈撰　清嘉慶五年(1800)刻本　與 330000－1712－0004753 合冊

330000－1712－0004757　集 1257　集部/別集類/清別集

壯學齋文集十二卷　(清)周樹槐撰　清咸豐八年(1858)刻周玉麒補修本　四冊

330000－1712－0004758　集 1249　集部/別集類/清別集

受恒受漸齋集六卷　(清)沈曰富撰　清同治八年(1869)刻本　二冊

330000－1712－0004759　經 595　經部/詩類/傳說之屬

詩經補箋二十卷　王闓運撰　清光緒十九年(1893)東州刻本　五冊

330000－1712－0004761　叢 224　類叢部/叢書類/自著之屬

王湘綺先生全集二十六種　王闓運撰　清光緒至民國刻民國十二年(1923)長沙王氏彙印本　十九冊　存五種

330000－1712－0004762　集 1243　集部/總集類/選集之屬/通代

八代詩選二十卷　王闓運輯　清光緒二十年(1894)章氏經濟堂刻本　張福厚批　八冊

330000－1712－0004763　集 0741　集部/別集類/清別集

麓馀小草不分卷　(清)兩山居士撰　清嘉慶二十五年(1820)木活字印本　一冊

330000－1712－0004764　叢 226　類叢部/叢書類/自著之屬

澹勤室全集五種　(清)傅壽彤撰　清光緒三年(1877)武昌省垣刻本　六冊

330000－1712－0004769　集 1226　集部/別集類/清別集

小謨觴館詩集八卷續集二卷詩餘附錄二卷文集四卷續集二卷　(清)彭兆蓀撰　清同治十三年(1874)刻本　六冊

330000－1712－0004770　集 1239　集部/別集類/清別集

笠溪詩草一卷　(清)張湘任撰　稿本　一冊

330000－1712－0004771　集 1229　集部/別集類/清別集

慎盦文鈔二卷詩鈔二卷　(清)左宗植撰　清光緒元年(1875)刻本　四冊

330000－1712－0004772　集 1237　集部/別集類/清別集

瘦松柏齋初集八卷別集二卷外集一卷試帖體詩一卷律賦一卷　(清)陳文瑞撰　清道光刻本　四冊　存八卷(初集一至八)

330000－1712－0004773　集 1230　集部/別集類/清別集

慎盦文鈔二卷詩鈔二卷　(清)左宗植撰　清光緒元年(1875)刻本　二冊　存二卷(文鈔一至二)

330000－1712－0004774　集 1255　集部/別集類/清別集

半巖廬遺詩二卷　(清)邵懿辰撰　清同治十年(1871)潘祖蔭刻本　一冊

330000－1712－0004775　集 1245　集部/別集類

湘綺樓選本書札□□卷　王闓運撰　清光緒二十六年(1900)藐公抄本　一冊　存一卷(一)

330000－1712－0004776　集 1256　集部/別集類/清別集

卷施閣文甲集八卷乙集八卷　(清)洪亮吉撰　清刻本　二冊　存十一卷(甲集一至三、乙集一至八)

330000－1712－0004777　集 1242　集部/別集類

湘綺樓詩十四卷　王闓運撰　清光緒三十三年(1907)衡陽刻本　四冊

330000－1712－0004779　史 1107　史部/傳記類/別傳之屬/事狀

程中議公[學伊]挽詞一卷　(清)游百川等撰　清光緒八年(1882)刻本　一冊

330000－1712－0004780　集 1234　集部/別集類/清別集

錢南園先生遺集五卷　(清)錢澧撰　清同治十一年(1872)湖南官書局長沙刻本　二冊

330000－1712－0004781　叢 225　類叢部/叢書類/家集之屬

長洲彭氏家集九種　(清)彭祖賢編　清同治至光緒刻本　二冊　存一種

330000－1712－0004782　集 1233　集部/別集類/清別集

春園吟稿十六卷　(清)查有新撰　清嘉慶刻道光增刻本　二冊　存十三卷(一至十三)

330000－1712－0004784　集 1252　集部/別集類/清別集

尊聞居士集八卷　(清)羅有高撰　(清)彭紹升編　清光緒八年(1882)彭祖賢刻本　四冊

330000－1712－0004786　集 1240　集部/別集類

湘綺樓夜雪集一卷夜雪後集一卷　王闓運撰　清光緒十九年(1893)長沙刻本　一冊

330000－1712－0004787　集 1261　集部/別集類/清別集

柘坡居士集十二卷　(清)萬光泰撰　清抄本　一冊　存三卷(一至三)

330000－1712－0004789　叢 227　類叢部/叢書類/自著之屬

劉端臨先生遺書九種　(清)劉台拱撰　清道光十四年(1834)世德堂刻本　二冊　存八種

330000－1712－0004790　集 1244　集部/總集類/選集之屬/斷代

湘綺樓唐七言詩選七卷附一卷　王闓運輯　清光緒二十六年(1900)刻本　四冊

330000－1712－0004791　子 1322　子部/藝術類/書畫之屬/書法書品

包安吳手書詩文稿一卷　(清)包世臣書　清宣統二年(1910)湖北官書處影印本　一冊

330000－1712－0004792　集 1262　集部/別集類/清別集

汲庵文存六卷　(清)楊象濟撰　清光緒七年(1881)杭州刻本　四冊

330000－1712－0004793　子 1324　子部/藝術類/書畫之屬/法帖

許竹篔侍郎尺牘真跡二卷　(清)許景澄撰　盛沅輯　清光緒三十三年(1907)影印本　二冊

330000－1712－0004794　集 1270　集部/總集類/酬唱之屬

梧笙唱和初集二卷　(清)李星沅　(清)郭潤玉輯　清道光十七年(1837)刻本　二冊

330000－1712－0004795　子 1323　子部/藝術類/書畫之屬/法帖

許竹篔侍郎尺牘真跡二卷　(清)許景澄撰　盛沅輯　清光緒三十三年(1907)影印本　一冊

330000－1712－0004798　集 1227　集部/別集類/清別集

小謨觴館詩集八卷續集二卷詩餘附錄二卷文集四卷續集二卷　(清)彭兆蓀撰　清同治十三年(1874)刻本　六冊

330000－1712－0004799　集 1228　集部/別集類/清別集

小謨觴館文集四卷　(清)彭兆蓀撰　清光緒六年(1880)存存軒刻本　二冊

330000－1712－0004800　集 1271　集部/別集類/清別集

繡餘小草六卷　(清)扈斯哈里氏撰　清光緒二十二年(1896)刻本　六冊

330000－1712－0004801　集1232　集部/詩文評類/詩評之屬
樗寮詩話一卷　(清)姚椿撰　清末抄本　一册

330000－1712－0004802　集1274　集部/別集類/清別集
石汸詩略十四卷　(清)楊澤闓撰　清同治三年(1864)寧遠小潛園刻本　四册

330000－1712－0004803　集1268　集部/別集類/清別集
二知軒詩鈔十四卷續鈔十二卷　(清)方濬頤撰　清同治五年(1866)、八年(1869)刻本　十三册

330000－1712－0004804　集1264　集部/別集類/清別集
南村草堂文鈔二十卷詩鈔二十四卷　(清)鄧顯鶴撰　清道光八年至咸豐元年(1828－1851)刻本　六册　存二十四卷(詩鈔一至二十四)

330000－1712－0004805　子1325　子部/叢編
感善梯航四卷　(清)章履占輯　清光緒十年(1884)平湖振翰齋刻本　一册

330000－1712－0004806　集1266　集部/別集類/宋別集
蘇文忠公詩集五十卷目録二卷　(宋)蘇軾撰　(清)紀昀評點　清道光十四年(1834)兩廣節署刻朱墨套印本　九册　缺八卷(四十五至五十、目録一至二)

330000－1712－0004807　集1376　集部/別集類/清別集
鬱華閣遺集四卷　(清)盛昱撰　清光緒三十一年(1905)有正書局石印本　一册

330000－1712－0004808　善490　集部/別集類/清別集
曝書亭集八十卷附録一卷　(清)朱彝尊撰
笛漁小槀十卷　(清)朱昆田撰　清康熙五十三年(1714)朱稻孫刻乾隆重修本　一册　存十卷(笛漁小槀一至十)

330000－1712－0004810　集1269　集部/別集類/清別集
夏仲子集六卷　(清)夏炯撰　清咸豐五年(1855)夏燮鄱陽官廨刻本　一册　存二卷(一至二)

330000－1712－0004815　史1108　史部/傳記類/別傳之屬/事狀
歐陽母朱太宜人[賴]榮哀録不分卷　(清)歐陽石芝等撰　清宣統二年(1910)石印本　一册

330000－1712－0004816　集1404　集部/別集類/清別集
滋蘭室遺稿一卷　(清)王嗣暉撰　清宣統鉛印本　一册

330000－1712－0004817　叢228　類叢部/叢書類/自著之屬
記過齋藏書七種　(清)蘇源生撰　清道光至光緒鄢陵蘇氏刻本　十册　存五種

330000－1712－0004818　集1289　集部/別集類/清別集
養知書屋文集二十八卷詩集十五卷郭侍郎奏疏十二卷　(清)郭嵩燾撰　王先謙編　清光緒十八年(1892)刻本　十二册　存二十八卷(文集一至二十八)

330000－1712－0004819　集1267　集部/別集類/清別集
擷英集一卷　(清)葛其龍等撰　清抄本　清南村草堂題簽　一册

330000－1712－0004820　集1298　集部/別集類/清別集
徧行堂集十六卷　(清)釋今釋撰　清宣統三年(1911)上海國學扶輪社鉛印本　一册　存二卷(一至二)

330000－1712－0004821　集1290　集部/別集類/清別集
寒香館文鈔八卷詩鈔四卷鄉賢録一卷　(清)賀熙齡撰　清道光二十八年(1848)刻本

四冊

330000－1712－0004822　集1263　集部/別集類/清別集

南村草堂文鈔二十卷　(清)鄧顯鶴撰　清咸豐元年(1851)刻本　六冊

330000－1712－0004825　集1294　集部/別集類/清別集

南畇先生文錄二卷詩錄二卷　(清)彭定求撰　清同治十二年(1873)衣言堂刻本　清志慕題記　一冊　存二卷(詩錄一至二)

330000－1712－0004826　集1296　集部/別集類/清別集

琴隱園詩集三十六卷詞集四卷　(清)湯貽汾撰　清光緒元年(1875)武進曹氏刻本　八冊

330000－1712－0004827　集1272　集部/別集類/清別集

江西宦遊紀事二卷　(清)扈斯哈里氏撰　清光緒二十二年(1896)刻本　二冊

330000－1712－0004828　集1291　集部/別集類/清別集

北廬詩鈔二卷　(清)陸毅撰　清末石印本　一冊　存一卷(二)

330000－1712－0004829　集1265　集部/別集類/宋別集

蘇文忠公詩集五十卷目錄二卷　(宋)蘇軾撰　(清)紀昀評點　清同治八年(1869)韞玉山房粵東省城刻翰墨園朱墨套印本　十二冊

330000－1712－0004832　集1302　集部/別集類/清別集

韻篁樓吟稿二卷　(清)王文瑞撰　清刻本　二冊

330000－1712－0004833　集1303　集部/別集類/清別集

韻篁樓吟稿二卷　(清)王文瑞撰　清刻本　二冊

330000－1712－0004834　集1292　集部/別集類/清別集

柏梘山房文集十六卷文續集一卷詩集十卷詩續集二卷駢體文二卷　(清)梅曾亮撰　清刻本　二冊　存八卷(詩集七至十、詩續集一至二、駢體文一至二)

330000－1712－0004835　善139　經部/群經總義類/傳說之屬

稽古日鈔八卷　(清)郁文等輯　清乾隆二十九年(1764)秋曉山房刻本　四冊

330000－1712－0004836　集1304　集部/詞類/別集之屬

雨花盦詩餘一卷詞話一卷　(清)錢斐仲撰　清同治七年(1868)刻本　一冊

330000－1712－0004837　集1305　集部/詞類/別集之屬

雨花盦詩餘一卷詞話一卷　(清)錢斐仲撰　清同治七年(1868)刻本　一冊　存一卷(雨花盦詩餘)

330000－1712－0004838　集1277　集部/別集類/清別集

石笥山房集二十四卷　(清)胡天游撰　清咸豐二年(1852)刻本　十冊

330000－1712－0004839　集1306　集部/詞類/別集之屬

雨花盦詩餘一卷詞話一卷　(清)錢斐仲撰　清同治七年(1868)刻本　一冊　存一卷(雨花盦詩餘)

330000－1712－0004840　集1368　集部/別集類/清別集

陋軒詩十二卷續二卷　(清)吳嘉紀撰　清嘉慶繆中刻道光二十年(1840)夏氏補刻本　四冊　存十一卷(四至十二、續一至二)

330000－1712－0004843　集1375　集部/別集類/清別集

風鷗集一卷　(清)徐熊飛撰　清平湖張氏抄本　一冊

330000－1712－0004844　集1343　集部/總集類/彙編之屬

孔顨軒洪北江兩先生駢體文合刻本　(清)孔

廣森　(清)洪亮吉撰　清光緒二十一年至二十二年(1895－1896)善化章氏經濟堂刻本　二册　存三卷(儀鄭堂駢儷文一至三)

330000－1712－0004845　集1293　集部/別集類/清別集
梅花盦詩集四卷　(清)潘喜陶撰　清光緒二十八年(1902)浙杭永豐牲書館鉛印本　二册

330000－1712－0004846　集1366　集部/總集類/彙編之屬
琴臺正續合刻　(清)汪守正輯　清同治十三年(1874)刻本　六册

330000－1712－0004847　集1278　集部/別集類/清別集
周虛中時文一卷　(清)周芬斗撰　清乾隆五十八年(1793)刻本　一册

330000－1712－0004848　集1340　集部/別集類/清別集
一朵山房詩集十八卷　(清)傅澐撰　清光緒三年(1877)武昌刻本　二册

330000－1712－0004849　集1341　集部/別集類/清別集
漆室吟八卷　(清)王柏心撰　清同治三年(1864)監利王氏刻本　二册

330000－1712－0004850　善493　集部/別集類/清別集
雙魚偶存尺牘二卷　(清)朱穎撰　清乾隆三十九年(1774)綠蔭堂刻本　二册

330000－1712－0004851　集1338　集部/別集類/清別集
璞齋集詩六卷詞一卷　(清)諸可寶撰　**清足居集一卷蕉窗詞一卷**　(清)鄧瑜撰　清光緒二十二年(1896)玉峰官舍刻本　四册

330000－1712－0004852　集1339　集部/別集類/清別集
祇平居士集三十卷附錄一卷　(清)王元啓撰　清刻本　四册　存二十卷(一至二十)

330000－1712－0004853　叢231　類叢部/叢書類/自著之屬
質盦叢稿　(清)朱一新撰　清光緒二十二年(1896)順德龍氏葆真堂刻本　五册　存三種

330000－1712－0004854　集1279　集部/別集類/清別集
入蜀集詩一卷文一卷臺灣八景詩一卷龍邱對牀吟一卷　(清)周芬斗撰　清乾隆三十年(1765)望梅書屋刻六十年(1795)補刻本　一册

330000－1712－0004855　叢229　類叢部/叢書類/自著之屬
壺盦類稿五種　(清)胡念修撰　清光緒刻彙印本　十册

330000－1712－0004856　集1374　集部/總集類/酬唱之屬
龍湖檇李題詞一卷　(清)李培增編　清光緒二十八年(1902)刻本　一册

330000－1712－0004858　集1280　集部/別集類/清別集
伏敔堂詩錄十五卷續錄二卷首一卷　(清)江湜撰　清同治二年(1863)刻本　四册

330000－1712－0004860　集1283　集部/別集類/清別集
白香亭詩集二卷和陶詩一卷　(清)鄧輔綸撰　清光緒十九年(1893)東河督署刻本　二册

330000－1712－0004862　集1365　集部/詞類/別集之屬
新樂府詞一卷　(清)萬斯同撰　清同治八年(1869)刻本　一册

330000－1712－0004864　集1342　集部/別集類/清別集
大雲山房文稿初集四卷二集四卷言事二卷　(清)惲敬撰　清同治二年(1863)惲世臨刻本　十册

330000－1712－0004865　集1281　集部/別集類/清別集
安雅堂遺稿一卷　(清)謝沂撰　清光緒十六年(1890)刻本　一册

330000－1712－0004866　集1362　集部/總集類/選集之屬

重訂主客圖二卷補遺二卷　(清)李石桐輯　清嘉慶十七年(1812)李秉禮刻咸豐四年(1854)鄧瑤補刻本　四冊

330000－1712－0004867　善349　子部/雜著類/雜纂之屬

嗜退菴語存内編十卷　(清)嚴有穀撰　清康熙十九年(1680)刻本　四冊

330000－1712－0004868　集1282　集部/别集類/清别集

安雅堂遺稿一卷　(清)謝沂撰　清光緒十六年(1890)刻本　一冊

330000－1712－0004869　集1310　集部/别集類/清别集

香屑集十八卷首一卷末一卷　(清)黄之雋撰　(清)陳邦直注　清宣統二年(1910)上海掃葉山房石印本　四冊

330000－1712－0004870　集1288　集部/别集類/清别集

宛陵詩鈔一卷　(清)施閏章撰　清抄本　一冊

330000－1712－0004872　集1312　集部/别集類/清别集

繡佛樓詩鈔一卷　(清)金蘭貞撰　清光緒九年(1883)刻本　一冊

330000－1712－0004873　集1313　集部/别集類/清别集

繡佛樓詩鈔一卷　(清)金蘭貞撰　清光緒九年(1883)刻本　一冊

330000－1712－0004874　叢230　類叢部/叢書類/自著之屬

沈蓮溪全集六種　(清)沈濂撰　清道光至咸豐秀水沈氏始言堂刻本　許如山題記　四冊　存一種

330000－1712－0004875　集1287　集部/别集類/清别集

灌花居詩草二卷　(清)陸光洙撰　清嘉慶刻本　一冊　存一卷(二)

330000－1712－0004876　善525　類叢部/叢書類/自著之屬

高子全書八種　(明)高攀龍撰　明崇禎刻清乾隆七年(1742)華希閔劍光閣重修本　五冊　存一種

330000－1712－0004877　善494　集部/總集類/氏族之屬

武陵六世詩文集　(清)顧登輯　清雍正十年(1732)崑山顧氏桂雲堂刻本　四冊　存一種

330000－1712－0004878　集1370　集部/别集類/清别集

獨漉堂詩鈔一卷　(清)陳恭尹撰　清抄本　一冊

330000－1712－0004880　集1314　集部/别集類/清别集

白雨湖莊詩鈔四卷　(清)余雲煥撰　清光緒元年(1875)刻本　一冊

330000－1712－0004881　集1315　集部/别集類/清别集

白雨湖莊詩鈔四卷　(清)余雲煥撰　清光緒元年(1875)刻本　一冊　缺一卷(一)

330000－1712－0004882　集1316　集部/别集類/清别集

怡秋軒初稿一卷　(清)李掌珠撰　清光緒三十年(1904)淮陰耕蘭室刻本　一冊

330000－1712－0004883　集1317　集部/别集類/清别集

怡秋軒初稿一卷　(清)李掌珠撰　清光緒三十年(1904)淮陰耕蘭室刻本　一冊

330000－1712－0004884　集1372　集部/總集類/彙編之屬

都梁贈言一卷　(清)黄立詩等撰　清抄本　一冊

330000－1712－0004885　集1400　集部/别集類

檗隖詩存别集二卷　王以敏撰　清光緒二十

九年(1903)江西官書局石印本　一册

330000－1712－0004886　集1318　集部/別集類/清別集

怡秋軒初稿一卷　(清)李掌珠撰　清光緒三十年(1904)淮陰耕蘭室刻本　一册

330000－1712－0004889　集1321　類叢部/叢書類/家集之屬

香海盦叢書　(清)徐琪輯　清仁和徐氏刻光緒二十年(1894)彙印本　二册　存一種

330000－1712－0004893　集1352　集部/別集類/清別集

葦間詩集五卷　(清)姜宸英撰　清道光四年(1824)葉元墱睿吾樓刻本　四册

330000－1712－0004894　集1329　集部/別集類/清別集

話雲軒詠史詩二卷　(清)曹振鏞撰　清嘉慶五年(1800)刻本　一册

330000－1712－0004895　集1354　集部/別集類/清別集

積石文稿十八卷詩存四卷鱠餘編一卷　(清)張履撰　**南池唱和詩存一卷**　(清)張履　(清)張海珊撰　清光緒二十年(1894)刻朱印本　七册　存二十三卷(積石文稿一至十八、詩存一至四、南池唱和詩存)

330000－1712－0004896　集1360　集部/別集類/清別集

紉蘭室詩鈔三卷鰈硯廬詩鈔二卷鰈硯廬聯吟集一卷　(清)嚴永華撰　清光緒二十二年(1896)耦園刻本　二册

330000－1712－0004897　集1351　集部/別集類/清別集

讀書堂綵衣全集四十六卷　(清)趙士麟撰　(清)梁永淳等輯　(清)趙宸黼編　清光緒十九年(1893)浙江書局刻本　十二册

330000－1712－0004898　叢232　類叢部/叢書類/自著之屬

高陶堂遺集四種　(清)高心夔撰　清光緒八年(1882)平湖朱氏經注經齋刻本　四册

330000－1712－0004899　集1331　集部/別集類/清別集

宣南集一卷嶺南集一卷嶺南集補遺一卷甬東集一卷　易順鼎撰　清光緒鉛印本　一册

330000－1712－0004901　集1361　集部/總集類/彙編之屬

上湖文錄一卷　清平湖張氏抄本　一册

330000－1712－0004902　集1324　集部/別集類/清別集

是程堂集十四卷二集八卷耶溪漁隱詞二卷　(清)屠倬撰　清嘉慶十九年至二十五年(1814－1820)真州官舍、道光元年(1821)潛園屠氏刻本　五册　缺八卷(二集一至八)

330000－1712－0004903　集1359　集部/別集類/清別集

一行居集八卷附儒門公案拈題一卷　(清)彭紹升撰　清同治十二年(1873)常熟刻經處刻本　四册

330000－1712－0004904　集1357　集部/別集類

無長物齋詩存四卷感知集二卷復丁老人詩記一卷續一卷　劉炳照撰　清光緒三十一年至宣統二年(1905－1910)刻本　四册

330000－1712－0004905　集1330　集部/別集類/清別集

湘帆歸隱草一卷　(清)宋延春撰　清光緒刻本　一册

330000－1712－0004906　集1325　集部/別集類/清別集

懷古田舍詩節鈔六卷　(清)徐榮撰　(清)林鴻年删節　清同治三年(1864)四川錦城刻本　六册

330000－1712－0004907　集1327　集部/別集類/清別集

銅梁山人詩集二十三卷　(清)王汝璧撰　(清)吳鼎輯　清嘉慶十五年(1810)刻本　一册　存十一卷(一至十一)

330000－1712－0004909　集 1326　集部/别集類/清别集
梅麓詩鈔十三種　(清)齊彦槐撰　清刻本　與 330000－1712－0004907 合册　存四種

330000－1712－0004910　集 1332　集部/别集類/清别集
聽秋館吟稿六卷　(清)朱承鉽撰　清光緒十六年(1890)刻本　二册

330000－1712－0004911　集 1369　集部/别集類/清别集
七頌堂詩集十卷文集二卷　(清)劉體仁撰　清同治六年(1867)劉瓌刻七年(1868)增刻本　一册　存一卷(文集二)

330000－1712－0004912　集 1333　集部/别集類/清别集
匏齋遺稿五卷　(清)李齡壽撰　清光緒二十二年(1896)五畝園刻本　二册

330000－1712－0004914　集 1334　集部/别集類/清别集
匏齋遺稿五卷　(清)李齡壽撰　清光緒二十二年(1896)五畝園刻本　一册　存二卷(一至二)

330000－1712－0004915　集 1335　集部/别集類/清别集
善卷堂四六十卷　(清)陸繁弨撰　(清)吳自高注　清道光二年(1822)金閶步月樓刻本　四册

330000－1712－0004916　集 1337　集部/别集類/清别集
善卷堂四六十卷　(清)陸繁弨撰　(清)吳自高注　清光緒元年(1875)漁古山房刻本　四册

330000－1712－0004917　集 1336　集部/别集類/清别集
善卷堂四六十卷　(清)陸繁弨撰　(清)吳自高注　清道光二年(1822)金閶步月樓刻本　二册　存四卷(一至四)

330000－1712－0004919　史 1110　史部/傳記類/别傳之屬/事狀
誥授資政大夫湖南巡撫杏莊左公[輔]崇祀賢良録一卷　(清)左元鼎等録　清光緒二十年(1894)木活字印本　一册

330000－1712－0004920　集 1416　集部/總集類/氏族之屬
三朱遺編　(清)楊伯潤輯　清光緒十五年(1889)嘉興楊氏刻本　一册

330000－1712－0004921　叢 235　類叢部/叢書類/自著之屬
曾文正公全集十六種　(清)曾國藩撰　清同治至光緒傳忠書局刻本　四册　存二種

330000－1712－0004922　集 1415　集部/總集類/氏族之屬
三朱遺編　(清)楊伯潤輯　清光緒十五年(1889)嘉興楊氏刻本　一册

330000－1712－0004923　集 1414　集部/總集類/氏族之屬
三朱遺編　(清)楊伯潤輯　清光緒十五年(1889)嘉興楊氏刻本　一册

330000－1712－0004924　集 1297　集部/别集類/清别集
燕游集一卷雷月軒文鈔一卷三冬消夜詩一卷　(清)朱國華撰　清光緒二十八年(1902)天台齊品亨堂木活字印本　二册

330000－1712－0004925　集 1413　集部/别集類/清别集
遜學齋文鈔十卷首一卷末一卷詩鈔十卷　(清)孫衣言撰　清同治三年(1864)、十二年(1873)刻本　二册　存十卷(詩鈔一至十)

330000－1712－0004926　集 1412　集部/别集類/清别集
遜學齋文鈔十卷首一卷末一卷詩鈔十卷　(清)孫衣言撰　清同治三年(1864)、十二年(1873)刻本　六册

330000－1712－0004927　集 1409　集部/别集類/清别集
湘東草堂詩集二卷　(清)王晉撰　清同治十

年(1871)湘東草堂刻本　二册

330000－1712－0004928　集 1410　集部/别集類/清别集
湘東草堂詩集二卷　(清)王晉撰　清同治十年(1871)湘東草堂刻本　二册

330000－1712－0004929　集 1411　集部/别集類/清别集
願學堂詩鈔二十八卷　(清)王宗燿撰　清咸豐十年(1860)鄞縣王氏刻本　五册　存二十六卷(一至二十六)

330000－1712－0004931　集 1399　集部/别集類
檗隖詩存十二卷末一卷詞存十二卷詞存别集五卷　王以敏撰　清光緒刻本　八册

330000－1712－0004932　集 1398　集部/别集類
檗隖詩存續集八卷　王以敏撰　清末朱印本　一册　存三卷(四至六)

330000－1712－0004934　集 1350　集部/别集類/清别集
煙霞萬古樓文集六卷　(清)王曇撰　清道光二十年(1840)刻本　二册

330000－1712－0004935　集 1586　集部/别集類/清别集
培遠堂手札節存三卷　(清)陳弘謀撰　清同治三年(1864)射雕山館刻本　一册　存一卷(下)

330000－1712－0004937　叢 236　類叢部/叢書類/彙編之屬
峭帆楼叢書　趙詒琛編　清宣統三年至民國八年(1911－1919)新陽趙氏峭帆樓刻本　一册　存一種

330000－1712－0004938　集 1363　集部/别集類/清别集
懸文不分卷説奥不分卷　(清)張誠撰　稿本　一册

330000－1712－0004939　集 1397　集部/别集類/清别集
遲鴻軒詩續一卷文續一卷　(清)楊峴撰　清光緒十九年(1893)刻本　一册

330000－1712－0004940　集 1396　集部/别集類/清别集
遲鴻軒詩續一卷文續一卷　(清)楊峴撰　清光緒十九年(1893)刻本　一册

330000－1712－0004941　集 1395　集部/别集類/清别集
遲鴻軒詩續一卷文續一卷　(清)楊峴撰　清光緒十九年(1893)刻本　與 330000－1712－0004940 合册

330000－1712－0004942　集 1394　集部/别集類/清别集
蔗餘軒詩鈔六卷　(清)車元春撰　清同治十二年(1873)刻本　二册

330000－1712－0004943　集 1347　集部/别集類/清别集
還讀山房詩稿一卷　(清)陶壽玉撰　清光緒八年(1882)刻本　一册

330000－1712－0004944　善 350　子部/雜著類/雜説之屬
炙硯瑣談三卷　(清)湯大奎撰　清乾隆五十七年(1792)趙氏亦有生齋刻嘉慶補刻本　一册

330000－1712－0004945　集 1381　集部/别集類/清别集
焫燭草三卷　(清)唐純撰　清同治二年(1863)西山草堂木活字印本　二册

330000－1712－0004946　集 1382　集部/别集類/清别集
焫燭草三卷　(清)唐純撰　清同治二年(1863)西山草堂木活字印本　一册

330000－1712－0004949　集 1322　類叢部/叢書類/家集之屬
香海盦叢書　(清)徐琪輯　清仁和徐氏刻光緒二十年(1894)彙印本　二册　存一種

330000－1712－0004950　善 497　集部/總集類/酬唱之屬
酒帘唱和詩六卷　(清)汪啟淑輯　清乾隆六十年(1795)汪氏飛鴻堂刻本　一册　存四卷(一至四)

330000－1712－0004951　集 1408　集部/别集類/清别集
佩秋閣詩稿二卷詞稿一卷駢文稿一卷　(清)吳茝撰　清光緒元年(1875)刻本　一册

330000－1712－0004952　集 1407　集部/别集類/清别集
雅雪園詩鈔六卷　(明)鄒湘倜撰　清同治八年(1869)新化鄒氏刻本　二册

330000－1712－0004953　叢 237　類叢部/叢書類/自著之屬
養晦堂集五種　(清)劉蓉撰　清光緒三年(1877)十一年(1885)思賢講舍刻本　七册　存三種

330000－1712－0004954　集 1346　類叢部/叢書類/家集之屬
香海盦叢書　(清)徐琪輯　清光緒二十年(1894)刻本　四册　存一種

330000－1712－0004955　叢 243　類叢部/叢書類/彙編之屬
佚叢甲集　張南裓編　清光緒三十三年(1907)鉛印本　一册　存二種

330000－1712－0004956　善 495　集部/别集類/清别集
堯峰文鈔五十卷　(清)汪琬撰　(清)林佶編　清康熙三十二年(1693)林佶刻本　五册　存四十二卷(文集一至十六、二十五至四十,詩集一至十)

330000－1712－0004957　善 496　集部/别集類/清别集
堯峰文鈔五十卷　(清)汪琬撰　(清)林佶編　清康熙三十二年(1693)林佶刻本　八册

330000－1712－0004959　史 1111　史部/政書類/律令之屬/治獄
疑獄集十卷　(五代)和凝　(五代)和㠓撰　**附續一卷**　(明)張景增輯　**附錄一卷**　(清)金鳳清輯　清抄本　二册

330000－1712－0004960　集 1448　集部/别集類/清别集
省心齋詩鈔百首一卷　(清)胡璋撰　清光緒五年(1879)蘇州刻本　一册

330000－1712－0004961　集 1447　集部/總集類/氏族之屬
海昌俞氏叢刻四種　(清)俞承德輯　清咸豐六年(1856)平江三德堂刻本　二册　存一種

330000－1712－0004962　集 1446　集部/别集類/清别集
暾蔗全集文八卷詩八卷附喪禮詳考一卷周官隨筆一卷　(清)張羲年撰　(清)錢大昕　(清)陳以綱評輯　清光緒十九年(1893)上海著易堂鉛印本　六册

330000－1712－0004963　集 1323　類叢部/叢書類/家集之屬
香海盦叢書　(清)徐琪輯　清仁和徐氏刻光緒二十年(1894)彙印本　三册　存一種

330000－1712－0004964　集 1442　集部/别集類/清别集
蜨庵詩鈔八卷　(清)楊棨撰　清同治二年(1863)楊氏刻本　二册

330000－1712－0004965　集 1383　集部/别集類/清别集
賜麨閣集四卷外集二卷外集另編三卷　(清)胡欽撰　清光緒鉛印本　一册　存三卷(外集另編一至三)

330000－1712－0004966　集 1384　集部/别集類/清别集
賜麨閣集四卷外集二卷外集另編三卷　(清)胡欽撰　清光緒鉛印本　一册　存三卷(外集另編一至三)

330000－1712－0004967　集 1385　集部/别集類/清别集
賜麨閣集四卷外集二卷外集另編三卷　(清)

胡欽撰　清光緒鉛印本　一冊　存三卷(外集另編一至三)

330000－1712－0004968　集1405　集部/別集類/清別集

滋蘭室遺稿一卷　(清)王嗣暉撰　清宣統鉛印本　一冊

330000－1712－0004969　集1406　集部/別集類/清別集

滋蘭室遺稿一卷　(清)王嗣暉撰　清宣統鉛印本　一冊

330000－1712－0004970　集1444　集部/別集類/清別集

求是齋詩存二卷　(清)彭崧毓撰　**寫韻山房詩存一卷**　(清)施德瑜撰　清同治十一年(1872)養園刻本　二冊

330000－1712－0004971　集1443　集部/別集類/清別集

鶴天鯨海焚餘稿六卷　(清)朱昌頤撰　清同治五年(1866)海昌朱氏德馨堂刻本　二冊

330000－1712－0004972　集1402　集部/別集類/清別集

篤素堂文集四卷　(清)張英撰　清末上海文瑞樓石印本　一冊

330000－1712－0004973　集1403　集部/別集類/清別集

篤素堂文集四卷　(清)張英撰　清末上海文瑞樓石印本　一冊

330000－1712－0004974　集1430　集部/別集類/清別集

清愛堂詩鈔七卷　(清)李廷芳撰　清道光五年(1825)文寶齋刻本　一冊　存三卷(一至三)

330000－1712－0004975　叢246　類叢部/叢書類/自著之屬

沈西雍先生遺著五種　(清)沈濤撰　清道光刻本　二冊　存二種

330000－1712－0004976　集1429　集部/別集類/清別集

小安樂窩文集四卷詩存一卷南池唱和詩存一卷　(清)張海珊撰　清道光十一年(1831)刻本　二冊

330000－1712－0004977　集1428　集部/別集類/宋別集

姜堯章先生集十卷　(宋)姜夔撰　(清)姜熙輯　清道光二十三年(1843)華亭姜氏宗祠刻本　金德淦題簽　二冊

330000－1712－0004978　集1495　集部/別集類/清別集

浙游百卌律一卷　(清)李桓撰　清同治刻本　一冊

330000－1712－0004979　集1389　集部/別集類/清別集

惺諟齋初稿十卷　喻長霖撰　清宣統三年(1911)鉛印本　四冊　存六卷(三至八)

330000－1712－0004980　集1427　集部/別集類/清別集

嚼香館詩草一卷十七銘草堂唾餘一卷　(清)姜萬撰　清同治四年(1865)刻六年(1867)續刻本　一冊

330000－1712－0004981　集1386　集部/別集類/清別集

求聞過齋詩集六卷　(清)朱方增撰　清光緒十九年(1893)刻本　二冊

330000－1712－0004982　集1426　集部/總集類/酬唱之屬

三十六鷗吟課三卷　(清)顧長清　(清)顧鴻熙　(清)顧德泉輯　清咸豐三年(1853)刻本　一冊

330000－1712－0004983　集1445　集部/別集類/清別集

海棠巢詩鈔六卷　(清)熊碧昂撰　清道光二十二年(1842)刻本　一冊

330000－1712－0004985　集1425　集部/別集類/清別集

綠天書舍存草六卷　(清)錢楷撰　清嘉慶二

十三年(1818)儀徵阮氏廣州刻本　一冊

330000－1712－0004986　集1401　集部/別集類/清別集
篤素堂文集四卷　(清)張英撰　清同治七年(1868)刻本　一冊

330000－1712－0004987　集0855　集部/總集類/課藝之屬
船山書院課藝初集八卷　(清)劉袞等撰　清光緒二十六年(1900)東州刻本　四冊

330000－1712－0004988　善498　集部/別集類/明別集
李太僕恬致堂集四十卷　(明)李日華撰　明刻本　三冊　存十卷(一至十)

330000－1712－0004991　叢247　類叢部/叢書類/自著之屬
汪子遺書二種二十三卷　(清)汪縉撰　清光緒八年(1882)刻民國三年(1914)蘇州瑪瑙經房印本　六冊　存一種

330000－1712－0004992　集1432　集部/別集類/清別集
西泠閨詠十六卷　(清)陳文述撰　(清)龔玉晨編　清光緒十三年(1887)西泠翠螺閣刻本　四冊

330000－1712－0004993　集1422　集部/別集類/清別集
南歸草一卷　(清)楊象濟撰　清同治六年(1867)刻本　一冊

330000－1712－0004994　叢245　類叢部/叢書類/自著之屬
介亭全集九種三十六卷　(清)江濬源撰　清同治十三年(1874)江潮刻本　七冊

330000－1712－0004997　集1421　集部/別集類/清別集
晴嵐詩存七卷　(清)張若靄撰　清光緒張誠寫刻本　二冊

330000－1712－0004998　集1438　集部/別集類/清別集
四憶堂詩集六卷遺稿一卷　(清)侯方域撰　清刻本　一冊

330000－1712－0004999　叢242　類叢部/叢書類/彙編之屬
佚叢甲集　張南褫編　清光緒三十三年(1907)鉛印本　一冊　存一種

330000－1712－0005000　集1437　集部/別集類/清別集
四憶堂詩集六卷遺稿一卷　(清)侯方域撰　清刻本　二冊

330000－1712－0005001　集1439　集部/別集類/清別集
四憶堂詩集六卷遺稿一卷　(清)侯方域撰　清刻本　三冊

330000－1712－0005002　集1468　集部/別集類/清別集
東山草堂詩鈔四卷　(清)蘇汝謙撰　清同治十年(1871)刻本　二冊　存二卷(一至二)

330000－1712－0005004　集1440　集部/別集類/清別集
大梁侯氏詩集二十四種　(清)侯資燦輯　清嘉慶二十四年(1819)刻本　一冊　存一種

330000－1712－0005005　集1469　集部/別集類/清別集
詩夢草堂窗課一卷　(清)斗南道人作　稿本　一冊

330000－1712－0005006　叢240　類叢部/叢書類/彙編之屬
海源閣叢書七種　(清)楊以增編　清咸豐二年至五年(1852－1855)聊城楊氏海源閣刻本　二冊　存一種

330000－1712－0005007　集1420　集部/別集類/清別集
鹿山老屋詩集十六卷　(清)錢世錫撰　清抄本　一冊　存三卷(十一至十三)

330000－1712－0005009　集1387　集部/別集類/清別集

求聞過齋文集四卷 (清)朱方增撰 清光緒二十年(1894)刻本 二冊 存二卷(三至四)

330000－1712－0005010 叢 238 類叢部/叢書類/自著之屬

琴志樓叢書四十六種 易順鼎撰 清光緒刻本(部份子目配清末民國鉛印本) 十二冊 存九種

330000－1712－0005011 集 1417 集部/别集類/清别集

述學内篇三卷補遺一卷外篇一卷别錄一卷附錄一卷校勘記一卷 (清)汪中撰 (清)汪喜孫編 清同治八年(1869)揚州書局刻本 二冊

330000－1712－0005012 叢 244 類叢部/叢書類/自著之屬

息柯居士全集十二種 (清)楊翰撰 清同治至光緒刻本 一冊 存一種

330000－1712－0005014 叢 239 類叢部/叢書類/自著之屬

琴志樓叢書四十六種 易順鼎撰 清光緒刻本 六冊 存九種

330000－1712－0005016 經 439 經部/周禮類/分篇之屬

讀禮筆記不分卷 清末抄本 一冊

330000－1712－0005017 集 1489 集部/總集類/彙編之屬

雲屏晴峰詩鈔合刻 (清)陳錦編 清道光二十六年(1846)刻本 一冊

330000－1712－0005018 叢 249 類叢部/叢書類/自著之屬

張南山全集十二種 (清)張維屏撰 清道光至咸豐刻本 四冊 存一種

330000－1712－0005019 集 1433 集部/别集類/清别集

揅石齋文集二十六卷詩集五十卷十國詞箋略一卷 (清)錢載撰 清光緒四年(1878)蘇州交通圖書館刻本 三冊 存十八卷(文集一至十八)

330000－1712－0005020 集 1490 集部/詞類/别集之屬

湘絃離恨譜一卷 (清)張祖同撰 清光緒刻本 一冊

330000－1712－0005023 集 1434 集部/别集類/清别集

凌淯安先生集不分卷附詩一卷 (清)凌淯安撰 清海鹽崔德華抄本 一冊

330000－1712－0005024 集 1465 集部/别集類/清别集

維周詩鈔十六卷 (清)程之楨撰 清同治十一年(1872)程氏確園刻本 四冊

330000－1712－0005025 集 1480 集部/别集類/明别集

詠懷堂詩外集二卷 (明)阮大鋮撰 清抄本 一冊

330000－1712－0005026 集 1466 集部/别集類/宋别集

羅鄂州小集六卷 (宋)羅願撰 **羅郢州遺文一卷** (宋)羅頌撰 清光緒十九年(1893)黟縣李氏刻本 二冊

330000－1712－0005027 集 1487 集部/别集類/清别集

東洲草堂詩鈔三卷 (清)何紹基撰 清咸豐五年(1855)刻本 一冊

330000－1712－0005028 子 1327 子部/儒家類/儒學之屬/禮教/家訓

澄懷園語四卷 (清)張廷玉撰 清同治七年(1868)張師亮刻本 一冊

330000－1712－0005029 集 1435 集部/别集類/清别集

好溪贈言一卷 (清)屠本仁編 清道光茶屋刻本 一冊

330000－1712－0005030 叢 248 類叢部/叢書類/自著之屬

簡莊集三種 (清)陳鱣撰 清嘉慶十年

(1805)士鄉堂刻本　一册　存一種

330000－1712－0005031　集1390　集部/別集類/清別集
棲雲山房詩鈔二卷　(清)李樹瀛撰　清咸豐六年(1856)刻本　二册

330000－1712－0005032　集1479　集部/別集類/清別集
蒙廬詩存四卷外集一卷　(清)沈景修撰　清光緒二十一年(1895)杭州刻本　一册

330000－1712－0005033　集1488　集部/別集類/清別集
寄榆龕詩鈔一卷續集一卷　(清)黄建笎撰　清光緒二十九年(1903)湘南刻本　二册

330000－1712－0005034　集1391　集部/別集類/清別集
筠碧山房詩集四卷賜葛堂賦存一卷　(清)陳宸書撰　**瀛洲課草錄存一卷**　(清)陳濬撰　清同治八年(1869)刻本　二册

330000－1712－0005035　子1326　子部/儒家類/儒學之屬/禮教/家訓
澄懷園語四卷　(清)張廷玉撰　清光緒六年(1880)張紹文刻本　清李鳴鳳觀款　一册

330000－1712－0005036　善499　集部/別集類/清別集
寅谷先生遺稿一卷　(清)蔣泰來撰　清乾隆五十三年(1788)刻本　一册

330000－1712－0005037　集1449　集部/總集類/選集之屬/斷代
宋四名家詩六卷　(清)周之鱗　(清)柴升編　清光緒元年(1875)湘西章氏望雲草廬刻本　一册　存一種

330000－1712－0005038　史1114　史部/目録類/總録之屬/官修
浙江採集遺書總錄十一卷　(清)沈初等輯　清乾隆三十九年(1774)浙江布政使王亶望刻本　一册　存二卷(乙、丙)

330000－1712－0005039　集1486　集部/別集類/清別集
小琅環園詩錄七卷集顧亭林先生詩一卷詞錄一卷　(清)張修府撰　清光緒七年(1881)長沙刻本　二册

330000－1712－0005041　集1441　集部/別集類/清別集
丹魁堂外集四卷　(清)季芝昌撰　清咸豐十一年(1861)崇川寓館刻本　一册

330000－1712－0005042　集1485　集部/別集類/清別集
鑑止水齋集二十卷　(清)許宗彥撰　清咸豐八年(1858)德清許延穀刻本　六册

330000－1712－0005043　叢257　類叢部/叢書類/自著之屬
寒松閣集五種　(清)張鳴珂撰　清光緒十年至二十四年(1884－1898)嘉興張氏刻本　二册　存三種

330000－1712－0005046　集1392　集部/別集類/清別集
清素堂文集八卷　(清)石鈞撰　清嘉慶八年(1803)刻本　二册

330000－1712－0005048　集1496　集部/別集類/清別集
張廣榕文集不分卷　(清)張廣榕撰　清光緒刻本　一册

330000－1712－0005049　善4101　集部/總集類/彙編之屬
青溪三子詩鈔　清乾隆刻本　一册　存一種

330000－1712－0005051　集1545　集部/別集類/清別集
耨雲軒詩鈔四卷　(清)馬汾撰　清刻本　一册　存二卷(三至四)

330000－1712－0005058　集1544　集部/別集類/清別集
竹香詩鈔一卷　(清)吳肇增撰　清嘉慶十二年(1807)刻本　與330000－1712－0005060、330000－1712－0005051合册

330000－1712－0005060　集 1543　集部/别集類/清别集

史山詩二卷　(清)史璜撰　清道光二十三年(1843)橐廬刻本　與 330000－1712－0005058、330000－1712－0005051 合冊

330000－1712－0005065　叢 262　類叢部/叢書類/自著之屬

高陶堂遺集四種　(清)高心夔撰　清光緒八年(1882)平湖朱氏經注經齋刻本　四冊

330000－1712－0005066　集 1455　集部/詞類/詞話之屬

周氏止庵詞辨二卷　(清)周濟撰　(清)譚獻評　**周氏止菴介存齋論詞雜箸一卷**　(清)周濟撰　清光緒三多、徐珂、趙逢年刻本　一冊

330000－1712－0005067　集 1502　集部/别集類/清别集

敦夙堂集二卷　(清)張承頤撰　清同治十二年(1873)刻本　一冊

330000－1712－0005068　集 1462　集部/總集類/課藝之屬

敬修堂詞賦課鈔十六卷附金臺課藝一卷　(清)胡敬輯　清同治十一年(1872)山陰俞氏刻本　六冊

330000－1712－0005069　集 1482　集部/别集類/清别集

龍溪草堂詩鈔十卷試帖一卷　(清)張日崙撰　清光緒八年(1882)刻本　八冊　存八卷(詩鈔一至四、八至十,試帖)

330000－1712－0005070　集 1452　集部/詞類/詞話之屬

蓮子居詞話四卷　(清)吳衡照輯　清道光十二年(1832)錢唐汪氏振綺堂刻同治六年(1867)重修本　一冊

330000－1712－0005072　集 1458　集部/詞類/總集之屬

詩餘偶鈔六卷　王先謙輯　清光緒十六年(1890)長沙王先謙刻本　一冊

330000－1712－0005073　集 1481　集部/總集類/郡邑之屬

桐溪耆隱集一卷　(清)袁炯輯　清光緒十六年(1890)鉛印本　一冊

330000－1712－0005074　叢 256　類叢部/叢書類/彙編之屬

靈鶼閣叢書五十六種　(清)江標編　清光緒元和江氏湖南使院刻本　一冊　存一種

330000－1712－0005075　叢 260　類叢部/叢書類/郡邑之屬

粟香室叢書五十九種　金武祥編　清光緒至民國江陰金氏刻本　二十六冊　存四十種

330000－1712－0005077　叢 253　類叢部/叢書類/彙編之屬

風雨樓叢書二十三種　鄧實編　清宣統順德鄧氏鉛印本　三冊　存三種

330000－1712－0005079　叢 284　集部/别集類/元别集

樂郊私語一卷　(元)姚桐壽撰　明刻續百川學海本　潘琅圃題簽　一冊

330000－1712－0005080　集 1456　集部/詞類/别集之屬

綠雪館詞五卷　(清)張鴻卓撰　清道光刻本　一冊　存二卷(三至四)

330000－1712－0005082　集 1498　集部/别集類/清别集

疏蘭僊館詩集四卷續集六卷再續集四卷　(清)朱錫綬撰　清光緒三年(1877)刻本　四冊

330000－1712－0005083　叢 258　類叢部/叢書類/郡邑之屬

粟香室叢書五十九種　金武祥編　清光緒至民國江陰金氏刻本　七冊　存九種

330000－1712－0005085　叢 265　類叢部/叢書類/自著之屬

留書種閣集九種　(清)黄炳垕撰　清同治六年至光緒二十年(1867－1894)餘姚黄氏留書種閣刻本　一冊　存一種

330000－1712－0005087　集 1500　集部/別集類/清別集
怡雲廬駢體文一卷詩鈔一卷　(清)金安瀾撰　清同治九年(1870)滬城刻本　一册

330000－1712－0005090　集 1518　集部/別集類/清別集
盤山詩草九卷　(清)歐陽輔之撰　清光緒二十九年(1903)刻本　二册

330000－1712－0005092　史 1115　史部/傳記類/別傳之屬/事狀
長沙張文達公[百熙]榮哀錄四卷　陳毅輯　清宣統元年(1909)鉛印本　一册

330000－1712－0005093　集 1505　集部/詞類/別集之屬
斷腸漱玉詞合刊二卷　(宋)朱淑真　(宋)李清照撰　清石印本　一册

330000－1712－0005097　集 1504　集部/詞類/別集之屬
東坡詞鈔不分卷　(宋)蘇軾撰　清宣統元年(1909)上海中華圖書館石印本　一册

330000－1712－0005099　集 1459　集部/詞類/總集之屬
詩餘偶鈔六卷　王先謙輯　清光緒十六年(1890)長沙王先謙刻本　一册

330000－1712－0005100　集 1499　集部/別集類/清別集
使黔草三卷　(清)何紹基撰　清刻本　一册

330000－1712－0005104　集 1519　集部/詞類/總集之屬
絕妙好詞箋七卷　(宋)周密輯　(清)查爲仁　(清)厲鶚箋　**絕妙好詞續鈔一卷**　(清)余集輯　**絕妙好詞又續鈔一卷**　(清)徐楙補錄　清刻本　二册

330000－1712－0005105　叢 118　類叢部/叢書類/自著之屬
龍莊遺書四種　(清)汪輝祖撰　清光緒江蘇書局刻本　一册　存一種

330000－1712－0005106　集 1471　集部/詞類/類編之屬
浙西六家詞七種十九卷　(清)龔翔麟編　清康熙龔氏玉玲瓏閣刻本　一册　存一種

330000－1712－0005107　集 1472　集部/詞類/別集之屬
苾芻館詞集六卷　(清)胡延撰　清光緒二十九年(1903)金陵糧儲道廨刻本　四册

330000－1712－0005108　集 1473　集部/詞類/總集之屬
國朝金陵詞鈔八卷附一卷　陳作霖輯　清光緒二十八年(1902)刻本　四册

330000－1712－0005109　集 1474　集部/詞類/總集之屬
宋七家詞選七卷　(清)戈載輯　**玉田先生樂府指迷一卷**　(宋)張炎撰　清宣統三年(1911)掃葉山房石印本　三册

330000－1712－0005111　集 1460　集部/詞類/總集之屬
聚紅榭雅集詞二集六卷　(清)李應庚等撰　清同治二年(1863)福州刻本　一册　存四卷(三至六)

330000－1712－0005112　叢 261　類叢部/叢書類/自著之屬
蕙風叢書七種附一種　況周頤撰　清光緒刻民國十四年(1925)上海中國書店彙印本　四册　存一種

330000－1712－0005113　善 4100　集部/詞類/別集之屬
六銖詞二卷　(清)陳朗撰　清乾隆平湖陳氏晉雪堂刻本　一册

330000－1712－0005114　集 1478　集部/總集類/選集之屬/通代
賦海大觀三十二卷　(清)沈祖燕編輯　清光緒二十年(1894)鴻寶齋石印本　二十三册　缺八卷(三上、二十五至二十九、三十一至三十二)

330000－1712－0005115　集 1520　集部/詞

類/總集之屬
絕妙好詞箋七卷 (宋)周密輯 (清)查爲仁 (清)厲鶚箋 **絕妙好詞續鈔一卷** (清)余集輯 **絕妙好詞又續鈔一卷** (清)徐楙補錄 清道光八年(1828)徐楙杭州愛日軒刻本 一册 存二卷(一至二)

330000－1712－0005117 集1501 集部/詞類/別集之屬
藤香草堂詞稿不分卷 (清)薛時雨撰 清咸豐十一年(1861)江西聚經堂刻本 一册

330000－1712－0005119 叢264 類叢部/叢書類/自著之屬
大鶴山房全書十種 鄭文焯撰 清光緒至民國刻民國九年(1920)蘇州交通圖書館彙印本 一册 存二種

330000－1712－0005120 叢263 類叢部/叢書類/自著之屬
大鶴山房全書十種 鄭文焯撰 清光緒至民國刻民國九年(1920)蘇州交通圖書館彙印本 一册 存二種

330000－1712－0005121 集1510 集部/詞類/別集之屬
彈指詞二卷 (清)顧貞觀撰 清海寧陳氏木活字印本 二册

330000－1712－0005124 史0721 史部/職官類/官箴之屬
牧令書四種 (清)□□輯 清同治湖北崇文書局刻本 二册 存一種

330000－1712－0005125 集1516 集部/別集類
靜庵文集一卷詩稿一卷 王國維撰 清光緒三十一年(1905)鉛印本 一册

330000－1712－0005126 集1517 集部/別集類
靜庵文集一卷詩稿一卷 王國維撰 清光緒三十一年(1905)鉛印本 一册

330000－1712－0005128 集1461 集部/詞類/別集之屬
井華詞二卷 (清)沈景修撰 清光緒二十五年(1899)刻本 一册

330000－1712－0005133 集1451 集部/詞類/詞話之屬
蓮子居詞話四卷 (清)吳衡照輯 清道光十二年(1832)錢唐汪氏振綺堂刻同治六年(1867)重修本 二册

330000－1712－0005134 集0889 集部/別集類/清別集
太鶴山人集十三卷 (清)端木國瑚撰 清瑞安洪坤刻本 二册 存七卷(一至三、十至十三)

330000－1712－0005136 集1524 集部/詞類/類編之屬
三家宮詞三卷二家宮詞二卷 (明)毛晉編 清光緒十五年(1889)上海廣百宋齋鉛印本 二册

330000－1712－0005140 集1554 集部/總集類/選集之屬/斷代
明詩別裁集十二卷 (清)沈德潛 (清)周準輯 清乾隆刻本 清馮江題簽 一册 存三卷(一至三)

330000－1712－0005141 集1570 集部/詩文評類/文評之屬
文心雕龍十卷 (南朝梁)劉勰撰 (清)黃叔琳輯注 (清)紀昀評 清道光十三年(1833)盧坤兩廣節署刻朱墨套印本 四册

330000－1712－0005142 集1571 集部/詩文評類/文評之屬
文心雕龍十卷 (南朝梁)劉勰撰 (清)黃叔琳輯注 (清)紀昀評 清道光十三年(1833)盧坤兩廣節署刻朱墨套印本 四册

330000－1712－0005143 集1540 集部/詞類/詞譜之屬
詞律二十卷 (清)萬樹撰 **詞律拾遺八卷** (清)徐本立撰 **詞律補遺一卷** (清)杜文瀾撰 清末石印本 十二册

330000－1712－0005144 善4103 集部/詩

文評類/文評之屬

文心雕龍十卷 （南朝梁）劉勰撰 （清）黄叔琳輯注 清乾隆六年（1741）北平黄氏養素堂刻本 二册

330000－1712－0005145 集1541 集部/詩文評類/詩評之屬

西河詩話一卷詞话一卷禖箋一卷 （清）毛奇齡撰 清宣統三年（1911）上海文瑞樓石印本 二册

330000－1712－0005147 集1555 集部/詩文評類/詩評之屬

滄浪詩話註五卷 （宋）嚴羽撰 （清）胡鑑注 清光緒七年（1881）胡鑑廣州刻本 二册

330000－1712－0005148 集1538 集部/詞類/詞韻之屬

詞林正韻三卷發凡一卷 （清）戈載撰 清同治十二年（1873）刻本 朱英題記 一册

330000－1712－0005150 叢268 類叢部/叢書類/彙編之屬

拜經樓叢書（愚谷叢書）二十三種 （清）吳騫編 清乾隆至嘉慶海昌吳氏刻彙印本 四册 存四種

330000－1712－0005151 集1557 集部/詞類/總集之屬

吳儲合稿二卷 （清）儲夢熊編 清道光五年（1825）泰州儲氏杭州衙署刻本 二册

330000－1712－0005152 集0869 集部/總集類/選集之屬/斷代

全唐詩九百卷目錄十二卷 （清）曹寅等輯 清刻本 一册 存十四卷（陸龜蒙一至十四）

330000－1712－0005154 集1542 集部/詞類/詞話之屬

詞林紀事二十二卷 （清）張宗橚撰 **樂府指迷一卷** （宋）張炎撰 **詞旨一卷** （宋）陸韶撰 **詞韻考略一卷** （清）許昂霄撰 清末掃葉山房石印本 十二册

330000－1712－0005155 集1566 集部/詞類/别集之屬

映奩詞一卷 夏敬觀撰 清光緒三十三年（1907）新建夏氏寫刻本 一册

330000－1712－0005159 善526 類叢部/叢書類/彙編之屬

祕書廿一種 （清）汪士漢編 清康熙七年（1668）汪士漢重編印本 一册 存一種

330000－1712－0005161 集1539 集部/别集類/清别集

師竹軒賦鈔不分卷 （清）夏柔嘉撰 清刻本 一册

330000－1712－0005162 集1558 集部/總集類/酬唱之屬

龍湖檇李題詞一卷 （清）李培增編 清光緒二十八年（1902）刻本 一册

330000－1712－0005163 集1529 集部/詞類/總集之屬

詞選二卷 （清）張惠言輯 **附錄一卷** （清）鄭善長輯 **續詞選二卷** （清）董毅輯 清同治六年（1867）刻本 一册

330000－1712－0005164 集1559 集部/詞類/别集之屬

雨屋深鐙詞一卷續稿一卷 汪兆鏞撰 清宣統三年（1911）、民國十七年（1928）鉛印本 一册

330000－1712－0005165 集1530 集部/詞類/總集之屬

詞選二卷 （清）張惠言輯 **附錄一卷** （清）鄭善長輯 **續詞選二卷** （清）董毅輯 清同治六年（1867）刻本 一册

330000－1712－0005166 集1560 集部/詞類/别集之屬

水雲樓詞續一卷 （清）蔣春霖撰 清同治十二年（1873）刻本 陸維釗題記 一册

330000－1712－0005168 集1531 集部/詞類/總集之屬

詞選二卷 （清）張惠言輯 **附錄一卷** （清）鄭善長輯 **續詞選二卷** （清）董毅輯 清同治六年（1867）刻本 一册

330000－1712－0005169　集 1528　集部/詩文評類/詩評之屬

小匏庵詩話十卷　(清)吴仰賢輯　清光緒八年(1882)刻本　二册

330000－1712－0005170　集 1562　集部/詞類/别集之屬

鴛鴦宜福館吹月詞二卷　(清)陳元鼎撰　清同治元年(1862)錢塘陳元鼎刻本　一册

330000－1712－0005171　集 1527　集部/總集類/選集之屬/斷代

唐絶詩鈔注略二卷首一卷補注一卷　(清)馬沅選　(清)趙彦傳注　清同治十二年(1873)趙彦傳補讀齋刻光緒四年(1878)補刻本　一册

330000－1712－0005174　集 1526　集部/總集類/選集之屬/斷代

初唐四傑集三十七卷　(清)項家達編　清同治十二年(1873)鄒氏叢雅居刻本　一册　存一種

330000－1712－0005175　叢 269　類叢部/叢書類/彙編之屬

拜經樓叢書(愚谷叢書)二十三種　(清)吴騫編　清乾隆至嘉慶海昌吴氏刻彙印本　一册　存一種

330000－1712－0005176　子 1331　子部/儒家類/儒學之屬/俗訓

增補願體廣類集四卷　(清)史典輯　(清)蔣岳增輯　(清)汪瑞齡重輯　清同治六年(1867)刻本　一册　存一卷(一)

330000－1712－0005180　子 1332　子部/宗教類/佛教之屬/諸宗

憨山老人夢遊集五十五卷　(明)釋德清撰　(明)釋福善錄　(明)釋通炯輯　清光緒五年(1879)江北刻經處刻本　二十册

330000－1712－0005181　集 1550　集部/詞類/别集之屬

消愁集二卷附詩一卷　(清)沈蔣英撰　郭鑒編次　清光緒三十三年至三十四年(1907－1908)刻本　一册

330000－1712－0005182　集 1549　集部/别集類/宋别集

歐陽文忠公全集一百五十三卷首一卷附録五卷　(宋)歐陽修撰　清嘉慶二十四年(1819)歐陽衡刻本　二十四册

330000－1712－0005183　集 1551　子部/藝術類/音樂之屬/樂譜

瓶笙館修簫譜四卷　(清)舒位撰　清道光十三年(1833)钱塘汪氏振綺堂刻本　一册

330000－1712－0005184　集 1599　集部/别集類/唐五代别集

長恨歌一卷　(唐)白居易撰　張謇書　清末石印本　一册

330000－1712－0005186　善 4102　集部/詞類/類編之屬

詞苑英華　(明)毛晉編　明末毛氏汲古閣刻清乾隆十七年(1752)洪振珂因樹樓重修本　十六册　存七種

330000－1712－0005187　集 1595　集部/詞類/别集之屬

捧月樓綺語八卷　(清)袁通撰　清嘉慶江寧顧晴崖局刻本　一册

330000－1712－0005188　集 1593　集部/别集類/唐五代别集

可之先生文集二卷　(唐)孫樵撰　清宣統二年(1910)上海會文堂石印本　一册

330000－1712－0005189　集 1587　集部/别集類/明别集

陳臥子先生安雅堂稿十五卷兵垣奏議二卷　(明)陳子龍撰　清宣統二年(1910)上海時中書局鉛印本　高燮題記　二册　存五卷(陳臥子先生安雅堂稿一至五)

330000－1712－0005192　集 1600　集部/詞類/别集之屬

瘦鶴軒詞一卷續一卷　(清)趙彦俞撰　清同治十二年(1873)丹徒趙氏刻本　一册　缺一卷(續)

330000－1712－0005193　集 1603　集部/詞類/別集之屬

曼廬詞一卷　(清)許頌鼎撰　清光緒三十三年(1907)海寧許溎祥家刻本　葛昌楣題記　一冊

330000－1712－0005194　集 1548　集部/總集類/選集之屬/斷代

文粹一百卷　(宋)姚鉉輯　**補遺二十六卷**　(清)郭麐輯　清光緒十六年(1890)杭州許增榆園刻本　清許增題記　二十四冊

330000－1712－0005195　集 1594　集部/別集類/清別集

小鷗波館文鈔二卷駢體文鈔二卷詩鈔十二卷詩補鈔二卷詞鈔一卷又二卷　(清)潘曾瑩撰　清道光二十五年(1845)刻本　一冊　存二卷(詞鈔一至二)

330000－1712－0005197　善 351　集部/別集類/明別集

天壤遺文七卷　(明)徐奮鵬輯並評　(明)徐春茂　(明)徐春盛注釋　明五車館刻本　二冊　存三卷(一、六至七)

330000－1712－0005199　集 1590　集部/總集類/選集之屬/通代

唐宋八家文讀本十卷　(清)沈德潛輯　清光緒二十四年(1898)上海鴻文書局石印本　二冊

330000－1712－0005200　集 1589　類叢部/叢書類/彙編之屬

武英殿聚珍版書一百三十八種　清乾隆武英殿木活字印本　一冊　存一種

330000－1712－0005201　集 1552　集部/詞類/詞韻之屬

新詞正韻二卷末一卷　(清)袁太華填詞　(清)平燿校韻　清同治六年(1867)刻本　二冊

330000－1712－0005202　集 1569　集部/總集類/選集之屬/斷代

聖宋文選全集三十二卷　(宋)□□輯　清光緒八年(1882)郯城于氏影宋刻本　八冊

330000－1712－0005203　集 1604　集部/別集類/宋別集

安陸集詩一卷詞一卷補遺一卷附錄一卷　(宋)張先撰　(清)汪潮生輯　清道光甘泉黃錫慶刻本　一冊

330000－1712－0005204　集 1553　集部/別集類/清別集

泰雲堂文集二卷駢體文集二卷詩集十八卷詞集三卷　(清)孫爾準撰　清同治九年(1870)刻本　三冊　存二十一卷(詩集一至十八、詞集一至三)

330000－1712－0005205　集 1588　集部/別集類/清別集

吉光片羽集一卷　(清)趙景賢撰　**附溫次言詩一卷**　(清)溫汝超撰　清同治三年(1864)古堇梓香齋刻本　與 330000－1712－0005200 合冊

330000－1712－0005206　善 4104　集部/總集類/選集之屬/通代

御選唐宋詩醇四十七卷目錄二卷　(清)高宗弘曆輯　清乾隆刻朱墨套印本　十七冊　缺九卷(八至九、十七至二十三)

330000－1712－0005207　叢 277　類叢部/叢書類/彙編之屬

趙氏藏書十六種　(清)趙承恩編　清同治至光緒金谿趙氏紅杏山房補刻重印本　二冊　存一種

330000－1712－0005209　叢 279　類叢部/叢書類/自著之屬

隨園三十種　(清)袁枚撰　清刻本　一冊　存三種

330000－1712－0005213　集 1613　集部/別集類/唐五代別集

昌黎先生詩集注十一卷年譜一卷　(唐)韓愈撰　(清)顧嗣立刪補　清道光十六年(1836)膺德堂刻朱墨套印本　八冊

330000－1712－0005214　集 1612　集部/別

集類/唐五代別集

昌黎先生詩集注十一卷年譜一卷　(唐)韓愈撰　(清)顧嗣立刪補　清道光十六年(1836)膺德堂刻朱墨套印本　四册

330000－1712－0005215　善 4106　集部/總集類/郡邑之屬

石洞貽芳集不分卷　(清)郭鍾儒輯　清康熙十六年(1677)行素齋刻本　一册

330000－1712－0005217　集 1601　集部/總集類/彙編之屬

漢魏六朝一百三家集　(明)張溥編　清光緒十八年(1892)善化章經濟堂刻本　一册　存一種

330000－1712－0005218　集 1615　集部/別集類/漢魏六朝別集

陶淵明集八卷首一卷末一卷　(晉)陶潛撰　清光緒五年(1879)廣州翰墨園刻朱墨套印本　二册

330000－1712－0005221　集 1614　集部/別集類/唐五代別集

王右丞集二十八卷首一卷末一卷　(唐)王維撰　(清)趙殿成箋注　清乾隆刻本　四册　存十二卷(一至十二)

330000－1712－0005222　集 1579　集部/總集類/選集之屬/通代

六朝文絜四卷　(清)許槤評選　清光緒三年(1877)馮氏讀有用書齋刻朱墨套印本　一册

330000－1712－0005223　集 1580　集部/詞類/別集之屬

知止堂詞錄三卷　(清)朱綬撰　清光緒二十年(1894)湖南思賢書局刻本　一册

330000－1712－0005224　善 4105　集部/楚辭類

楚辭節註六卷　(清)姚培謙撰　**楚辭叶音一卷**　(清)劉維謙撰　清乾隆六年(1741)刻本　一册

330000－1712－0005225　集 1611　集部/別集類/清別集

陶文毅公全集六十四卷首一卷末一卷　(清)陶澍撰　清道光二十年(1840)淮北士民刻本　二十四册

330000－1712－0005226　集 1602　集部/詞類/類編之屬

吳氏石蓮庵刻山左人詞　吳重熹編　清光緒二十七年(1901)海豐吳氏金陵刻本　清君眉題簽　一册　存一種

330000－1712－0005227　集 1573　集部/總集類/選集之屬/通代

五朝名家七律英華三十六卷　(清)顧有孝　(清)王載輯　清康熙二十六年(1687)刻本　一册　存四卷(一至四)

330000－1712－0005228　集 1581　集部/詞類/別集之屬

夢春廬詞一卷　(清)李貽德撰　**早花集一卷**　(清)吳筠撰　清同治六年(1867)朱蘭刻本　一册

330000－1712－0005229　叢 272　類叢部/叢書類/彙編之屬

知不足齋叢書一百九十六種　(清)鮑廷博編　(清)鮑士恭續編　清乾隆三十七年至道光三年(1772－1823)長塘鮑氏刻彙印本　八册　存八種

330000－1712－0005230　集 1585　集部/別集類/清別集

示樸齋駢體文六卷　(清)錢振倫撰　清同治六年(1867)袁浦崇實書院刻本　一册　存三卷(一至三)

330000－1712－0005233　集 1608　集部/詞類/別集之屬

新蘅詞八卷外集一卷　(清)張景祁撰　清光緒九年(1883)百億梅花仙館刻本　一册

330000－1712－0005234　叢 271　類叢部/叢書類/彙編之屬

知不足齋叢書一百九十六種　(清)鮑廷博編　(清)鮑士恭續編　清乾隆三十七年至道光三年(1772－1823)長塘鮑氏刻彙印本　一百

九十三冊　存一百七十二種

330000－1712－0005235　子1334　子部/雜著類/雜說之屬
履園叢話二十四卷　（清）錢泳撰　清道光刻同治九年（1870）錢曰壽補刻本　四冊　缺十二卷（四至九、十三至十六、二十三至二十四）

330000－1712－0005236　集1572　集部/別集類/明別集
歸有光文選不分卷　（明）歸有光撰　清末抄本　一冊

330000－1712－0005237　叢270　類叢部/叢書類/彙編之屬
知不足齋叢書一百九十六種　（清）鮑廷博編　（清）鮑士恭續編　清乾隆三十七年至道光三年（1772－1823）長塘鮑氏刻光緒八年（1882）嶺南雲林仙館重印本　二百四十冊

330000－1712－0005238　集1609　集部/戲劇類/傳奇之屬
碧聲吟館叢書六種　（清）許善長撰　清光緒仁和許善長碧聲吟館刻本　一冊　存一種

330000－1712－0005240　經598　經部/易類/圖說之屬
九畫六十四卦象不分卷　（清）張誠撰　稿本　二冊

330000－1712－0005241　叢280　類叢部/叢書類/彙編之屬
積學齋叢書二十種　徐乃昌編　清光緒南陵徐乃昌刻本　十冊

330000－1712－0005242　史1116　史部/目録類/總録之屬
知不足齋叢書目錄不分卷　（清）鮑廷博輯　清抄本　一冊

330000－1712－0005243　叢274　類叢部/叢書類/彙編之屬
知不足齋叢書一百九十六種　（清）鮑廷博編　（清）鮑士恭續編　清乾隆三十七年至道光三年（1772－1823）長塘鮑氏刻彙印本　五冊　存七種

330000－1712－0005244　叢273　類叢部/叢書類/彙編之屬
知不足齋叢書一百九十六種　（清）鮑廷博編　（清）鮑士恭續編　清乾隆三十七年至道光三年（1772－1823）長塘鮑氏刻彙印本　一冊　存二種

330000－1712－0005245　子1333　子部/藝術類/書畫之屬
真蹟日錄初集一卷二集一卷三集一卷清河祕篋書畫表一卷法書名畫見聞表一卷南陽法書表一卷南陽名畫表一卷　（明）張丑撰　**清祕藏二卷**　（明）張應文撰　（明）張丑輯　清仁和吳氏池北草堂刻本　二冊　存二卷（清祕藏一至二）

330000－1712－0005246　集1582　集部/總集類/課藝之屬
小學堂詩歌四卷　（唐）盧照鄰等撰　清末江楚書局刻本　二冊

330000－1712－0005247　集1583　集部/總集類/選集之屬/通代
詩比興箋四卷　（清）陳沆輯　清光緒九年（1883）長洲彭祖賢武昌刻本　二冊

330000－1712－0005248　經596　經部/易類/圖說之屬
九畫卦不分卷　（清）張誠撰　清末平湖張氏抄本　二冊

330000－1712－0005249　叢278　類叢部/叢書類/彙編之屬
趙氏藏書十六種　（清）趙承恩編　清同治至光緒金谿趙氏紅杏山房補刻重印本　六冊　存一種

330000－1712－0005250　集1584　集部/別集類/清別集
話雲軒詠史詩二卷　（清）曹振鏞撰　清刻本　一冊

330000－1712－0005251　叢275　類叢部/叢書類/彙編之屬
後知不足齋叢書四十七種　（清）鮑廷爵編

清同治至光緒常熟鮑氏刻本　四冊　存二種

330000－1712－0005252　集 1348　集部/別集類/清別集

小木子詩三刻六卷　(清)朱休度撰　清嘉慶三年至十七年(1798－1812)彙印本　三冊

330000－1712－0005253　叢 286　類叢部/叢書類/彙編之屬

觀古堂彙刻書十九種　葉德輝編　清光緒二十一年至民國元年(1895－1912)長沙葉氏刻民國八年(1919)重編印本　十八冊

330000－1712－0005254　集 0358　集部/別集類/清別集

十杉亭帖體詩鈔五卷續編二卷　(清)吳楷撰　**薇雲小舍試帖詩課二卷續編二卷**　(清)吳之俊撰　(清)張汀香鑒定　清道光二十三年(1843)刻本　一冊　存二卷(薇雲小舍試帖詩課一至二)

330000－1712－0005255　集 1622　集部/詞類/類編之屬

三家宮詞三卷二家宮詞二卷　(明)毛晉編　清光緒十五年(1889)上海廣百宋齋鉛印本　二冊

330000－1712－0005258　集 1652　集部/總集類

考卷約選□□種　清刻本　清半隱老人觀款　一冊　存一種

330000－1712－0005259　集 1621　集部/總集類/選集之屬/斷代

雜抄不分卷　(清)臧厚堃等撰　清光緒抄本　一冊

330000－1712－0005260　集 1625　集部/別集類/清別集

梯青集一卷　清末抄本　一冊

330000－1712－0005263　集 1616　集部/總集類/選集之屬/通代

忠雅堂評選四六法海八卷　(清)蔣士銓評選　清同治十年(1871)藏園刻朱墨套印本　八冊

330000－1712－0005265　集 1618　集部/總集類/選集之屬/通代

忠雅堂評選四六法海八卷　(清)蔣士銓評選　清光緒十年(1884)深柳讀書堂刻朱墨套印本　八冊

330000－1712－0005266　集 1619　集部/總集類/選集之屬/斷代

元詩選十集　(清)顧嗣立輯　清康熙三十三年(1694)顧氏秀野草堂刻本　一冊　存八種

330000－1712－0005267　叢 285　類叢部/叢書類/自著之屬

觀古堂所著書二十種　葉德輝編　清光緒長沙葉氏刻民國八年(1919)重編印本　十三冊　存十五種

330000－1712－0005268　集 1650　集部/別集類/明別集

蠛蠓集五卷　(明)盧柟撰　明萬曆三十年(1602)長清張其忠刻清乾隆十五年(1750)劉晫遞修本　一冊　存一卷(一)

330000－1712－0005269　集 1654　集部/總集類/彙編之屬

古調獨彈一卷　(清)馮詠等撰　清抄本　清賞奇生題簽　一冊

330000－1712－0005270　集 1653　集部/總集類/選集之屬

文抄不分卷　(清)謝元瀛等撰　清抄本　一冊

330000－1712－0005271　集 1649　集部/別集類/清別集

船山詩草二十卷　(清)張問陶撰　清嘉慶二十年(1815)經文堂刻本　六冊

330000－1712－0005272　善 455　集部/總集類/選集之屬/通代

古逸書三十卷首一卷末一卷　(明)潘基慶輯　明萬曆刻本　二冊　存四卷(八至十、末)

330000－1712－0005273　善 4108　集部/總集類/選集之屬/斷代

御定全唐詩錄一百卷詩人年表一卷　(清)徐

倬等輯　清康熙四十五年(1706)揚州詩局刻本　二十四册

330000－1712－0005274　集 0616　集部/别集類/清别集

蜃園詩前集五卷後集五卷續集二卷文集四卷首一卷補遺一卷　(清)李天植撰　清康熙十年至十二年(1671－1673)陸樵刻嘉慶十九年(1814)乍浦錢椒數峯草堂補刻道光十六年(1836)盛堈拜石山房補刻本　六册

330000－1712－0005278　集 1633　集部/楚辭類

楚辭章句十七卷　(漢)王逸撰　(宋)洪興祖補注　清初海虞毛氏汲古閣刻本　一册　存十一卷(五至十、十二至十六)

330000－1712－0005279　史 1117　史部/地理類/遊記之屬

增廣浙江形勝詩不分卷　(清)莫夢華撰　清光緒十四年(1888)上海書局石印本　二册

330000－1712－0005280　善 4107　集部/别集類/清别集

東谿詩草三卷　(清)朱琪撰　清雍正十三年(1735)刻本　一册

330000－1712－0005281　集 1742　集部/總集類/尺牘之屬

歷朝名媛尺牘二卷　(清)陳韶輯　清同治十二年(1873)申江刻本　一册　存一卷(下)

330000－1712－0005282　集 1647　集部/别集類/清别集

舊雨草堂時文不分卷　(清)陳康祺撰　清同治十年(1871)磨鐵山房刻本　一册

330000－1712－0005286　集 1637　集部/别集類/清别集

影言一卷　(清)李桓撰　清光緒九年(1883)刻本　一册

330000－1712－0005287　叢 259　類叢部/叢書類/郡邑之屬

粟香室叢書五十九種　金武祥編　清光緒至民國江陰金氏刻本　三册　存三種

330000－1712－0005289　集 1648　集部/總集類/彙編之屬

珠玉揮毫集□□卷　王先謙等撰　清末刻本　三册　存三卷(二、四至五)

330000－1712－0005290　集 1631　集部/詞類/别集之屬

太素齋詞鈔二卷　(清)勒方錡撰　清光緒十年(1884)陳仲泉刻本　一册

330000－1712－0005292　叢 287　類叢部/叢書類/自著之屬

潘文勤公雜著六種附一種　(清)潘祖蔭撰　清吳縣潘氏刻本　一册　存一種

330000－1712－0005300　叢 283　類叢部/叢書類/彙編之屬

正誼堂全書六十三種續刻五種　(清)張伯行編　(清)楊浚重編　清同治五年(1866)福州正誼書院刻同治八年至光緒十三年(1869－1887)續刻本　十五册　存八種

330000－1712－0005301　集 1645　集部/别集類/明别集

疑雨集四卷　(明)王彦泓撰　清宣統三年(1911)上海掃葉山房石印本　一册　存二卷(一至二)

330000－1712－0005302　集 1644　集部/别集類/明别集

疑雨集四卷　(明)王彦泓撰　清宣統元年(1909)上海著易堂石印本　二册

330000－1712－0005303　叢 281　類叢部/叢書類/彙編之屬

國朝名人著述叢編十三種　(清)□□編　清光緒五年(1879)上海淞隱閣鉛印本　一册　存一種

330000－1712－0005306　集 1668　集部/别集類/清别集

定盦文集三卷續集四卷續錄一卷古今體詩二卷雜詩一卷詞選四卷詞錄一卷文集補編四卷文拾遺一卷附錄定盦時文兩篇一卷龔孝珙手抄詞一卷　(清)龔自珍撰　**定盦先生年譜一**

卷　吳昌綬編　清宣統二年(1910)上海國學扶輪社鉛印本　七冊

330000－1712－0005310　集1634　集部/總集類/選集之屬/通代
東萊先生古文關鍵二卷　(宋)吕祖謙評　(宋)蔡文子註　(清)徐樹屏考異　清光緒二十四年(1898)江蘇書局刻本　二冊

330000－1712－0005311　集1635　集部/總集類/選集之屬/通代
東萊先生古文關鍵二卷　(宋)吕祖謙評　(宋)蔡文子註　(清)徐樹屏考異　清光緒二十四年(1898)江蘇書局刻本　二冊

330000－1712－0005312　子1339　子部/雜著類/雜説之屬
炳燭里談三卷　陳作霖撰　清宣統三年(1911)刻本　一冊

330000－1712－0005313　叢282　類叢部/叢書類/彙編之屬
正誼堂全書六十三種續刻五種　(清)張伯行編　(清)楊浚重編　清同治五年(1866)福州正誼書院刻同治八年至光緒十三年(1869－1887)續刻本　二冊　存一種

330000－1712－0005314　集1636　集部/總集類/選集之屬/通代
東萊先生古文關鍵二卷　(宋)吕祖謙評　(宋)蔡文子註　(清)徐樹屏考異　清光緒二十四年(1898)江蘇書局刻本　一冊　存一卷(一)

330000－1712－0005317　善131　經部/詩類/傳説之屬
詩逆四卷詩攷一卷　(明)凌濛初撰　明天啓二年(1622)刻本　二冊

330000－1712－0005318　集1664　集部/詩文評類/文評之屬
文心雕龍十卷　(南朝梁)劉勰撰　(明)楊慎批　(明)張松孫輯注　清同治七年(1868)杭城文元堂刻本　四冊

330000－1712－0005319　集1642　類叢部/叢書類/彙編之屬
説部叢書□□種　清光緒二十九年(1903)上海商務印書館鉛印本　清瞿楙儲題記　一冊　存一種

330000－1712－0005324　集1665　集部/詩文評類/文評之屬
文心雕龍十卷　(南朝梁)劉勰撰　清刻本　一冊

330000－1712－0005325　集1666　集部/詩文評類/文評之屬
文心雕龍十卷　(南朝梁)劉勰撰　清刻本　三冊　缺二卷(一至二)

330000－1712－0005328　集1670　集部/別集類/清別集
龔定盦集外未刻詩一卷　(清)龔自珍撰　清宣統三年(1911)上海秋星社石印本　一冊

330000－1712－0005329　集1707　子部/小説家類/異聞之屬
燕山外史註釋八卷補註一卷　(清)陳球撰　(清)傅聲谷注　清光緒五年(1879)刻本　二冊

330000－1712－0005330　集1671　集部/別集類/清別集
定盦文集補編四卷　(清)龔自珍撰　(清)朱之榛輯　清光緒十二年(1886)平湖朱氏刻二十八年(1902)重修本　二冊

330000－1712－0005331　集1672　集部/別集類/清別集
定盦文集補編四卷　(清)龔自珍撰　(清)朱之榛輯　清光緒十二年(1886)平湖朱氏刻本　二冊

330000－1712－0005332　集1673　集部/別集類/清別集
定盦文集補編四卷　(清)龔自珍撰　(清)朱之榛輯　清光緒十二年(1886)平湖朱氏刻本　二冊

330000－1712－0005333　集1674　集部/別集類/清別集

定盦文集三卷續集四卷續録一卷古今體詩二卷雜詩一卷詞選一卷詞録一卷 (清)龔自珍撰 清同治七年(1868)吳煦刻本 三册

330000－1712－0005334 叢21 類叢部/叢書類/自著之屬
甌北全集八種 (清)趙翼撰 清乾隆至嘉慶湛貽堂刻本 葛昌楣跋 二册 存一種

330000－1712－0005337 集1657 集部/别集類/清别集
逸子詩鈔八卷 (清)唐員撰 清抄本 清秦休蘭觀款 四册

330000－1712－0005341 集1677 集部/别集類/清别集
白鵠山房詩選四卷挂笠吟一卷駢體文鈔二卷駢體文續鈔二卷 (清)徐熊飛撰 清嘉慶清素堂刻本 四册

330000－1712－0005342 集1739 集部/總集類/尺牘之屬
歷代名人尺牘□□種 清末石印本 一册 存一種

330000－1712－0005343 子1340 子部/雜著類/雜纂之屬
勸戒近録六卷續録六卷三録六卷四録六卷五録六卷六録六卷七録六卷八録六卷九録六卷 (清)梁恭辰撰 清光緒十四年(1888)許問山館刻本 二十册

330000－1712－0005344 集1712 集部/總集類/選集之屬/通代
雞跖賦續刻二十八卷擬古二卷 (清)應泰泉輯 清光緒二年(1876)海陵書屋刻本 八册

330000－1712－0005346 集1711 集部/總集類/選集之屬/通代
古文雅正十四卷 (清)蔡世遠輯 清光緒二十二年(1896)上海圖書集成印書局鉛印本 一册

330000－1712－0005351 集1734 集部/總集類/尺牘之屬
明代名人尺牘七種 鄧實輯 清光緒三十三年至三十四年(1907－1908)上海國學保存會影印本 一册 存一種

330000－1712－0005352 集1676 集部/别集類/清别集
白鵠山房詩選四卷挂笠吟一卷駢體文鈔二卷駢體文續鈔二卷 (清)徐熊飛撰 清嘉慶清素堂刻本 四册

330000－1712－0005356 經599 經部/群經總義類/傳説之屬
愚一録十二卷 (清)鄭獻甫撰 清抄本 一册 存一卷(孟子一)

330000－1712－0005358 集1678 集部/别集類/清别集
白鵠山房初集三卷 (清)徐熊飛撰 清道光四年(1824)刻本 一册

330000－1712－0005360 集1681 集部/别集類/清别集
白鵠山房駢體文鈔二卷 (清)徐熊飛撰 清嘉慶七年(1802)刻本 一册

330000－1712－0005361 集1682 集部/别集類/清别集
白鵠山房駢體文鈔二卷 (清)徐熊飛撰 清嘉慶七年(1802)刻本 清張憲和題簽 一册

330000－1712－0005362 集1830 集部/别集類/清别集
二曲集四十六卷 (清)李顒撰 清光緒三年(1877)彭懋謙刻本 十六册

330000－1712－0005364 經597 經部/四書類/論語之屬/傳説
朱子論語集注訓詁攷二卷 (清)潘衍桐輯 清光緒十七年(1891)浙江書局刻本 一册

330000－1712－0005365 集1705 集部/别集類/清别集
松夢寮詩稿六卷 (清)丁丙撰 清光緒二十五年(1899)丁氏刻本 二册

330000－1712－0005366 集1684 集部/别集類/清别集

白鵠山房詩一卷 （清）徐熊飛撰　清末抄本　一册

330000－1712－0005367　集 1683　集部/別集類/清別集

白鵠山房詩選四卷挂笠吟一卷 （清）徐熊飛撰　清嘉慶二十年（1815）刻本　一册　存二卷（詩選一至二）

330000－1712－0005368　叢 289　新學/學校

國學教科書□□種 劉師培編　清光緒三十二年（1906）上海國學保存會鉛印本　二册　存二種

330000－1712－0005369　集 1689　子部/儒家類/儒學之屬/蒙學

薑園課蒙草初編一卷二編一卷 童琮編訂（清）童鎔評注　清光緒三十年（1904）上海石印本　二册

330000－1712－0005370　集 1680　集部/別集類/清別集

白鵠山房詩選四卷挂笠吟一卷 （清）徐熊飛撰　清嘉慶刻本　清張憲和題簽　一册　缺二卷（詩選一至二）

330000－1712－0005371　集 1728　類叢部/類書類/通類之屬

新編詩句題解續集五卷 （清）東閣主人編　清光緒十四年（1888）上海鴻寶齋石印本　二册

330000－1712－0005372　集 1688　子部/儒家類/儒學之屬/蒙學

薑園課蒙草初編一卷二編一卷 童琮編訂（清）童鎔評注　清光緒三十年（1904）上海石印本　二册

330000－1712－0005373　集 1733　集部/總集類/尺牘之屬

明代名人尺牘七種 鄧實輯　清光緒三十三年至三十四年（1907－1908）上海國學保存會影印本　一册　存一種

330000－1712－0005374　集 1726　類叢部/類書類

詩句題解韻編續集六卷 （清）葉蘭纂輯　清末刻本　一册　存一卷（六）

330000－1712－0005375　集 1679　集部/別集類/清別集

白鵠山房駢體文鈔二卷挂笠吟一卷 （清）徐熊飛撰　清嘉慶七年（1802）刻本　一册

330000－1712－0005376　集 1727　類叢部/類書類/通類之屬

詩句題解韻編六卷 （清）陳維屏輯　清末刻本　一册

330000－1712－0005377　集 1725　集部/總集類/課藝之屬

窗稿不分卷 （清）殷潔生手訂　清抄本　清許壽題記　一册

330000－1712－0005380　子 1341　子部/儒家類/儒學之屬

婺學治事文編五卷 （清）繼良輯　清光緒二十七年（1901）目巧室石印本　三册　缺一卷（二）

330000－1712－0005381　集 1706　集部/別集類/清別集

讀史詠評詩稿一卷 （清）高清標撰　**巾幗名流詩稿一卷** （清）高彥文撰　清光緒十六年（1890）平湖祥記印書館鉛印本　一册

330000－1712－0005382　集 1704　集部/總集類/題詠之屬

石筍山房圖題詠集二卷 （清）何夔　（清）楊書霖編次　清光緒三年（1877）城步學署刻本　一册

330000－1712－0005384　集 1710　集部/總集類/課藝之屬

仁在堂全集十一集續刻三集 （清）路德輯　清光緒掃葉山房石印本　四册　存五種

330000－1712－0005385　集 1687　集部/別集類/明別集

史忠正公集四卷 （明）史可法撰　**首一卷末一卷** （清）史山清輯　清同治七年（1868）楚醴景萊書室刻本　二册

330000－1712－0005387　史 1087　子部/雜著類/雜纂之屬

雜抄不分卷　清抄本　一册

330000－1712－0005388　史 1086　史部/傳記類/總傳之屬

誦芬錄二卷首二卷附一卷　清末平湖張氏躬厚堂抄本　二册

330000－1712－0005389　集 1714　集部/別集類/清別集

龍壁山房詩草十二卷　(清)王拯撰　清咸豐九年(1859)刻本　二册

330000－1712－0005390　集 1702　集部/總集類/課藝之屬

江漢炳靈集二卷　(清)張之洞輯　清光緒二十年(1894)海上復古書齋石印本　二册

330000－1712－0005391　集 1698　集部/別集類/清別集

試帖偶存不分卷　(清)張誠撰　稿本　二册

330000－1712－0005392　善 4112　集部/別集類/清別集

湯子遺書八卷　(清)湯斌撰　(清)王廷燦增輯　清康熙刻本　四册

330000－1712－0005394　集 1703　集部/別集類/清別集

秣陵集六卷金陵歷代紀年事表一卷圖考一卷　(清)陳文述撰　清光緒十年(1884)淮南書局刻本　三册

330000－1712－0005396　集 1699　集部/別集類/清別集

不慊齋漫存九卷　(清)徐賡陛撰　清光緒八年(1882)南海官署刻本　六册　存六卷(一至六)

330000－1712－0005397　集 1685　集部/總集類/郡邑之屬

兩浙輶軒錄四十卷補遺十卷　(清)阮元輯　清嘉慶仁和朱氏碧溪草堂、錢塘陳氏種榆仙館刻本　十二册　缺二十四卷(一至二十四)

330000－1712－0005398　叢 291　類叢部/叢書類/自著之屬

期不負齋全集二種　(清)周家楣撰　清光緒二十一年(1895)刻本　六册　存一種

330000－1712－0005400　集 1715　集部/別集類/清別集

龍壁山房詩草十七卷　(清)王拯撰　清咸豐刻本　五册　存十四卷(一至十四)

330000－1712－0005401　集 1701　集部/總集類/彙編之屬

進呈策問不分卷　(清)荷香書屋輯　清光緒元年(1875)蓬觀樓刻本　三册

330000－1712－0005402　善 4110　集部/別集類/宋別集

朱子文鈔二十卷詩鈔四卷　(宋)朱熹撰　清康熙五十一年(1712)采山亭刻本　八册

330000－1712－0005403　集 1700　集部/總集類/選集之屬/斷代

七家詩選(七家試帖)七卷　(清)張熙宇輯評　清道光十二年(1832)芸香堂刻本　四册

330000－1712－0005404　善 4111　集部/別集類/宋別集

朱子文鈔二十卷詩鈔四卷　(宋)朱熹撰　清康熙五十一年(1712)采山亭刻本　六册　缺一卷(文鈔十三)

330000－1712－0005405　集 1716　集部/別集類/清別集

龍壁山房文集五卷　(清)王拯撰　清光緒九年(1883)善化向萬鏋刻本　二册

330000－1712－0005406　集 1694　集部/總集類/課藝之屬

小題三萬選不分卷　(清)求是齋主人輯　清光緒十七年(1891)芸碧山房石印本　十册

330000－1712－0005408　集 1690　集部/別集類/宋別集

晦庵先生朱文公文集一百卷續集十一卷別集十卷目錄二卷　(宋)朱熹撰　清同治十二年(1873)六安涂氏求我齋刻本　十五册　缺五

十四卷（文集一至五、十二至十九、二十四至二十七、三十九至四十四、四十八至六十、六十四至六十六、七十一至七十三、七十八至八十五、九十四至九十七）

330000－1712－0005409　集1693　集部/總集類/課藝之屬
大題三萬選不分卷　清末石印本　二册　存下論

330000－1712－0005410　集1692　集部/總集類/課藝之屬
大題文府不分卷　（清）退菴居士輯　清末石印本　一册　存大學

330000－1712－0005411　集1713　集部/總集類/課藝之屬
藝林藪珍□□種　（清）愛蓮居士撰　清末萬選山房刻本　二册　存一種

330000－1712－0005414　集1717　集部/别集類/清别集
石莊詩集八卷　（清）張開霽撰　清同治元年（1862）鄂城寓館刻本　四册

330000－1712－0005415　集1839　集部/曲類/彈詞之屬
繡像萬花樓全傳六卷三十六回　清光緒二年（1876）玉蘭軒刻本　六册

330000－1712－0005416　集1695　集部/總集類/課藝之屬
大題五萬選不分卷　清末石印本　三十一册

330000－1712－0005417　集1838　集部/曲類/彈詞之屬
繡像藴香丸四卷二十回　（清）嘯霞山人著　清嘉慶雅賢堂刻本　四册

330000－1712－0005418　集1691　集部/别集類/清别集
韞山堂時文初集一卷二集二卷三集一卷　（清）管世銘撰　清道光三年（1823）刻本　一册　存一卷（初集）

330000－1712－0005421　善4113　集部/曲類/彈詞之屬
二十一史彈詞輯註十卷　（明）楊慎編　（清）孫德威輯註　**補明史彈詞一卷**　（清）宋景濂著　清康熙刻本　四册

330000－1712－0005422　集1718　集部/别集類/清别集
石莊詩集八卷　（清）張開霽撰　清同治元年（1862）鄂城寓館刻本　四册

330000－1712－0005425　集1744　集部/别集類/清别集
六梅書屋尺牘四卷　（清）凌丹陛撰　清光緒五年（1879）京都二酉齋刻本　四册

330000－1712－0005426　集1719　集部/總集類/尺牘之屬
昭代名人尺牘二十四卷小傳二十四卷　（清）吴修輯　清光緒三十四年（1908）西泠印社影印本　二十四册　存二十四卷（昭代名人尺牘一至二十四）

330000－1712－0005427　集1745　集部/總集類/尺牘之屬
續分類尺牘備覽八卷　（清）王振芳輯　清光緒二十二年（1896）上海書局石印本　八册

330000－1712－0005432　集1721　集部/總集類/尺牘之屬
昭代名人尺牘二十四卷小傳二十四卷　（清）吴修輯　清光緒三十四年（1908）上海集古齋石印本　二十四册　存二十四卷（昭代名人尺牘一至二十四）

330000－1712－0005433　集1720　集部/總集類/尺牘之屬
昭代名人尺牘二十四卷小傳二十四卷　（清）吴修輯　清光緒三十四年（1908）上海集古齋石印本　二十四册　存二十四卷（昭代名人尺牘一至二十四）

330000－1712－0005436　集1737　集部/别集類/清别集
詳註分類飲香尺牘四卷　（清）飲香居士撰

(清)慵隱子箋釋　清咸豐五年(1855)經綸堂刻本　清楊峻題簽　四冊

330000－1712－0005438　集 1722　集部/總集類/尺牘之屬
昭代名人尺牘續集二十四卷　陶湘輯　清宣統三年(1911)天寶石印局影印本　二十四冊

330000－1712－0005441　集 1746　集部/總集類/尺牘之屬
國朝名人書札二卷　吳曾祺編纂　清宣統三年(1911)上海商务印书馆鉛印本　二冊　存一卷(一)

330000－1712－0005442　集 1738　集部/別集類/清別集
詳註分類飲香尺牘四卷　(清)飲香居士撰　(清)慵隱子箋釋　清佛山翰寶樓刻本　二冊

330000－1712－0005443　集 1723　集部/總集類/尺牘之屬
昭代名人尺牘續集二十四卷　陶湘輯　清宣統三年(1911)天寶石印局影印本　六冊　存十二卷(五至六、九至十四、二十一至二十四)

330000－1712－0005444　集 1724　集部/別集類/清別集
培遠堂手札節存三卷　(清)陳弘謀撰　清同治三年(1864)射雕山館刻本　三冊

330000－1712－0005445　集 1740　集部/總集類/尺牘之屬
歷代名人尺牘□□種　清末石印本　二冊　存一種

330000－1712－0005447　集 1735　集部/總集類/選集之屬/斷代
兩漢策要十二卷　(宋)陶叔獻輯　清光緒十三年(1887)上海同文書局石印本(卷三原缺)　八冊

330000－1712－0005451　集 1763　集部/總集類/尺牘之屬
詳註三百六十行尺牘十六卷附一卷　(清)管斯駿著　(清)姚印詮注　清光緒二十一年(1895)上海點石介記石印本　二冊

330000－1712－0005452　集 1761　集部/總集類/尺牘之屬
分類尺牘備覽三十卷　(清)王虎榜輯　清光緒十六年(1890)上洋珍藝書局鉛印本　六冊

330000－1712－0005456　集 1772　集部/總集類/尺牘之屬
名賢手札八種　(清)郭慶藩輯　清光緒二十四年(1898)上海石印本　一冊

330000－1712－0005457　叢 292　類叢部/叢書類/自著之屬
高陶堂遺集四種　(清)高心夔撰　清光緒八年(1882)平湖朱氏經注經齋刻本　一冊　存一種

330000－1712－0005459　子 1344　子部/小說家類/異聞之屬
閱微草堂筆記二十四卷　(清)紀昀撰　清道光十五年(1835)廣州刻本　五冊

330000－1712－0005460　集 1760　集部/總集類/選集之屬/通代
古文筆法百篇二十卷首一卷二集二十卷　(清)李扶九輯　清光緒二十六年(1900)新化三味書室刻本　七冊　缺八卷(二集一至八)

330000－1712－0005463　子 1345　子部/小說家類/異聞之屬
閱微草堂筆記二十四卷　(清)紀昀撰　清道光十五年(1835)廣州刻本　八冊　缺四卷(十一至十二、十七至十八)

330000－1712－0005464　集 1758　集部/別集類/清別集
百歲詩一卷　(清)王夫之撰　清抄本　一冊

330000－1712－0005467　集 1747　集部/總集類/尺牘之屬
國朝名人書札二卷　吳曾祺輯　清宣統元年(1909)上海商務印書館鉛印本　四冊

330000－1712－0005469　集 1768　集部/總集類/尺牘之屬
名賢手札八種　(清)郭慶藩輯　清光緒十年(1884)湘陰郭氏岵瞻堂刻本　四冊

330000－1712－0005470　新 0021　史部/傳記類/總傳之屬

泰西各國名人言行錄十六卷　(清)張兆蓉輯　清光緒石印本　二册　存五卷(十二至十六)

330000－1712－0005471　集 1769　集部/總集類/尺牘之屬

名賢手札八種　(清)郭慶藩輯　清光緒十年(1884)湘陰郭氏岵瞻堂刻本　二册

330000－1712－0005472　集 1762　集部/別集類/清別集

素行居稿四卷　清抄本　九册

330000－1712－0005473　子 1343　子部/小說家類/異聞之屬

閱微草堂筆記擇要二卷　(清)紀昀撰　(清)籜園居士選訂　清光緒十五年(1889)泉唐沈氏刻本　二册

330000－1712－0005474　集 1776　集部/總集類/尺牘之屬

潛園友朋書問十二卷　(清)陸心源輯　清光緒三十三年(1907)醉醉室影印本　六册

330000－1712－0005475　子 1346　子部/小說家類/異聞之屬

閱微草堂筆記五種二十四卷首一卷　(清)紀昀撰　清道光二十七年(1847)小蓬萊山館刻本　十五册　缺一卷(首)

330000－1712－0005478　集 1767　集部/總集類/尺牘之屬

名賢手札八種　(清)郭慶藩輯　清光緒三十四年(1908)上洋海左書局石印本　二册　存四種

330000－1712－0005481　集 1770　集部/總集類/尺牘之屬

賴古堂尺牘新鈔二選藏弆集十六卷　(清)周在浚等輯　清道光十九年(1839)刻本　六册

330000－1712－0005483　集 1797　集部/總集類/尺牘之屬

補注秋水軒尺牘四卷　(清)許思湄撰　(清)婁世瑞注釋　(清)管斯駿補注　清光緒十年(1884)蘇城管氏管可壽齋刻本　四册

330000－1712－0005485　集 1798　集部/總集類/尺牘之屬

補注秋水軒尺牘四卷　(清)許思湄撰　(清)婁世瑞注釋　(清)管斯駿補注　清光緒十年(1884)蘇城管氏管可壽齋刻本　清漁莊觀款　四册

330000－1712－0005486　子 1348　子部/小說家類/異聞之屬

閱微草堂筆記二十四卷　(清)紀昀撰　清光緒上海圖書集成局鉛印本　四册

330000－1712－0005487　集 1771　集部/總集類/尺牘之屬

明賢尺牘四卷　(清)王元勳　(清)程化騄輯　清光緒二十六年(1900)仁和許增榆園刻本　惜餘春館主、龔寶鎮題記　一册

330000－1712－0005488　集 1799　集部/別集類/清別集

管注秋水軒尺牘四卷續刻一卷　(清)許思湄撰　(清)婁世瑞注釋　(清)管斯駿補注　清光緒十四年(1888)上海簡玉山房刻朱墨套印本　四册　缺一卷(一)

330000－1712－0005490　集 1764　集部/總集類/選集之屬/通代

古文筆法二十卷首一卷　(清)李扶九輯　(清)黃黼注　清末上海進步書局石印本　四册

330000－1712－0005493　集 1777　集部/別集類/清別集

惜抱先生尺牘八卷　(清)姚鼐撰　清同治二年(1863)刻本　二册

330000－1712－0005498　集 1778　集部/別集類/清別集

惜抱先生尺牘八卷　(清)姚鼐撰　清同治二年(1863)刻本　二册

330000－1712－0005499　集 1812　集部/總集類/尺牘之屬

餐花室尺牘叢殘二卷 (清)嚴錫康撰 清咸豐十一年(1861)刻本 二冊

330000－1712－0005504 集1808 集部/總集類/尺牘之屬

劉印渠先生南中手札一卷滇幕賸觚一卷 (清)劉印渠撰 (清)歐陽俌代稿 清光緒二十三年(1897)三味堂刻本 一冊

330000－1712－0005507 集1813 集部/總集類/尺牘之屬

詳註寫信要覽一卷寫信格式一卷市情漲跌套語一卷 (清)管斯駿輯 清光緒鉛印本 一冊

330000－1712－0005508 集0515 集部/總集類/尺牘之屬

趙守正信札不分卷 (清)趙守正撰 稿本 二冊

330000－1712－0005510 集1779 集部/總集類/尺牘之屬

蘇東坡尺牘八卷 (宋)蘇軾撰 **黃山谷尺牘十卷** (宋)黃庭堅撰 清道光八年(1828)浦江周心如紛欣閣刻本 五冊

330000－1712－0005512 集1780 集部/別集類/清別集

適軒尺牘四卷 (清)徐菊生撰 清光緒四年(1878)皖城潘氏刻本 四冊

330000－1712－0005513 集1781 集部/總集類/尺牘之屬

雙鯉盦尺牘一卷 (清)管斯駿撰 清光緒八年(1882)蘇城管家園管宅刻本 一冊

330000－1712－0005519 集1801 集部/總集類/尺牘之屬

鴻雪軒尺牘六卷 (清)瞿慳撰 清刻本 三冊 存五卷(一至四、六)

330000－1712－0005528 集0542 集部/別集類/清別集

梅花百詠和韻不分卷 (清)馮肇基撰 稿本 清馬恆錫、清潘功、清王完文、清張之淳、清胡焜、清盧譽士、清程光昱、清朱維謹、清顧守詒、清徐元炳、清陸時芬、清郭儀鳳、清杭鏊、清程光宇、清杭鉞、清守潛道人跋 一冊

330000－1712－0005531 集1826 集部/戲劇類/總集之屬/傳奇

笠翁十種曲 (清)李漁撰 清敦仁堂刻本 四冊 存四種

330000－1712－0005533 集1822 集部/戲劇類/總集之屬/傳奇

笠翁傳奇十種 (清)李漁撰 清步月樓刻本 一冊 存一種

330000－1712－0005534 集1858 集部/戲劇類/雜劇之屬

繪像第六才子書八卷附才子西厢醉心篇一卷 (元)王德信 (元)關漢卿撰 清刻本 六冊

330000－1712－0005535 集1859 集部/戲劇類/雜劇之屬

增像第六才子書五卷首一卷 (元)王德信 (元)關漢卿撰 (清)金人瑞評 清末石印本 六冊

330000－1712－0005537 集1823 集部/曲類/曲選之屬

瀟湘花信錄二卷 (清)郭耘桂撰 清光緒三十四年(1908)木活字印本 二冊

330000－1712－0005540 集1840 集部/戲劇類/傳奇之屬

藏園九種曲 (清)蔣士銓撰 清乾隆漁古堂刻本 三冊 存四種

330000－1712－0005541 集1845 集部/曲類/曲藝之屬

英雄譜三十二回 清光緒二十八年(1902)上海書局石印本 十六冊

330000－1712－0005542 集1849 集部/總集類/選集之屬/斷代

四家賦鈔四卷 (清)景其濬輯 清鉛印本 一冊 存二種

330000－1712－0005544 集1855 集部/戲

劇類/雜劇之屬

西廂記五卷 (元)王德信 (元)關漢卿撰 (清)毛甡論釋 **末一卷** (清)毛甡輯 清康熙學者堂刻本 二冊 存四卷(二至五)

330000－1712－0005546 集 1861 集部/曲類/彈詞之屬

新鐫繪圖描金鳳八卷四十六回 (清)馬如飛譜調 清光緒三十二年(1906)海左書局刻本 五冊 存五卷(一至五)

330000－1712－0005547 集 1841 集部/戲劇類/傳奇之屬

梅花夢二卷 (清)張道撰 清光緒二十年(1894)錢塘張預長沙刻本 一冊 存一卷(二)

330000－1712－0005549 子 1354 子部/小說家類/異聞之屬

對山書屋墨餘錄十六卷 (清)毛祥麟撰 清同治九年(1870)湖州吳氏醉六堂刻本 八冊

330000－1712－0005552 集 1862 集部/戲劇類/傳奇之屬

繪像第七才子書六卷首一卷 (元)高明撰 清光緒十九年(1893)上海古香閣石印本 五冊 缺一卷(六)

330000－1712－0005554 集 1860 集部/曲類/彈詞之屬

繡像六美圖四集 (清)朱鏡江 (清)章維善撰 清同治九年(1870)刻本 十八冊 缺七卷(一集二十四至三十)

330000－1712－0005555 集 1870 集部/戲劇類/傳奇之屬

桃花扇四卷首一卷 (清)孔尚任撰 清刻本 一冊 存一卷(二)

330000－1712－0005560 集 1851 集部/小說類/長篇之屬

新刻濟顛大師醉菩提全傳四卷二十回 (清)天花藏舉人撰 清同治七年(1868)松盛堂刻本 二冊

330000－1712－0005562 子 1357 子部/雜著類/雜纂之屬

平等閣筆記四卷 狄葆賢撰 清末有正書局鉛印本 三冊 存三卷(一至二、四)

330000－1712－0005563 集 1878 集部/小說類/長篇之屬

繡像征東全傳四卷四十二回 清光緒三十年(1904)上海龍文書局石印本 一冊

330000－1712－0005564 集 1877 集部/別集類/清別集

知味軒啟事四卷稿言四卷 (清)陳毓靈撰 清道光二十七年(1847)文德堂刻本 二冊 存二卷(啟事二、稿言一)

330000－1712－0005565 叢 293 類叢部/叢書類/彙編之屬

龍威秘書一百六十九種 (清)馬俊良編 清乾隆五十九年至嘉慶元年(1794－1796)浙江石門馬氏大酉山房刻本 八十冊

330000－1712－0005566 子 1355 集部/小說類/短篇之屬

繪圖癡人說夢四卷 (清)夢莊生編輯 清光緒二十年(1894)蓺海書屋石印本 三冊 缺一卷(四)

330000－1712－0005567 叢 295 類叢部/叢書類/彙編之屬

龍威秘書一百六十九種 (清)馬俊良編 清乾隆五十九年至嘉慶元年(1794－1796)浙江石門馬氏大酉山房刻本 一冊 存九種

330000－1712－0005568 集 1876 集部/曲類/彈詞之屬

金魚緣二十卷 (清)孫德英撰 清石印本 一冊 存二卷(十七至十八)

330000－1712－0005569 集 1875 集部/小說類/長篇之屬

繪圖平金川四卷三十二回 (清)張小山撰 清光緒三十二年(1906)上海書局石印本 一冊

330000－1712－0005570 集 1874 集部/戲

劇類/總集之屬/傳奇
誦荻齋曲□□種 (清)徐鄂撰 清石印本 四冊 存二種

330000－1712－0005571 叢294 類叢部/叢書類/彙編之屬
龍威秘書一百六十九種 (清)馬俊良編 清乾隆五十九年至嘉慶元年(1794－1796)浙江石門馬氏大西山房刻本 三冊 存五種

330000－1712－0005572 集1873 集部/小說類/長篇之屬
常言道四卷十六回 (清)落魄道人編 清光緒元年(1875)得成堂刻本 三冊 存三卷(一至二、四)

330000－1712－0005573 集1872 集部/曲類/彈詞之屬
繡像全圖再生緣全傳二十卷 (清)陳端生撰 清光緒三十一年(1905)永記書莊石印本 十七冊 缺三卷(二、十三、十五)

330000－1712－0005574 集1854 集部/小說類/長篇之屬
再續濟公傳四卷四十一回繡像四續濟公傳四卷四十回繡像真正九續濟公傳四卷四十回真正繡像十續濟公傳四卷五十回繡像十一續濟公傳四卷四十回 清宣統元年至二年(1909－1910)上海校經山房石印本 二十冊

330000－1712－0005575 集1871 集部/曲類/彈詞之屬
新刻真本唱口雙珠球全傳十二卷四十九回 (清)黄子貞撰 清光緒三年(1877)刻本 十二冊

330000－1712－0005576 集1852 集部/小說類/長篇之屬
繡像五續濟公傳四卷四十回繡像六續濟公傳四卷四十回 坑餘生撰 清光緒三十四年(1908)、宣統元年(1909)上海普新書局石印本 八冊

330000－1712－0005577 集1853 集部/小說類/長篇之屬
繡像七續濟公傳四卷四十回繡像八續濟公傳四卷三十五回 坑餘生撰 清宣統元年(1909)上海有益齋石印本 八冊

330000－1712－0005580 子1359 子部/雜著類/雜說之屬
梁氏筆記三種 (清)梁章鉅撰 清宣統三年(1911)上海掃葉山房石印本 八冊

330000－1712－0005582 善352 子部/小說家類/雜事之屬
西青散記四卷 (清)史震林撰 清乾隆二年(1737)三餘堂刻本 四冊

330000－1712－0005583 善353 子部/小說家類/雜事之屬
西青散記四卷 (清)史震林撰 清乾隆二年(1737)三餘堂刻本 一冊 存一卷(一)

330000－1712－0005586 集1905 集部/小說類/長篇之屬
野叟曝言二十卷一百五十四回 (清)夏敬渠撰 清光緒八年(1882)石印本 十五冊 存十五卷(一至二、四至六、八、十一、十三至二十)

330000－1712－0005587 集1893 集部/小說類/短篇之屬
西湖佳話古今遺蹟十六卷 (清)墨浪子撰 清嘉慶二十年(1815)刻本 五冊 缺二卷(八至九)

330000－1712－0005588 集1895 集部/小說類/長篇之屬
繪圖增像後列國志十卷六十回 清末石印本 三冊 存三卷(四至六)

330000－1712－0005589 集1894 集部/小說類/長篇之屬
繪圖繡像青樓夢六卷六十四回 (清)慕真山人撰 (清)瀟湘舘侍者評 清末石印本 一冊 存二卷(一至二)

330000－1712－0005590 子1362 子部/小說家類/異聞之屬
諧鐸十二卷 (清)沈起鳳撰 清光緒三十三

年(1907)上海文蔚書局石印本　四册

330000－1712－0005595　集1885　集部/小說類/長篇之屬

繡像全圖小五義六卷一百二十四回繡像忠烈續小五義六卷一百二十四回　清光緒簡青齋書局石印本　十二册

330000－1712－0005596　史1128　史部/傳記類/别傳之屬

西太后二十章　(日本)中久喜信周撰　知非書會譯　清末知非書局鉛印本　一册

330000－1712－0005597　子1364　子部/小說家類/瑣語之屬

客窗閒話八卷續八卷　(清)吳熾昌撰　清光緒元年(1875)學庫山房刻本　二册　存八卷(續一至八)

330000－1712－0005598　集1925　集部/曲類/彈詞之屬

錦上花四十八回　(清)修目閣主人撰　清同治十三年(1874)學餘堂刻本　十一册　缺二回(三十七至三十八)

330000－1712－0005601　集1933　集部/小說類/長篇之屬

新鐫繪圖第一奇書鍾情傳六卷一百回　(明)王鳳洲(王世貞)撰　清神洲亞西書局石印本　一册

330000－1712－0005602　集1879　集部/小說類/長篇之屬

增評補像全圖金玉緣一百二十回首一卷　(清)曹霑　(清)高鶚撰　(清)王希廉　(清)張新之　(清)姚燮評　清光緒十五年(1889)上海石印本　十六册

330000－1712－0005606　集1897　集部/小說類/長篇之屬

繡像永慶昇平十二卷九十七回　(清)郭廣瑞撰　**新刻繡像全圖永慶昇平後傳十二卷一百回**　(清)貪夢道人撰　清光緒二十九年(1903)上海簡青齋石印本　八册

330000－1712－0005608　集1931　集部/曲類/彈詞之屬

新刻玉釧緣全傳三十二卷　(清)西湖居士撰　清末石印本　十二册　存十三卷(十六至二十、二十二至二十八、三十一)

330000－1712－0005609　集1930　集部/小說類/長篇之屬

繪圖銀瓶梅四卷二十三回　清末石印本　二册

330000－1712－0005610　集1886　集部/小說類/長篇之屬

增像小五義傳六卷一百二十四回　(清)石玉昆撰　清末石印本　六册

330000－1712－0005611　集1887　集部/小說類/長篇之屬

繡像忠烈續小五義六卷一百二十四回　清簡青齋書局石印本　六册

330000－1712－0005612　集1937　集部/小說類/長篇之屬

海上花列傳六十四回　(清)韓邦慶撰　清光緒二十年(1894)石印本　十五册　缺四回(五至八)

330000－1712－0005613　史1127　子部/小說家類/異聞之屬

情天外史正續册不分卷　清光緒二十一年(1895)天津石印本　一册　存正册

330000－1712－0005614　善354　子部/小說家類/雜事之屬

世說新語三卷　(南朝宋)劉義慶撰　(南朝梁)劉孝標注　**世說新語補四卷**　(明)何梁俊撰　(明)王世貞删定　(明)張文柱校　(明)淩濛初考訂　清康熙十五年(1676)永德堂刻本　八册　存四卷(世說新語補一至四)

330000－1712－0005615　集1903　集部/曲類/彈詞之屬

笑中緣圖說十二卷七十五回　清末石印本　一册　存三卷(七至九)

330000－1712－0005616　集1935　集部/小

說類/長篇之屬

新編批評繡像後七國樂田演義四卷十八回 (清)徐震撰　清光緒二十年(1894)上海積山書局石印本　二册

330000－1712－0005620　集1880　集部/小說類/長篇之屬

增評補像全圖金玉緣一百二十回首一卷 (清)曹霑　(清)高鶚撰　(清)王希廉　(清)張新之　(清)姚燮評　清光緒十五年(1889)上海石印本　一册　存九回(八十六至九十四)

330000－1712－0005621　集1888　集部/小說類/長篇之屬

七俠五義傳六卷一百二十回 (清)石玉昆撰　(清)俞樾重編　清光緒簡青齋書局石印本　清張愚盦題記　六册

330000－1712－0005625　集1899　集部/小說類/長篇之屬

施案奇聞八卷九十七回　清刻本　一册　存二卷(七至八)

330000－1712－0005627　集1934　集部/小說類/長篇之屬

繡像三續洪秀全演義二卷四十三回繡像四續洪秀全二卷十一回　黄世仲撰　清末石印本　一册　存二十五回(三續三十至四十三、四續一至十一)

330000－1712－0005628　集1896　集部/小說類/長篇之屬

繪圖施公案全集四十六卷五百三十八回　清末石印本　八册　存十八卷(後傳一至六、三傳一至四、四傳一至四、五傳一至四)

330000－1712－0005630　集1882　集部/小說類/長篇之屬

增評補像全圖金玉緣一百二十回首一卷 (清)曹霑　(清)高鶚撰　(清)王希廉　(清)張新之　(清)姚燮評　清光緒十八年(1892)文選石印本　十一册　存七十八回(九至十八、五十三至一百二十)

330000－1712－0005631　集1883　集部/小說類/長篇之屬

增評補像全圖金玉緣一百二十回首一卷 (清)曹霑　(清)高鶚撰　(清)王希廉　(清)張新之　(清)姚燮評　清光緒十八年(1892)文選石印本　二册　存九回(九十五至一百三)

330000－1712－0005632　子1361　子部/小說家類/異聞之屬

五種科場異聞録 (清)吕相燮輯　清光緒二十四年(1898)順成書局石印本　四册

330000－1712－0005636　集1907　集部/小說類/短篇之屬

聊齋志異新評十六卷 (清)蒲松齡撰　(清)王士禛評　(清)吕湛恩注　(清)但明論批　清道光二十二年(1842)廣順但氏刻咸豐九年(1859)朱墨套印本(卷十三、十六配清刻朱墨套印本)　十三册　缺三卷(九、十四至十五)

330000－1712－0005638　集1919　集部/小說類/長篇之屬

水滸後傳八卷四十回論略一卷 (明)陳忱撰　清紹裕堂刻本　二册　存四卷(三至六)

330000－1712－0005641　集1929　集部/小說類/長篇之屬

繪圖南北宋全傳 (明)研石山樵訂正　清末錦章圖書局石印本　三册　存一種

330000－1712－0005642　集1908　集部/小說類/短篇之屬

聊齋志異新評十六卷 (清)蒲松齡撰　(清)王士禛評　(清)吕湛恩注　(清)但明論批　清道光二十二年(1842)廣順但氏刻咸豐九年(1859)朱墨套印本　一册　存一卷(二)

330000－1712－0005644　集1928　集部/小說類/長篇之屬

後續大宋楊家將文武曲星包公狄青萬花樓初傳六卷六十八回 (清)李雨堂撰　清光緒三十二年(1906)福記書局石印本　一册　存三卷(一至三)

330000－1712－0005645　集 1918　集部/小說類/長篇之屬

繪圖增像第五才子書水滸全傳十卷首一卷七十回　(元)施耐庵撰　(清)金人瑞評　清光緒三十二年(1906)粵海書莊石印本　十冊

330000－1712－0005647　子 1381　子部/雜著類/雜說之屬

池北偶談二十六卷　(清)王士禛撰　清光緒二十二年(1896)上海慎記書莊石印本　八冊

330000－1712－0005649　集 1926　集部/曲類/彈詞之屬

綉像百花臺四卷十九回　(清)鴛水主人編　清嘉慶二十一年(1816)文成齋刻本　四冊

330000－1712－0005652　集 1922　集部/小說類/長篇之屬

繪圖增像第五才子書水滸全傳十卷七十回　(元)施耐庵撰　(清)金人瑞評　清光緒三十三年(1907)上海益文書室石印本　二冊

330000－1712－0005653　子 1380　子部/雜著類/雜編之屬

人海記二卷　(清)查慎行撰　清宣統二年(1910)掃葉山房石印本　二冊

330000－1712－0005656　子 1384　子部/小說家類/雜事之屬

印雪軒隨筆四卷　(清)俞鴻漸撰　清道光刻本　四冊

330000－1712－0005657　子 1383　子部/小說家類/雜事之屬

庸閒齋筆記十二卷　(清)陳其元撰　清刻本　一冊　存二卷(十一至十二)

330000－1712－0005658　集 1910　集部/小說類/長篇之屬

增像全圖加批西遊記十卷一百回　(明)吳承恩撰　(清)陳士斌詮解　清宣統二年(1910)上海章福記書局石印本　十冊

330000－1712－0005659　新 0020　新學/學校

女子師範教課本不分卷　清末石印本　一冊

330000－1712－0005660　集 1912　集部/小說類/長篇之屬

繪圖增像西遊記一百回　(明)吳承恩撰　(清)陳士斌詮解　清光緒十八年(1892)上海五彩公司石印本　五冊

330000－1712－0005661　集 1911　集部/小說類/長篇之屬

新說西遊記圖像一百回　(明)吳承恩撰　(清)張書紳注　清光緒邗江味潛齋石印本　一冊　存十六回(七十三至八十八)

330000－1712－0005663　叢 301　類叢部/叢書類/自著之屬

南野堂全集三種　(清)吳文溥撰　清乾隆至嘉慶刻本　二冊　存一種

330000－1712－0005664　子 1368　子部/小說家類/諧謔之屬

改良繪圖解人頤廣集八卷　(宋)胡銓定本　(清)錢德蒼重訂　清光緒三十二年(1906)善記書莊石印本　一冊　存四卷(一至四)

330000－1712－0005666　集 1939　集部/小說類/長篇之屬

繡像彭公案全傳　(清)貪夢道人撰　清光緒三十三年(1907)上海章福記石印本　十八冊

330000－1712－0005667　子 1373　子部/小說家類/異聞之屬

情史類畧二十四卷　(明)馮夢龍輯　清藻思堂刻本　十六冊

330000－1712－0005668　子 1370　子部/雜著類/雜說之屬

浪跡三談六卷　(清)梁章鉅撰　清咸豐七年(1857)福州梁氏刻杭縣鄭氏小琳瑯館印本　四冊

330000－1712－0005670　集 1987　集部/小說類/長篇之屬

東周列國全志八卷一百八回　(清)蔡奡評點　清光緒三十一年(1905)上海章福記書局石印本　六冊　缺二卷(四、六)

330000－1712－0005672　集 1941　集部/小說類/短篇之屬

袖珍今古奇觀四十卷　（清）抱甕老人輯　清經綸堂刻本　十二册

330000－1712－0005675　叢 300　類叢部/叢書類/自著之屬

南野堂全集三種　（清）吳文溥撰　清乾隆至嘉慶刻本　清管庭芬題簽並跋　四册　存一種

330000－1712－0005677　叢 302　類叢部/叢書類/彙編之屬

硯雲甲編八種乙編八種　（清）金忠淳編　清乾隆四十年至四十三年（1775－1778）金氏硯雲書屋刻本　四册　存七種

330000－1712－0005678　集 1943　集部/小說類/短篇之屬

今古奇觀四十卷　（明）抱甕老人輯　清光緒三十年（1904）上海書局石印本　一册　存七卷（一至七）

330000－1712－0005679　叢 296　類叢部/叢書類/彙編之屬

連筠簃叢書十二種　（清）楊尚文編　清道光二十七年至二十九年（1847－1849）靈石楊氏刻本（羣書治要卷四、十三、二十原缺）　二册　存一種

330000－1712－0005680　叢 297　類叢部/叢書類/彙編之屬

連筠簃叢書十二種　（清）楊尚文編　清末石印本（羣書治要卷四、十三、二十原缺）　一册　存一種

330000－1712－0005681　子 1371　子部/叢編

子書百家　（清）崇文書局編　清光緒元年（1875）湖北崇文書局刻民國元年（1912）鄂官書處重印本　二册　存一種

330000－1712－0005682　善 512　類叢部/叢書類/彙編之屬

廣漢魏叢書　（明）何允中編　明刻本　一册　存四種

330000－1712－0005684　集 1952　集部/小說類/短篇之屬

龍圖公案八卷　清兩餘堂刻本　張厚傑題簽　三册　存六卷（一至四、七至八）

330000－1712－0005686　集 1945　集部/小說類/長篇之屬

增評加批金玉緣圖說十六卷一百二十回首一卷　（清）曹霑　（清）高鶚撰　（清）蝶薌仙史評訂　清光緒三十四年（1908）上海求志齋石印本　十六册

330000－1712－0005688　集 1947　集部/小說類/長篇之屬

續紅樓夢三十卷　（清）秦子忱撰　清光緒三十三年（1907）上海章福記石印本　六册

330000－1712－0005689　集 1949　集部/小說類/長篇之屬

增評補圖石頭記一百二十卷一百二十回首一卷　（清）曹霑　（清）高鶚撰　（清）王希廉　（清）姚燮評　清末鉛印本　十三册　缺一卷（首）

330000－1712－0005691　集 1953　集部/小說類/短篇之屬

新評龍圖神斷公案十卷　（明）李贄評　清刻本　二册　缺四卷（一、五至七）

330000－1712－0005692　集 1954　集部/小說類/短篇之屬

新評龍圖神斷公案十卷　（明）李贄評　清道光二十六年（1846）藜照樓刻本　六册

330000－1712－0005693　集 1991　集部/小說類/長篇之屬

繡像鐵冠圖忠烈全傳八卷五十回　（清）松排山人撰　清光緒十六年（1890）三餘堂刻本　二册

330000－1712－0005694　子 1385　子部/小說家類/異聞之屬

諧鐸十二卷　（清）沈起鳳撰　清同治五年

(1866)刻本　四册

330000－1712－0005695　集1955　子部/小說家類/異聞之屬
繪圖包公奇案十卷　清末龍文書局石印本　四册

330000－1712－0005696　史1129　史部/地理類/雜志之屬
繪圖上海雜記八卷　吳友如繪　藜牀卧讀生撰　清光緒三十一年(1905)上海文寳書局石印本　四册

330000－1712－0005697　集1968　集部/小說類/長篇之屬
第一才子書六十卷首一卷一百二十回　(明)羅本撰　(清)毛宗崗評　清光緒十六年(1890)上海圖書集成局鉛印本　十二册

330000－1712－0005699　經589　經部/小學類
馬氏文通十卷　(清)馬建忠撰　清光緒二十四年(1898)上海商務印書館鉛印本　六册　存六卷(一至六)

330000－1712－0005700　集1956　集部/小說類/長篇之屬
新刻鍾伯敬先生批評封神演義二十卷一百回　(明)許仲琳撰　(明)鐘惺評　清刻本　十册

330000－1712－0005701　集1957　集部/小說類/長篇之屬
新刻劍嘯閣批評西漢演義傳八卷　(明)甄偉撰　**新刻劍嘯閣批評東漢演義傳十卷**　(明)謝昭撰　清藻文堂刻本　二册　存四卷(西漢演義傳一、東漢演義傳五至七)

330000－1712－0005702　集1993　集部/小說類/長篇之屬
繪圖評點女仙外史一百回　(清)呂熊撰　清末石印本　七册　存四十八回(五十三至一百)

330000－1712－0005703　集1965　集部/小說類/長篇之屬
第一才子書十六卷首一卷一百二十回　(明)羅本撰　(清)毛宗崗評　清光緒二十九年(1903)上海錦章書局石印本　一册　缺八卷(九至十六)

330000－1712－0005704　集1958　集部/小說類/長篇之屬
新刻天花藏批評平山冷燕四卷二十回　(清)荻岸散人編次　清聚盛堂刻本　二册　存二卷(一至二)

330000－1712－0005705　集1964　集部/小說類/長篇之屬
增像全圖三國演義十六卷一百二十回首一卷　(明)羅本撰　(清)毛宗崗評　清末石印本　二册　存四卷(十一至十二、十五至十六)

330000－1712－0005706　集1948　集部/小說類/長篇之屬
增評補圖石頭記一百二十卷一百二十回首一卷　(清)曹霑　(清)高鶚撰　(清)王希廉　(清)姚燮評　清光緒二十六年(1900)鉛印本　十一册　缺四十卷(八十一至一百二十)

330000－1712－0005707　集2002　集部/小說類/短篇之屬
覺世名言十二樓十二卷三十八回　(清)李漁撰　清光緒二十一年(1895)暢懷書屋石印本　四册

330000－1712－0005708　集1995　集部/小說類/長篇之屬
說唐征西全傳十卷九十回　清光緒十九年(1893)上海古香閣石印本　四册

330000－1712－0005709　集1992　集部/小說類/長篇之屬
新鐫全像通俗演義隋煬帝艷史四十回　(明)齊東野人撰　清光緒二十五年(1899)上海書局石印本　一册　存二十回(一至二十)

330000－1712－0005710　集1997　子部/小說家類/瑣語之屬
一見哈哈笑四卷　(清)俞樾撰　清光緒三十三年(1907)龍文書局石印本　四册

330000－1712－0005711　集 1996　集部/曲類/彈詞之屬

新刻綉像雙金錠全傳六卷六回　清末上海文元書莊石印本　二册

330000－1712－0005713　集 1998　集部/曲類/彈詞之屬

綉像還金鐲全傳四卷五十四回　清宣統元年(1909)文元書莊石印本　四册

330000－1712－0005714　集 1999　集部/曲類/彈詞之屬

繪圖月明樓四卷　清宣統二年(1910)上海章福記書局石印本　四册

330000－1712－0005715　集 2000　集部/曲類/彈詞之屬

繡像雙珠鳳全傳十二卷八十回　(清)一葉主人撰　清末石印本　六册

330000－1712－0005716　集 1960　集部/小說類/長篇之屬

四大奇書第一種十九卷首一卷一百二十回　(明)羅本撰　(清)毛宗崗評　清刻本　六册　存十二卷(八至十九)

330000－1712－0005717　史 1131　史部/傳記類/總傳之屬/釋道

繪圖歷代神仙傳二十四卷　(清)□□撰　清宣統元年(1909)上海掃葉山房石印本　八册

330000－1712－0005722　集 1967　集部/小說類/長篇之屬

四大奇書第一種六十卷首一卷一百二十回　(明)羅本撰　(清)毛宗崗評　清經文堂刻本　二十册

330000－1712－0005724　集 1959　集部/小說類/長篇之屬

四大奇書第一種十九卷首一卷一百二十回　(明)羅本撰　(清)毛宗崗評　清光緒十四年(1888)掃葉山房刻本　十册

330000－1712－0005725　集 1988　集部/曲類/彈詞之屬

繪圖安邦志八卷繪圖定國志八卷　清宣統二年(1910)上海章福記書局石印本　十六册

330000－1712－0005727　集 1989　集部/小說類/長篇之屬

殘唐五代史演義傳六卷六十回　(明)羅本撰　(明)李贄評　清刻本　五册　存五卷(二至六)

330000－1712－0005729　集 1950　集部/小說類/長篇之屬

增評補圖石頭記一百二十卷一百二十回首一卷　(清)曹霑　(清)高鶚撰　(清)王希廉　(清)姚燮評　清末鉛印本　五册　存三十二卷(首,二十六至三十三、七十一至八十五、一百十三至一百二十)

330000－1712－0005730　集 1951　集部/小說類/長篇之屬

紅樓夢一百二十回　(清)曹霑　(清)高鶚撰　清刻本　二册　存十一回(一百十至一百二十)

330000－1712－0005731　子 1369　子部/小說家類

紅樓夢論贊一卷　(清)涂瀛撰　清刻本　一册

330000－1712－0005733　集 1969　集部/曲類/彈詞之屬

千秋恨初集十二卷十二回　(清)頑石子撰　清光緒八年(1882)頑石山房刻本　四册

330000－1712－0005736　集 1961　集部/小說類/長篇之屬

第一才子書十九卷首一卷一百二十回　(明)羅本撰　(清)毛宗崗評　清刻本　一册　存二卷(七、十九)

330000－1712－0005737　集 2009　集部/小說類/長篇之屬

花月痕全書十六卷五十二回　(清)魏秀仁撰　(清)棲霞居士評　清光緒三十一年(1905)育文書局石印本　四册

330000－1712－0005738　集 2010　集部/小

說類/長篇之屬

花月痕全書十六卷五十二回 (清)魏秀仁撰 (清)棲霞居士評 清光緒三十四年(1908)上海普新端記書局石印本 二册

330000－1712－0005740 集1980 集部/曲類/彈詞之屬

鳳凰山七十二卷七十二回 清刻本 二十五册

330000－1712－0005743 叢304 類叢部/叢書類/彙編之屬

唐代叢書一百六十四種 (清)王文誥編 清嘉慶十一年(1806)弁山樓刻本 清張毓達題記 清張金鏞題簽 三十六册

330000－1712－0005744 集1975 集部/別集類/清別集

曲園擬墨一卷 (清)俞樾撰 清光緒四年(1878)刻本 一册

330000－1712－0005745 集1981 集部/曲類/彈詞之屬

繪圖鳳凰山十卷七十二回 清宣統二年(1910)上海章福記書局石印本 十册

330000－1712－0005747 叢306 類叢部/叢書類/彙編之屬

唐人說薈一百六十五種 (清)陳世熙編 清刻本 八册 存七十八種

330000－1712－0005748 集1976 集部/曲類/寶卷之屬

潘公免災救難寶卷三卷 (清)潘曾沂撰 清咸豐十年(1860)刻本 一册

330000－1712－0005750 集1978 集部/曲類/彈詞之屬

新訂攷據真實湘子全傳四卷 (清)性蓮居士撰 清光緒維楊韓青芝堂藥號刻本 一册 存二卷(三至四)

330000－1712－0005751 集1982 集部/小說類/長篇之屬

品花寶鑑六十回 (清)陳森撰 清刻本 十九册 存五十七回(一至三十三、三十七至六十)

330000－1712－0005752 集1983 集部/小說類/長篇之屬

品花寶鑑六十回 (清)陳森撰 清刻本 二十三册 存五十六回(一、三至五十七)

330000－1712－0005754 集1973 子部/小說家類/異聞之屬

瓊林霏屑八卷 (清)望海樓主人輯 清光緒三十二年(1906)上海鴻文書局石印本 一册

330000－1712－0005755 集1974 集部/曲類/寶卷之屬

何仙姑寶卷二卷 (清)□□撰 清光緒六年(1880)常州樂善堂善書局刻本 一册

330000－1712－0005756 叢307 類叢部/叢書類/彙編之屬

明辨齋叢書三十二種 (清)余肇鈞編 清同治元年至九年(1862－1870)長沙余氏刻本 十七册 存十五種

330000－1712－0005757 集1979 子部/雜家類

桂宮梯六卷 (清)徐謙輯 **桂宮梯音釋一卷** (清)張偉增訂 **徇鐸莊言一卷附録一卷** (清)彭蘊章編 清咸豐七年至八年(1857－1858)刻本 一册 缺五卷(桂宮梯一至五)

330000－1712－0005759 集1985 集部/別集類/清別集

隨園老人遊戲録四卷續集二卷 (清)袁枚撰 清光緒三十二年(1906)上海文寶書局石印本 三册

330000－1712－0005760 子1377 子部/小說家類/瑣語之屬

觚賸八卷續編四卷 (清)鈕琇輯 清宣統時中書局石印本 六册

330000－1712－0005761 集2004 集部/曲類/曲選之屬

綴白裘新集合編十二集四十八卷 (清)玩花主人輯 (清)錢德蒼增輯 清道光十年

(1830)刻本　四十七册　缺一卷(九)

330000 - 1712 - 0005763　新 0017　新學/學校

女子師範教科書□□種　清末石印本暨油印本　徐月璘題簽　六册　存六種

330000 - 1712 - 0005764　新 0016　新學/學校

國文講義一卷國文一卷　清末北京女子高等師範學校鉛印本　徐月璘題簽　二册

330000 - 1712 - 0005765　子 1378　子部/雜著類/雜考之屬

羣書拾補三十八種　(清)盧文弨撰　清乾隆抱經堂刻本　四册　存十七種

330000 - 1712 - 0005767　叢 325　類叢部/叢書類/彙編之屬

風雨樓祕笈留真十種　鄧實編　清宣統元年至民國六年(1909 - 1917)順德鄧氏風雨樓影印本　一册　存一種

330000 - 1712 - 0005768　新 0030　新學/報章

申報集□□種　(清)申報館編　清宣統申報館石印本　二册　存五種

330000 - 1712 - 0005770　子 0577　子部/小説家類/異聞之屬

人書不分卷　清末石印本　一册

330000 - 1712 - 0005776　集 2011　集部/詞類/詞韻之屬

晚翠軒詞韻一卷　(清)舒夢蘭輯　清同治三年(1864)寶仁堂刻本　一册

330000 - 1712 - 0005779　新 0028　新學/報章

時事報集□□種　(清)時事報編　清末時事報館石印本　十三册　存六種

330000 - 1712 - 0005780　新 0007　新學/議論/通論

洋務論説新編四卷　(清)袁祖志撰　清光緒二十四年(1898)文苑書局石印本　四册

330000 - 1712 - 0005781　新 0029　新學/報章

時事報集□□種　(清)時事報編　清末時事報館石印本　一册　存三種

330000 - 1712 - 0005783　新 0006　新學/議論/通論

中西時務類攷九卷首一卷　(清)資敬書屋輯　清光緒二十四年(1898)上海鴻文書局石印本　四册　缺六卷(二、四至八)

330000 - 1712 - 0005784　新 0027　新學/報章

民立畫報不分卷　(清)民立畫報編　清宣統三年(1911)石印本　五册

330000 - 1712 - 0005786　新 0005　新學/地學/地志學

東亞各港口岸志八篇　(日本)參謀本部編輯　(清)上海廣智書局譯　清光緒二十八年(1902)上海廣智書局鉛印本　一册

330000 - 1712 - 0005787　新 0003　新學/兵制

兵學講義不分卷　(清)江蘇高等學堂編　清末江蘇高等學堂石印本　一册

330000 - 1712 - 0005788　新 0004　新學/雜著/叢編

西學啓蒙十六種　(英國)赫德編　(英國)艾約瑟譯　清光緒二十四年(1898)上海盈記書莊石印本　十六册

330000 - 1712 - 0005791　新 0001　新學/史志/别國史

日本維新三十年史十二編附錄一卷　(日本)博文館輯　(清)上海廣智書局譯　清光緒二十八年(1902)上海廣智書局鉛印本　六册

330000 - 1712 - 0005792　新 0008　新學/史志/諸國史

萬國通史續編十卷三編十卷　(英國)李思倫

白輯譯　(清)曹曾涵編　清光緒三十年至三十一年(1904－1905)上海廣學會鉛印本　十六冊　缺四卷(續編二,三編一、四、六)

330000－1712－0005804　新0002　史部/地理類/山川之屬/水志
中國江海險要圖誌二十二卷首一卷補編五卷附圖五卷　(英國)海軍海圖官局編　陳壽彭譯　清光緒二十七年(1901)經世文社石印本　八冊　缺十二卷(十九至二十二,補編一至五,圖一至二、五)

330000－1712－0005808　新0011　新學/雜著/叢編
西學大成五十六種　(清)王西清　(清)盧梯青編　清光緒十四年(1888)上海大同書局石印本　十一冊　存五十種

330000－1712－0005809　新0041　新學/雜著
時事新論十二卷圖說一卷　(英國)李提摩太撰　清光緒二十四年(1898)上海廣學會鉛印本　二冊　缺一卷(圖說)

330000－1712－0005810　新0019　新學/學校
江蘇高等學堂講義□□種　(清)江蘇高等學堂撰　清末江蘇高等學堂石印本　三冊　存三種

330000－1712－0005811　新0039　新學/議論/論政
新政真詮六卷　何啟　胡禮垣撰　清光緒二十七年(1901)吳雲記廣譯書局鉛印本　八冊

330000－1712－0005812　新0040　新學/議論/論政
新政真詮六卷　何啟　胡禮垣撰　清光緒二十七年(1901)吳雲記廣譯書局鉛印本　六冊　缺一卷(三)

330000－1712－0005815　新0038　新學/議論/論政
新政真詮六卷　何啟　胡禮垣撰　清光緒二十七年(1901)格致新報鉛印本　二冊　存二卷(一、五)

330000－1712－0005818　新0037　新學/學校
初等小學教授書□□種　(清)南洋公學師範院譯　清光緒二十六年(1900)上海商務印書館鉛印本　一冊　存一種

330000－1712－0005821　新0045　新學/雜著
各國藝學考□□卷　清光緒二十八年(1902)石印本　一冊　存四卷(一至四)

330000－1712－0005824　新0036　新學/算學/代數
代數備旨全草不分卷　(清)徐錫麟編　清光緒二十九年(1903)浙紹特別書局石印本　六冊

330000－1712－0005825　新0035　新學/商務/商學
原富八卷　(英國)斯密亞丹原本　嚴復譯　清光緒二十八年(1902)上海南洋公學譯書院鉛印本　七冊

330000－1712－0005826　新0034　新學/商務/商學
原富八卷　(英國)斯密亞丹原本　嚴復譯　清光緒二十七年(1901)上海南洋公學譯書院鉛印本　五冊　缺三卷(甲二、戊一至二)

330000－1712－0005827　新0043　新學/報章
續西國近事彙編二十八卷　(美國)金楷理口譯　(清)鍾天緯編輯　清光緒鉛印本　六冊　存六卷(十一至十六)

330000－1712－0005828　新0033　新學/理學/理學
名學三卷首一卷　(英國)穆勒約翰撰　嚴復翻譯　清光緒三十一年(1905)金粟齋刻本　八冊

330000－1712－0005830　新0032　新學/雜著/叢編

江南製造局譯書　(清)江南製造局編　清光緒江南製造局刻本暨鉛印本　六册　存一種

330000－1712－0005831　子0522　新學/算學/代數
决疑數學十卷首一卷　(英國)傅蘭雅口譯(清)華蘅芳筆述　清光緒二十三年(1897)上海飛鴻閣石印本　二册

330000－1712－0005833　子0521　新學/算學/代數
决疑數學十卷首一卷　(英國)傅蘭雅口譯(清)華蘅芳筆述　清光緒二十三年(1897)上海格致書室鉛印本　四册

330000－1712－0005834　新0052　新學/雜著/小説
新譯包探案一卷　(英國)解佳撰　(清)曾廣銓譯　**長生術一卷**　清光緒二十五年(1899)素隱書屋鉛印本　一册

330000－1712－0005836　新0025　新學/圖學/畫學
寫生畫法一卷　清末北京女子高等師範學校鉛印本　徐月璘題簽　一册

330000－1712－0005840　新0046　新學/格致總
時務通考三十一卷續編三十一卷　(清)王奇英等編　清光緒二十三年至二十七年(1897－1901)上海點石齋石印本　三十八册　缺二卷(續編十九至二十)

330000－1712－0005841　新0047　新學/政治法律/律例
日本法規大全二十五卷首一卷　劉崇傑等譯　**日本法規解字一卷**　錢恂　董鴻禕編　清光緒三十三年(1907)上海商務印書館鉛印本　八十一册

330000－1712－0005842　史1133　子部/叢編
萬國政治藝學全書四十一種三百八十卷　(清)朱大文　(清)凌賡揚編　清光緒二十八年(1902)上海鴻文書局石印本　五十四册

330000－1712－0005843　新0049　新學/學校
簡易數學課本不分卷　壽孝天編輯　清光緒三十二年(1906)上海商務印書館鉛印本　一册　存一卷(下編)

330000－1712－0005845　叢323　類叢部/叢書類/彙編之屬
長恩書室叢書十九種　(清)莊肇麟編　清咸豐四年(1854)新昌莊氏過客軒刻本　十四册　存十六種

330000－1712－0005846　新0044　新學/格致總
格致須知二十八種　(英國)傅蘭雅編　清光緒八年至二十四年(1882－1898)刻本　八册　存八種

330000－1712－0005849　叢311　類叢部/叢書類/彙編之屬
咫進齋叢書三十五種　(清)姚覲元編　清光緒九年(1883)歸安姚氏刻本　三十二册

330000－1712－0005850　子1239　子部/叢編
經世齊時務叢書六種　(清)□□撰　清光緒上海賜書堂石印本　二册　存一種

330000－1712－0005851　新0054　新學/議論/論兵
時務新策五卷　(清)湯金鑄等撰　清光緒二十四年(1898)上海焴記書局石印本　四册

330000－1712－0005853　新0076　新學/雜著/叢編
富強齋叢書全集　(清)張陰桓編　清光緒二十二年(1896)鴻文書局石印本　四十九册　存六十種

330000－1712－0005855　集2025　集部/總集類/課藝之屬
格致課藝約編二卷　(清)王韜編　清光緒二十四年(1898)上海書局石印本　一册　存一卷(一)

330000－1712－0005864　新0075　新學/雜

著/叢編
富強叢書正集七十七種續集一百二十一種 (清)袁俊德編 清光緒小倉山房石印本 五十二册 存一百十六種

330000-1712-0005865 新0053 新學/算學/數學
格物入門七卷 (美國)丁韙良撰 清光緒二十二年(1896)上海寶善書局石印本 一册 存一卷(一)

330000-1712-0005869 叢314 類叢部/叢書類/彙編之屬
粤雅堂叢書一百八十四種 (清)伍崇曜編 清道光二十九年至光緒十一年(1849-1885)南海伍氏刻彙印本(春秋五禮例宗卷四至六,乾道臨安志卷四至十五,群書治要卷四、十三、二十原缺) 四册 存一種

330000-1712-0005870 叢344 類叢部/叢書類/彙編之屬
正覺樓叢刻(正覺樓叢書)二十九種 (清)崇文書局編 清光緒崇文書局刻本 一册 存一種

330000-1712-0005871 叢345 類叢部/叢書類/彙編之屬
文選樓叢書十五種 (清)萩林山房編 清光緒七年(1881)萩林山房刻本 一册 存二種

330000-1712-0005872 新0050 新學/重學/重學
重學二十卷附曲線圖説三卷 (英國)艾約瑟口譯 清光緒十四年(1888)上海大同書局石印本 二册

330000-1712-0005873 叢312 類叢部/叢書類/郡邑之屬
武林掌故叢編一百九十種 (清)丁丙編 清光緒三年至二十六年(1877-1900)錢塘丁氏嘉惠堂刻本([乾道]臨安志卷四至十五、南宋館閣録卷一原缺) 一册 存一種

330000-1712-0005874 叢324 類叢部/叢書類/彙編之屬
古逸叢書二十六種 (清)黎庶昌編 清光緒八年至十年(1882-1884)黎庶昌日本東京使署影刻本(漢書食貨志卷下、玉燭寶典卷九原缺) 四十九册

330000-1712-0005875 新0074 新學/雜著/叢編
西學自強叢書七十五種 (清)張之洞編 清光緒二十四年(1898)上海測海山房石印本 八册 存十一種

330000-1712-0005877 叢313 類叢部/叢書類/彙編之屬
後知不足齋叢書四十七種 (清)鮑廷爵編輯 清光緒常熟鮑氏刻本 一册 存一種

330000-1712-0005878 新0073 新學/算學/數學
中西筆算問答不分卷 清光緒二十四年(1898)上海書局鉛印本 一册

330000-1712-0005879 新0078 經部/小學類/訓詁之屬/譯語
中等日本文典譯釋三卷 (日本)三土忠造撰 (清)丁福同譯釋 清光緒上海文明編譯書局鉛印本 一册 存一卷(初編)

330000-1712-0005881 叢326 類叢部/叢書類/彙編之屬
讀畫齋叢書四十六種 (清)顧修編 清嘉慶四年至十六年(1799-1811)桐川顧氏刻本 九册 存三種

330000-1712-0005883 叢315 類叢部/叢書類/彙編之屬
粤雅堂叢書一百八十四種 (清)伍崇曜編 清道光二十九年至光緒十一年(1849-1885)南海伍氏刻彙印本(春秋五禮例宗卷四至六,乾道臨安志卷四至十五,群書治要卷四、十三、二十原缺) 十一册 存八種

330000-1712-0005884 叢331 類叢部/叢書類/自著之屬
平湖顧氏遺書五種 (清)顧廣譽撰 清光緒三年(1877)顧鴻昇刻本 十四册

330000－1712－0005885　叢335　類叢部/叢書類/彙編之屬
漸西村舍彙刊四十四種　(清)袁昶編　清光緒二十四年(1898)平原村舍石印本　二冊　存一種

330000－1712－0005887　叢329　類叢部/叢書類/自著之屬
平湖顧氏遺書五種　(清)顧廣譽撰　清光緒三年(1877)顧鴻昇刻本　十四冊

330000－1712－0005888　叢328　類叢部/叢書類/自著之屬
平湖顧氏遺書五種　(清)顧廣譽撰　清光緒三年(1877)顧鴻昇刻本　二冊　存一種

330000－1712－0005889　叢340　類叢部/類書類/通類之屬
小嫏嬛山館彙刊類書十二種　(清)小嫏嬛山館編　清刻本　四冊　存六種

330000－1712－0005890　叢333　類叢部/叢書類/彙編之屬
漸西村舍彙刊四十四種　(清)袁昶編　清光緒十六年至二十四年(1890－1898)桐廬袁氏刻本　二冊　存二種

330000－1712－0005891　新0079　新學/學校
新譯國語法階梯三編一卷四編一卷　(日本)永井一孝撰　(日本)岡田正美補訂　(清)李晸譯　清光緒二十八年(1902)寧波文明學社石印本　一冊

330000－1712－0005893　叢373　集部/別集類/清別集
孫淵如先生全集二十二卷　(清)孫星衍撰　(清)朱記榮編　清光緒十一年(1885)朱氏槐廬家塾刻本　十冊

330000－1712－0005894　叢334　類叢部/叢書類/彙編之屬
漸西村舍彙刊四十四種　(清)袁昶編　清光緒十六年至二十四年(1890－1898)桐廬袁氏刻本　一冊　存一種

330000－1712－0005895　叢336　類叢部/叢書類/彙編之屬
海山仙館叢書五十六種　(清)潘仕成編　清道光二十五年至咸豐元年(1845－1851)番禺潘氏刻光緒十一年(1885)增刻彙印本　四冊　存一種

330000－1712－0005896　叢332　類叢部/叢書類/彙編之屬
紫藤書屋叢刻六種　(清)陳□編　清乾隆五十七年(1792)秀水陳氏刻本　一冊　存四種

330000－1712－0005897　叢253　類叢部/叢書類/彙編之屬
風雨樓叢書二十三種　鄧實編　清宣統順德鄧氏鉛印本　二冊　存二種

330000－1712－0005900　叢341　類叢部/叢書類/彙編之屬
岱南閣叢書五種　(清)孫星衍編　清嘉慶三年(1798)蘭陵孫氏沇州刻本　八冊　存一種

330000－1712－0005902　叢342　類叢部/叢書類/彙編之屬
津河廣仁堂叢書八十四種　(清)□□編　清光緒津河廣仁堂刻本　二冊　存一種

330000－1712－0005904　叢346　類叢部/叢書類/自著之屬
汪雙池先生叢書二十種附浙刻雙池遺書十二種　(清)汪紱撰　清道光至光緒刻光緒二十三年(1897)長安趙舒翹等彙印本　八冊　存二種

330000－1712－0005905　叢348　類叢部/叢書類/彙編之屬
望三益齋叢書十種　(清)吳棠編　清咸豐至光緒吳氏望三益齋刻本　四冊　存一種

330000－1712－0005906　叢347　類叢部/叢書類/彙編之屬
望三益齋叢書十種　(清)吳棠編　清咸豐至光緒吳氏望三益齋刻本　四冊　存一種

330000－1712－0005907　叢350　類叢部/叢書類/彙編之屬

函海一百五十二種　(清)李調元編　清乾隆綿州李氏萬卷樓刻嘉慶十四年(1809)李鼎元、道光五年(1825)李朝夔重校補刻本　十一册　存二十種

330000－1712－0005908　新 0082　新學/雜著/叢編
百科全書　清末石印本　二册　存三種

330000－1712－0005909　叢 405　類叢部/叢書類/彙編之屬
抱經堂叢書十六種　(清)盧文弨編　清乾隆至嘉慶刻彙印本　二册　存一種

330000－1712－0005910　善 527　類叢部/叢書類/彙編之屬
抱經堂叢書十六種　(清)盧文弨編　清乾隆至嘉慶刻彙印本　十五册　存三種

330000－1712－0005911　叢 352　類叢部/叢書類/彙編之屬
説鈴前集三十七種後集十六種　(清)吳震方編　清嘉慶四年(1799)刻本　二十四册

330000－1712－0005912　善 528　類叢部/叢書類/彙編之屬
抱經堂叢書十六種　(清)盧文弨編　清乾隆至嘉慶刻彙印本　十册　存八種

330000－1712－0005913　叢 354　類叢部/叢書類/彙編之屬
説鈴前集三十七種後集十六種　(清)吳震方編　清同治七年(1868)大文堂刻本　十八册　存三十九種

330000－1712－0005914　叢 358　類叢部/叢書類/自著之屬
二思堂叢書六種五十一卷　(清)梁章鉅撰　清同治十二年(1873)浙江書局、光緒元年(1875)福州梁氏刻本　十二册

330000－1712－0005916　叢 362　類叢部/叢書類/彙編之屬
三長物齋叢書二十六種　(清)黄本驥編　清道光二十二年至二十八年(1842－1848)湘陰蔣瓌刻本　六册　存一種

330000－1712－0005918　叢 356　類叢部/叢書類/彙編之屬
鐵琴銅劍樓叢書十三種　瞿啟甲編　清光緒至民國刻本暨影印本　十册　存一種

330000－1712－0005919　叢 355　類叢部/叢書類/自著之屬
師伏堂叢書十五種　(清)皮錫瑞撰　清光緒十九年至三十三年(1893－1907)善化皮氏刻本　五册　存一種

330000－1712－0005921　叢 361　類叢部/叢書類/郡邑之屬
涇川叢書四十四種續七種　(清)趙紹祖(清)趙繩祖編　清嘉慶至道光涇縣趙氏古墨齋刻本　一册　存二種

330000－1712－0005922　集 1388　類叢部/叢書類/自著之屬
西堂全集　(清)尤侗撰　清兩儀堂刻本　二十四册

330000－1712－0005923　叢 360　類叢部/叢書類/彙編之屬
小萬卷樓叢書十七種　(清)錢培名輯　清光緒四年(1878)金山錢氏刻本　十六册

330000－1712－0005924　叢 359　類叢部/叢書類/彙編之屬
小萬卷樓叢書十七種　(清)錢培名輯　清光緒四年(1878)金山錢氏刻本　一册　存一種

330000－1712－0005925　新 0077　新學/雜著/叢編
西學富强叢書　(清)張蔭桓編　清光緒二十二年(1896)上海鴻文書局石印本　三十一册　存四十六種

330000－1712－0005926　叢 377　類叢部/叢書類/彙編之屬
木犀軒叢書二十七種　李盛鐸編　清光緒德化李氏木犀軒刻本　一册　存一種

330000－1712－0005927　叢 363　類叢部/叢

書類/彙編之屬

十萬卷樓叢書五十一種 (清)陸心源編 清光緒吳興歸安陸氏刻本 十二冊 存二種

330000－1712－0005928 叢374 類叢部/叢書類/彙編之屬

聚學軒叢書六十種 劉世珩編 清光緒貴池劉氏刻本 八冊 存一種

330000－1712－0005929 善529 類叢部/叢書類/彙編之屬

雅雨堂藏書十三種 (清)盧見曾編 清乾隆二十一年(1756)德州盧氏雅雨堂刻增修本 一冊 存二種

330000－1712－0005930 叢364 類叢部/叢書類/彙編之屬

新斠平津館叢書十集三十四種 (清)孫星衍編 清光緒十年至十五年(1884－1889)吳縣朱氏槐廬家塾刻本 六冊 存二種

330000－1712－0005931 叢376 類叢部/叢書類/彙編之屬

邵武徐氏叢書二十三種 (清)徐幹編 清光緒邵武徐氏刻本 三冊 存二種

330000－1712－0005932 叢365 類叢部/叢書類/郡邑之屬

永嘉叢書十三種 (清)孫衣言編 清同治至光緒瑞安孫氏詒善祠塾刻本 十二冊 存二種

330000－1712－0005933 叢375 類叢部/叢書類/彙編之屬

邵武徐氏叢書二十三種 (清)徐幹編 清光緒邵武徐氏刻本 二冊 存一種

330000－1712－0005934 叢372 類叢部/叢書類/彙編之屬

邵武徐氏叢書二十三種 (清)徐幹編 清光緒邵武徐氏刻本 一冊 存二種

330000－1712－0005938 叢369 類叢部/叢書類/彙編之屬

崇文書局彙刻書三十一種 (清)崇文書局編 清光緒元年至三年(1875－1877)湖北崇文書局刻本 一冊 存一種

330000－1712－0005939 新0012 新學/雜著/叢編

續西學大成六十八種 (清)孫家鼐編 清光緒二十三年(1897)上海飛鴻閣石印本 一冊 存三種

330000－1712－0005940 叢367 類叢部/叢書類/彙編之屬

崇文書局彙刻書三十一種 (清)崇文書局編 清光緒元年至三年(1875－1877)湖北崇文書局刻本 一冊 存一種

330000－1712－0005941 叢366 類叢部/叢書類/彙編之屬

正誼堂全書六十三種續刻五種 (清)張伯行編 (清)楊浚重編 清同治五年(1866)福州正誼書院刻同治八年至光緒十三年(1869－1887)續刻本 三冊 存一種

330000－1712－0005942 叢368 類叢部/叢書類/彙編之屬

崇文書局彙刻書三十一種 (清)崇文書局編 清光緒元年至三年(1875－1877)湖北崇文書局刻本 一冊 存一種

330000－1712－0005943 叢370 類叢部/叢書類/彙編之屬

高安朱文端公校輯藏書十三種 (清)朱軾撰輯 清咸豐十年(1860)古唐朱氏古懽齋刻本 六冊 存一種

330000－1712－0005945 叢371 類叢部/叢書類/彙編之屬

北徼彙編十九種 (清)何秋濤輯 清同治四年(1865)京都龍威閣刻本 四冊 存八種

330000－1712－0005947 叢384 類叢部/叢書類/彙編之屬

申報館叢書正集五十七種附錄三種 (清)尊聞閣主編 **續集一百四十二種** (清)蔡爾康編 清同治至光緒上海申報館鉛印本 清張中和題記 清楊峻記題簽 一百七冊 存二十種

330000－1712－0005950　史 0869　史部/史抄類

南北史撦華八卷　(清)周嘉猷輯　清光緒二年(1876)永康胡氏退補齋刻本　四冊

330000－1712－0005951　集 2032　類叢部/叢書類/彙編之屬

申報館叢書正集五十七種附錄三種續集一百四十二種　(清)尊聞閣主編　(清)蔡爾康續編　清同治至光緒上海申報館鉛印本　二冊　存一種

330000－1712－0005952　叢 388　類叢部/叢書類/郡邑之屬

金華叢書六十八種　(清)胡鳳丹編　清同治七年至光緒八年(1868－1882)永康胡氏退補齋刻民國補刻本　一百九十七冊　存四十二種

330000－1712－0005953　叢 390　類叢部/叢書類/郡邑之屬

金華叢書六十八種　(清)胡鳳丹編　清同治七年至光緒八年(1868－1882)永康胡氏退補齋刻民國補刻本　十冊　存五種

330000－1712－0005954　叢 393　類叢部/叢書類/郡邑之屬

金華文萃(金華叢書)六十八種　(清)胡鳳丹編　清同治七年至光緒八年(1868－1882)永康胡氏退補齋刻民國補刻本　七十一冊　存二十四種

330000－1712－0005956　叢 389　類叢部/叢書類/郡邑之屬

金華叢書六十八種　(清)胡鳳丹編　清同治七年至光緒八年(1868－1882)永康胡氏退補齋刻民國補刻本　二十一冊　存七種

330000－1712－0005957　叢 386　類叢部/叢書類/自著之屬

曾文正公全集十六種　(清)曾國藩撰　清光緒上海申報館鉛印本　十冊　存四種

330000－1712－0005958　叢 385　類叢部/叢書類/自著之屬

曾文正公全集十六種　(清)曾國藩撰　清光緒上海申報館鉛印本　九冊　存三種

330000－1712－0005959　叢 395　類叢部/叢書類/郡邑之屬

金華文萃(金華叢書)六十八種　(清)胡鳳丹編　清同治七年至光緒八年(1868－1882)永康胡氏退補齋刻民國補刻本　一冊　存一種

330000－1712－0005960　叢 406　類叢部/叢書類/彙編之屬

惜陰軒叢書三十四種續編一種　(清)李錫齡編　清光緒二十二年(1896)長沙刻本　四冊　存一種

330000－1712－0005961　叢 394　類叢部/叢書類/郡邑之屬

金華文萃(金華叢書)六十八種　(清)胡鳳丹編　清同治七年至光緒八年(1868－1882)永康胡氏退補齋刻民國補刻本　八冊　存一種

330000－1712－0005962　叢 392　類叢部/叢書類/郡邑之屬

金華叢書六十八種　(清)胡鳳丹編　清同治七年至光緒八年(1868－1882)永康胡氏退補齋刻民國補刻本　四冊　存一種

330000－1712－0005963　叢 391　類叢部/叢書類/郡邑之屬

金華叢書六十八種　(清)胡鳳丹編　清同治七年至光緒八年(1868－1882)永康胡氏退補齋刻民國補刻本　二冊　存一種

330000－1712－0005964　史 0332　史部/史評類/史論之屬

重刊讀史論畧一卷　(清)杜詔撰　清同治五年(1866)永康胡氏退補齋刻本　一冊

330000－1712－0005966　史 0331　史部/史評類/史論之屬

重刊讀史論畧一卷　(清)杜詔撰　清同治五年(1866)永康胡氏退補齋刻本　一冊

330000－1712－0005967　叢 408　類叢部/叢書類/彙編之屬

半畝園叢書三十種　(清)吳坤修編　清同治

新建吴氏皖城刻本　二冊　存一種

330000－1712－0005968　叢409　類叢部/叢書類/彙編之屬
式訓堂叢書四十一種　(清)章壽康編　清光緒會稽章氏刻本　二冊　存三種

330000－1712－0005971　善463　集部/總集類/彙編之屬
唐四家詩八卷　(清)汪立名編　清康熙三十四年(1695)天都汪立名刻本　金德淦跋　二冊　存二種

330000－1712－0005972　叢401　類叢部/叢書類/彙編之屬
嘯園叢書五十七種　(清)葛元煦編　清光緒二年至七年(1876－1881)仁和葛氏刻本　四十四冊　存二十五種

330000－1712－0005973　叢402　類叢部/叢書類/彙編之屬
嘯園叢書五十七種　(清)葛元煦編　清光緒二年至七年(1876－1881)仁和葛氏刻本　九冊　存九種

330000－1712－0005974　叢05　類叢部/叢書類/自著之屬
潛園總集十七種　(清)陸心源撰　清同治至光緒刻本　一冊　存一種

330000－1712－0005975　叢403　類叢部/叢書類/彙編之屬
宜稼堂叢書七種　(清)郁松年編　清道光二十年至二十二年(1840－1842)上海郁氏刻本　六十四冊

330000－1712－0005976　善4114　集部/別集類/宋別集
重刻橫浦先生文集十四卷　(宋)張九成撰
重刊橫浦先生家傳一卷　(宋)張榕撰　**無垢公遺跡一卷**　(清)張鳴皋輯　清康熙二十三年(1684)張鳴皋刻本　六冊

330000－1712－0005977　叢404　類叢部/叢書類/彙編之屬
抱經堂叢書十六種　(清)盧文弨編　清乾隆至嘉慶刻彙印本　一冊　存一種

330000－1712－0005978　叢06　類叢部/叢書類/自著之屬
藥山興頌稿□□種　(清)劉采邦撰　清刻本　一冊　存三種

330000－1712－0005979　集2029　集部/總集類/課藝之屬
國朝小題文濬靈集六卷　(清)張躍鱗編次　清道光八年(1828)刻本　清居正題簽　一冊　存一卷(六)

330000－1712－0005980　善355　子部/宗教類/佛教之屬/大藏
徑山藏　明萬曆十七年(1589)至清嘉慶五臺嘉興徑山等地刻本　二冊　存一種

330000－1712－0005981　叢410　類叢部/叢書類/彙編之屬
武英殿聚珍版書一百三十八種　清刻本　六冊　存一種

330000－1712－0005982　叢411　類叢部/叢書類/彙編之屬
武英殿聚珍版書一百三十八種　清刻本　十八冊　存六種

330000－1712－0005983　叢412　類叢部/叢書類/彙編之屬
武英殿聚珍版書一百三十八種　清刻本　十四冊　存三種

330000－1712－0005984　叢413　類叢部/叢書類/彙編之屬
武英殿聚珍版書一百三十八種　清刻本　二冊　存一種

330000－1712－0005985　善530　類叢部/叢書類/彙編之屬
祕書廿一種　(清)汪士漢編　清康熙七年(1668)新安汪士漢重編印本　二十四冊

330000－1712－0005986　史0871　史部/金石類/總志之屬

金石史二卷　(清)郭宗昌撰　清刻本　一册

330000－1712－0005987　叢414　類叢部/叢書類/彙編之屬
武英殿聚珍版書一百三十八種　清浙江刻本　十册　存七種

330000－1712－0005988　善531　類叢部/叢書類/彙編之屬
津逮祕書十五集一百四十種　(明)毛晉編　明崇禎虞山毛氏汲古閣刻本　二十六册　存十種

330000－1712－0005989　叢415　類叢部/叢書類/彙編之屬
武英殿聚珍版書一百三十八種　清刻本　九册　存八種

330000－1712－0005990　史0870　子部/儒家類/儒學之屬/禮教/家訓
溫氏母訓一卷附錄一卷　(明)溫璜述　清墨妙樓刻本　與330000－1712－0005986合册

330000－1712－0005995　史0872　史部/紀事本末類/斷代之屬
聖武記十四卷　(清)魏源撰　清末和記書莊鉛印本　三册　缺六卷(一至二、七至十)

330000－1712－0005996　集0655　集部/總集類/選集之屬/通代
文選六十卷　(南朝梁)蕭統輯　(唐)李善注　文選考異十卷　(清)胡克家撰　清光緒六年(1880)四明林植梅刻本　十二册　缺三十五卷(一至二十六、三十至三十五、四十九至五十一)

330000－1712－0005997　叢416　類叢部/叢書類/彙編之屬
武英殿聚珍版書一百三十八種　清浙江刻本　十二册　存九種

330000－1712－0005998　叢417　類叢部/叢書類/彙編之屬
武英殿聚珍版書一百三十八種　清刻本　二十八册　存九種

330000－1712－0006001　史1137　史部/政書類/公牘檔册之屬
浙江諮議局第一屆常年會議事錄不分卷　(清)浙江諮議局編　清宣統鉛印本　一册

330000－1712－0006002　叢418　類叢部/叢書類/彙編之屬
武英殿聚珍版書一百三十八種　清刻本　一册　存一種

330000－1712－0006006　善532　類叢部/叢書類/彙編之屬
武英殿聚珍版書一百三十八種　清刻本　八册　存一種

330000－1712－0006008　叢419　類叢部/叢書類/彙編之屬
武英殿聚珍版書一百三十八種　清刻本　三册　存三種

330000－1712－0006011　善533　類叢部/叢書類/彙編之屬
武英殿聚珍版書一百三十八種　清刻本　十二册　存六種

330000－1712－0006013　叢353　類叢部/叢書類/自著之屬
王湘綺先生全集二十六種　王闓運撰　清光緒至民國刻民國十二年(1923)長沙王氏彙印本　八册　存二種

330000－1712－0006015　善534　類叢部/叢書類/彙編之屬
武英殿聚珍版書一百三十八種　清刻本　一册　存一種

330000－1712－0006017　叢420　類叢部/叢書類/彙編之屬
武英殿聚珍版書一百三十八種　清光緒二十五年(1899)廣雅書局刻本　二册　存一種

書名筆畫字頭索引

一畫

二畫

三畫

四畫

五畫

六畫

七畫

八畫

九畫

十畫

十一畫

十二畫

十三畫

十四畫

十五畫

十六畫

十七畫

十八畫

十九畫

二十畫

二十一畫

二十二畫

二十三畫

二十四畫

二十八畫

二十九畫

書名筆畫索引

一畫

二畫

三畫

四畫

五畫

六畫

七畫

八畫

九畫

十畫

十一畫

十二畫

十三畫

十四畫

十五畫

十六畫

十七畫

十八畫

十九畫

二十畫

二十一畫

二十二畫

二十三畫

二十四畫

二十八畫

二十九畫